动物卫生监督行政执法
典型案卷汇编

中国动物疫病预防控制中心　组编

中国农业出版社

图书在版编目（CIP）数据

动物卫生监督行政执法典型案卷汇编 / 中国动物疫病预防控制中心组编. —北京：中国农业出版社，2016.10（2018.7重印）

ISBN 978-7-109-22173-4

Ⅰ. ① 动… Ⅱ. ① 中… Ⅲ. ① 动物防疫法－行政执法－案例－中国 ② 兽医卫生检验－行政执法－案例－中国 Ⅳ. ① D922.45 ② D922.1105

中国版本图书馆CIP数据核字（2016）第231143号

中国农业出版社出版
（北京市朝阳区麦子店街18号楼）
（邮政编码100125）
责任编辑　刘　玮

北京通州皇家印刷厂印刷　　新华书店北京发行所发行
2016年10月第1版　　2018年7月北京第4次印刷

开本：889mm×1194mm 1/16　印张：51
字数：1240千字
定价：280.00元
（凡本版图书出现印刷、装订错误，请向出版社发行部调换）

本书编写人员

编　者（以姓氏笔画为序）

于　鹏　马　冲　王　芳　王　赫　王中力　王瑞红　尤　华

方　旭　卢　旺　毕克学　朱长光　任守爱　刘兴国　刘振军

刘新宇　关婕葳　李　扬　李　鹏　李文合　李志荣　李赛明

杨龙波　时　勇　吴　彦　张　弘　张　杰　张大鹏　张宁宁

张志远　张朝明　张新玲　陈兴泉　范　炜　林　琳　周治云

周晨阳　单佳蕾　赵　婷　侯佩兴　姚　强　聂庆珂　侯建民

徐　亭　高胜普　常　鹏　程文军　解殿玉

前　言

　　动物卫生监督行政执法是动物卫生监督机构履行动物卫生监督管理职责的重要方式，是动物卫生监督机构依法行政的重要内容。建立一支高素质的动物卫生监督执法队伍，不仅直接关系到动物卫生监督队伍的形象和发展，也事关动物疫病防治和养殖业发展，事关动物产品质量安全和公共卫生安全。

　　为改善基层动物卫生监督执法人员在执法工作中存在的对法律法规解读不深入、不到位，动物卫生监督执法行为和案卷制作不规范等现象，促进依法行政、规范执法，我们组织专家和实践经验丰富的动物卫生监督执法办案人员，对在全国范围内收集上来的381宗动物卫生监督行政执法案卷，依据《中华人民共和国动物防疫法》《中华人民共和国行政处罚法》《中华人民共和国行政诉讼法》等法律法规进行了评选。从中选取了动物卫生监督基层执法实践中常见的23宗典型违法案卷，并组织专家对相关类型案件办案依据、处理难点等进行了注释，汇编成《动物卫生监督行政执法典型案卷汇编》，以供动物卫生监督执法人员在实际工作中参考。

　　本书贴近工作实际，针对性强，既可作为各级动物卫生监督机构对动物卫生监督执法人员的培训教材，又可作为动物卫生监督一线执法人员在行政执法实践中的参考资料。由于编者水平及时间的限制，难免有疏漏之处，敬请批评指正。

2016 年 4 月

目　录

第一章 不按照动物疫病强制免疫计划进行免疫接种、建立养殖档案类案

卷一 关于张××不依法履行动物疫病强制免疫义务案

一、案情简介

2014年3月27日上午10点，××县××镇畜牧兽医站职工蔡××到××村××屯张××家去，对其饲养的36头仔猪进行口蹄疫免疫接种，但当事人张××以担心出现免疫副反应为由拒绝对他饲养的仔猪进行强制免疫接种，3月28日，××镇畜牧兽医站将此情况向××县动物卫生监督所进行了报告，当日，××县动物卫生监督所指派执法人员李××、刘××赶赴现场进行调查。××镇畜牧兽医站职工蔡××的报告情况属实，当事人张××饲养的36头仔猪是自家母猪生产，没有按照××省动物强制免疫计划进行强制免疫。××县动物卫生监督所依法下达了《当场处罚决定书》，给予警告，并责令其五日内完成疫苗接种。4月3日，××县动物卫生监督所再次对该饲养户进行检查时，发现当事人张××仍未对他饲养的仔猪进行强制免疫接种。执法人员经请示立案调查。执法人员询问了当事人张××，查明，2014年4月3日，当事人张××在收到《当场处罚决定书》后，仍未在规定期限内对其饲养的仔猪进行强制免疫接种。执法人员制作了《现场检查笔录》和《询问笔录》，并收集了相关证据。2014年4月3日，××县动物卫生监督所制作并下达了《行政处罚事先告知书》，2014年4月6日，下达了《行政处罚决定书》，罚款人民币200.00元。

二、处罚依据

违反条款：《中华人民共和国动物防疫法》第十四条第二款。

处罚条款：《中华人民共和国动物防疫法》第七十三条第一项。

三、本类型案件办理的注意事项及难点

1. 办理本类案件，应注意责令改正的期限应符合实际。

2. 注意"代作处理"的理解，是由动物卫生监督机构代作处理，所需处理费用由违法行为人承担。

3. 办理本类案件应注意下达《当场处罚决定书》，给予警告处罚，无需下达《责令改正通知书》。

××县动物卫生监督所
案　卷

××动监罚〔2014〕7号				
题　名	关于张××不依法履行动物疫病强制免疫义务案			
案 件 承 办 人		当 事 人		
刘×× 　李××		张××		
立案日期	2014年4月3日	结案日期　2014年4月10日	立卷人	刘××
执行结果	当事人已依法履行完毕。			
归档日期	2014年4月12日	档 案 编 号		201407
保存期限	长期	卷内共21页		
备注				

卷内目录（一）

序号	文书编号	文书日期	题名	页号	备注
1	××动监罚〔2014〕7号	2014年4月6日	行政处罚决定书		
2	××动监罚〔2014〕6号	2014年3月28日	当场处罚决定书		
3		2014年3月28日	现场检查笔录		
4		2014年3月28日	询问笔录		
5	××动监立〔2014〕7号	2014年4月3日	行政处罚立案审批表		
6		2014年4月3日	当事人身份证明		复印件
7		2014年4月3日	现场检查笔录		
8		2014年4月3日	询问笔录		
9		2014年4月3日	证据材料登记表（现场检查照片）		
10		2014年4月3日	案件处理意见书		
11	××动监告〔2014〕7号	2014年4月3日	行政处罚事先告知书		
12		2014年4月4日	陈述申辩笔录		
13		2014年4月6日	行政处罚决定审批表		
14		2014年4月3日	送达回证		
15		2014年4月6日	送达回证		
16		2014年4月6日	缴纳罚款银行回执		
17		2014年4月10日	行政处罚结案报告		

卷内目录（二）

序号	文书编号	文书日期	题名	页号	备注
18		2014 年 4 月 12 日	备考表		

×× 县动物卫生监督所
行政处罚决定书

×× 动监罚〔2014〕7 号

姓名：<u>张 ××</u>　　性别：<u>男</u>　　年龄：<u>27</u>

住址：<u>×× 省 ×× 县 ×× 镇 ×× 村 ×× 屯</u>　　联系方式：<u>×××××</u>

当事人张 ×× 不依法履行动物疫病强制免疫义务案，经本机关依法调查，现查明：

2014 年 3 月 27 日上午 10 点，×× 县 ×× 镇畜牧兽医站职工蔡 ×× 到 ×× 村 ×× 屯张 ×× 家去，对其饲养的 36 头仔猪进行口蹄疫免疫接种，但当事人张 ×× 以担心出现免疫副反应为由拒绝对他饲养的仔猪进行强制免疫接种，3 月 28 日，×× 镇畜牧兽医站将此情况向 ×× 县动物卫生监督所进行了报告，当日，×× 县动物卫生监督所指派执法人员李 ××、刘 ×× 赶赴现场进行调查。经查：×× 镇畜牧兽医站职工蔡 ×× 的报告情况属实，当事人张 ×× 饲养的 36 头仔猪是自家母猪生产，没有按照 ×× 省动物强制免疫计划进行强制免疫。本机关依法下达了《当场处罚决定书》，给予警告，并责令其五日内完成疫苗接种。4 月 3 日，×× 县动物卫生监督所再次对该饲养户进行检查时，发现当事人张 ×× 仍未对他饲养的仔猪进行强制免疫接种。执法人员经请示立案，对当事人进行了询问，收集了相关证据。当事人张 ×× 存在不依法履行动物疫病强制免疫义务的违法事实。

以上事实查证属实，有下列证据为证：

1. 2014 年 3 月 28 日制作的《现场检查笔录》《询问笔录》和《当场处罚决定书》，证实当事人未在规定时间内对饲养的 36 头仔猪实施口蹄疫强制免疫，给予当事人警告，并责令张 ×× 在五日内完成疫苗接种。

2. 2014 年 4 月 3 日制作的《现场检查笔录》《询问笔录》各 1 份和照片 1 张。证实了当事人经警告后，在规定的期限内仍拒绝对饲养的 36 头仔猪进行口蹄疫强制免疫。

3. 当事人的身份证复印件 1 份，证明其身份及违法主体的适格性。

本机关认为：当事人不依法履行动物疫病强制免疫义务，事实清楚、证据确凿，其行为违反了《中华人民共和国动物防疫法》第十四条第二款："饲养动物的单位和个人应当依法履行动物疫病强制免疫义务，按照兽医主管部门的要求做好强制免疫工作的规定"。当事人收到《行政处罚事先告知书》后，在法定期限内提出了从轻处罚的请求，经审查，不符合《中华人民共和国行政处罚法》的有关规定，本机关不予采纳。按照《×× 省畜牧业行政处罚自由裁量权标准》（具体条款略）之规定，对当事人处以（×××××—×××××）幅度内的处罚，足以起到惩戒作用。

依据《中华人民共和国动物防疫法》第七十三条第一项："违反本法规定，有下列行为之一的，由动物卫生监督机构责令改正，给予警告；拒不改正的，由动物卫生监督机构代作处理，所需处理费用由违法行为人承担，可以处一千元以下罚款：（一）对饲养的动物不按照动物疫病强制免疫计划进行免疫接种的"之规定，决定对当事人饲养的 36 头仔猪采取口蹄疫强制免疫代作处理，并作出如下处罚决定：

罚款人民币 <u>200.00 元。</u>

当事人必须在收到本决定书之日起 15 日内持本决定书到 ×× 县银行缴纳罚款。逾期不按规定缴纳罚款的，每日按罚款数额的 3% 加处罚款。

当事人对本处罚决定不服的，可以在收到本处罚决定书之日起 60 日内向 ×× 县畜牧业管理局申请行政复议，或在三个月内向 ×× 县人民法院提起诉讼。行政复议和行政诉讼期间，本处罚决定不停止执行。

当事人逾期不申请行政复议或提起行政诉讼，也不履行本行政处罚决定的，本机关将依法申请人民法院强制执行。

×× 县动物卫生监督所

2014 年 4 月 6 日

××县动物卫生监督所当场处罚决定书

××动监简罚〔2014〕6号

<table>
<tr><td rowspan="5">当事人</td><td rowspan="3">个人</td><td>姓名</td><td colspan="4">张××</td><td>电话</td><td>××××××</td></tr>
<tr><td>性别</td><td>男</td><td>年龄</td><td>27</td><td>身份证号</td><td colspan="2">××××××</td></tr>
<tr><td>住址</td><td colspan="6">××县××镇××村××屯</td></tr>
<tr><td rowspan="2">单位</td><td>名称</td><td colspan="3">/</td><td colspan="2">法定代表人
（负责人）</td><td>/</td></tr>
<tr><td>地址</td><td colspan="4">/</td><td>电话</td><td>/</td></tr>
<tr><td>违法
事实</td><td colspan="8">2014年3月28日××镇××村××屯农民张××以注射口蹄疫疫苗副作用大、猪容易死亡为由，拒不接受××镇畜牧兽医站对其饲养的36头仔猪进行口蹄疫强制免疫，经××县动物卫生监督所执法人员李××、刘××检查，情况属实。</td></tr>
<tr><td>处罚
依据
及
内容</td><td colspan="8">张××拒绝对其饲养的36头仔猪进行口蹄疫强制免疫的行为。
本机关认为：当事人违反了《中华人民共和国动物防疫法》第十四条第二款之规定：“饲养动物的单位和个人应当依法履行动物疫病强制免疫义务，按照兽医主管部门的要求做好强制免疫工作”。依据《中华人民共和国动物防疫法》第七十三条第一项之规定：“违反本法规定，有下列行为之一的，由动物卫生监督机构责令改正，给予警告；拒不改正的，由动物卫生监督机构代作处理，所需处理费用由违法行为人承担，可以处一千元以下罚款：（一）对饲养的动物不按照动物疫病强制免疫计划进行免疫接种的之规定。作出以下处罚：给予当事人警告。”</td></tr>
<tr><td>告知
事项</td><td colspan="8">1. 当事人应当对违法行为在5日内予以纠正；
2. 当事人必须在收到处罚决定书之日起15日内持本决定书到××银行缴纳罚没款。逾期不缴纳的，每日按罚款数额的3%加处罚款；
3. 对本处罚决定不服的，可以在收到本处罚决定书之日起60日内向××省××县畜牧业管理局申请行政复议，或在三个月内向××县人民法院起诉，在复议或诉讼期间不停止执行本处罚决定。</td></tr>
<tr><td rowspan="2">执法人员
基本情况</td><td colspan="2">姓　　名</td><td colspan="2">李××</td><td colspan="2">刘××</td><td colspan="2" rowspan="2">××县动物卫生监督所
2014年3月28日</td></tr>
<tr><td colspan="2">执法证件号</td><td colspan="2">××××××</td><td colspan="2">××××××</td></tr>
<tr><td colspan="2">当事人签收</td><td colspan="3">张××</td><td colspan="2">是否当场执行</td><td colspan="2">是</td></tr>
</table>

现场检查笔录

时间： <u>2014</u> 年 <u>3</u> 月 <u>28</u> 日 <u>8</u> 时 <u>40</u> 分至 <u>8</u> 时 <u>50</u> 分

检查地点： <u>×× 省 ×× 县 ×× 镇 ×× 村 ×× 屯</u>

当事人： <u>张 ××</u>

检查机关： <u>×× 省 ×× 县动物卫生监督所</u>

检查人员： <u>刘 ××</u> **执法证件号：** <u>××××××</u>

<u>李 ××</u> **执法证件号：** <u>××××××</u>

记录人： <u>刘 ××</u>

现场检查情况： <u>2014 年 3 月 28 日，本机关执法人员李 ×× 、刘 ×× 来到 ×× 县 ×× 镇 ×× 村 ×× 屯张 ×× 家，向其出示执法证件，检查情况如下：张 ×× 家西侧有一圈舍内饲养了 36 头仔猪，精神状态正常，36 头仔猪没有佩戴免疫标识，圈内地面散落着玉米叶，有料槽 2 个，水槽 1 个。执法人员对涉案仔猪在当事人在场情况下进行现场拍照。</u>

当事人签名：张 ××　　　　　　　　　　　　　（见证人签名或盖章：　　　　　　）

执法人员签名：刘 ××　李 ××

（共 1 页第 1 页）

询 问 笔 录

询问时间： 2014 年 03 月 28 日 10 时 20 分至 10 时 50 分

询问地点： ×× 县 ×× 镇 ×× 村 ×× 屯张 ×× 家

询问机关： ×× 县动物卫生监督所

询问人： 刘 ××　　**执法证件号：** ××××××

　　　　　李 ××　　**执法证件号：** ××××××

记录人： 刘 ××

被询问人：姓名： 张 ××　　**性别：** 男　　**年龄：** 27

　　　　　身份证号码： ××××××　　**联系电话：** ××××××

　　　　　工作单位： /　　**职务：** /

　　　　　住址： ×× 县 ×× 镇 ×× 村 ×× 屯

问： 我们是 ×× 县动物卫生监督所执法人员（出示执法证件），现依法向你进行询问调查。你应当如实回答我们的询问并协助调查，作伪证要承担法律责任，你听清楚了吗？

答： 听清楚了。

问： 你有申请执法人员回避的权利，是否申请？

答： 不申请。

问： 我们需要核实一下你的基本情况？

答： 我叫张 ××，今年 27 岁，现居住在 ×× 县 ×× 镇 ×× 村 ×× 屯，手机号码是 ××××××。

问： 请出示您的身份证。

答： 这是我的身份证，您看一下。

问： 调查结束后，我们需要将你的身份证复印，需要你确认签字并标明时间。

答： 好的。

问： 今天我们来是为你拒绝对饲养的 36 头仔猪进行口蹄疫强制免疫的情况依法进行询问，请你如实回答？

答： 好的。

问： 养几年了？

答： 才养了一年多。

问： 你饲养的仔猪进行了哪些免疫接种？

答： 也没什么毛病，也不用打免疫针啊，平时喂些驱虫药就没事了。

被询问人签名或盖章：张 ××

（共 2 页第 1 页）

笔 录 纸

问：你知道饲养仔猪必须注射口蹄疫疫苗吗？

答：知道。

问：那为什么没有进行仔猪口蹄疫强制免疫？

答：注射口蹄疫疫苗副作用大，猪容易死亡，所以我不愿意注射疫苗。

问：以上记录你看一下，是否属实？

答：属实，和我说的一样。

执法人员签名或盖章：李××　刘××

被询问人签名或盖章：张××

（共 2 页第 2 页）

行政处罚立案审批表

××动监立〔2014〕7号

案件来源			群众举报			受案时间		2014年4月3日
案　由			涉嫌不依法履行动物疫病强制免疫义务案					
当事人	个人	姓名	张××			电话		××××××
		性别	男	年龄	27	身份证号		××××××
		住址	××县××镇××村××屯					
	单位	名称	/			法定代表人（负责人）		/
		地址	/			电话		/
简要案情			2014年3月27日，××县××镇畜牧兽医站职工蔡××到××村××屯张××家去，对其饲养的36头仔猪进行口蹄疫免疫接种，但是当事人张××拒绝进行强制免疫接种，3月28日，××镇畜牧兽医站向××县动物卫生监督所将进行了报告，当日，××县动物卫生监督所立即指派执法人员李××、刘××赶赴现场进行调查。经查：当事人张××饲养的36头仔猪是自家母猪生产，没有按照动物强制免疫计划进行强制免疫接种。本机关依法下达了《当场处罚决定书》，给予警告，并责令其五日内完成疫苗接种。4月3日，××县动物卫生监督所再次对该饲养户进行检查时，发现当事人张××仍未对他饲养的仔猪进行强制免疫接种。当事人张××的行为涉嫌违反了《中华人民共和国动物防疫法》第十四条第二款之规定，建议立案调查。 受案人签名：李××　刘×× 　　　　　　2014年4月3日					
执法机构意见			（如监督所内设执法科，由执法科在此处填写意见） 　　　　　　　签名： 　　　　　　　　　年　　月　　日					
法制机构意见			（如监督所内设法制科，由法制科在此处填写意见） 　　　　　　　签名： 　　　　　　　　　年　　月　　日					
执法机关意见			同意立案调查。由李××、刘××承办。 　　　　　　　签名：孙×× 　　　　　　　2014年4月3日					
备　注								

证据材料登记表

此复印件与原件相符

当事人签字：张××

2014 年 4 月 3 日

证据制作说明：

1. 收 集 人：李××、刘××
2. 提 供 人：张××
3. 收集时间：2014 年 4 月 3 日
4. 收集地点：××县××镇××村××屯
5. 收集方式：复印
6. 证据内容：张××身份证

现场检查笔录

时间: <u>2014</u> 年 <u>4</u> 月 <u>3</u> 日 <u>9</u> 时 <u>15</u> 分至 <u>9</u> 时 <u>40</u> 分

检查地点: <u>××省××县××镇××村××屯张××家中</u>

当事人: <u>张××</u>

检查机关: <u>××省××县动物卫生监督所</u>

检查人员: <u>李××</u>　　**执法证件号:** <u>××××××</u>

　　　　　　<u>刘××</u>　　　　　　　　<u>××××××</u>

记录人: <u>李××</u>

现场检查情况: 2014 年 4 月 3 日,本机关执法人员李××、刘××再次来到××县××镇××村××屯张××家,向其出示执法证件,检查情况如下:张××家西侧有一圈舍内饲养了 36 头仔猪,精神状态正常,36 头仔猪没有佩戴免疫标识,圈内地面散落着玉米叶,有料槽 2 个,水槽 1 个。执法人员对现场进行了拍照。

当事人签名或盖章:张××　　　　　　　　　　　　(见证人签名或盖章:　　　　　　)

执法人员签名或盖章:李××　刘××

(第 1 页共 1 页)

询 问 笔 录

询问时间： 2014 年 4 月 3 日 11 时 15 分至 11 时 50 分

询问地点： ×× 县 ×× 镇 ×× 村 ×× 屯张 ×× 家中

询问机关： ×× 县动物卫生监督所

询问人： 李 ××　　　**执法证件号：** ××××××

　　　　　刘 ××　　　　　　　　××××××

记录人： 李 ××

被询问人： 姓名：张 ××　　性别：**男**　　年龄：**27**

　　　　　身份证号：××××××　　联系电话：××××××

　　　　　工作单位：　/　　职务：　/

　　　　　住　　址：×× 省 ×× 县 ×× 镇 ×× 村 ×× 屯

问： 我们是 ×× 县动物卫生监督所执法人员（出示执法证件），现依法向你进行询问调查。你应当如实回答我们的询问并协助调查，作伪证要承担法律责任，你听清楚了吗？

答： 听清楚了。

问： 请把你的个人情况讲一下。

答： 我叫张 ××，27 岁，现住 ×× 县 ×× 镇 ×× 村 ×× 屯。

问： 请出示你的身份证。

答： 这是我的身份证，您看一下。

问： 今天我们来是为你拒绝对饲养的36头仔猪进行口蹄疫强制免疫的情况依法进行询问，请你如实回答？

答： 行，你问吧。

问： 2014 年 3 月 28 日，本机关向你下达的《当场处罚决定书》要求你在 5 日内进行口蹄疫强制免疫，请问你是否按要求做了？

答： 没有。

问： 为什么不进行强制免疫？

答： 注射口蹄疫疫苗副作用大，猪容易死亡，所以我不愿意注射疫苗。

问： 以上记录你看一下，是否属实？

答： 属实，和我说的一样。

被询问人签名：张 ××　　执法人员签名：李 ××　　刘 ××

（第 1 页共 1 页）

证据材料登记表

证据制作说明：

1. 收　集　人：李××、刘××

2. 提　供　人：

3. 收集时间：2014 年 4 月 3 日

4. 收集地点：××县××镇××村××屯

5. 收集方式：拍照

6. 证据内容：现场检查照片

案件处理意见书

案由						涉嫌不依法履行动物疫病强制免疫义务案		
当事人	个人	姓名				张××		
		性别	男	年龄	27	电话	××××××	
		住址				××县××镇××村××屯		
	单位	名称	/			法定代表人（负责人）		/
		地址	/			电话		/
案件调查经过		3月28日，××镇畜牧兽医站向××县动物卫生监督所进行了报告，××村××屯张××拒绝对其饲养的36头仔猪进行口蹄疫强制免疫接种。接到举报后，本机关立即指派执法人员李××、刘××赶赴现场进行调查。经查：××镇畜牧兽医站职工蔡××的报告情况属实，当事人张××饲养的36头仔猪是自家母猪生产，没有按照动物强制免疫计划进行强制免疫接种。本机关依法下达了《当场处罚决定书》，给予警告，并责令其5日内完成疫苗接种。4月3日，××县动物卫生监督所再次对该饲养户进行检查时，发现当事人张××仍未对他饲养的仔猪进行强制免疫接种。执法人员制作了《现场检查笔录》，对现场进行了拍照，并对当事人张××进行了询问，制作了《询问笔录》，收集了相关证据。						
所附证据材料		1.《现场检查笔录》2份； 2.《询问笔录》2份； 3.《当场处罚决定书》1份； 4. 当事人的身份证复印件1份。						

调查结论及处理意见	经调查：当事人张××不依法履行动物疫病强制免疫，事实清楚、证据确凿，其行为违反了《中华人民共和国动物防疫法》第十四条第二款之规定："饲养动物的单位和个人应当依法履行动物疫病强制免疫义务，按照兽医主管部门的要求做好强制免疫工作"。按照《××省畜牧业行政处罚自由裁量权标准》（具体条款略），对当事人处以（××××××—××××××）幅度内的处罚，足以起到惩戒作用。 　　依据《中华人民共和国动物防疫法》第七十三条第一项之规定："违反本法规定，有下列行为之一的，由动物卫生监督机构责令改正，给予警告；拒不改正的，由动物卫生监督机构代作处理，所需处理费用由违法行为人承担，可以处一千元以下罚款：（一）对饲养的动物不按照动物疫病强制免疫计划进行免疫接种的"，建议作出如下处罚： 　　<u>罚款人民币 200.00 元。</u> 　　　　　　　　　　　　　　执法人员签名：李××　刘×× 　　　　　　　　　　　　　　　　　　　　2014 年 4 月 3 日
执法机构意见	（如监督所内设执法科，由执法科在此处填写意见） 　　　　　　　　　　　　　　签名： 　　　　　　　　　　　　　　　　年　　　月　　　日
法制机构意见	（如监督所内设法制科，由法制科在此处填写意见） 　　　　　　　　　　　　　　签名： 　　　　　　　　　　　　　　　　年　　　月　　　日
执法机关意见	同意。 　　　　　　　　　　　　　　签名：孙×× 　　　　　　　　　　　　　　　　2014 年 4 月 3 日

××县动物卫生监督所
行政处罚事先告知书

××动监告〔2014〕7号

张××：

经调查，你于2014年3月28日未按照动物强制免疫计划进行仔猪免疫接种。本机关作出了《当场处罚决定书》给予警告，责令你5日内完成疫苗接种。4月3日，本机关再次对你进行检查，你仍未对仔猪进行免疫接种。有2014年3月28日制作的《现场检查笔录》《询问笔录》《当场处罚决定书》和2014年4月3日制作的《现场检查笔录》《询问笔录》各1份等证据为证。

你违反了《中华人民共和国动物防疫法》第十四条第二款之规定："饲养动物的单位和个人应当依法履行动物疫病强制免疫义务，按照兽医主管部门的要求做好强制免疫工作的规定。"按照《××省畜牧业行政处罚自由裁量权标准》（具体条款略）之规定，对当事人处以（×××××—××××××）幅度内的处罚，足以起到惩戒作用。

依据《中华人民共和国动物防疫法》第七十三条第一项之规定："违反本法规定，有下列行为之一的，由动物卫生监督机构责令改正，给予警告；拒不改正的，由动物卫生监督机构代作处理，所需处理费用由违法行为人承担，可以处一千元以下罚款：（一）对饲养的动物不按照动物疫病强制免疫计划进行免疫接种的。"拟作出如下处罚决定：

罚款人民币200.00元。

根据《中华人民共和国行政处罚法》第三十一条、第三十二条和第四十二条的规定，你可在收到本告知书之日起三日内向本机关进行陈述申辩，逾期不陈述申辩，视为你放弃上述权利。

××县动物卫生监督所

2014年4月3日

××县动物卫生监督所地址：××县××区××街××号

联系人：李×× 刘×× 电话：××××××

陈述申辩笔录

当事人：张××　　**身份证号码：**××××××

陈述申辩时间：2014 年 4 月 4 日 15 时 10 分至 15 时 40 分

陈述申辩地点：××县动物卫生监督所办公室

执法人员：刘××　　**执法证件号：**××××××

　　　　　　　李××　　　　　　　　××××××

记录人：刘××

陈述申辩内容：

　　贵所下达的《行政处罚事先告知书》（××动监告〔2014〕7 号）我已经收到，关于我饲养的 36 头仔猪未按照动物强制免疫计划进行免疫接种的违法事实，我没有什么异议。我接受由贵所代作处理，所需费用我全部承担，但念我是初犯，家庭经济困难，希望不罚款。

陈述申辩人签名：张××

执法人员签名：刘××　李××

行政处罚决定审批表

案由	不依法履行动物疫病强制免疫义务案						
当事人	个人	姓名	张××				
		性别	男	年龄	27	电话	××××××
		住址	××县××镇××村××屯				
	单位	名称	/		法定代表人（负责人）		/
		地址	/		电话		/
陈述申辩或听证情况	张××在收到行政处罚事先告知书（××动监告〔2014〕7号）后，在法定期限内进行了陈述申辩。具体内容如下：对我饲养的36头仔猪未按照动物强制免疫计划进行免疫接种的违法事实，没有异议。但念我是初犯，家庭经济困难，希望不罚款。						
处理意见	经审查，当事人要求不罚款的请求，不符合《中华人民共和国行政处罚法》有关规定，不予采纳。 建议维持《行政处罚事先告知书》拟作出的处理处罚决定。 执法人员签名：李××　刘×× 2014年4月6日						
执法机构意见	（如监督所内设执法科，由执法科在此处填写意见） 签名： 年　月　日						
法制机构意见	（如监督所内设法制科，由法制科在此处填写意见） 签名： 年　月　日						
执法机关意见	同意。 签名：孙×× 2014年4月6日						

送 达 回 证

案　　由	涉嫌不依法履行动物疫病强制免疫义务案				
受送达人	张××				
送达单位	××县动物卫生监督所				
送达文书及文号	送达地点	送达人	送达方式	收到日期	收件人签名
《行政处罚事先告知书》（××动监告〔2014〕7号）	××县××镇××村××屯	李×× 刘××	直接送达	2014年4月3日	张××
/	/	/	/	/	/
备注					

送 达 回 证

案　　由	不依法履行动物疫病强制免疫义务案				
受送达人名称或姓名	张××				
送达单位	××县动物卫生监督所				
送达文书及文号	送达地点	送达人	送达方式	收到日期	收件人签名
《行政处罚决定书》（××动监罚〔2014〕7号）	××县××镇××村××屯	李×× 刘××	直接送达	2014年4月6日	张××
/	/	/	/	/	/
备注					

票据粘贴页

（罚没收据存根清单）

行政处罚结案报告

案　由	不依法履行动物疫病强制免疫义务案		
当事人	张××		
立案时间	2014 年 4 月 3 日	处罚决定送达时间	2014 年 4 月 6 日

处罚决定：

　　罚款人民币 200.00 元。

执行情况：

　　1. 执行情况：自动履行。

　　2. 执行时间：2014 年 4 月 6 日。

　　3. 已对当事人饲养的 36 头仔猪进行口蹄疫强制免疫代作处理。

执法人员签名：李××　刘××

2014 年 4 月 10 日

执法机构意见	（如监督所内设执法科，由执法科在此处填写意见） 签名： 　　　　年　　月　　日
执法机关意见	同意结案。 签名：孙×× 2014 年 4 月 10 日

备　考　表

本案卷包括使用的执法文书、收集的证据及罚没收据存根清单共 21 页。

立卷人：刘 × ×

2014 年 4 月 12 日

本案卷执法文书及相关证据归档完整，符合要求。

审查人：孙 × ×

2014 年 4 月 12 日

卷二　关于××养殖场未建立养殖档案案

一、案情简介

2015年6月21日，××县畜牧兽医局执法人员张××和杨××在对××养殖场监督检查时发现，该养殖场于2012年6月取得了《动物防疫条件合格证》和《企业法人营业执照》，2013年4月进行了养殖场备案登记，取得了养殖代码，现存栏母猪95头，育肥猪46头，但未按照国家有关规定建立生猪养殖档案。本机关于当日依法进行立案调查。执法人员对××养殖场法定代表人李××进行了询问，制作了《询问笔录》和《现场检查笔录》，收集了相关证据。2015年6月24日，××县畜牧兽医局制作并下达了《行政处罚事先告知书》，2015年6月28日下达《行政处罚决定书》，罚款人民币1000.00元。

二、处罚依据

违反条款：《中华人民共和国畜牧法》第四十一条。

处罚条款：《中华人民共和国畜牧法》第六十六条。

三、本类型案件办理的注意事项及难点

1. 注意区分当事人是个人还是单位。

2. 注意本类型案件的执法主体为畜牧兽医主管部门。

××县畜牧兽医局
案　　卷

××畜牧罚〔2015〕8号					
题　名	关于××养殖场未建立养殖档案案				
案件承办人		当　事　人			
张×× 杨××		××养殖场			
立案日期	2015年6月21日	结案日期	2015年6月28日	立卷人	张××
执行结果	当事人已依法履行完毕。				
归档日期	2015年6月28日	档　案　编　号		201508	
保存期限	长期	卷内共20页			
备注					

卷 内 目 录

序号	文书编号	文书日期	题名	页号	备注
1	××畜牧罚〔2015〕8号	2015年6月28日	行政处罚决定书		
2	××畜牧立〔2015〕8号	2015年6月21日	行政处罚立案审批表		
3		2015年6月21日	当事人身份证明		复印件
4		2015年6月21日	现场检查笔录		
5		2015年6月21日	询问笔录		
6		2015年6月21日	证据材料登记表（法定代表人身份证明）		复印件
		2015年6月21日	证据材料登记表（《动物防疫条件合格证》）		复印件
7		2015年6月21日	证据材料登记表（现场检查照片）		
8		2015年6月21日	证据材料登记表（现场检查照片）		
9		2015年6月24日	案件处理意见书		
10	××畜牧告〔2015〕8号	2015年6月24日	行政处罚事先告知书		
11		2015年6月28日	行政处罚决定审批表		
12		2015年6月24日	送达回证		
13		2015年6月28日	送达回证		
14		2015年6月28日	缴纳罚款银行回执		
15		2015年6月28日	行政处罚结案报告		
16		2015年6月28日	备考表		

××县畜牧兽医局行政处罚决定书

××畜牧罚〔2015〕8号

单位名称： ××养殖场　　　　**法定代表人：** 李××

地址： ××县××镇××村　　　　**联系方式：** ××××××

当事人××养殖场未建立养殖档案一案，经本机关依法调查，现查明：

2015年6月21日，本机关执法人员张××和杨××在对××养殖场监督检查时发现，该养殖场于2012年6月取得了《动物防疫条件合格证》和《企业法人营业执照》，2013年4月进行了养殖场备案登记，取得了养殖代码，现存栏母猪95头，育肥猪46头，但未按照国家有关规定建立生猪养殖档案。经请示，立案调查。执法人员对当事人李××进行了询问，制作了《询问笔录》，收集了相关证据。××养殖场存在未建立养殖档案的违法事实。

以上事实查证属实，有下列证据为证：

1.《现场检查笔录》1份，证明现场的相关情况，该养殖场存在未建立养殖档案的违法行为。

2.《询问笔录》1份，证明当事人违法情形和事实经过。

3.身份证复印件1份，证明李××法定代表人身份。

4.《动物防疫条件合格证》1份，证明该场动物防疫条件合格。

5.《养殖备案申请审查表》1份，证明该场已在××县畜牧业管理局备案，取得畜禽标识代码。

6.《企业法人营业执照》1份，证明违法主体的适格性，违法主体为企业法人。

7.照片2张，证明现场检查及相关违法事实，该场有母猪及育肥猪存栏情况，与证据1相互印证。

本机关认为：

××养殖场未建立养殖档案，事实清楚、证据确凿，其行为违反了《中华人民共和国畜牧法》第四十一条之规定："畜禽养殖场应当建立养殖档案，载明以下内容：（一）畜禽的品种、数量、繁殖记录、标识情况、来源和进出场日期；（二）饲料、饲料添加剂、兽药等投入品的来源、名称、使用对象、时间和用量；（三）检疫、免疫、消毒情况；（四）畜禽发病、死亡和无害化处理情况；（五）国务院畜牧兽医行政主管部门规定的其他内容。"2015年6月24日，本机关向当事人送达了《行政处罚事先告知书》（××畜牧告〔2015〕8号），当事人在法定期限内未进行陈述申辩。按照《××省畜牧业行政处罚自由裁量权标准》（具体条款略）之规定，对当事人处以（××××××—××××××）幅度内的处罚，足以起到惩戒作用。

依照《中华人民共和国畜牧法》第六十六条之规定："违反本法第四十一条规定，畜禽养殖场未建立养殖档案的，或者未按照规定保存养殖档案的，由县级以上人民政府畜牧兽医行政主管部门责令限期改正，可以处一万元以下罚款。"本机关责令当事人立即改正违法行为，并作出如下处罚决定：

罚款人民币1000.00元。

当事人必须在收到本处罚决定书之日起15日内持本决定书到××县银行缴纳罚（没）款；逾期不按规定缴纳罚款的，每日按罚款数额的3%加处罚款。

当事人对本处罚决定不服的，可以在收到本处罚决定书之日起 60 日内向 ×× 县畜牧局申请行政复议；或者六个月内向 ×× 县人民法院提起行政诉讼。行政复议和行政诉讼期间，本处罚决定不停止执行。

当事人逾期不申请行政复议或提起行政诉讼，也不履行本行政处罚决定的，本所将依法申请人民法院强制执行。

×× 县畜牧兽医局

2015 年 6 月 28 日

行政处罚立案审批表

××畜牧立〔2015〕8号

<table>
<tr><td>案件来源</td><td colspan="3">检查发现</td><td>受案时间</td><td colspan="2">2015年6月21日</td></tr>
<tr><td>案　由</td><td colspan="6">涉嫌未建立养殖档案案</td></tr>
<tr><td rowspan="5">当事人</td><td rowspan="3">个人</td><td>姓名</td><td colspan="3">/</td><td>电话</td><td>/</td></tr>
<tr><td>性别</td><td>/</td><td>年龄</td><td>/</td><td>身份证号</td><td>/</td></tr>
<tr><td>住址</td><td colspan="5">/</td></tr>
<tr><td rowspan="2">单位</td><td>名称</td><td colspan="2">××养殖场</td><td>法定代表人</td><td colspan="2">李××</td></tr>
<tr><td>地址</td><td colspan="2">××县××镇××村</td><td>电话</td><td colspan="2">××××××</td></tr>
<tr><td>简要
案情</td><td colspan="7">　　2015年6月21日，本机关执法人员张××、杨××等2人对××养殖场监督检查时发现，××养殖场无法提供养殖档案。其行为涉嫌违反了《中华人民共和国畜牧法》第四十一条之规定，建议立案调查。

受案人签名：张×× 杨××</td></tr>
<tr><td>执法
机构
意见</td><td colspan="7">（如监督所内设执法科，由执法科在此处填写意见）

　　　　　　　　　　　　　　　　　签名：
　　　　　　　　　　　　　　　年　月　日</td></tr>
<tr><td>法制
机构
意见</td><td colspan="7">（如监督所内设法制科，由法制科在此处填写意见）

　　　　　　　　　　　　　　　　　签名：
　　　　　　　　　　　　　　　年　月　日</td></tr>
<tr><td>执法
机关
意见</td><td colspan="7">同意立案调查。由张××、杨××承办。

　　　　　　　　　　　　　　　　　签名：王××
　　　　　　　　　　　　　　　2015年6月21日</td></tr>
<tr><td>备　注</td><td colspan="7">

</td></tr>
</table>

证据材料登记表

此复印件与原件相符

当事人签名：李××

2015 年 6 月 21 日

证据制作说明：

1. 收 集 人：张××、杨××

2. 提 供 人：李××

3. 收集时间：2015 年 6 月 21 日

4. 收集地点：××县××养殖场办公室

5. 收集方式：复印

6. 证据内容：《企业法人营业执照》

现场检查笔录

时间： 2015 年 6 月 21 日 16 时 30 分至 17 时 10 分

检查地点： ××县××镇××村

当事人： ××养殖场

检查机关： ××县畜牧兽医局

检查人员： 张××　　　**执法证件号：** ××××××

　　　　　　　杨××　　　**执法证件号：** ××××××

记录人： 张××

现场检查情况： 2015 年 6 月 21 日下午 16 时 30 分，××县畜牧兽医局执法人员张××、杨××对××县××镇××养殖场进行监督检查，出示执法证件，检查情况如下：该场位于××县××镇××村，××路与××路交汇处东北侧 500 米处，占地面积约 3 亩。场区出入口有消毒池，东侧有 8 间双排双列猪舍，分别为产房、保育舍、配种舍、公猪舍和 4 间育肥舍，有母猪（能繁母猪及后备猪）共 95 头，育肥猪 46 头，所有猪均佩戴耳标。南侧为员工宿舍，北侧为饲料间，生产区和生活区有围墙隔开。

　　场区办公室墙壁上挂有《动物防疫条件合格证》《企业法人营业执照》，李××向执法人员提供了该场的《养殖备案申请审查表》，执法人员分别进行了复印取证。执法人员向李××提出检查该场生猪养殖档案，李××不能提供。执法人员对猪舍外观、场区内部及存栏情况进行了拍照。

当事人签名或盖章：李××　　　　　　　　　　　　　　（见证人签名或盖章：　　　　　　　　　）

执法人员签名或盖章：张××　杨××

询 问 笔 录

询问时间： 2015 年 6 月 21 日 17 时 15 分至 17 时 30 分

询问地点： ×× 县 ×× 镇 ×× 村 ×× 养殖场办公室

询问机关： ×× 县畜牧兽医局

询问人： 张 ××　　**执法证件号：** ××××××

　　　　　　杨 ××　　**执法证件号：** ××××××

记录人： 杨 ××

被询问人： 姓名： 李 ××　　性别： 男　　年龄： 46 岁　　身份证号： ××××××

　　　　　　联系电话： ××××××　　工作单位： ×× 养殖场　　职务： 经理

　　　　　　住址： ×× 县 ×× 镇 ×× 村

问： 我们是 ×× 县畜牧兽医局执法人员（出示执法证件），现依法向你进行询问调查。你应当如实回答我们的询问并协助调查，作伪证要承担法律责任，你听清楚了吗？

答： 我听清楚了。

问： 你有申请执法人员回避的权利，是否申请？

答： 不申请。

问： 请叙述一下你的自然情况。

答： 我叫李 ××，男，46 岁，电话号码是 ××××××，住址是 ×× 县 ×× 镇 ×× 村。

问： 请出示一下你的身份证。

答： 这是我的身份证，你看一下。

问： 调查结束后，我们要复印你的身份证，同时也请你在身份证复印件上签字确认并标注日期？

答： 好的，可以。

问： 你在该场是负责什么的？

答： 我是这个场的法定代表人。

被询问人签名或盖章： 李 ××

（第 1 页共 2 页）

笔　录　纸

问：请你介绍一下这个养殖场从建成以来的办证情况和养殖情况？

答：我在 2012 年 6 月办理了《动物防疫条件合格证》和《企业法人营业执照》，2013 年 4 月办理了养殖场备案手续，取得了畜禽标识代码。建场以来，主要是饲养母猪、繁育和饲养商品猪，去年 8 月时存栏育肥猪 2710 头，现在存栏母猪 95 头，育肥猪 46 头。

问：请你谈谈养殖过程中对猪的免疫情况？

答：好的。我是搞养殖的，知道搞好防疫的重要性，我的猪万一得病，损失就大了，这方面从来不马虎。所以平时都是按照 ×× 兽医站的要求，对饲养的猪在春秋两季注射猪瘟等疫苗。这些情况兽医站的人都可以证实。

问：请出示养殖场的养殖档案？

答：我参加过畜牧兽医部门组织的培训，知道建立养殖档案很重要，只是平时事情太多，之前有养殖档案，去年收拾办公室弄没了，想着反正打过疫苗就可以了，所以没有建养殖档案，觉得太麻烦。

问：你还有需要补充的内容吗？

答：我以后认真填写养殖档案，其他的没有了。

问：以上内容是否属实？

答：我已看过，属实。

被询问人签名或盖章：李 ××

执法人员签名或盖章：张 ××　杨 ××

（第 2 页共 2 页）

证据材料登记表

<table>
<tr><td>

</td></tr>
<tr><td>

此复印件与原件相符

当事人签名：李××

2015 年 6 月 21 日
</td></tr>
<tr><td>

证据制作说明：

1. 收 集 人：张××、杨××

2. 提 供 人：李××

3. 收集时间：2015 年 6 月 21 日

4. 收集地点：××县××镇××村

5. 收集方式：复印

6. 证据内容：法定代表人李××身份证

</td></tr>
</table>

证据材料登记表

此复印件与原件相符

当事人签字：李××

2015 年 6 月 21 日

证据制作说明：

1. 收 集 人：张××、杨××

2. 提 供 人：李××

3. 收集时间：2015 年 6 月 21 日

4. 收集地点：××县××养殖场办公室

5. 收集方式：复印

6. 证据内容：《动物防疫条件合格证》

证据材料登记表

证据制作说明：

1. 收 集 人：张××、杨××

2. 提 供 人：

3. 收集时间：2015 年 6 月 21 日

4. 收集地点： ××县××镇××村

5. 收集方式：现场拍摄

6. 证据内容：现场检查照片

证据材料登记表

证据制作说明：

1. 收 集 人：张 ×× 、杨 ××

2. 提 供 人：

3. 收集时间：2015 年 6 月 21 日

4. 收集地点：×× 县 ×× 镇 ×× 村

5. 收集方式：现场拍摄

6. 证据内容：现场检查照片

案件处理意见书

案由			涉嫌未建立养殖档案案			
当事人	个人	姓名	/			
		性别	/	年龄	/	电话	/
		住址	/			
	单位	名称	××养殖场	法定代表人		李××
		地址	××县××镇××村	电话		××××××

<table>
<tr><td rowspan="1">案件调查经过</td><td>

    2015年6月21日，本机关执法人员张××和杨××在对××养殖场监督检查时发现，该养殖场于2012年6月取得了《动物防疫条件合格证》和《企业法人营业执照》，2013年4月进行了养殖场备案登记，取得了养殖代码。该养殖场现存栏母猪95头，育肥猪46头，自备案登记以来，未按照国家有关规定建立生猪养殖档案。经请示，立案调查，执法人员对当事人李××进行了询问，收集了相关证据，当事人存在未建立养殖档案的违法事实。

</td></tr>
<tr><td>所附证据材料</td><td>

1. 《现场检查记录》1份；
2. 《询问笔录》1份；
3. 《企业法人营业执照》复印件1份；
4. 李××身份证复印件1份；
5. 《动物防疫条件合格证》复印件1份；
6. 《养殖备案申请审查表》复印件1份；
7. 现场照片3张。

</td></tr>
</table>

调查结论及处理意见	本机关认为：××养殖场未建立养殖档案一案，事实清楚、证据确凿，其行为违反了《中华人民共和国畜牧法》第四十一条之规定："畜禽养殖场应当建立养殖档案，载明以下内容：（一）畜禽的品种、数量、繁殖记录、标识情况、来源和进出场日期；（二）饲料、饲料添加剂、兽药等投入品的来源、名称、使用对象、时间和用量；（三）检疫、免疫、消毒情况；（四）畜禽发病、死亡和无害化处理情况；（五）国务院畜牧兽医行政主管部门规定的其他内容。"按照《××省畜牧业行政处罚自由裁量权标准》（具体条款略），对当事人处以（××××××—×××××××）幅度内的处罚，足以起到惩戒作用。 　　依据《中华人民共和国畜牧法》第六十六条："违反本法第四十一条规定，畜禽养殖场未建立养殖档案的，或者未按照规定保存养殖档案的，由县级以上人民政府畜牧兽医行政主管部门责令限期改正，可以处一万元以下罚款。"建议作出如下处罚： 　　罚款人民币 1000.00 元。 执法人员签名：张×× 杨×× 2015 年 6 月 24 日
执法机构意见	（如监督所内设执法科，由执法科在此处填写意见） 签名： 　　年　　月　　日
法制机构意见	（如监督所内设法制科，由法制科在此处填写意见） 签名： 　　年　　月　　日
执法机关意见	同意。 签名：王×× 2015 年 6 月 24 日

××县畜牧兽医局行政处罚事先告知书

××畜牧告〔2015〕8号

<u>××养殖场</u>：

经调查，你单位自备案登记以来，未按照国家规定建立生猪养殖档案。有《现场检查笔录》《询问笔录》《企业法人营业执照》《动物防疫条件合格证》、照片等证据为证。

你单位违反了《中华人民共和国畜牧法》第四十一条之规定："畜禽养殖场应当建立养殖档案，载明以下内容：（一）畜禽的品种、数量、繁殖记录、标识情况、来源和进出场日期；（二）饲料、饲料添加剂、兽药等投入品的来源、名称、使用对象、时间和用量；（三）检疫、免疫、消毒情况；（四）畜禽发病、死亡和无害化处理情况;（五)国务院畜牧兽医行政主管部门规定的其他内容。"<u>按照《××省畜牧业行政处罚自由裁量权标准》（具体条款略），对当事人处以（××××××—×××××××）幅度内的处罚，足以起到惩戒作用。</u>

依照《中华人民共和国畜牧法》第六十六条："违反本法第四十一条规定，畜禽养殖场未建立养殖档案的，或者未按照规定保存养殖档案的，由县级以上人民政府畜牧兽医行政主管部门责令限期改正，可以处一万元以下罚款"。本机构责令你立即改正违法行为，拟作出如下处罚决定：

<u>罚款人民币1000.00元。</u>

根据《中华人民共和国行政处罚法》第三十一条、第三十二条的规定，你可在收到本告知书之日起三日内向本局进行陈述申辩，逾期不陈述申辩的，视为你放弃上述权利。

××县畜牧兽医局
2015年6月24日

<u>处罚机构或机关地址：××县××路××号</u>
<u>联系人：张××　电话：××××××</u>

行政处罚决定审批表

案由			未建立养殖档案案					
当事人	个人	姓名	/					
		性别	/	年龄	/	电话	/	
		住址	/					
	单位	名称	××养殖场		法定代表人（负责人）		李××	
		地址	××县××镇××村		电话		××××××	
陈述申辩或听证情况		当事人在法定期限内未进行陈述申辩。						
处理意见		建议维持《行政处罚事先告知书》拟作出的处理处罚决定。 执法人员签名：张××　杨×× 2015 年 6 月 28 日						
执法机构意见		（如监督所内设执法科，由执法科在此处填写意见） 签名： 　　年　　月　　日						
法制机构意见		（如监督所内设法制科，由法制科在此处填写意见） 签名： 　　年　　月　　日						
执法机关意见		同意。 签名：王×× 2015 年 6 月 28 日						

送 达 回 证

案　　由	涉嫌未建立养殖档案案				
受送达人	××养殖场				
送达单位	××县畜牧兽医局				
送达文书及文号	送达地点	送达人	送达方式	收到日期	收件人签名
行政处罚事先告知书（××畜牧告〔2015〕8号）	××县××镇××村（××养殖场办公室）	张×× 杨××	直接送达	2015年6月24日	李××
/	/	/	/	/	/
备注					

送 达 回 证

案　　由	未建立养殖档案案				
受送达人	××养殖场				
送达单位	××县畜牧兽医局				
送达文书及文号	送达地点	送达人	送达方式	收到日期	收件人签名
行政处罚决定书（××畜牧罚〔2015〕8号）	××县××镇××村（××养殖场办公室）	张×× 杨××	直接送达	2015年6月28日	李××
备注					

票据粘贴页

（罚没收据存根清单）

行政处罚结案报告

案　由	未建立养殖档案案		
当事人	×× 养殖场		
立案时间	2015 年 6 月 21 日	处罚决定送达时间	2015 年 6 月 28 日

处罚决定：
　　罚款人民币 1000.00 元。

执行情况：
　　1. 执行方式：自动履行。
　　2. 执行时间：2015 年 6 月 28 日。

执法人员签名：张 × ×　杨 × ×

2015 年 6 月 28 日

执法 机构 意见	（如监督所内设执法科，由执法科在此处填写意见） 　　　　　　　　　　　　　　　　　　　　　　签名： 　　　　　　　　　　　　　　　　　年　　月　　日
处罚 机关 意见	同意结案。 　　　　　　　　　　　　　　　　　　　　签名：王 × × 　　　　　　　　　　　　　　　　　2015 年 6 月 28 日

备 考 表

本案卷包括使用执法文书、相关证据材料及行政处罚缴款书复印件共 19 页。

立卷人：张 ××

2015 年 6 月 28 日

本案卷执法文书及相关证据归档完整，符合要求。

审查人：王 ××

2015 年 6 月 28 日

第二章 不按照国务院兽医主管部门规定处置动物及其产品类案

卷三 关于余××未按照国务院兽医主管部门规定处置死因不明动物尸体案

一、案情简介

2015 年 7 月 21 日，××县动物卫生监督所接到群众举报，反映在××县××街道××公路边的草丛里发现几头死猪尸体，本机关立即派执法人员刘××、李××到现场核查。经查，距该公路边 50 米处的草丛中有 5 头死猪尸体，其中只有 1 头佩戴了免疫耳标。根据耳标号归属地追溯查询，查明耳标为××县××镇畜牧兽医站陆××领用发放。本机关于当日依法进行立案调查。执法人员询问了××县××镇畜牧兽医站陆××、生猪养殖户蒋××和××村养殖户余××，制作了《询问笔录》和《现场检查笔录》，收集了相关证据。2015 年 8 月 12 日，××县动物卫生监督所制作并下达了《行政处罚事先告知书》，2015 年 8 月 18 日，下达了《行政处罚决定书》，罚款人民币 1000.00 元。

二、处罚依据

违反条款：《中华人民共和国动物防疫法》第二十一条第二款。

处罚条款：《中华人民共和国动物防疫法》第七十五条。

三、本类型案件办理的注意事项及难点

办理此类案件应注意证据之间的关联性，做到证据之间的相互印证。

××县动物卫生监督所
案　　卷

××动监罚〔2015〕17号					
题　名	关于余××未按照国务院兽医主管部门规定处置死因不明动物尸体案				
案件承办人		当　事　人			
刘××　李××		余××			
立案日期	2015年7月21日	结案日期	2015年9月5日	立卷人	刘××
执行结果	当事人已依法履行完毕。				
归档日期	2015年9月5日	档　案　编　号		201517	
保存期限	长期	卷内共29页			
备注					

卷内目录（一）

序号	文书编号	文书日期	题名	页号	备注
1	××动监罚〔2015〕17号	2015年8月18日	行政处罚决定书		
2	××动监立〔2015〕17号	2015年7月21日	行政处罚立案审批表		
3		2015年7月22日	当事人身份证明		复印件
4		2015年7月21日	现场检查笔录		
5		2015年7月21日	询问笔录		
6		2015年7月21日	询问笔录		
7		2015年7月21日	现场检查笔录		
8		2015年7月22日	询问笔录		
9		2015年7月21日	证据材料登记表（证人陆××身份证明）		复印件
10		2015年7月21日	证据材料登记表（证人蒋××身份证明）		复印件
11		2015年7月22日	证据材料登记表（现场检查照片）		
12		2015年7月22日	证据材料登记表（现场检查照片）		
13		2015年7月21日	证据材料登记表（××镇畜牧兽医站免疫耳标发放领用记录）		
14		2015年7月22日	证据材料登记表（××县动物卫生监督所免疫耳标发放领用记录）		

卷内目录（二）

序号	文书编号	文书日期	题名	页号	备注
15		2015 年 7 月 23 日	案件处理意见书		
16	××动监告〔2015〕17 号	2015 年 8 月 12 日	行政处罚事先告知书		
17		2015 年 8 月 18 日	行政处罚决定审批表		
18		2015 年 8 月 12 日	送达回证		
19		2015 年 8 月 18 日	送达回证		
20		2015 年 9 月 4 日	缴纳罚款银行回执		
21		2015 年 9 月 5 日	行政处罚结案报告		
22		2015 年 9 月 5 日	备考表		

××县动物卫生监督所
行政处罚决定书

×× 动监罚〔2015〕17 号

姓名： 余×× 　　**性别：** 男　　**年龄：** 27

住址： ×× 省 ×× 县 ×× 镇 ×× 村 ×× 号 　　**联系方式：** ××××××

当事人余×× 不按照国务院兽医主管部门规定处置死因不明动物尸体案，经本机关依法调查，现查明：

2015 年 7 月 21 日，本机关接到群众举报，反映在 ×× 县 ×× 街道 ×× 公路边的草丛里发现几头死猪尸体，立即派执法人员刘 ××、李 ×× 到现场核查。发现，距该公路边 50 米处的草丛中有 5 头死猪尸体，其中只有 1 头佩戴了免疫耳标。根据耳标号归属地追溯查询，查明耳标为 ×× 县 ×× 镇畜牧兽医站陆 ×× 领用发放。经请示，立案调查。执法人员制作了《现场检查笔录》，通过对 ×× 县 ×× 镇畜牧兽医站陆 ××、生猪养殖户蒋 ×× 和 ×× 村养殖户余 ×× 等人的调查询问，查明当事人余 ×× 于 2015 年 6 月底从 ×× 镇蒋 ×× 购买 47 头猪。7 月 18 日早上，余 ×× 发现死了 5 头猪，并对剩余的 42 头猪进行了检查，没有发现异常，这 5 头猪的死亡原因不清。当事人为图省事，在 18 日晚上用三轮摩托车运至 ×× 街道 ×× 公路边扔在草丛中。当事人余 ×× 存在不按照国务院兽医主管部门规定处置死因不明动物尸体的违法事实。

以上事实查证属实，有下列证据为证：

1.《现场检查笔录》（2015 年 7 月 21 日上午）1 份，证明死猪尸体被弃置于路边草丛中的违法事实；

2.《现场检查笔录》（2015 年 7 月 21 日下午）1 份，证明当事人饲养生猪存栏情况以及生猪所佩戴耳标与死猪耳标的关联性；

3. 现场检查照片 1 张，与证据 1 相互印证；

4. 现场检查照片 1 张，与证据 2 相互印证；

5. 陆 ××《询问笔录》1 份，证明耳标（号段为 1331102　00884451 － 1331102　00884497）由 ×× 镇畜牧兽医站发放到蒋 ×× 养殖场；

6. 蒋 ××《询问笔录》1 份，证明蒋 ×× 将耳标号段为 1331102　00884451 － 1331102　00884497 的 47 头猪卖给余 ×× 的事实；

7. 余 ×× 的《询问笔录》1 份，证明余 ×× 从蒋 ×× 处购买 47 头猪，与证据 6 相互印证；同时证明涉案 5 头猪死因不明和余 ×× 未按规定处置动物尸体的事实；

8. ×× 县动物卫生监督所免疫耳标发放及领用记录 1 份，证明号段为 1331102　00884451 － 1331102　00884497 的耳标发放到 ×× 镇畜牧兽医站；

9. ×× 镇畜牧兽医站免疫耳标发放及领用记录 1 份，证明号段为 1331102　00884451 － 1331102　00884497 的耳标是由镇畜牧兽医站工作人员陆 ×× 领用的事实。与证据 5 相互印证；

10. 当事人身份证复印件，证明其身份及违法主体适格性；

11. 证人陆××身份证复印件1份，证明证人身份；

12. 证人蒋××身份证复印件1份，证明证人身份。

本机关认为：

当事人不按照国务院兽医主管部门规定处置死因不明动物，事实清楚、证据确凿，其行为违反了《中华人民共和国动物防疫法》第二十一条第二款之规定："染疫动物及其排泄物、染疫动物产品，病死或者死因不明的动物尸体，运载工具中的动物排泄物以及垫料、包装物、容器等污染物，应当按照国务院兽医主管部门的规定处理，不得随意处置"。当事人收到《行政处罚事先告知书》后，在法定期限内未进行陈述申辩。按照《××省畜牧业行政处罚自由裁量权标准》（具体条款略）之规定，对当事人处以（××××××—××××××）幅度内的处罚，足以起到惩戒作用。

依据《中华人民共和国动物防疫法》第七十五条之规定："违反本法规定，不按照国务院兽医主管部门规定处置染疫动物及其排泄物，染疫动物产品，病死或者死因不明的动物尸体，运载工具中的动物排泄物以及垫料、包装物、容器等污染物以及其他经检疫不合格的动物、动物产品的，由动物卫生监督机构责令无害化处理，所需处理费用由违法行为人承担，可以处三千元以下罚款。"本机关现责令你立即改正违法行为，并作出如下处罚决定：

罚款人民币1000.00元。

当事人必须在收到本决定书之日起15日内持本决定书到××县××银行缴纳罚款。逾期不缴纳罚款的，每日按罚款数额的3%加处罚款。

当事人对本处罚决定不服的，可以在收到本处罚决定书之日起60日内向××县农业局申请行政复议；或在六个月内向××县人民法院提起行政诉讼。行政复议和行政诉讼期间，本处罚决定不停止执行。

当事人逾期不申请行政复议或提起行政诉讼，也不履行本行政处罚决定的，本机关将依法申请人民法院强制执行。

×× 县动物卫生监督所

2015 年 8 月 18 日

行政处罚立案审批表

×× 动监立〔2015〕17 号

案件来源			群众举报		受案时间	2015 年 7 月 21 日
案　　由			涉嫌不按照国务院兽医主管部门规定处置死因不明动物尸体案			
当事人	个人	姓名	余 ××		电话	××××××
		性别	男	年龄	27	身份证号	××××××
		住址	×× 省 ×× 县 ×× 镇 ×× 村 ×× 号			
	单位	名称	/		法定代表人（负责人）	/
		地址	/		电话	/
简要案情			2015 年 7 月 21 日 9 时 15 分，本机关接到群众举报，反映位于 ×× 县 ×× 街道 ×× 公路边的草丛里发现几头死猪尸体。本机关立即指派执法人员刘 ××、李 ×× 会同 ×× 街道工作人员王 ×× 赶赴现场，在距该公路边 50 米处的草丛中发现 5 头弃置死猪尸体，其中有 1 头佩戴了免疫耳标（耳标号：1331102　00884474）。执法人员根据耳标号从 ×× 县动物卫生监督所免疫耳标发放领用记录查到该号码由 ×× 镇领用，违法行为人需进一步追查。当事人涉嫌不按照国务院兽医主管部门规定处置死因不明动物尸体，其行为涉嫌违反了《中华人民共和国动物防疫法》第二十一条第二款之规定，建议立案调查。 受案人签名：刘 ××　李 ×× 2015 年 7 月 21 日			
执法机构意见			（如监督所内设执法科，由执法科在此处填写意见） 签名： 　　年　月　日			
法制机构意见			（如监督所内设法制科，由法制科在此处填写意见） 签名： 　　年　月　日			
执法机关意见			同意立案，由刘 ××、李 ×× 承办。 签名：孙 ×× 2015 年 7 月 21 日			
备　　注						

证据材料登记表

此复印件与原件相符

当事人签名：余××

2015 年 7 月 22 日

证据制作说明：

1. 收 集 人：刘××、李××

2. 提 供 人：余××

3. 收集时间：2015 年 7 月 21 日

4. 收集地点：××县动物卫生监督所

5. 收集方式：复印

6. 证据内容：当事人余××身份证

现场检查笔录

时间：<u>2015</u> 年 <u>7</u> 月 <u>21</u> 日 <u>9</u> 时 <u>50</u> 分至 <u>11</u> 时 <u>20</u> 分

检查地点：<u>××县××街道××公路边</u>

当事人：<u>　　　　　无　　　　　</u>

检查机关：<u>××县动物卫生监督所</u>

检查人员：刘×× 　　**执法证件号：**<u>××××××</u>

　　　　　<u>李××</u>　　　　　　　　<u>××××××</u>

记录人：刘××

现场检查情况：<u>2015 年 7 月 21 日上午 9 时 15 分，本机关接到群众举报，反映在 ××县××街道××</u>
<u>公路边 50 米左右的草丛中发现 5 头死猪尸体。本机关立即指派执法人员刘××、李××会同××街</u>
<u>道工作人员王××赶赴现场，检查情况如下：该路段南侧 50 米的草丛中有 1 头死猪尸体，北侧 50 米</u>
<u>的草丛里有 4 头死猪尸体。5 头死猪尸体外观均无明显病理变化，其中 3 头腐烂较严重，散发腐败气味；</u>
<u>5 头死猪尸体中有 1 头左耳上佩戴有免疫耳标（耳标号：1331102　00884474），其余 4 头死猪耳朵上只</u>
<u>有耳洞，已无耳标。执法人员对检查现场及死猪尸体进行了拍照取证。涉案的 5 头死猪由××街道负</u>
<u>责保管。</u>

当事人签名或盖章：　　　　　　　　　　　　（见证人签名或盖章：王××）

执法人员签名或盖章：刘×× 　李××　　　　　　　　××街道工作人员

（第 1 页共 1 页）

询 问 笔 录

询问时间： <u>2015</u> 年 <u>7</u> 月 <u>21</u> 日 <u>11</u> 时 <u>50</u> 分至 <u>12</u> 时 <u>30</u> 分

询问地点： <u>××县××镇××路（××畜牧兽医站办公室）</u>

询问机关： <u>××县动物卫生监督所</u>

询问人： <u>刘××</u>　　**执法证件号：** <u>××××××</u>

　　　　　　<u>李××</u>　　　　　　　　　<u>××××××</u>

记录人： <u>刘××</u>

被询问人： 姓名： <u>陆××</u>　　性别： <u>男</u>　　年龄： <u>37</u>

　　　　　身份证号： <u>××××××</u>　　联系电话： <u>××××××</u>

　　　　　工作单位： <u>××县××镇畜牧兽医站</u>　　职务： <u>科员</u>

　　　　　住址： <u>××县××镇××号</u>

问： 我们是 ××县动物卫生监督所执法人员（出示执法证件），现依法向你进行询问调查。你应当如实回答我们的询问并协助调查，作伪证要承担法律责任，你听清楚了吗？

答： <u>听清楚了。</u>

问： <u>你有申请执法人员回避的权力，你是否申请？</u>

答： <u>不申请。</u>

问： <u>请叙述你的个人情况。</u>

答： <u>我叫陆××，今年37岁，是××县××镇畜牧兽医站兽医，负责本镇畜禽防疫、证照领用登记等工作，住在××县××镇××号，身份证号码是××××××，联系电话是××××××。</u>

问： <u>请出示你的身份证。</u>

答： <u>这是我的身份证，你们看一下。</u>

问： <u>调查结束后，我们需要将你的身份证复印，需要你确认签字并标明时间。</u>

答： <u>好的。</u>

被询问人签名或盖章：陆 ××

（第 1 页共 2 页）

笔　录　纸

问：耳标号为 1331102　00884474 的免疫耳标是由你领用的吗？

答：是的，是我到县里去领取的，镇畜牧兽医站也有领用记录，这是记录本。

问：该号码耳标是否已使用？

答：是的，根据记录，号段为 1331102　00884451—1331102　00884497 的 47 枚免疫耳标全部用于本镇一生猪养殖户蒋 ×× 的猪场了。

问：以上情况是否属实？

答：看过了，情况属实。

被询问人签名或盖章：陆 ××

执法人员签名或盖章：刘 ××　李 ××

（第 2 页共 2 页）

询 问 笔 录

询问时间： 2015 年 7 月 21 日 13 时 50 分至 14 时 30 分

询问地点： ×× 县 ×× 镇 ×× 路（×× 畜牧兽医站办公室）

询问机关： ×× 县动物卫生监督所

询问人： 刘 ××　　　　**执法证件号：** ××××××

　　　　　　李 ××　　　　　　　　　　　××××××

记录人： 刘 ××

被询问人： 姓名：蒋 ××　　性别：男　　年龄：40

　　　　　　身份证号：××××××　　联系电话：××××××

　　　　　　工作单位：　/　　职务：　/

　　　　　　住址：×× 县 ×× 镇 ×× 号

问： 我们是 ×× 县动物卫生监督所执法人员（出示执法证件），现依法向你进行询问调查。你应当如实回答我们的询问并协助调查，作伪证要承担法律责任，你听清楚了吗？

答： 听清楚了。

问： 你有申请执法人员回避的权力，你是否申请？

答： 不申请。

问： 请叙述你的个人情况。

答： 我叫蒋 ××，今年 40 岁，主要在家养猪，住在 ×× 县 ×× 镇 ×× 号，身份证号码是 ××××××，联系电话是 ××××××。

问： 请出示你的身份证。

答： 这是我的身份证，你们看一下。

问： 调查结束后，我们将复印你的身份证，需要你确认签字并标明时间？

答： 好的。

被询问人签名或盖章：蒋 ××

（第 1 页共 2 页）

笔　录　纸

问：你共饲养多少头猪？

答：我饲养有 25 头母猪，基本是自繁自养。

问：一年出栏多少？

答：一年能出栏育肥猪 300 头左右。除自己养猪外，也出售部分仔猪。

问：近期卖过仔猪吗？

答：卖过，6 月底卖了 47 头仔猪给 ×× 县 ×× 街道 ×× 村的余 ××。

问：耳标号为 1331102　00884474 的免疫耳标是不是你猪场用过的？

答：是的。上月我养的母猪产仔后，第一次打防疫针，镇兽医上门来打针后挂的。后来这批小猪就一起
　　卖给余 ×× 了。

问：以上情况是否属实？

答：看过了，情况属实。

被询问人签名或盖章：蒋 ××

执法人员签名或盖章：刘 ××　李 ××

现场检查笔录

时间： 2015 年 7 月 21 日 15 时 05 分至 15 时 50 分

检查地点： ×× 县 ×× 镇 ×× 村

当事人： 余 ××

检查机关： ×× 县动物卫生监督所

检查人员： 刘 ××   **执法证件号：** × × × × × ×

              李 × ×   × × × × × ×

记录人： 刘 ××

现场检查情况： 根据 ×× 县 ×× 镇畜牧兽医站陆 ××、生猪养殖户蒋 ×× 的供述，2015 年 7 月 21 日 15 时 05 分，×× 县动物卫生监督所执法人员刘 ××、李 ×× 对当事人余 ×× 的猪舍进行现场检查，向其出示执法证件，检查情况如下：猪舍共有 4 个圈舍，42 头猪，群体状态无异常。猪耳上均佩戴免疫耳标，耳标号分别为 1331102 00884451 — 1331102 00884473，1331102 00884475 — 1331102 00884493。执法人员对检查现场及猪佩戴耳标拍照取证。

当事人签名或盖章：余 × ×   （见证人签名或盖章：   ）

执法人员签名或盖章：刘 × ×   李 × ×

（第 1 页共 1 页）

询 问 笔 录

询问时间： 2015 年 7 月 22 日 9 时 45 分至 10 时 20 分

询问地点： ×× 县动物卫生监督所办公室

询问机关： ×× 县动物卫生监督所

询问人： 刘 ××　　　　**执法证件号：** ××××××

　　　　　　李 ××　　　　　　　　　　××××××

记录人： 刘 ××

被询问人：姓名： 余 ××　　**性别：** 男　　**年龄：** 27

　　　　　　身份证号： ××××××　　**联系电话：** ××××××

　　　　　　工作单位： ／　　　**职务：** ／

　　　　　　住址： ×× 县 ×× 镇 ×× 村 ×× 号

问： 我们是 ×× 县动物卫生监督所执法人员（出示执法证件），现依法向你进行询问调查。你应当如实回答我们的询问并协助调查，作伪证要承担法律责任，你听清楚了吗？

答： 听清楚了。

问： 你有申请执法人员回避的权力，你是否申请？

答： 不申请。

问： 请叙述下你的自然情况。

答： 我叫余 ××，今年 27 岁，主要在家里养猪，住在 ×× 县 ×× 镇 ×× 村，身份证号码是 ××××××，联系电话是 ××××××。

问： 请出示你的身份证。

答： 这是我的身份证，你们看一下。

问： 调查结束后，我们将复印你的身份证，需要你确认签字并标明时间。

答： 好的。

问： 你从什么时候开始养猪的？

答： 我从 2011 年就开始养猪，就在自己家后面建有 4 个圈舍，只养商品猪。

被询问人签名或盖章：余 ××

（第 1 页共 3 页）

笔　录　纸

问：没有能繁母猪，你饲养的商品猪从哪里引进的？

答：我都是从 ×× 镇一个朋友蒋 ×× 那里购买的。

问：你从蒋 ×× 处购买了多少头？

答：共购买 47 头。

问：你什么时候买的？

答：今年 6 月底购买的，具体日期记不清了。

问：现在圈内还有多少头猪？

答：42 头。

问：其余的 5 头猪呢？

答：7 月 18 日早上起来，发现死了 5 头猪。我马上对剩余的 42 头猪进行了检查，没有发现异常，这 5 头猪的死亡原因实在搞不清楚。

问：你这些猪是否经过口蹄疫、猪瘟、猪蓝耳病等疫苗免疫？

答：小猪买回来后都按照你们县的要求进行了这些免疫注射的，是镇里的兽医来给注射的。

问：这些猪死后，你是怎么处理的？

答：我自己家里没有无害化处理地点，周边都是农户，我们街道统一的处理池也还没有建，找不到地点可以埋，就扔到 ×× 街道 ×× 公路边的草丛里了。

问：死猪尸体你是怎么送去的？

答：用家里的三轮摩托车送的，7 月 18 日晚上 10 点送的。

问：我们昨天在 ×× 街道 ×× 公路边的草丛里发现 5 头死猪，我们对现场拍摄的照片你看一下，请你核对一下？

答：(看了照片后) 是的，我就是丢在这个地方，就是这 5 头死猪。

问：你弃置的 5 头死猪，为什么只有 1 头有耳标？

答：我买来时都有耳标的，饲养过程中耳标被咬掉了。

被询问人签名或盖章：余 ××

（第 2 页共 3 页）

笔 录 纸

问：我们马上带你到你弃置 5 头死猪的现场，你确认一下现场情况？

答：好的。

问：(执法人员带领余 ×× 抵达涉案现场后) 此处是你弃置 5 头死猪的现场吗？

答：是的，我就是把那 5 头死猪扔这了。

问：你还有其他要补充的吗？

答：我下次不会也不敢这样做了，一定按国家要求进行无害化处理。这次被你们查到后，我也和父亲自带工具想来深埋处理扔掉的死猪尸体的，希望你们能从轻处罚。

问：以上情况是否属实？

答：看过了，情况属实。

被询问人签名或盖章：余 ××

执法人员签名或盖章：刘 ×× 　李 ××

（第 3 页共 3 页）

证据材料登记表

此复印件与原件相符

当事人签名：陆××

2015 年 7 月 21 日

证据制作说明：

1. 收 集 人：刘××、李××
2. 提 供 人：陆××
3. 收集时间：2015 年 7 月 21 日
4. 收集地点：××县××镇××路（××畜牧兽医站办公室）
5. 收集方式：复印
6. 证据内容：证人陆××的身份证

证据材料登记表

此复印件与原件相符

签名：蒋××

2015 年 7 月 21 日

证据制作说明：

1. 收 集 人：刘××、李××

2. 提 供 人：蒋××

3. 收集时间：2015 年 7 月 21 日

4. 收集地点：××县××镇××路（××畜牧兽医站办公室）

5. 收集方式：复印

6. 证据内容：证人蒋××的身份证

证据材料登记表

证据制作说明：

1. 收 集 人：刘××、李××

2. 提 供 人：

3. 收集时间：2015 年 7 月 21 日

4. 收集地点：××县××街道××公路边

5. 收集方式：拍照

6. 证据内容：现场检查照片

证据材料登记表

证据制作说明：

1．收　集　人：刘××、李××

2．提　供　人：

3．收集时间：2015 年 7 月 21 日

4．收集地点：××县××街道××村

5．收集方式：拍照

6．证据内容：现场检查照片

证据材料登记表

此复印件与原件相符

签字：陆××

2015 年 7 月 21 日

证据制作说明：

1. 收 集 人：刘××、李××
2. 提 供 人：陆××
3. 收集时间：2015 年 7 月 21 日
4. 收集地点：××县××镇××路（××畜牧兽医站办公室）
5. 收集方式：复印
6. 证据内容：××镇畜牧兽医站免疫耳标发放领用记录

证据材料登记表

此复印件与原件相符

签字：张××

2015 年 7 月 22 日

证据制作说明：

1. 收 集 人：刘××、李××

2. 提 供 人：张××

3. 收集时间：2015 年 7 月 22 日

4. 收集地点：××省××县××镇××号（动物卫生监督所办公室）

5. 收集方式：复印

6. 证据内容：××县动物卫生监督所免疫耳标发放领用记录

案件处理意见书

案由			涉嫌未按照国务院兽医主管部门规定处置死因不明动物尸体案				
当事人	个人	姓名	余××				
		性别	男	年龄	27	电话	××××××
		住址	×× 省 ×× 县 ×× 镇 ×× 号				
	单位	名称	/		法定代表人（负责人）		/
		地址	/		电话		/
案件调查经过			2015 年 7 月 21 日 9 时 15 分，本机关接到群众举报，反映位于 ×× 县 ×× 街道 ×× 公路边的草丛里发现几头死猪尸体，本机关立即指派执法人员刘 ××、李 ×× 会同 ×× 街道工作人员王 ×× 赶赴现场，在距该公路边 50 米处左右两侧的草丛中发现 5 头死猪，5 头死猪外观均无明显病理变化，其中 3 头腐烂较严重，散发腐败气味，其中只有 1 头佩戴了免疫耳标（耳标号：1331102 00884474），其余 4 头无耳标，只有耳洞。执法人员制作了《现场检查笔录》，对现场和死猪尸体进行了拍照取证，5 头死猪由 ×× 街道暂存保管。执法人员根据耳标号，从 ×× 县动物卫生监督所免疫耳标发放领用记录查到该号码由 ×× 镇领用。执法人员对 ×× 镇畜牧兽医站陆 ××、生猪养殖户蒋 ×× 进行调查询问，制作了《询问笔录》，查明该号码生猪已于 6 月底出售给 ×× 街道 ×× 村的余 ××。执法人员再赶赴余 ×× 住地，对其猪舍进行检查，在其猪圈发现 42 头生猪，查验 42 头生猪的免疫耳标，前 7 位数字均与死猪尸体查获的耳标号一致，为"1331102"，行政区划同属 ×× 镇，后 8 位顺序号与查获号码有直接关联性。执法人员制作了《现场检查笔录》《询问笔录》，并对圈内生猪、佩戴耳标等进行了拍照取证。				
所附证据材料			1.《现场检查笔录》2 份； 2.《询问笔录》3 份； 3. 身份证复印件 3 份； 4. 现场照片 2 张； 5. ×× 县动物卫生监督所免疫耳标发放领用记录 1 份； 6. ×× 镇畜牧兽医站免疫耳标发放领用记录 1 份。				

调查结论及处理意见	当事人余××未按照国务院兽医主管部门规定处置死因不明动物尸体案，事实清楚、证据确凿，其行为违反了《中华人民共和国动物防疫法》第二十一条第二款之规定："染疫动物及其排泄物、染疫动物产品，病死或者死因不明的动物尸体，运载工具中的动物排泄物以及垫料、包装物、容器等污染物，应当按照国务院兽医主管部门的规定处理，不得随意处置"。按照《××省畜牧业行政处罚自由裁量权标准》（具体条款略）之规定，对当事人处以（××××××—××××××）幅度内的处罚，足以起到惩戒作用。 　　依据《中华人民共和国动物防疫法》第七十五条之规定："违反本法规定，不按照国务院兽医主管部门规定处置染疫动物及其排泄物，染疫动物产品，病死或者死因不明的动物尸体，运载工具中的动物排泄物以及垫料、包装物、容器等污染物以及其他经检疫不合格的动物、动物产品的，由动物卫生监督机构责令无害化处理，所需处理费用由违法行为人承担，可以处三千元以下罚款"建议责令当事人对死猪进行无害化处理，处理费用由当事人承担，并作出如下处罚决定： 　　罚款人民币1000.00元。 　　　　　　　　　　　　　执法人员签名：刘××　李×× 　　　　　　　　　　　　　　　　　　　　2015年7月23日
执法机构意见	（如监督所内设执法科，由执法科在此处填写意见） 　　　　　　　　　　　　签名： 　　　　　　　　　　　　　年　　月　　日
法制机构意见	（如监督所内设法制科，由法制科在此处填写意见） 　　　　　　　　　　　　签名： 　　　　　　　　　　　　　年　　月　　日
执法机关意见	同意。 　　　　　　　　　　　　签名：陈×× 　　　　　　　　　　　　　2015年7月23日

73

××县动物卫生监督所
行政处罚事先告知书

××动监告〔2015〕17号

余××：

经调查，你于2015年7月18日不按国务院兽医主管部门规定处置死因不明动物，有《现场检查笔录》《询问笔录》、照片、免疫耳标发放领用记录等证据为证。

你违反了《中华人民共和国动物防疫法》第二十一条第二款之规定："染疫动物及其排泄物、染疫动物产品，病死或者死因不明的动物尸体，运载工具中的动物排泄物以及垫料、包装物、容器等污染物，应当按照国务院兽医主管部门的规定处理，不得随意处置"。按照《××省畜牧业行政处罚自由裁量权标准》（具体条款略）之规定，对当事人处以（××××××—××××××）幅度内的处罚，足以起到惩戒作用。

依据《中华人民共和国动物防疫法》第七十五条之规定："违反本法规定，不按照国务院兽医主管部门规定处置染疫动物及其排泄物，染疫动物产品，病死或者死因不明的动物尸体，运载工具中的动物排泄物以及垫料、包装物、容器等污染物以及其他经检疫不合格的动物、动物产品的，由动物卫生监督机构责令无害化处理，所需处理费用由违法行为人承担，可以处三千元以下罚款。"本机关责令你对死猪进行无害化处理，并拟作出如下处罚决定：

罚款人民币1000.00元。

根据《中华人民共和国行政处罚法》第三十一条、第三十二条的规定，你可在收到本告知书之日起三日内向本机关进行陈述申辩，逾期不陈述申辩的，视为你放弃上述权利。

××县动物卫生监督所
2015年8月12日

××县动物卫生监督所地址：××省××县××镇××号

联系人：刘×× 李×× 电话：××××××

行政处罚决定审批表

案由	未按照国务院兽医主管部门规定处置死因不明动物尸体案						
当事人	个人	姓名	余××				
		性别	男	年龄	27	电话	××××××
		住址	××省××县××镇××号				
	单位	名称	/		法定代表人（负责人）		/
		地址	/		电话		/
陈述申辩或听证情况	当事人于2015年8月12日收到《行政处罚事先告知书》(××动监告〔2015〕17号)后，在法定期限内未向本机关进行陈述申辩。						

处理意见	建议维持《行政处罚事先告知书》拟作出的处理处罚决定。 执法人员签名：刘 × ×　李 × × 2015 年 8 月 18 日
执法机构意见	（如监督所内设执法科，由执法科在此处填写意见） 签名： 年　　月　　日
法制机构意见	（如监督所内设法制科，由法制科在此处填写意见） 签名： 年　　月　　日
执法机关意见	同意。 签名：陈 × × 2015 年 8 月 18 日

送 达 回 证

案　　由	涉嫌未按照国务院兽医主管部门规定处置死因不明动物尸体案				
受送达人	余××				
送达单位	××县动物卫生监督所				
送达文书及文号	送达地点	送达人	送达方式	收到日期	收件人签名
《行政处罚事先告知书》(××动监告〔2015〕17号)	××县××镇××村××号	刘××李××	直接送达	2015年8月12日	余××
/	/	/	/	/	/
备注					

送 达 回 证

案　　由	未按照国务院兽医主管部门规定处置死因不明动物尸体案					
受送达人	余××					
送达单位	××县动物卫生监督所					
送达文书及文号	送达地点	送达人	送达方式	收到日期	收件人签名	
《行政处罚决定书》（××动监罚〔2015〕17号）	××县××镇××村××号	刘××李××	直接送达	2015年8月18日	余××	
/	/	/	/	/	/	
备注						

票据粘贴页

（罚没收据存根清单）

行政处罚结案报告

案　由	未按照国务院兽医主管部门规定处置死因不明动物尸体案		
当事人	余××		
立案时间	2015 年 7 月 21 日	处罚决定 送达时间	2015 年 8 月 18 日

处罚决定：
　　罚款人民币 1000.00 元。
执行情况：
　　1. 执行方式：自动履行。
　　2. 执行时间：2015 年 9 月 4 日。

执法人员签名：刘×× 李××

2015 年 9 月 5 日

执法 机构 意见	（如监督所内设执法科，由执法科在此处填写意见） 签名： 　　　年　月　日
执法 机关 意见	同意结案。 签名：陈×× 2015 年 9 月 5 日

备 考 表

本案卷包括使用的执法文书、收集的证据及罚没收据存根，共计 29 页。

立卷人：刘 × ×

2015 年 9 月 5 日

本案卷执法文书及相关证据归档完整，符合要求。

审查人：陈 × ×

2015 年 9 月 5 日

第三章　未取得《动物防疫条件合格证》类案

卷四　张×兴办动物饲养场未取得《动物防疫条件合格证》案

一、案情简介

2014年7月8日，×县动物卫生监督所执法人员刘×、李×到×县×镇×村×组张×兴办的生猪饲养场进行检查时发现，该猪场远离居民区，出入口有消毒池，生产区和生活区分开，存栏生猪500头，且已到县畜牧局备案，取得了畜禽标识代码，未申办《动物防疫条件合格证》。×县动物卫生监督所于当日依法进行立案调查。执法人员询问了×县×镇×村该生猪养殖场负责人张×，制作了《询问笔录》和《现场检查笔录》，并收集了相关证据。2014年7月9日，×县动物卫生监督所制作并下达了《行政处罚事先告知书》，7月16日，下达了《行政处罚决定书》，罚款人民币2000.00元。

二、处罚依据

违反条款：《中华人民共和国动物防疫法》第二十条第一款。

处罚条款：《中华人民共和国动物防疫法》第七十七条第一项。

三、本类型案件办理的注意事项及难点

1. 注意法定意义上的饲养场的组成要件，即备案、取得畜禽标识代码、符合防疫条件、达到省级人民政府规定的养殖规模，只有符合上述四个条件，才能办理此类案件。

2. 本类案件办理时，注意案由的选择要根据无《动物防疫条件合格证》的具体情况而定，如：兴办动物饲养场未办理《动物防疫条件合格证》案、变更动物饲养场地址未重新办理《动物防疫条件合格证》案等。

× 县动物卫生监督所
案 卷

× 动监罚〔2014〕× 号					
题 名	关于张 × 兴办动物饲养场未取得《动物防疫条件合格证》案				
案 件 承 办 人			当 事 人		
刘 × 李 ×			张 ×		
立案日期	2014 年 7 月 8 日	结案日期	2014 年 7 月 17 日	立卷人	刘 ×
执 行 结 果	当事人已依法履行完毕。				
归档日期	2014 年 7 月 17 日	档 案 编 号			2014 ×
保存期限	长期	卷内共 22 页			
备 注					

卷内目录（一）

序号	文书编号	文书日期	题名	页号	备注
1	×动监罚〔2014〕×号	2014年7月16日	行政处罚决定书		
2	×动监立〔2014〕×号	2014年7月8日	行政处罚立案审批表		
3		2014年7月8日	当事人身份证明		复印件
4		2014年7月8日	现场检查笔录		
5		2014年7月8日	询问笔录		
6		2014年7月8日	证据材料登记表（现场检查照片）		
7		2014年7月8日	证据材料登记表（养殖场养殖档案）		复印件
8		2014年7月8日	证据材料登记表（养殖备案及畜禽标识代码）		复印件
9		2014年7月8日	证据材料登记表（《土地使用证》）		复印件
10		2014年7月9日	重大案件集体讨论记录		
11		2014年7月9日	案件处理意见书		
12	×动监告〔2014〕×号	2014年7月9日	行政处罚事先告知书		
13		2014年7月9日	陈述申辩笔录		
14		2014年7月16日	行政处罚决定审批表		

卷内目录（二）

序号	文书编号	文书日期	题名	页号	备注
15		2014 年 7 月 9 日	送达回证		
16		2014 年 7 月 16 日	送达回证		
17		2014 年 7 月 16 日	缴纳罚款银行回执		
18		2014 年 7 月 17 日	行政处罚结案报告		
19		2014 年 7 月 17 日	备考表		

×县动物卫生监督所
行政处罚决定书

×动监罚〔2014〕×号

姓名： <u>张×</u>　　**性别：** <u>男</u>　　**年龄：** <u>36</u>

住址： <u>×县×镇×村×组</u>　　**联系方式：** <u>×××</u>

当事人张×兴办动物饲养场未取得《动物防疫条件合格证》一案，经本机关依法调查，现查明：

2014年7月8日，本机关执法人员刘×、李×到×县×镇×村×组张×兴办的生猪饲养场进行检查时发现，该猪场远离居民区，出入口有消毒池，生产区和生活区分开，存栏生猪500头，且已到县畜牧局备案，取得了畜禽标识代码，未申办《动物防疫条件合格证》。本机关于当日依法进行立案调查。询问了×县×镇×村该生猪养殖场负责人张×，查明，张×于2014年5月在未取得《动物防疫条件合格证》的情况下兴办养猪场，到2014年7月饲养规模达到500头，并收集了相关证据。张×存在兴办动物饲养场未取得《动物防疫条件合格证》的违法事实。

以上事实查证属实，有下列证据为证：

1. 2014年7月8日制作的《现场检查笔录》和《询问笔录》各1份，证明张×兴办饲养场未办理《动物防疫条件合格证》的违法事实；

2. 当事人身份证明复印件1份，证明当事人身份及违法主体的适格性；

3. 《养殖备案申请审查表》1份，证明该场已在×县畜牧业管理局备案，取得畜禽标识代码；

4. 2014年7月8日拍摄的现场照片10张，证明现场检查及相关物品情况；

5. 养猪场饲养生猪的养殖档案、《土地使用证》复印件各1份，证明饲养场的权属及饲养规模。

本机关认为：当事人张×兴办动物饲养场未取得《动物防疫条件合格证》，事实清楚、证据确凿，其行为违反了《中华人民共和国动物防疫法》第二十条第一款："兴办动物饲养场（养殖小区）和隔离场所，动物屠宰加工场所，以及动物和动物产品无害化处理场所，应当向县级以上地方人民政府兽医主管部门提出申请，并附具相关材料。受理申请的兽医主管部门应当依照本法和《中华人民共和国行政许可法》的规定进行审查。经审查合格的，发给动物防疫条件合格证；不合格的，应当通知申请人并说明理由。需要办理工商登记的，申请人凭动物防疫条件合格证向工商行政管理部门申请办理登记注册手续。"之规定。本机关于2014年7月9日对当事人下达了《行政处罚事先告知书》，当事人在规定期限内进行了陈述申辩，要求从轻处罚，但未提出听证申请。经审查不符合《中华人民共和国行政处罚法》关于从轻或减轻处罚的有关规定，本机关不予采纳。按照《×省畜牧业行政处罚自由裁量权标准》（具体条款略）之规定，对当事人处以（××××××—××××××）幅度内的处罚，足以起到惩戒作用。

根据《中华人民共和国动物防疫法》第七十七条第一项"违反本法规定，有下列行为之一的，由动物卫生监督机构责令改正，处一千元以上一万元以下罚款；情节严重的，处一万元以上十万元以下罚款：（一）兴办动物饲养场（养殖小区）和隔离场所，动物屠宰加工场所，以及动物和动物产品无害化处理场所，

未取得动物防疫条件合格证的"之规定,本机关责令当事人立即改正违法行为,并作出如下处罚决定:

罚款人民币 2000.00 元。

当事人必须在收到本决定书之日起十五日内持本决定书到工商银行 × 市 × 支行缴纳罚款。当事人逾期不缴纳罚款的,每日按罚款数额的 3% 加处罚款。

当事人对本处罚决定不服的,可以在收到本处罚决定书之日起 60 日内向 × 县畜牧业管理局申请行政复议,或在三个月内向 × 县人民法院提起诉讼。行政复议和行政诉讼期间,本处罚决定不停止执行。

当事人逾期不申请行政复议或提起行政诉讼,也不履行本行政处罚决定的,本机关将依法申请人民法院强制执行。

× 县动物卫生监督所

2014 年 7 月 16 日

行政处罚立案审批表

×动监立〔2014〕×号

<table>
<tr><td>案件来源</td><td colspan="2">检查发现</td><td>受案时间</td><td colspan="2">2014 年 7 月 8 日</td></tr>
<tr><td>案　由</td><td colspan="5">涉嫌兴办动物饲养场未取得《动物防疫条件合格证》案</td></tr>
<tr><td rowspan="7">当事人</td><td rowspan="3">个人</td><td>姓名</td><td colspan="2">张 ×</td><td>电话</td><td>×××</td></tr>
<tr><td>性别</td><td>男</td><td>年龄</td><td>36</td><td>身份证号</td><td>×××</td></tr>
<tr><td>住址</td><td colspan="5">× 县 × 镇 × 村 × 组</td></tr>
<tr><td rowspan="2">单位</td><td>名称</td><td colspan="2">/</td><td>法定代表人
（负责人）</td><td>/</td></tr>
<tr><td>地址</td><td colspan="3">/</td><td>电话</td><td>/</td></tr>
<tr><td>简要
案情</td><td colspan="6">　　2014 年 7 月 8 日，本机关执法人员刘 ×、李 × 到 × 县 × 镇 × 村 × 组张 ×兴办的生猪饲养场进行检查时，发现该猪场距离最近的居民区 1000 米左右，出入口有消毒池，生产区和生活区分开，存栏生猪 500 头，且已到县畜牧局备案，取得了畜禽标识代码，但未申办《动物防疫条件合格证》。当事人张 × 的行为涉嫌违反了《中华人民共和国动物防疫法》第二十条第一款之规定，建议立案调查。
　　　　　　　　　　　　　　　　　　　　受案人签名：刘 × 　李 ×
　　　　　　　　　　　　　　　　　　　　　　　　　2014 年 7 月 8 日</td></tr>
<tr><td>执法
机构
意见</td><td colspan="6">（如监督所内设执法科，由执法科在此处填写意见）

　　　　　　　　　　　　　　　　　　　　　　签名：
　　　　　　　　　　　　　　　　　　　　年　　月　　日</td></tr>
<tr><td>法制
机构
意见</td><td colspan="6">（如监督所内设法制科，由法制科在此处填写意见）

　　　　　　　　　　　　　　　　　　　　　　签名：
　　　　　　　　　　　　　　　　　　　　年　　月　　日</td></tr>
<tr><td>执法
机关
意见</td><td colspan="6">同意立案调查。由刘 ×、李 × 承办。

　　　　　　　　　　　　　　　　　　　　　　签名：高 ×
　　　　　　　　　　　　　　　　　　　　　2014 年 7 月 8 日</td></tr>
<tr><td>备　注</td><td colspan="6"></td></tr>
</table>

证据材料登记表

（当事人张 × 的身份证复印件）

此复印件与原件相符

当事人签名：张 ×

2014 年 7 月 8 日

证据制作说明：

1．收 集 人：刘 ×、李 ×
2．提 供 人：张 ×
3．收集时间：2014 年 7 月 8 日
4．收集地点：× 县 × 镇 × 村饲养场办公室
5．收集方式：复印
6．证据内容：张 × 身份证

现场检查笔录

时间： 2014 年 7 月 8 日 8 时 30 分至 9 时 30 分

检查地点： ×县×镇×村张×经营的饲养场

当事人： 张×（男，36岁，联系电话：×××，身份证号×××）

检查机关： ×县动物卫生监督所

检查人员： 刘×　　**执法证件号：** ××××

　　　　　　李×　　　　　　　　　　××××

记录人： 刘×

现场检查情况： 2014 年 7 月 8 日 8 时 05 分，本机关执法人员刘×、李×到×县×镇×村×组张×的饲养场进行检查，当事人张×在场，经向其出示执法证件后的检查情况如下：该养殖场位于×镇×村×组东部，饲养场北侧、东侧为耕地，西侧与×村×组居民住宅相距 600 米，南侧为村组路与××线垂直距离相距 1000 米，饲养场占地面积约为 3000 米^2，其中生产区与外界封闭隔离，饲养场入口处有消毒池，养殖圈舍 3 栋，栋舍内生猪佩带有动物免疫标识。存栏生猪 500 头，当事人提供了《养殖备案申请审查表》，不能提供《动物防疫条件合格证》。执法人员对现场进行了拍照。

当事人签名或盖章：张×　　　　　　　　　　　　（见证人签名或盖章：　　　　　　　）

执法人员签名或盖章：刘×　李×

询 问 笔 录

询问时间： <u>2014</u> 年 <u>7</u> 月 <u>8</u> 日 <u>10</u> 时 <u>10</u> 分至 <u>11</u> 时 <u>20</u> 分

询问地点： <u>× 县 × 镇 × 村张 × 经营的饲养场办公室</u>

询问机关： <u>× 县动物卫生监督所</u>

询问人： <u>刘 ×</u> 　　**执法证件号：** <u>× × × ×</u>

　　　　　<u>李 ×</u> 　　　　　　　　<u>× × × ×</u>

记录人： <u>刘 ×</u>

被询问人：姓名： <u>张 ×</u> 　**性别：** <u>男</u> 　**年龄：** <u>36</u>

　　　　　身份证号： <u>× × ×</u> 　**联系电话：** <u>× × ×</u>

　　　　　工作单位： <u>无</u> 　**职务：** <u>无</u>

　　　　　住　　址： <u>× 县 × 镇 × 村 × 组</u>

问： 我们是 × 县动物卫生监督所执法人员（出示执法证件），现依法向你进行询问调查。你应当如实回答我们的询问并协助调查，作伪证要承担法律责任，你听清楚了吗?

答： <u>听清楚了。</u>

问： 你有申请执法人员回避的权力，你是否申请?

答： <u>不申请。</u>

问： 请叙述下你的自然情况。

答： <u>我叫张 × ，今年 36 岁，现住在 × 县 × 镇 × 村 × 组，电话是 × × × ，身份证号是 × × × ，以前在外地打工，现在从事生猪饲养，这个猪场就是我的。</u>

问： 请出示你的身份证。

答： <u>这是我的身份证（出示身份证）。</u>

问： 调查结束后，我们需要将你的身份证复印，需要你确认签字并标明时间。

答： <u>好的。</u>

问： 今天我们就你饲养生猪有关情况依法向你询问，请如实回答。

答： <u>好的。</u>

被询问人签名：张 ×

（第 1 页共 2 页）

笔 录 纸

问：你的 × 生猪养殖场是什么时候兴建的？

答：今年 5 月份竣工投产使用的，占地面积 3000 米 ^{2}，建成后年出栏 1000 头。

问：你的养殖场是什么性质的？

答：是我自己的猪场，雇了 3 个工人干活。

问：是否取得了《动物防疫条件合格证》？

答：没有。

问：为什么不申办《动物防疫条件合格证》？

答：太麻烦，所以就没申办。

问：目前存栏多少头生猪？

答：500 头。

问：这个养殖场生猪的养殖档案有吗？

答：有，在这里，你看一下。

问：以上内容是否属实？

答：我看了，属实。

被询问人签名：张 ×

执法人员签名：刘 × 李 ×

证据材料登记表

证据制作说明：

1. 收 集 人：刘×、李×

2. 提 供 人：

3. 收集时间：2014年7月8日

4. 收集地点：×县×镇×村张×经营的饲养场

5. 收集方式：拍照

6. 证据内容：现场检查照片

证据材料登记表

此复印件与原件一致

当事人签字：张 ×

2014 年 7 月 8 日

证据制作说明：

1. 收 集 人：刘 ×、李 ×
2. 提 供 人：张 ×
3. 收集时间：2014 年 7 月 8 日
4. 收集地点：× 县 × 镇 × 村张 × 经营的饲养场
5. 收集方式：复印
6. 证据内容：养殖档案

证据材料登记表

养殖备案及畜禽标识代码复印件。

此复印件与原件相符

当事人签字：张 ×

2014 年 7 月 8 日

证据制作说明：

1. 收 集 人：刘 ×、李 ×
2. 提 供 人：张 ×
3. 收集时间：2014 年 7 月 8 日
4. 收集地点：× 县 × 镇 × 村张 × 经营的饲养场办公室
5. 收集方式：复印
6. 证据内容：当事人养殖场在 × 县畜牧业管理局取得的养殖备案及畜禽标识代码

证据材料登记表

此复印件与原件一致

当事人签字：张 ×

2014 年 7 月 8 日

证据制作说明：

1. 收 集 人：刘 ×、李 ×
2. 提 供 人：张 ×
3. 收集时间：2014 年 7 月 8 日
4. 收集地点：× 县 × 镇 × 村张 × 经营的饲养场
5. 收集方式：复印
6. 证据内容：《土地使用证》

重大案件集体讨论记录

案由： 涉嫌兴办动物饲养场未取得《动物防疫条件合格证》案

时间： 2014 年 7 月 9 日

地点： × 县动物卫生监督所办公室

主持人： 高 ×　　　**记录人：** 孙 ×

出席人员姓名及职务： 高 ×（副所长）、钱 ×（副所长）、孙 ×（副所长）、周 ×（副所长）。

讨论记录：

高 ×：今天就当事人张 × 兴办动物饲养场未取得《动物防疫条件合格证》一案进行集体讨论，下面由办案人钱 × 副所长介绍简要案情和调查取证经过。

钱 ×：2014 年 7 月 8 日，执法人员刘 ×、李 × 到 × 县 × 镇 × 村 × 组张 × 兴办的生猪饲养场进行检查。该养殖场位于 × 镇 × 村 × 组东部，饲养场北侧、东侧为耕地，西侧与 × 村 × 组居民住宅相距 600 米，南侧为村组路与 ×× 线垂直距离相距 1000 米，饲养场占地面积约为 3000 米^2，其中生产区与外界封闭隔离，饲养场入口处有消毒池，养殖圈舍 3 栋，其中 2 栋已进行养殖生产，饲养 500 头猪，有耳标，当事人不能提供《动物防疫条件合格证》，执法人员制作了《现场检查笔录》，当日立案调查。对养殖场场主张 × 进行了询问，制作了《询问笔录》。张 × 涉嫌兴办动物饲养场未取得《动物防疫条件合格证》的行为，事实清楚、证据确凿，其行为违反了《中华人民共和国动物防疫法》第二十条第一款之规定。根据《×× 省畜牧业行政处罚自由裁量标准》（具体条款略）之规定，对当事人处以自由裁量权标准规定幅度的处罚足以起到惩戒作用。根据《中华人民共和国动物防疫法》第七十七条第一项之规定，建议给予当事人 2000 元的罚款。

高 ×：本案在处罚和裁量上大家都有什么看法？

周 ×：本案证据充分，能够充分证明当事人未办理《动物防疫条件合格证》的违法事实。

高 ×：对认定的违法事实无异议。按照《× 省畜牧业行政处罚自由裁量权标准》对张 × 应处 1000—5000 元罚款。处罚幅度应结合饲养场规模和违法情节。我的意见是对张 × 的违法行为处 2000 元罚款比较恰当。

钱 ×：同意。

孙 ×：同意。

案件处理意见： 经合议，本机关认为按《中华人民共和国动物防疫法》规定，对张 × 兴办动物饲养场未取得《动物防疫条件合格证》的行为给予以下处罚：罚款人民币 2000.00 元。

出席人员签名：高 ×　钱 ×　孙 ×　周 ×

案件处理意见书

<table>
<tr>
<td colspan="2">案由</td>
<td colspan="6">涉嫌兴办动物饲养场未取得《动物防疫条件合格证》案</td>
</tr>
<tr>
<td rowspan="5">当事人</td>
<td rowspan="3">个人</td>
<td>姓名</td>
<td colspan="5">张 ×</td>
</tr>
<tr>
<td>性别</td>
<td>男</td>
<td>年龄</td>
<td>36</td>
<td>电话</td>
<td>×××</td>
</tr>
<tr>
<td>住址</td>
<td colspan="5">× 县 × 镇 × 村 × 组</td>
</tr>
<tr>
<td rowspan="2">单位</td>
<td>名称</td>
<td colspan="2">/</td>
<td>法定代表人
（负责人）</td>
<td colspan="2">/</td>
</tr>
<tr>
<td>地址</td>
<td colspan="2">/</td>
<td>电话</td>
<td colspan="2">/</td>
</tr>
<tr>
<td colspan="2">案件调查经过</td>
<td colspan="6">　　2014 年 7 月 8 日，本机关执法人员刘 ×、李 × 到 × 县 × 镇 × 村 × 组张 × 兴办的生猪饲养场进行检查时发现，该猪场远离居民区，出入口有消毒池，生产区和生活区分开，存栏生猪 500 头，且已到县畜牧局备案，取得了畜禽标识代码，未申办《动物防疫条件合格证》。本机关于当日依法进行立案调查。询问了 × 县 × 镇 × 村该生猪养殖场负责人张 ×，查明，张 × 于 2014 年 5 月在未取得《动物防疫条件合格证》的情况下兴办养猪场，到 2014 年 7 月饲养规模达到 500 头，收集了相关证据。</td>
</tr>
<tr>
<td colspan="2">所附证据材料</td>
<td colspan="6">1. 《现场检查笔录》1 份；
2. 《询问笔录》1 份；
3. 当事人身份证明复印件 1 份；
4. 《养殖备案申请审查表》1 份；
5. 照片 10 张；
6. 养猪场饲养生猪的养殖档案；
7. 《土地使用证》复印件 1 份。</td>
</tr>
</table>

调查 结论 及 处理 意见	经本机关负责人集体讨论通过，当事人张 × 涉嫌兴办动物饲养场未取得《动物防疫条件合格证》的行为，事实清楚、证据确凿，其行为违反了《中华人民共和国动物防疫法》第二十条第一款："兴办动物饲养场（养殖小区）和隔离场所，动物屠宰加工场所，以及动物和动物产品无害化处理场所，应当向县级以上地方人民政府兽医主管部门提出申请，并附具相关材料。受理申请的兽医主管部门应当依照本法和《中华人民共和国行政许可法》的规定进行审查。经审查合格的，发给动物防疫条件合格证；不合格的，应当通知申请人并说明理由。需要办理工商登记的，申请人凭动物防疫条件合格证向工商行政管理部门申请办理登记注册手续。"按照《×× 省畜牧业行政处罚自由裁量权标准》（具体条款略）之规定，对当事人处以（××××××—××××××）幅度内的处罚，足以起到惩戒作用。根据《中华人民共和国动物防疫法》第七十七条第一项之规定："违反本法规定，有下列行为之一的，由动物卫生监督机构责令改正，处一千元以上一万元以下罚款；情节严重的，处一万元以上十万元以下罚款：（一）兴办动物饲养场（养殖小区）和隔离场所，动物屠宰加工场所，以及动物和动物产品无害化处理场所，未取得动物防疫条件合格证的"，建议作出如下处罚： 　　罚款人民币 2000.00 元。 执法人员签名：刘 ×　李 × 2014 年 7 月 9 日
执法 机构 意见	（如监督所内设执法科，由执法科在此处填写意见） 签名： 　　年　　月　　日
法制 机构 意见	（如监督所内设法制科，由法制科在此处填写意见） 签名： 　　年　　月　　日
执法 机关 意见	本案经机关负责人集体讨论通过，同意。 签名：高 × 2014 年 7 月 9 日

× 县动物卫生监督所
行政处罚事先告知书

× 动监告〔2014〕× 号

张 × ：

经调查，你于 2014 年 5 月兴办的 × 生猪养殖场，未办理《动物防疫条件合格证》的行为，事实清楚、证据确凿，有《现场检查笔录》《询问笔录》、照片等为证。

你违反了《中华人民共和国动物防疫法》第二十条第一款："兴办动物饲养场（养殖小区）和隔离场所，动物屠宰加工场所，以及动物和动物产品无害化处理场所，应当向县级以上地方人民政府兽医主管部门提出申请，并附具相关材料。受理申请的兽医主管部门应当依照本法和《中华人民共和国行政许可法》的规定进行审查。经审查合格的，发给动物防疫条件合格证；不合格的，应当通知申请人并说明理由。需要办理工商登记的，申请人凭动物防疫条件合格证向工商行政管理部门申请办理登记注册手续。"按照《× 省畜牧业行政处罚自由裁量权标准》（具体条款略）之规定，对当事人处以（×××××——××××××）幅度内的处罚，足以起到惩戒作用。

依据《中华人民共和国动物防疫法》第七十七条第一项之规定："违反本法规定，有下列行为之一的，由动物卫生监督机构责令改正，处一千元以上一万元以下罚款；情节严重的，处一万元以上十万元以下罚款：（一）兴办动物饲养场（养殖小区）和隔离场所，动物屠宰加工场所，以及动物和动物产品无害化处理场所，未取得动物防疫条件合格证的"，拟作出如下处罚：

罚款人民币 2000.00 元。

根据《中华人民共和国行政处罚法》第三十一条、第三十二条和第四十二条的规定，你可在收到本告知书之日起三日内向本机关进行陈述申辩、申请听证，逾期不陈述申辩、申请听证的，视为你放弃上述权利。

× 县动物卫生监督机所
2014 年 7 月 9 日

× 县动物卫生监督所地址：× 县 × 区 × 街 × 号　　邮政编码：××××××

联系人：刘 ×　李 ×　　　　　　　　联系电话：××××××

陈述申辩笔录

当事人：张 ×　　　**身份证号码：**× × ×

陈述申辩时间：2014 年 7 月 9 日 10 时 10 分至 10 时 30 分

陈述申辩地点：× 县动物卫生监督所

执法人员：刘 ×　　　**执法证件号：**× × ×

　　　　李 ×　　　　　　× × ×

记录人：李 ×

陈述申辩内容：

　　贵所下达的《行政处罚事先告知书》我已经收到，关于对兴办动物养殖场未取得《动物防疫条件合格证》的违法事实认定，我没有什么异议。但是念我是初犯，家庭经济困难，请从轻处理。

陈述申辩人签名：张 ×

执法人员签名：刘 ×　李 ×

行政处罚决定审批表

案由	兴办动物饲养场未取得《动物防疫条件合格证》案					
当事人	**个人**	姓名	张 ×			
		性别	男	年龄	36	电话	× × ×
		住址	× 县 × 镇 × 村 × 组			
	单位	名称	/	法定代表人（负责人）		/
		地址	/	电话		/
陈述申辩或听证情况	当事人张 × 收到《行政处罚事先告知书》后，进行了陈述申辩。具体内容如下：贵所下达的《行政处罚事先告知书》我已经收到，关于对兴办动物养殖场未取得《动物防疫条件合格证》的违法事实认定，我没有什么异议。但是念我是初犯，家庭经济困难，请从轻处理。 当事人未在法定期限内申请听证。					
处理意见	经审查，当事人陈述申辩要求从轻处罚的内容，不符合《中华人民共和国行政处罚法》的有关规定，不予采纳。 建议维持《行政处罚事先告知书》拟作出的处理处罚决定。 <div align="right">执法人员签名：刘 × 李 ×</div><div align="right">2014 年 7 月 16 日</div>					
执法机构意见	（如监督所内设执法科，由执法科在此处填写意见） <div align="right">签名：</div><div align="right">年 月 日</div>					
法制机构意见	（如监督所内设法制科，由法制科在此处填写意见） <div align="right">签名：</div><div align="right">年 月 日</div>					
执法机关意见	同意。 <div align="right">签名：高 ×</div><div align="right">2014 年 7 月 16 日</div>					

送 达 回 证

案　　由	涉嫌兴办动物饲养场未取得《动物防疫条件合格证》案				
受送达人	张 ×				
送达单位	× 县动物卫生监督所				
送达文书及文号	送达地点	送达人	送达方式	收到日期	收件人签名
《行政处罚事先告知书》（× 动监告〔2014〕× 号）	× 县 × 镇 × 村 × 组	刘 × 李 ×	直接送达	2014 年7 月 9 日	张 ×
/	/	/	/	/	/
备注					

送 达 回 证

案　　由	兴办动物饲养场未取得《动物防疫条件合格证》案				
受送达人	张 ×				
送达单位	× 县动物卫生监督所				
送达文书及文号	送达地点	送达人	送达方式	收到日期	收件人签名
《行政处罚决定书》（×动监罚〔2014〕×号）	×县×镇×村×组	刘×李×	直接送达	2014年7月16日	张 ×
/	/	/	/	/	/
备注					

票据粘贴页

（罚没收据存根清单）

行政处罚结案报告

案　由	兴办动物饲养场未取得《动物防疫条件合格证》案		
当事人	张 ×		
立案时间	2014 年 7 月 8 日	处罚决定送达时间	2014 年 7 月 17 日

处理处罚决定及执行情况：

处理处罚决定：

　　罚款人民币 2000.00 元

执行情况：

　　1．执行方式：自动履行。

　　2．执行时间：2014 年 7 月 16 日。

执法人员签名：刘 × 　李 ×

2014 年 7 月 17 日

执法机构意见	（如监督所内设执法科，由执法科在此处填写意见）
	签名： 　　　年　　月　　日
执法机关意见	同意结案。
	签名：高 × 2014 年 7 月 17 日

备　考　表

本案卷包括使用的执法文书、收集的证据及罚没收据存根，共计 22 页。

立卷人：刘 ×

2014 年 7 月 17 日

本案卷执法文书及相关证据归档完整，符合要求。

审查人：高 ×

2014 年 7 月 17 日

第四章 违法屠宰、经营、运输、加工、储藏动物及其产品类案

卷五 张××经营未附有检疫证明动物产品案

一、案情简介

2013 年 3 月 11 日，××市动物卫生监督所接到举报后，派执法人员到 ×× 农贸市场现场检查，发现货主张 ×× 经营的 400 箱（5 千克/箱）鸭产品未附有检疫证明，在包装箱外有检疫标志。经调查，当事人经营的鸭产品是 2013 年 3 月 10 日从 ××市购进的。执法人员打开部分包装箱，感官检查鸭产品，未见异常。执法人员对检查现场进行了拍照，制作了《现场检查笔录》。对当事人进行了询问，制作了《询问笔录》，收集了相关证据。

××市动物卫生监督所于 3 月 11 日下达了《行政处罚事先告知书》，3 月 14 日，××市动物卫生监督所下达了《行政处罚决定书》，对当事人处以罚款人民币 15000.00 元。

二、处罚依据

违反条款：《中华人民共和国动物防疫法》第四十三条第一款。

处罚条款：《中华人民共和国动物防疫法》第七十八条第一款。

三、本类型案件办理的注意事项及难点

1. 注意区分未附有检疫证明和未经检疫。

2. 对于货值的认定，不要仅凭当事人的供述来确定。

××市动物卫生监督所
案　卷

××动监罚〔2013〕16号					
题　名	关于张××经营未附有检疫证明动物产品案				
案　件　承　办　人			**当　事　人**		
刘×× 　于×× 　胡××			张××		
立案日期	2013年3月11日	**结案日期**	2013年3月15日	**立卷人**	于××
执行结果	当事人已依法履行完毕。				
归档日期	2013年3月16日	**档　案　编　号**		201316	
保存期限	长期	卷内共24页			
备注					

卷内目录（一）

序号	文书编号	文书日期	题名	页号	备注
1	××动监罚〔2013〕16号	2013年3月14日	行政处罚决定书		
2	××动监立〔2013〕16号	2013年3月11日	行政处罚立案审批表		
3		2013年3月11日	当事人身份证明		复印件
4		2013年3月11日	现场检查笔录		
5		2013年3月11日	询问笔录		
6		2013年3月11日	证据材料登记表（未打开外包装的鸭产品照片）		
7		2013年3月11日	证据材料登记表（打开外包装的鸭产品照片）		
8		2013年3月11日	证据材料登记表（马××提供的货值证明材料）		
9		2013年3月11日	证据材料登记表（高××提供的货值证明材料）		
10		2013年3月11日	重大案件集体讨论记录		
11		2013年3月11日	案件处理意见书		
12	××动监告〔2013〕16号	2013年3月11日	行政处罚事先告知书		
13		2013年3月12日	陈述申辩笔录		
14		2013年3月14日	行政处罚决定审批表		

卷内目录（二）

序号	文书编号	文书日期	题名	页号	备注
15		2013 年 3 月 11 日	送达回证		
16		2013 年 3 月 14 日	送达回证		
17		2013 年 3 月 14 日	当缴纳罚款申请书		
18		2013 年 3 月 14 日	罚没收据存根清单		
19		2013 年 3 月 15 日	行政处罚结案报告		
20		2013 年 3 月 16 日	备考表		

××市动物卫生监督所
行政处罚决定书

××动监罚〔2013〕16号

姓名：张××　　**性别：**男　　**年龄：**43岁

住址：××市××街××委××组　　**联系方式：**××××××

当事人张××经营未附有检疫证明动物产品一案，经本机关依法调查，现查明：

2013年3月11日，执法人员接到举报，反映××市××农贸市场张××经营未经检疫的鸭产品，本机关立即指派执法人员刘××、于××、胡××等3人赶赴现场。经初步调查核实，当事人经营鸭产品未附有检疫证明，但在包装箱外有检疫标志。经请示，立案调查。发现，当事人经营的400箱（每箱5千克）鸭产品是从××市购进的，不能提供检疫证明。执法人员打开部分包装箱，感官检查未见异常。当事人存在经营未附有检疫证明动物产品的违法事实。

以上事实查证属实，有下列证据为证：

1. 照片2张、《现场检查笔录》1份，证明现场检查情况，当事人经营的鸭产品有检疫标志，但不能提供检疫证明。

2. 《询问笔录》1份，证明张××违法情形和事实经过，即当事人购入400箱鸭产品没有检疫证明，但有检疫标志，且尚未销售。

3. 货值证明2份，证明2013年3月11日本市检疫合格鸭产品的价格为25元/千克。

4. 当事人的身份证复印件1份，证明其身份和违法主体的适格性。

本机关认为：当事人经营未附有检疫证明的动物产品，事实清楚、证据确凿，其行为违反了《中华人民共和国动物防疫法》第四十三条第一款："经营和运输的动物产品，应当附有检疫证明、检疫标志。"当事人收到《行政处罚事先告知书》(××动监告〔2013〕16号)后进行了陈述申辩，在法定期限内未申请听证，陈述申辩要求减轻处罚。经审查，不符合《中华人民共和国行政处罚法》关于从轻或减轻处罚的有关规定，不予采纳。按照《××省畜牧业行政处罚自由裁量权标准》（具体条款略）之规定，对当事人处以（××××××—××××××）幅度内的处罚，足以起到惩戒作用。

依照《中华人民共和国动物防疫法》第七十八条第一款："经营和运输的动物产品未附有检疫证明、检疫标志的，由动物卫生监督机构责令改正，处同类检疫合格动物、动物产品货值金额百分之十以上百分之五十以下罚款。"本机关责令你立即改正违法行为，并作出如下处罚决定：

罚款人民币15000.00元。

当事人必须在收到本决定书之日起15日内持本决定书到××银行缴纳罚没款。逾期不按规定缴纳罚款的，每日按罚款数额的3%加处罚款。

当事人对本处罚决定不服的，可以在收到本处罚决定书之日起60日内向××市畜牧业管理局申请行政复议，或在三个月内向××市人民法院提起诉讼。行政复议和行政诉讼期间，本处罚决定不停止执行。

112

当事人逾期不申请行政复议或提起行政诉讼，也不履行本行政处罚决定的，本机关将依法申请人民法院强制执行。

××市动物卫生监督所

2013 年 3 月 14 日

行政处罚立案审批表

××动监立〔2013〕16号

案件来源	群众举报			受案时间	2013 年 3 月 11 日
案　由	涉嫌经营未附有检疫证明动物产品案				
当事人	个人	姓名	张××	电话	××××××
		性别	男 　 年龄 　 43 　 身份证号		××××××
		住址	××市××街××委××组		
	单位	名称	/	法定代表人 （负责人）	/
		地址	/	电话	/
简要案情	2013 年 3 月 11 日，本机关接到举报，反映××市××农贸市场张××经营未经检疫的鸭产品。××市动物卫生监督所派执法人员刘××、于××、胡××立即赶赴现场，发现当事人张××经营鸭产品未附有检疫证明，但在包装箱外有检疫标志。张××行为涉嫌违反了《中华人民共和国动物防疫法》第四十三条第一款的规定，建议立案查处。 <div align="right">受案人签名：刘×× 于×× 胡×× 2013 年 3 月 11 日</div>				
执法机构意见	（如监督所内设执法科，由执法科在此处填写意见） <div align="right">签名： 年　月　日</div>				
法制机构意见	（如监督所内设法制科，由法制科在此处填写意见） <div align="right">签名： 年　月　日</div>				
执法机关意见	同意。由刘××、于××、胡××承办。 <div align="right">签名：王×× 2013 年 3 月 11 日</div>				
备　注					

证据材料登记表

此复印件与原件相符

当事人签名：张 × ×

2013 年 3 月 11 日

证据制作说明：

1. 收 集 人：刘 × ×、于 × ×、胡 × ×

2. 提 供 人：张 × ×

3. 收集时间：2013 年 3 月 11 日

4. 收集地点：× × 市 × × 农贸市场

5. 收集方式：复印

6. 证据内容：张 × × 身份证

现场检查笔录

时间： 2013 年 3 月 11 日 13 时 35 分至 14 时 2 分

检查地点： ××市××农贸市场

当事人： 张××

检查机关： ××市动物卫生监督所

检查人员： 胡××　　**执法证件号：** ××××××

　　　　　　于××　　　　　　　××××××

记录人： 刘××

现场检查情况： 2013 年 3 月 11 日，执法人员接到举报，反映××市××农贸市场张××经营未经检疫的鸭产品，本机关立即指派胡××、于××和刘××三名执法人员赶赴现场。当事人张××在场，执法人员向其出示执法证件，进行检查。张××的摊床位于××农贸市场西侧，摊床上摆放了 4 箱鸭产品，摊床后侧 3 米处的冷库右侧堆放了 396 箱鸭产品，纸箱包装，每箱 5 千克。包装箱上粘贴着检疫标志，执法人员于××用识读器进行检验，未发现异常。打开部分包装箱进行检查，外观无病变、无腐败变质。执法人员对检查现场进行了拍照。

当事人签名：张××　　　　　　　　　　　　（见证人签名或盖章：　　　　　　）

执法人员签名：胡××　于××　刘××

询 问 笔 录

询问时间：<u>2013</u> 年 <u>3</u> 月 <u>11</u> 日 <u>14</u> 时 <u>15</u> 分至 <u>14</u> 时 <u>35</u> 分

询问地点：<u>××市××农贸市场经理室</u>

询问机关：<u>××市动物卫生监督所</u>

询问人：<u>胡××</u>　　　执法证件号：<u>××××××</u>

　　　　<u>刘××</u>　　　　　　　　<u>××××××</u>

记录人：<u>于××</u>

被询问人：姓名：<u>张××</u>　　性别：<u>男</u>　　年龄：<u>43</u>

　　　　　身份证号：<u>××××××</u>　　联系电话：<u>××××××</u>

　　　　　工作单位：<u>无</u>　　职务：<u>无</u>

　　　　　住址：<u>××市××街××委××组</u>

问：我们是 <u>××市动物卫生监督所</u>执法人员（出示执法证件），现依法向你进行询问调查。你应当如实回答我们的询问并协助调查，作伪证要承担法律责任，你听清楚了吗？

答：<u>知道了。</u>

问：<u>说一下你的自然情况。</u>

答：<u>我叫张××，43 岁，现住 ××市××街××委××组，在 ××市××农贸市场××摊床卖鸭产品。</u>

问：<u>请出示你的身份证。</u>

答：<u>这是我的身份证，你看一下。</u>

问：<u>调查结束后，我们将对你的身份证进行复印，需要你签字确认、标明时间。</u>

答：<u>好的。</u>

问：<u>你从事批发零售鸭产品有多长时间了？</u>

答：<u>从去年 7 月份开始到现在。</u>

问：<u>这批鸭产品你是什么时间购进的？</u>

答：<u>是昨天进的，2013 年 3 月 10 日。</u>

被询问人签名：张××

（第 1 页共 2 页）

笔 录 纸

问：把你的进货单给我看一下。

答：在这，请看。

问：这批鸭产品是从哪里购进的？

答：××市××公司。

问：这批鸭产品是谁采购的？

答：是我。

问：这批鸭产品检疫了吗？

答：检疫了。我从厂家提货时每箱都有检疫标志，你们检查不都看见了嘛。

问：你这批鸭产品为什么没有检疫证明？

答：我从厂家提货时，着急，就没要，以前进货时都要检疫证明，就这次没要。

问：你这批鸭产品购进多少？

答：400箱。

问：每箱多少钱？

答：每箱125.00元。

问：卖出去多少了？

答：没卖呢，你们就来了。

问：你这批鸭产品是鸭的哪个部位？

答：鸭脖。

问：每箱多少千克？

答：每箱5千克。

问：你还有没有需要补充的了？

答：没有了。

问：以上情况是否属实？

答：以上内容我已看过，属实。

被询问人签名：张××

执法人员签名：胡×× 于×× 刘××

证据材料登记表

证据制作说明：

1. 收 集 人：于××、刘××

2. 提 供 人：

3. 收集时间：2013 年 3 月 11 日

4. 收集地点：××市 ××冷库

5. 收集方式：拍照

6. 证据内容：附有检疫标志未打开外包装的鸭产品照片

证据材料登记表

证据制作说明：

1. 收 集 人：于××、刘××

2. 提 供 人：

3. 收集时间：2013 年 3 月 11 日

4. 收集地点：××市 ××冷库

5. 收集方式：拍照

6. 证据内容：打开外包装的鸭产品照片

证据材料登记表

证据制作说明：

1. 收 集 人：于××、刘××
2. 提 供 人：马××
3. 收集时间：2013 年 3 月 11 日
4. 收集地点：××市××冷库
5. 收集方式：
6. 证据内容：马××提供的货值证明

证据材料登记表

证据制作说明：

1. 收 集 人：于××、刘××
2. 提 供 人：高××
3. 收集时间：2013 年 3 月 11 日
4. 收集地点：××市××冷库
5. 收集方式：
6. 证据内容：高××提供的货值证明

重大案件集体讨论记录

案由： 涉嫌经营未附有检疫证明动物产品案

当事人： 张××

讨论时间： 2013年3月11日

地点： ××市动物卫生监督所会议室

主持人： 王××

汇报人： 刘××

记录人： 吴××

出席人员姓名及职务： 王××（副所长）、赵××（副所长）、李××（副所长）、刘××（科长、案情介绍人、列席）。

王××：今天就当事人张××涉嫌经营未附有检疫证明动物产品案进行集体讨论，下面由办案人刘××介绍简要案情和调查取证经过。

刘××：2013年3月11日，我所接到举报后，派执法人员到××农贸市场现场检查，发现货主张××经营400箱（5千克/箱）鸭产品，未附有检疫证明，在包装箱外有检疫标志。执法人员对现场进行了拍照取证，制作了《现场检查笔录》和《询问笔录》。张××涉嫌经营未附有检疫证明鸭产品的行为，事实清楚、证据确凿，其行为违反了《中华人民共和国动物防疫法》第四十三条第一款。按照《××省畜牧业行政处罚自由裁量权标准》（具体条款略）之规定，对当事人处以（×××××一×××××）幅度内的处罚，足以起到惩戒作用。依照《中华人民共和国动物防疫法》第七十八条第一款："经营和运输的动物产品未附有检疫证明、检疫标志的，由动物卫生监督机构责令改正，处同类检疫合格动物、动物产品货值金额百分之十以上百分之五十以下罚款。"建议责令张××立即改正违法行为，罚款人民币15000.00元。

李××：该案调查取证过程符合《中华人民共和国行政处罚法》的规定，程序合法，且证据链完整，能够证实当事人的违法事实。

（第1页共2页）

赵××：我认为该案适用法律条款准确，处罚幅度符合《××省畜牧业行政处罚自由裁量权标准》的规定。

王××：我同意以上两位同志及办案人员的意见，我认为本案事实清楚、证据确凿、程序合法、定性准确、适用法律条款正确、自由裁量合理，本人同意办案人员意见，罚款人民币 15000.00 元，请大家举手表决。（举手表决，一致通过）

讨论决定：经讨论，张×× 涉嫌经营未附有检疫证明动物产品案，事实清楚、证据确凿，其行为违反了《中华人民共和国动物防疫法》第四十三条第一款，依据《中华人民共和国动物防疫法》第七十八条第一款规定，责令张×× 立即改正违法行为，处罚款人民币 15000.00 元，全体表决通过。

出席人员签字：王×× 赵×× 李×× 刘××

（第 2 页共 2 页）

案件处理意见书

<table>
<tr><td rowspan="6">当事人</td><td colspan="2">案由</td><td colspan="6">涉嫌经营未附有检疫证明动物产品案</td></tr>
<tr><td rowspan="3">个人</td><td>姓名</td><td colspan="5">张××</td></tr>
<tr><td>性别</td><td>男</td><td>年龄</td><td>43</td><td>电话</td><td>××××××</td></tr>
<tr><td>住址</td><td colspan="5">××市××街××委××组</td></tr>
<tr><td rowspan="2">单位</td><td>名称</td><td colspan="2">/</td><td>法定代表人
（负责人）</td><td colspan="2">/</td></tr>
<tr><td>地址</td><td colspan="2">/</td><td>电话</td><td colspan="2">/</td></tr>
</table>

案件调查经过	2013年3月11日，本机关接到举报后，派执法人员到××农贸市场现场检查，发现货主张××经营的400箱（5千克/箱）鸭产品未附有检疫证明，在包装箱外有检疫标志。经调查，当事人经营的鸭产品是2013年3月10日从××市购进的。执法人员打开部分包装箱，感官检查鸭产品，未见异常。执法人员对检查现场进行了拍照，制作了《现场检查笔录》。对当事人进行了询问，制作了《询问笔录》，收集了相关证据。
所附证据材料	1.《现场检查笔录》1份； 2.《询问笔录》1份； 3. 货值证明2份； 4. 现场拍照2张。
调查结论及处理意见	当事人经营未附有检疫证明动物产品，事实清楚、证据确凿，其行为违反了《中华人民共和国动物防疫法》第四十三条第一款："经营和运输的动物产品，应当附有检疫证明、检疫标志。"按照《××省畜牧业行政处罚自由裁量权标准》，对当事人处以（×××××—××××××）幅度内的处罚，足以起到惩戒作用。 　　依据《中华人民共和国动物防疫法》第七十八条第一款："经营和运输的动物产品未附有检疫证明、检疫标志的，由动物卫生监督机构责令改正，处同类检疫合格动物、动物产品货值金额百分之十以上百分之五十以下罚款。"建议责令当事人立即改正违法行为，并作出如下处罚决定： 　　罚款人民币15000.00元。 　　　　　　　　　　　　执法人员签名：刘××　于××　胡×× 　　　　　　　　　　　　　　　　　　　　　2013年3月11日

执法机构意见	（如监督所内设执法科，由执法科在此处填写意见） 签名： 年　月　日
法制机构意见	（如监督所内设法制科，由法制科在此处填写意见） 签名： 年　月　日
执法机关意见	本案经机关负责人集体讨论通过，同意。 签名：王×× 2013 年 3 月 11 日

××市动物卫生监督所
行政处罚事先告知书

××动监告〔2013〕16号

张××：

　　经调查，你于2013年3月11日在××市××农贸市场经营400箱（5千克/箱）鸭产品未附有检疫证明，事实清楚、证据确凿，有《现场检查笔录》《询问笔录》、照片等为证。

　　你违反了《中华人民共和国动物防疫法》第四十三条第一款："经营和运输的动物产品，应当附有检疫证明、检疫标志。"按照《××省畜牧业行政处罚自由裁量权标准》（具体条款略）之规定，对当事人处以（××××××—××××××）幅度内的处罚，足以起到惩戒作用。

　　依据《中华人民共和国动物防疫法》第七十八条第一款："违反本法规定，经营和运输的动物产品未附有检疫证明、检疫标志的，由动物卫生监督机构责令改正，处同类检疫合格动物、动物产品货值金额百分之十以上百分之五十以下罚款。"本机构责令你立即改正违法行为，并拟作出如下处罚决定：

　　罚款人民币15000.00元。

　　根据《中华人民共和国行政处罚法》第三十一条、第三十二条之规定，你可在收到本告知书之日起三日内向本机关进行陈述申辩、申请听证，逾期不陈述申辩、申请听证的，视为你放弃上述权利。

××市动物卫生监督所
2013年3月11日

执法机关地址：××市××路××号

联系人：刘××　于××　　电话：××××××

陈述申辩笔录

当事人： 张××

身份证号码： ××××××

陈述申辩时间： 2013 年 3 月 12 日 9 时 17 分至 9 时 35 分

陈述申辩地点： ××市动物卫生监督所办公室

执法人员： 胡××   **执法证件号：** ××××××

　　　　　　刘××　　　　　　　　××××××

记录人： 于××

陈述申辩内容： 贵所下达的《行政处罚事先告知书》（××动监告〔2013〕16 号）我已经收到，关于经营未附有检疫证明动物产品的违法事实认定，我没有什么异议。但是，我们干这一行的，今年效益可不好了，我也不要求听证，就期盼对我减轻处罚，以后不再给你们添麻烦。

陈述申辩人签名：张××

执法人员签名：刘××　于××　胡××

行政处罚决定审批表

案由						经营未附有检疫证明动物产品案	
当事人	个人	姓名				张××	
		性别	男	年龄	43	电话	××××××
		住址				××市××街××委××组	
	单位 ××	名称	/			法定代表人（负责人）	/
		地址	/			电话	/
陈述申辩或听证情况		当事人张××收到《行政处罚事先告知书》后，立即进行了陈述申辩。具体内容如下：关于经营未附有检疫证明动物产品的违法事实认定，我没有什么异议。但是，我们干这一行的，今年效益可不好了，我也不要求听证，就期盼对我减轻处罚，以后不再给你们添麻烦。同时，当事人在法定期限未提出听证请求。					
处理意见		经审查，当事人陈述申辩要求减轻处罚的内容，不符合《中华人民共和国行政处罚法》的有关规定，不予采纳。 　　建议维持《行政处罚事先告知书》拟作出的处理处罚决定。 　　　　　　　　　　　　　执法人员签名：胡××　于××　刘×× 　　　　　　　　　　　　　　　　　　　　　　2013 年 3 月 14 日					
执法机构意见		（如监督所内设执法科，由执法科在此处填写意见） 　　　　　　　　　　　　　　　　　　签名： 　　　　　　　　　　　　　　　　　　　年　　月　　日					
法制机构意见		（如监督所内设法制科，由法制科在此处填写意见） 　　　　　　　　　　　　　　　　　　签名： 　　　　　　　　　　　　　　　　　　　年　　月　　日					
执法机关意见		同意。 　　　　　　　　　　　　　　　　　　签名：王×× 　　　　　　　　　　　　　　　　　　2013 年 3 月 14 日					

129

送 达 回 证

案　　由	涉嫌经营未附有检疫证明动物产品案				
受送达人	张××				
送达单位	××市动物卫生监督所				
送达文书及文号	送达地点	送达人	送达方式	收到日期	收件人签名
《行政处罚事先告知书》(××动监告〔2013〕16号)	××市××农贸市场办公室	刘××于××	直接送达	2013年3月11日	张××
/	/	/	/	/	/
备注					

送 达 回 证

案　　由	经营未附有检疫证明动物产品案				
受送达人	张××				
送达单位	××市动物卫生监督所				
送达文书及文号	送达地点	送达人	送达方式	收到日期	收件人签名
《行政处罚决定书》(××动监罚〔2013〕16号)	××市××农贸市场办公室	刘×× 于××	直接送达	2013年3月14日	张××
/	/	/	/	/	/
备注					

当场缴纳罚款申请书

×× 市动物卫生监督所：

我因经营未附有检疫证明动物产品的行为，违反了《中华人民共和国动物防疫法》第四十三条第一款的规定，被处以罚款人民币 15000.00 元。本人对《行政处罚决定书》（×× 动监罚〔2013〕16 号）认定的违法事实和给予的行政处罚没有异议，但由于我距离你们的开户行 ×× 市 ×× 银行太远，根据《中华人民共和国行政处罚法》第四十八条规定，本人请你单位及执法人员当场收缴罚款。

特此申请。

申请人：张 ××

2013 年 3 月 14 日

票据粘贴页

罚没收据存根清单

行政处罚结案报告

案　由	经营未附有检疫证明动物产品案		
当事人	张 × ×		
立案时间	2013 年 3 月 11 日	处罚决定 送达时间	2013 年 3 月 14 日

处罚决定：
　　罚款人民币 15000.00 元。
执行情况：
　　1．执行方式：自动履行。
　　2．执行时间：2013 年 3 月 14 日。

执法人员签名：胡 × ×　于 × ×　刘 × ×

2013 年 3 月 15 日

执法 机构 意见	（如监督所内设执法科，由执法科在此处填写意见） 　　　　　　　　　　　　　　　　　　　　签名： 　　　　　　　　　　　　　　　　　　年　　月　　日
执法 机关 意见	同意结案。 　　　　　　　　　　　　　　　　　　　　签名：王 × × 　　　　　　　　　　　　　　　　　　2013 年 3 月 15 日

备 考 表

本案卷包括使用的执法文书、收集的证据及罚没收据存根，共计 24 页。

立卷人：于××

2013 年 3 月 16 日

本案卷执法文书及相关证据归档完整，符合要求。

审查人：王××

2013 年 3 月 16 日

卷六　关于 × 肉食品有限公司经营依法应当检疫而未经检疫动物产品案

一、简要案情

2014年1月29日，× 市动物卫生监督所接到举报，反映 × 肉食品有限公司一分店经营未检疫的猪肉。× 市动物卫生监督所决定立案调查，指派执法人员刘 ×、彭 × 承办。执法人员现场检查发现：× 肉食品有限公司一分店有 24 半猪胴体，共 988.7 千克，未附有检疫证明，没有检疫验讫标志。执法人员对 988.7 千克猪肉进行了登记保存，对该公司主管助理周 × 和供货商常 × 调查询问，制作了《询问笔录》，收集了相关证据。经机关负责人集体讨论，于 2014年1月30日对该公司下达了《行政处罚事先告知书》，2月3日，下达了《行政处罚决定书》，责令该公司立即改正违法行为，并作出没收 988.7 千克猪肉和罚款人民币 49435.00 元的处罚决定。

二、处罚依据

违反条款：《中华人民共和国动物防疫法》第二十五条第三项。

处罚条款：《中华人民共和国动物防疫法》第七十六条和《动物检疫管理办法》第四十三条。

三、本类型案件办理的注意事项及难点

1. 注意区分未附有检疫证明和未经检疫。

2. 对于货值的认定，不要仅凭当事人的供述来确定。

3. 未经检疫动物产品不符合补检条件的，处罚适用于《中华人民共和国动物防疫法》第七十六条和《动物检疫管理办法》第四十三条，而不是《中华人民共和国动物防疫法》第七十八条。

×市动物卫生监督所
案　　卷

×动监罚〔2014〕1号					
题　名	关于×肉食品有限公司经营依法应当检疫而未经检疫动物产品案				
案 件 承 办 人			当 事 人		
刘×　彭×			×肉食品有限公司		
立案日期	2014年1月29日	结案日期	2014年2月4日	立卷人	刘×
执行结果	当事人已依法履行完毕。				
归档日期	2014年2月6日	档 案 编 号		201401	
保存期限	长期	卷内共28页			
备注					

卷内目录（一）

序号	文书编号	文书日期	题名	页号	备注
1	×动监罚〔2014〕1号	2014年2月3日	行政处罚决定书		
2	×动监立〔2014〕1号	2014年1月29日	行政处罚立案审批表		
3		2014年1月29日	当事人身份证明		复印件
4		2014年1月29日	现场检查笔录		
5		2014年1月29日	登记保存审批表		
6		2014年1月29日	证据登记保存清单		
7		2014年1月30日	询问笔录		
8		2014年1月30日	询问笔录		
9		2014年1月29日	证据材料登记表（现场检查照片）		
10		2014年1月30日	证据材料登记表（周×身份证复印件）		
11		2014年1月30日	证据材料登记表（周×工作证复印件）		
12		2014年1月30日	证据材料登记表（常×身份证复印件）		
13		2014年1月30日	证据材料登记表（物价价格证明书）		
14		2014年1月30日	重大案件集体讨论记录		
15		2014年1月30日	案件处理意见书		
16	×动监告〔2014〕1号	2014年1月30日	行政处罚事先告知书		

卷内目录（二）

序号	文书编号	文书日期	题名	页号	备注
17		2014 年 2 月 3 日	行政处罚决定审批表		
18		2014 年 1 月 30 日	送达回证		
19		2014 年 2 月 3 日	送达回证		
20		2014 年 2 月 4 日	缴纳罚款银行回执		
21		2014 年 2 月 4 日	罚没物品处理记录		
22		2014 年 2 月 4 日	行政处罚结案报告		
23		2014 年 2 月 6 日	备考表		

×市动物卫生监督所
行政处罚决定书

×动监罚〔2014〕1号

当事人：× 肉食品有限公司　　　　法定代表人：胡 ×

地址：× 市 × 路 × 号　　　　　　联系方式：× × ×

你单位经营依法应当检疫而未经检疫的动物产品一案，经本机关依法调查，现已查明：

2014年1月29日，本机关接到举报，×肉食品有限公司经营未检疫的猪肉。本机关决定立案调查，指派执法人员刘×、彭×承办。执法人员现场检查发现：×肉食品有限公司有24半猪胴体，共988.7千克，未附有检疫证明，没有检疫验讫标志。执法人员对988.7千克猪肉进行了登记保存，对该公司主管助理周×和供货商常×调查询问，制作了《询问笔录》，收集相关证据，当事人×肉食品有限公司存在经营依法应当检疫而未经检疫动物产品的违法事实。

以上事实查证属实，有下列证据为证：

1.《现场检查笔录》1份，证明当事人经营的988.7千克猪肉未附有检疫证明，没有检疫验讫标志，与证据5、7相互印证。

2.《企业法人营业执照》复印件1份，证明当事人为企业法人，胡 × 为法定代表人。

3. × 肉食品有限公司主管助理周 × 身份证复印件1份，证明其身份。

4. × 肉食品有限公司主管助理周 × 工作证，证明周 × 系 × 肉食品有限公司员工。

5. × 肉食品有限公司主管助理周 × 的《询问笔录》1份，证明 × 肉食品有限公司购买的988.7千克猪肉未经检疫，与证据1、7相互印证。

6. 供货商常 × 身份证复印件1份，证明当事人身份。

7. 供货商常 × 的《询问笔录》1份，证明其出售给 × 肉食品有限公司988.7千克猪肉未经检疫，与证据1、5相互印证。

8. 现场照片5张，证明 × 肉食品有限公司经营的988.7千克猪肉没有检疫验讫标志。

9. 价格证明2份，证明2014年1月23—30日期间当地检疫合格猪肉销售价格为25元/千克。

本机关认为：你单位经营依法应当检疫而未经检疫动物产品，事实清楚、证据确凿，其行为违反了《中华人民共和国动物防疫法》第二十五条第三项："禁止屠宰、经营、运输下列动物和生产、经营、加工、贮藏、运输下列动物产品：（三）依法应当检疫而未经检疫或者检疫不合格的。"由于当事人经营的猪肉不符合《动物检疫管理办法》第四十三条规定的补检条件，不予补检。经本机关集体讨论，于2014年1月30日对你单位下达了《行政处罚事先告知书》，当事人在法定期限内没有进行陈述申辩，也没有申请听证。按照《××省畜牧业行政处罚自由裁量权标准》（具体条款略）之规定，对当事人处以（××××××—××××××）幅度内的处罚，足以起到惩戒作用。

依照《中华人民共和国动物防疫法》第七十六条："违反本法第二十五条规定，屠宰、经营、运输动物或生产、经营、加工、贮藏、运输动物产品的，由动物卫生监督机构责令改正，采取补救措施，没收违法所得和动物、动物产品，并处同类检疫合格动物、动物产品货值金额一倍以上五倍以下罚款；其中依法应当检疫而未检疫的，依照本法第七十八条的规定处罚。"依照《动物检疫管理办法》第四十三条："依法应当检疫而未经检疫的肉、脏器、脂、头、蹄、血液、筋等，符合下列条件的，由动物卫生监督机构出具《动物检疫合格证明》，并依照《动物防疫法》第七十八条的规定进行处罚；不符合下列条件的，予以没收销毁，并依照《动物防疫法》第七十六条的规定进行处罚：（一）货主在5天内提供输出地动物卫生监督机构出具的来自非封锁区的证明；（二）经外观检查无病变、无腐败变质；（三）农业部规定需要进行实验室疫病检测的，检测结果符合要求。"本机关责令你单位立即改正违法行为，并作出如下处罚决定：

1. 没收 988.7 千克猪肉；
2. 罚款人民币 49435.00 元。

当事人必须在收到本决定书之日起十五日内持本决定书到 ×× 市工商银行支行缴纳罚款。当事人逾期不缴纳罚款的，每日按罚款数额的 3% 加处罚款。

当事人对本处罚决定不服的，可以在收到本处罚决定书之日起 60 日内向 ×× 市畜牧兽医局申请行政复议，或在三个月内向 ×× 市人民法院提起诉讼。行政复议和行政诉讼期间，本处罚决定不停止执行。

当事人逾期不申请行政复议或提起行政诉讼，也不履行本行政处罚决定的，本机关将依法申请人民法院强制执行。

× 市动物卫生监督所

2014 年 2 月 3 日

行政处罚立案审批表

× 动监立〔2014〕1 号

案件来源			群众举报		受案时间	2014 年 1 月 29 日	
案　由			涉嫌经营依法应当检疫而未经检疫动物产品案				
当事人	个人	姓名	/		电话	/	
		性别	/	/	/	身份证号	/
		住址	/				
	单位	名称	× 肉食品有限公司		法定代表人	胡 ×	
		地址	× 市 × 路 × 号		电话	× × ×	
简要案情			2014 年 1 月 29 日，本机关接到举报，× 肉食品有限公司经营未经检疫猪肉。执法人员现场检查发现：× 肉食品有限公司有 24 半猪胴体，共 988.7 千克，未附有检疫证明，没有检疫验讫标志。其行为涉嫌违反了《中华人民共和国动物防疫法》第二十五条第三项之规定，建议立案调查。 　　　　　　　　　　　　　　　受案人签名：刘 ×　彭 × 　　　　　　　　　　　　　　　　　　2014 年 1 月 29 日				
执法机构意见			（如监督所内设执法科，由执法科在此处填写意见） 　　　　　　　　　　　　签名： 　　　　　　　　　　　年　　月　　日				
法制机构意见			（如监督所内设法制科，由法制科在此处填写意见） 　　　　　　　　　　　　签名： 　　　　　　　　　　　年　　月　　日				
执法机关意见			同意立案调查。由刘 ×、彭 × 承办。 　　　　　　　　　　　　签名：熊 × 　　　　　　　　　　　　2014 年 1 月 29 日				
备　注							

证据材料登记表

此复印件与原件相符

当事人签名：周 ×

2014 年 1 月 29 日

证据制作说明：

1. 收 集 人：刘 ×、彭 ×

2. 提 供 人：周 ×

3. 收集时间：2014 年 1 月 29 日

4. 收集地点：× 市 × 路 × 号

5. 收集方式：复印

6. 证据内容：《企业法人营业执照》

现场检查笔录

时间： 2014 年 1 月 29 日 19 时 08 分至 20 时 15 分

检查地点： × 肉食品有限公司进货场（× 市 × 路 × 号）

当事人： × 肉食品有限公司（法人：胡 ×）

检查机关： × 市动物卫生监督所

检查人员： 刘 ×　　**执法证件号：** × × × ×

　　　　　　彭 ×　　**执法证件号：** × × × ×

记录人： 彭 ×

现场检查情况： 2014 年 1 月 29 日，本机关接到举报，× 肉食品有限公司经营未检疫猪肉。本机关立即指派执法人员刘 × 和彭 × 赶赴现场，向其出示执法证件，进行检查。位于 × 市 × 路 × 肉食品有限公司一分店摊床上摆放着 24 半猪胴体，猪肉颜色正常，无异味，有弹性，猪肉切面外翻，但未见检疫验讫标志，当事人不能提供其检疫证明。经执法人员现场称重，涉案的猪肉为 988.7 千克。本机关对涉案猪肉进行了登记保存，并对现场进行了拍照。

当事人签名或盖章：　周 ×　　　　　　　　　　　（见证人签名或盖章：　　　　　　　　　）

执法人员签名或盖章：刘 ×　彭 ×

（第 1 页共 1 页）

登记保存审批表

<table>
<tr><td colspan="2" rowspan="2">案由</td><td colspan="5">涉嫌经营依法应当检疫而未经检疫动物产品案</td></tr>
<tr><td colspan="5"></td></tr>
<tr><td rowspan="6">当事人</td><td rowspan="3">个人</td><td>姓名</td><td>/</td><td>性别</td><td>/</td><td>年龄 /</td></tr>
<tr><td>电话</td><td>/</td><td>住址</td><td colspan="2">/</td></tr>
<tr><td>证件类型</td><td>/</td><td>证件号码</td><td colspan="2">/</td></tr>
<tr><td rowspan="2">单位</td><td>名称</td><td>× 肉食品有限公司</td><td>法定代表人</td><td colspan="2">胡 ×</td></tr>
<tr><td>电话</td><td>×××</td><td>地址</td><td colspan="2">× 市 × 路 × 号</td></tr>
<tr><td colspan="2">理由及依据</td><td colspan="5">× 肉食品有限公司涉嫌经营依法应当检疫而未经检疫动物产品。
《中华人民共和国行政处罚法》第三十七条第二款。</td></tr>
<tr><td colspan="2">保存物品</td><td colspan="5">988.7 千克猪肉。</td></tr>
<tr><td colspan="2">办案人员意见</td><td colspan="5">建议对涉案的 988.7 千克猪肉进行登记保存。
保存期限为 7 天（2014 年 1 月 29 日至 2014 年 2 月 4 日）。

执法人员签名：刘 × 彭 ×
2014 年 1 月 29 日</td></tr>
<tr><td colspan="2">执法机构意见</td><td colspan="5">（如监督所内设执法科，由执法科在此处填写意见）

签名：
年 月 日</td></tr>
<tr><td colspan="2">执法机关意见</td><td colspan="5">同意办案人员意见。

负责人：熊 ×
2014 年 1 月 29 日</td></tr>
</table>

证据登记保存清单

当事人：× 肉食品有限公司

时　间：2014 年 1 月 29 日

地　点：× 市 × 路 × 号

因你单位涉嫌经营依法应当检疫而未经检疫动物产品，本机关依照《中华人民共和国行政处罚法》第三十七条之规定对你单位在 × 市 × 路 × 号 的下列物品：

就地保存于 × 市 × 路 × 号冷库，**登记保存期限为** 2014 年 1 月 29 日至 2014 年 2 月 4 日，登记保存期间，你单位不得使用、销售、转移、损毁、隐匿。

序号	物品名称	规格	生产日期（批号）	生产单位	数量
1	猪肉	千克	2014 年 1 月 28 日	× 屠宰厂	988.7
/	/	/	/	/	/

执法人员：刘 ×　　执法证件号：× × × ×

　　　　　彭 ×　　执法证件号：× × × ×

× 市动物卫生监督所

2014 年 1 月 29 日

当事人签名或盖章：周 ×

146

询 问 笔 录

询问时间：2014 年 1 月 30 日 9 时 45 分至 10 时 40 分

询问地点：× 市 × 路 × 号

询问机关：× 市动物卫生监督所

询问人：刘 ×　　**执法证件号：** × × × ×

　　　　彭 ×　　**执法证件号：** × × × ×

记录人：彭 ×

被询问人：姓名：周 ×　　性别：女　　年龄：45 岁

　　　　　身份证号：× × ×　　联系电话：× × ×

　　　　　工作单位：× 肉食品有限公司一分店　　职务：主管助理

　　　　　住　　址：× 市 × 小区 × 楼 × 门 × 号

问：我们是 × 市动物卫生监督所执法人员（出示了执法证件），现依法向你进行询问调查。你应当如实回答我们的询问并协助调查，作伪证要承担法律责任，你听清楚了吗？

答：我看了并确认了你们的执法证件，也听清楚了。

问：你有要求执法人员回避的权力，你是否要求执法人员回避？

答：不要求执法人员回避。

问：请叙述一下你的自然情况。

答：我叫周 ×，女，今年 45 岁。家住 × 市 × 小区 × 楼 × 门 × 号。手机号码 × × ×。现在 × 肉食品有限公司工作，职务是主管助理。

问：请出示你的身份证。

答：这是我的身份证，您看一下。

问：调查结束后，我们需要将你的身份证复印，需要你确认签字并标明时间。

答：好的。

问：请出示你公司的营业执照。

答：好的。(出示了该公司的营业执照)

问：调查结束后，你把你公司的营业执照复印 1 份在上面签上你的名字、标明时间。

答：好的。

问：公司的猪肉是从哪里来的？

答：是常 × 给我们供应的。

被询问人签名或盖章：周 ×

笔 录 纸

问：常 × 昨天供给你店的猪肉一共是多少千克？

答：一共是 988.7 千克。

问：这批猪肉是否有检疫证明？

答：没有检疫证明。

问：根据《动物检疫管理办法》第四十三条的规定，达到如下要求方具备补检条件：（一）货主在 5 天内提供输出地动物卫生监督机构出具的来自非封锁区的证明；（二）经外观检查无病变、无腐败变质；（三）农业部规定需要进行实验室疫病检测的，检测结果符合要求。听清楚了吗？

答：听清楚了，我无法提供以上你说的证据材料，不要求补检，也达不到补检的要求。

问：常 × 是从事什么职业的？

答：常 × 是 × 屠宰厂的老板，也贩运猪肉，一直给我店送猪肉。

问：他给你送的猪肉价格是多少？

答：猪肉的价格是 25 元 / 千克。

问：昨晚供给你处的猪肉是谁运输的？

答：是供货人常 × 开自己家车运输来的。

问：车牌号码是多少？

答：我不知道。

问：这批猪肉已经卖出去多少？

答：还没卖就被你们发现了。

问：你能联系到供货人常 × 吗？

答：能，他的电话是 × × ×。

问：请你联系他到我单位协助调查。

答：好的。

问：你还有需要补充的吗？

答：没有了。

问：以上情况是否属实？

答：以上看过，情况属实。

被询问人签名：周 ×

执法人员签名：刘 ×　彭 ×

（第 2 页共 2 页）

询 问 笔 录

询问时间： 2014 年 1 月 30 日 10 时 42 分至 11 时 40 分

询问地点： × 市 × 路 × 号

询问机关： × 市动物卫生监督所

询问人： 刘 ×　　　**执法证件号：** × × × ×

　　　　　　彭 ×　　　**执法证件号：** × × × ×

记录人： 彭 ×

被询问人： 姓名：常 ×　　　性别：男　　　年龄：53

　　　　　　联系电话：× × ×　　　身份证号：× × ×

　　　　　　工作单位：／　　　职务：／

　　　　　　住址：× 市 × 镇 × 村 × 组

问： 我们是 × 市动物卫生监督所执法人员（出示了执法证件），现依法向你进行询问调查。你应当如实回答我们的询问并协助调查，作伪证要承担法律责任，你听清楚了吗？

答： 我看了并确认了你们的执法证件，也听清楚了。

问： 你有要求执法人员回避的权力，你是否要求执法人员回避？

答： 不要求执法人员回避。

问： 请叙述一下你的自然情况。

答： 我叫常 ×，男，今年 53 岁。家住 × 市 × 镇 × 村 × 组。手机号码 × × ×。

问： 你是做什么工作的？

答： 我开了一家屠宰厂，从事生猪屠宰。

问： 昨天是你供给 × 肉食品有限公司的猪肉吗？

答： 是我送的。

问： 送了多少猪肉？

答： 送了 988.7 千克猪肉。

问： 你送到 × 肉食品有限公司的价格是多少？

答： 每千克猪肉 25 元。

问： 这些猪肉是从哪来的？

答： 在我自己屠宰厂生产的。

被询问人签名或盖章：常 ×

（第 1 页共 2 页）

笔 录 纸

问：昨天你屠宰了多少头猪？

答：屠宰了 12 头猪。

问：这批猪肉是否经过检疫了？

答：没有经过检疫。

问：为什么没有检疫？

答：昨晚我趁检疫员不在，自己杀的猪，所以没有检疫证明。

问：是谁送到 × 肉食品有限公司？

答：是我开自己家车送的。

问：车牌号是多少？

答：车牌号是 ×××。

问：你还有需要补充说明的吗？

答：没有。

问：以上情况是否属实？

答：以上看过，情况属实。

被询问人签名或盖章：常 ×

执法人员签名或盖章：刘 × 彭 ×

（第 2 页共 2 页）

证据材料登记表

证据制作说明：

1. 收 集 人：刘 × 、彭 ×

2. 提 供 人：

3. 收集时间：2014 年 1 月 29 日

4. 收集地点：× 市 × 路 × 号

5. 收集方式：拍摄

6. 证据内容：现场检查照片

证据材料登记表

此复印件与原件相符

当事人签名：周 ×

2014 年 1 月 30 日

证据制作说明：

1. 收 集 人：刘 ×、彭 ×

2. 提 供 人：周 ×

3. 收集时间：2014 年 1 月 30 日

4. 收集地点：× 市 × 路 × 号

5. 收集方式：复印

6. 证据内容：周 × 身份证

证据材料登记表

此复印件与原件相符

当事人签名：周 ×

2014 年 1 月 30 日

证据制作说明：

1. 收 集 人：刘 ×、彭 ×
2. 提 供 人：周 ×
3. 收集时间：2014 年 1 月 30 日
4. 收集地点：× 市 × 路 × 号
5. 收集方式：复印
6. 证据内容：周 × 工作证复印件 1 份

证据材料登记表

此复印件与原件相符

当事人签名：常 ×

2014 年 1 月 30 日

证据制作说明：

1. 收 集 人：刘 ×、彭 ×

2. 提 供 人：常 ×

3. 收集时间：2014 年 1 月 30 日

4. 收集地点：× 市 × 路 × 号

5. 收集方式：复印

6. 证据内容：常 × 身份证复印件 1 份

证据材料登记表

证据制作说明：

1. 收 集 人：刘 × 、彭 ×

2. 提 供 人：× 市物价局

3. 收集时间：2014 年 1 月 30 日

4. 收集地点：× 市物价局价格办公室

5. 收集方式：

6. 证据内容：物价价格证明书

重大案件集体讨论记录

案由： × 肉食品有限公司一分店涉嫌经营依法应当检疫而未经检疫的动物产品案

时间： 2014 年 1 月 30 日 15:10—15:40

地点： × 市动物卫生监督所会议室

主持人： 熊 ×

记录人： 彭 ×

出席人员姓名及职务： 程 ×（副所长）、刘 ×（副所长）、彭 ×（科长、案情介绍人、列席）。

讨论记录：

熊 ×：今天就 ×× 肉食品有限公司一分店经营依法应当检疫而未经检疫的猪肉案进行集体讨论，下面由办案人彭 × 介绍案情和调查取证经过。

彭 ×：2014 年 1 月 29 日，我们接到举报，× 肉食品有限公司一分店经营依法应当检疫而未经检疫的猪肉。所里决定立案调查。× 肉食品有限公司一分店摊床上摆放着 24 半猪胴体，猪肉颜色正常，无异味，有弹性，猪肉切面外翻，但没有检疫验讫标志，当事人不能提供检疫证明。现场称重，猪肉重 988.7 千克，我们制作了《现场检查笔录》，对 988.7 千克猪肉先行登记保存。第二天，对 × 肉食品有限公司一分店主管助理周 × 进行了询问，她承认经营依法应当检疫而未经检疫的猪肉，也无法按《动物检疫管理办法》第四十三条的规定提供补检条件。同日，我们对 × 肉食品有限公司一分店供货商常 × 进行了询问，常 × 承认 988.7 千克猪肉是他供的，趁检疫员休息，没有申报检疫而在自家屠宰厂屠宰的。建议：对常 × 屠宰依法应当检疫而未经检疫动物的违法行为，另案调查处理。本案当事人 × 肉食品有限公司一分店经营依法应当检疫而未经检疫的猪肉，事实清楚、证据确凿，违反了《中华人民共和国动物防疫法》第二十五条第三项之规定，结合《×× 省畜牧业行政处罚自由裁量权标准》，依据《动物检疫管理办法》第四十三条和《中华人民共和国动物防疫法》第七十六条之规定，建议责令其立即改正违法行为，并作出如下处罚：

1. 没收 988.7 千克猪肉；

2. 罚款人民币 49435.00 元。

程 ×：该案调查取证过程符合《中华人民共和国行政处罚法》的规定，程序合法，违法主体也准确。

刘 ×：该案证据链完整，有现场检查笔录、询问笔录、证据保存清单等为证，能够证实当事人的违法事实。

熊 ×：我同意以上两位同志的意见，本案事实清楚，证据确凿，程序合法，定性准确，适用法律条款正确。按照《× 省畜牧业行政处罚自由裁量权标准》（具体条款略）之规定，对当事人处以（××××××—××××××）幅度内的处罚，足以起到惩戒作用，下面请大家举手表决。（全体表决通过）

讨论结果： × 肉食品有限公司一分店经营依法应当检疫而未经检疫的动物产品案事实清楚，证据确凿，其行为违反了《中华人民共和国动物防疫法》第二十五条第三项之规定，依据《动物检疫管理办法》第四十三条和《中华人民共和国动物防疫法》第七十六条之规定，责令其改正违法行为，并给予以下处罚：

　　1．没收 988.7 千克猪肉；

　　2．罚款人民币 49435.00 元。

出席人员签名：熊 ×　程 ×　刘 ×　　　2014 年 1 月 30 日

案件处理意见书

案由			涉嫌经营依法应当检疫而未经检疫的动物产品案				
当事人	个人	姓名	/				
		性别	/	年龄	/	电话	/
		住址	/				
	单位	名称	× 肉食品有限公司		法定代表人		胡 ×
		地址	× 市 × 路 × 号		电话		× × ×
案件调查经过			2014 年 1 月 29 日，本机关接到举报，× 肉食品有限公司一分店经营未检疫的猪肉。本机关决定立案调查，并指派执法人员刘 ×、彭 × 承办。执法人员现场检查发现：× 肉食品有限公司一分店有 24 半猪胴体，经称重共 988.7 千克，未附有检疫证明，没有检疫验讫标志。执法人员对 988.7 千克猪肉进行了登记保存，对该公司主管助理周 × 和供货商常 × 调查询问，制作了《询问笔录》，收集相关证据。				
所附证据材料			1.《现场检查笔录》1 份； 2.《企业法人营业执照》复印件 1 份； 3. 周 × 身份证复印件 1 份； 4. 周 × 工作证复印件 1 份； 5. 周 ×《询问笔录》1 份； 6. 常 × 身份证复印件 1 份； 7. 常 ×《询问笔录》1 份； 8. 照片 5 张； 9. 价格证明 2 份。				

调查结论及处理意见	当事人×肉食品有限公司一分店经营依法应当检疫而未经检疫的 988.7 千克猪肉的行为，事实清楚、证据确凿，违反了《中华人民共和国动物防疫法》第二十五条第三项："禁止屠宰、经营、运输下列动物和生产、经营、加工、贮藏、运输下列动物产品：（三）依法应当检疫而未经检疫或者检疫不合格的"。经本机关集体讨论，关于屠宰厂屠宰未经检疫动物一案决定另案处理。按照《××省畜牧业行政处罚自由裁量权标准》（具体条款略）之规定，对当事人处以（×××××—××××××）幅度内的处罚，足以起到惩戒作用。 　　依照《中华人民共和国动物防疫法》第七十六条："违反本法第二十五条规定，屠宰、经营、运输动物或生产、经营、加工、贮藏、运输动物产品的，由动物卫生监督机构责令改正，采取补救措施，没收违法所得和动物、动物产品，并处同类检疫合格动物、动物产品货值金额一倍以上五倍以下罚款；其中依法应当检疫而未经检疫的，依照本法第七十八条的规定处罚。"依照《动物检疫管理办法》第四十三条："依法应当检疫而未经检疫的肉、脏器、脂、头、蹄、血液、筋等，符合下列条件的，由动物卫生监督机构出具《动物检疫合格证明》，并依照《动物防疫法》第七十八条的规定进行处罚；不符合下列条件的，予以没收销毁，并依照《动物防疫法》第七十六条的规定进行处罚：（一）货主在 5 天内提供输出地动物卫生监督机构出具的来自非封锁区的证明；（二）经外观检查无病变、无腐败变质；（三）农业部规定需要进行实验室疫病检测的，检测结果符合要求"。 　　由于当事人经营的猪肉不符合《动物检疫管理办法》第四十三条规定的补检条件，不予补检。并作出如下处罚决定： 　　1. 没收 988.7 千克猪肉； 　　2. 罚款人民币 49435.00 元。 <div align="right">执法人员签名：刘×　彭× 2014 年 1 月 30 日</div>
执法机构意见	（如监督所内设执法科，由执法科在此处填写意见） <div align="right">签名： 年　　月　　日</div>
法制机构意见	（如监督所内设法制科，由法制科在此处填写意见） <div align="right">签名： 年　　月　　日</div>
执法机关意见	本案经本机关负责人集体讨论通过，同意。 <div align="right">签名：熊× 2015 年 1 月 30 日</div>

行政处罚事先告知书

×动监告〔2014〕1号

××肉食品有限公司：

你单位于 2014 年 1 月 29 日经营依法应当检疫而未经检疫的动物产品的行为，事实清楚、证据确凿，有《现场检查笔录》《询问笔录》、照片 2 张、价格证明等为证。

你单位违反了《中华人民共和国动物防疫法》第二十五条第三项："禁止屠宰、经营、运输下列动物和生产、经营、加工、贮藏、运输下列动物产品：（三）依法应当检疫而未经检疫或者检疫不合格的。"按照《××省畜牧业行政处罚自由裁量权标准》（具体条款略）之规定，对当事人处以（×××××××—×××××××）幅度内的处罚，足以起到惩戒作用。

依据《中华人民共和国动物防疫法》第七十六条："违反本法第二十五条规定，屠宰、经营、运输动物或生产、经营、加工、贮藏、运输动物产品的，由动物卫生监督机构责令改正，采取补救措施，没收违法所得和动物、动物产品，并处同类检疫合格动物、动物产品货值金额一倍以上五倍以下罚款；其中依法应当检疫而未经检疫的，依照本法第七十八条的规定处罚。"依照《动物检疫管理办法》第四十三条："依法应当检疫而未经检疫的肉、脏器、脂、头、蹄、血液、筋等，符合下列条件的，由动物卫生监督机构出具《动物检疫合格证明》，并依照《动物防疫法》第七十八条的规定进行处罚；不符合下列条件的，予以没收销毁，并依照《动物防疫法》第七十六条的规定进行处罚：（一）货主在 5 天内提供输出地动物卫生监督机构出具的来自非封锁区的证明；（二）经外观检查无病变、无腐败变质；（三）农业部规定需要进行实验室疫病检测的，检测结果符合要求"。本机关拟作出如下处罚决定：

1. 没收 988.7 千克猪肉；
2. 罚款人民币 49435.00 元。

根据《中华人民共和国行政处罚法》第三十一条、第三十二条和四十二条的规定，你公司可在收到本告知书之日起三日内向本机关进行陈述申辩、申请听证，逾期不陈述申辩、申请听证的，视为你单位放弃上述权利。

×市动物卫生监督所

2014 年 1 月 30 日

执法机关地址：×市×路×号

联系人：彭×   联系电话：××××

行政处罚决定审批表

案由	经营依法应当检疫而未经检疫动物产品案					
当事人	个人	姓名	/			
		性别	/	年龄 /	电话	/
		住址	/			
	单位	名称	× 肉食品有限公司	法定代表人		胡 ×
		地址	× 市 × 路 × 号	电话		× × ×
陈述申辩或听证情况	当事人在法定期限内未进行陈述申辩，也未申请听证。					
处理意见	建议维持《行政处罚事先告知书》拟作出的处理处罚意见。 执法人员签名：刘 × 彭 × 2014 年 2 月 3 日					
执法机构意见	（如监督所内设执法科，由执法科在此处填写意见） 签名： 年 月 日					
法制机构意见	（如监督所内设法制科，由法制科在此处填写意见） 签名： 年 月 日					
执法机关意见	同意。 签名：熊 × 2014 年 2 月 3 日					

送 达 回 证

案　　由	涉嫌经营依法应当检疫而未经检疫动物产品案				
受送达人	× 肉食品有限公司				
送达单位	× 市动物卫生监督所				
送达文书及文号	送达地点	送达人	送达方式	收到日期	收件人签名
《行政处罚事先告知书》（× 动监告〔2014〕1号）	× 市动物卫生监督所	刘 ×　彭 ×	直接送达	2014 年 1 月 30 日	周 ×
/	/	/	/	/	/
备注					

送 达 回 证

案　　由	经营依法应当检疫而未经检疫动物产品案				
受送达人	×肉食品有限公司				
送达单位	×市动物卫生监督所				
送达文书及文号	送达地点	送达人	送达方式	收到日期	收件人签名
《行政处罚决定书》（×动监罚〔2014〕1号）	×市动物卫生监督所	刘× 彭×	直接送达	2014年2月3日	周×
/	/	/	/	/	/
备注					

票据粘贴页

（罚没收据存根清单）

罚没物品处理记录

时间：2014 年 2 月 4 日

地点：×市××街××号（××无害化处理场）

处理物品及处理方式：

对 2014 年 2 月 3 日没收的 988.7 千克猪肉进行焚烧无害化处理。

执法人员签名：刘 ×　李 ×（手写）

执法机关负责人签名：熊 ×（手写）

×市动物卫生监督所

2014 年 2 月 4 日

行政处罚结案报告

案　由	经营依法应当检疫而未经检疫动物产品案		
当事人	× 肉食品有限公司		
立案时间	2014 年 1 月 29 日	处罚决定送达时间	2014 年 2 月 4 日

处罚决定：
1. 没收 988.7 千克猪肉；
2. 罚款人民币 49435.00 元。

执行情况：
1. 执行方式：自动履行。
2. 执行时间：2014 年 2 月 4 日。

执法人员签名：刘 ×　彭 ×
2014 年 2 月 4 日

执法机构意见	（如监督所内设执法科，由执法科在此处填写意见） 签名： 　　年　　月　　日
执法机关意见	同意结案。 签名：熊 × 2014 年 2 月 4 日

备　考　表

本案卷包括使用的执法文书、收集的证据及罚没收据存根，共计 28 页。

立卷人：刘 ×

2014 年 2 月 6 日

本案卷执法文书及相关证据归档完整，符合要求。

审查人：熊 ×

2014 年 2 月 6 日

卷七　关于陈××经营病死动物案

一、案情简介

2014年6月7日16时30分，××区动物卫生监督所代表××区农业局会同经贸局、公安局在××广场联合执法检查时，发现××广场西侧有一辆载有死猪的三轮摩托车。经请示，立案调查。本机关执法人员张××、吴××向当事人陈××出示执法证件后进行检查，发现车上有5头死猪，死猪尸体僵硬，腹部、肋部有淤血，有黄疸，经称重为203千克。当事人无法提供检疫证明。执法人员对涉案5头死猪进行了登记保存，拍摄了现场照片，对当事人进行了询问，得知当事人收购的死猪用于扒皮卖肉。6月13日，××市动物疫病预防控制中心出具的检测报告证明涉案死猪死因为猪副伤寒。本机关对涉案死猪解除了登记保存，实施了扣押。执法人员收集了相关证据。2014年6月20日，下达了《行政处罚事先告知书》；6月25日下达了《行政处罚决定书》，责令当事人立即改正违法行为，并作出没收5头病死猪和罚款人民币6983.20元的处罚决定，当事人在法定期限内缴纳了罚款，此案结案。

二、处罚依据

违反条款：《中华人民共和国动物防疫法》第二十五条第五项。

处罚条款：《中华人民共和国动物防疫法》第七十六条。

三、本类型案件办理的注意事项及难点

1. 科学确定案由，病死动物案的定性要有技术支撑机构的检验报告来佐证。

2. 对于货值的认定，不要仅凭当事人的供述来确定。

3. 案件定性后，对病死动物要采取行政强制措施，实施扣押，履行行政强制程序。

××区动物卫生监督所
案　卷

××动监罚〔2014〕1号					
题　名	关于陈××经营病死动物案				
案 件 承 办 人			**当 事 人**		
张××　吴××			陈××		
立案日期	2014年6月7日	结案日期	2014年7月3日	立卷人	吴××
执行结果	当事人已依法履行完毕。				
归档日期	2014年7月8日	**档 案 编 号**		201401	
保存期限	长期	卷内共30页			
备注					

卷内目录（一）

序号	文书编号	文书日期	题名	页号	备注
1	××动监罚〔2014〕1号	2014年6月25日	行政处罚决定书		
2	××动监立〔2014〕1号	2014年6月7日	行政处罚立案审批表		
3		2014年6月7日	当事人身份证明		复印件
4		2014年6月7日	现场检查笔录		
5		2014年6月7日	抽样取证凭证		
6		2014年6月7日	登记保存审批表		
7		2014年6月7日	证据登记保存清单		
8		2014年6月7日	询问笔录		
		2014年6月7日	证据材料登记表（现场检查照片）		
9		2014年6月7日	证据材料登记表（价格证明）		
10		2014年6月13日	证据材料登记表（检验报告）		
11		2014年6月13日	登记保存物品处理通知书		
12		2014年6月13日	扣押审批表		
13	××动监扣〔2014〕1号	2014年6月13日	扣押决定书		

卷内目录（二）

序号	文书编号	文书日期	题名	页号	备注
14		2014 年 6 月 13 日	扣押财物清单		
15		2014 年 6 月 13 日	扣押现场笔录		
16		2014 年 6 月 19 日	重大案件集体讨论记录		
17		2014 年 6 月 20 日	案件处理意见书		
18	××动监告〔2014〕1 号	2014 年 6 月 20 日	行政处罚事先告知书		
19		2014 年 6 月 24 日	行政处罚决定审批表		
20		2014 年 6 月 20 日	送达回证		
21		2014 年 6 月 25 日	送达回证		
22		2014 年 6 月 25 日	缴纳罚款银行回执		
23		2014 年 6 月 25 日	罚没物品处理记录		
24		2014 年 7 月 3 日	行政处罚结案报告		
25		2014 年 7 月 8 日	备考表		

××区动物卫生监督所
行政处罚决定书

×× 动监罚〔2014〕1 号

姓名： 陈××　　　**性别：** 男　　　**年龄：** 40

住址： ××市××区××胡同××号　　　**联系方式：** ××××××

当事人陈×× 经营病死动物一案，经本机关依法调查，现查明：

2014 年 6 月 7 日 16 时 30 分，××区动物卫生监督所代表××区农业局会同经贸局、公安局在××广场联合执法检查时，发现××广场西侧有一辆载有死猪的三轮摩托车。执法人员立即立案调查。本机关执法人员张××、吴×× 向当事人陈×× 出示执法证件后进行检查，发现车上有 5 头死猪，死猪尸体僵硬，腹部、肋部有淤血，有黄疸，经称重为 203 千克。当事人无法提供检疫证明。执法人员对涉案 5 头死猪进行了登记保存，对当事人进行了询问，得知当事人收购的死猪用于扒皮卖肉。6 月 13 日，××市动物疫病预防控制中心出具的检测报告证明涉案死猪死因为猪副伤寒，本机关对涉案死猪解除了登记保存，实施了扣押。当事人存在经营病死动物的违法事实。

以上事实查证属实，有下列证据为证：

1. 当事人身份证复印件 1 份，证明违法主体的适格性；

2.《现场检查笔录》1 份，证明检查现场的相关情况及当事人经营病死猪的违法事实；

3.《询问笔录》1 份，证明当事人经营病死猪的违法情形和事实经过；

4. 检验报告 1 份，证明涉案死猪死因为猪副伤寒；

5. 价格证明 1 份，证明当日生猪的价格；

6. 照片 1 张，证明当事人经营病死猪的现场情形。

本机关认为：当事人经营病死猪的行为，事实清楚、证据确凿，违反了《中华人民共和国动物防疫法》第二十五条第五项："禁止屠宰、经营、运输下列动物和生产、经营、加工、贮藏、运输下列动物产品：(五) 病死或者死因不明的"。2014 年 6 月 19 日，本机关负责人进行了集体讨论。2014 年 6 月 20 日，下达了《行政处罚事先告知书》(×× 动监告〔2014〕1 号)，当事人在法定的期限内未进行陈述申辩，也未提出听证申请。按照《××省畜牧业行政处罚自由裁量权标准》(具体条款略)之规定，对当事人处以 (××××××—××××××) 幅度内的处罚，足以起到惩戒作用。

依照《中华人民共和国动物防疫法》第七十六条："违反本法第二十五条规定，屠宰、经营、运输动物或者生产、经营、加工、贮藏、运输动物产品的，由动物卫生监督机构责令改正、采取补救措施，没收违法所得和动物、动物产品，并处同类检疫合格动物、动物产品货值金额一倍以上五倍以下罚款"。本机关责令你立即改正违法行为，并作出如下处罚决定：

1：没收 5 头病死猪；

2：罚款人民币 6983.20 元 (17.2 元 / 千克 ×203 千克 ×2 倍 =6983.20 元)。

当事人必须在收到本决定书之日起 15 日内持本决定书到 ×× 银行缴纳罚款。逾期不按规定缴纳罚款的，每日按罚款数额的 3% 加处罚款。

当事人对本处罚决定不服的，可以在收到本处罚决定书之日起 60 日内向 ×× 区畜牧业管理局申请行政复议，或在三个月内向 ×× 市人民法院提起诉讼。行政复议和行政诉讼期间，本处罚决定不停止执行。

当事人逾期不申请行政复议或提起行政诉讼，也不履行本行政处罚决定的，本机关将依法申请人民法院强制执行。

×× 区动物卫生监督所

2014 年 6 月 25 日

行政处罚立案审批表

××动监立〔2014〕1号

案件来源			检查发现		受案时间	2014 年 6 月 7 日
案　由			涉嫌经营病死动物案			
当事人	个人	姓名	陈××		电话	××××××
		性别	男	年龄 40	身份证号	××××××
		住址	××市××区××胡同××号			
	单位	名称	/		法定代表人（负责人）	/
		地址	/		电话	/
简要案情			2014 年 6 月 7 日 16 时 30 分，××区动物卫生监督所代表××区农业局会同经贸局、公安局在××广场联合执法检查时，发现××广场西侧有一辆载有死猪的三轮摩托车。执法人员张××、吴××向当事人陈××出示执法证件后进行检查，发现车上有 5 头死猪，死猪尸体僵硬，腹部、肋部有淤血，有黄疸，经称重为 203 千克。当事人无法提供检疫证明，涉嫌经营病死动物，其行为涉嫌违反了《中华人民共和国动物防疫法》第二十五条第五项之规定，建议立案查处。 受案人签名：吴×× 张×× 2014 年 6 月 7 日				
执法机构意见			（如监督所内设执法科，由执法科在此处填写意见） 签名： 　年　月　日			
法制机构意见			（如监督所内设法制科，由法制科在此处填写意见） 签名： 　年　月　日			
执法机关意见			同意。由吴××、张××承办。 签名：董×× 2014 年 6 月 7 日			
备　注						

证据材料登记表

此复印件与原件相符

当事人签名：陈××

2014 年 6 月 7 日

证据制作说明：

1. 收 集 人：吴××、张××

2. 提 供 人：陈××

3. 收集时间：2014 年 6 月 7 日

4. 收集地点：××区动物卫生监督所

5. 收集方式：复印

6. 证据内容：当事人陈××身份证

现场检查笔录

时间： <u>2014</u> 年 <u>6</u> 月 <u>7</u> 日 <u>16</u> 时 <u>40</u> 分至 <u>17</u> 时 <u>10</u> 分

检查地点： <u>×× 市 ×× 区 ×× 胡同 ×× 号</u>

当事人： <u>陈 ××</u>

检查机关： <u>×× 区动物卫生监督所</u>

检查人员： <u>张 ××</u>　　**执法证件号：** <u>××××××</u>
　　　　　　<u>吴 ××</u>　　　　　　　　　<u>××××××</u>

记录人： <u>张 ××</u>

现场检查情况： <u>2014 年 6 月 7 日 16 时 30 分，×× 区动物卫生监督所代表 ×× 区农业局会同经贸局、公安局在 ×× 广场联合执法检查时，发现 ×× 广场西侧有一辆载有死猪的三轮摩托车。执法人员立即立案调查。执法人员张 ××、吴 ×× 向当事人陈 ×× 出示执法证件，进行检查：三轮摩托车上有 5 头死猪，死猪尸体僵硬，腹部、肋部有淤血，有黄疸，陈 ×× 不能提供检疫证明，经称重为 203 千克。执法人员经请示后，对 5 头死猪进行了先行登记保存，向当事人出具了《证据登记保存清单》，并采集了 5 份送检样品，给当事人送达《抽样取证凭证》。执法人员对检查现场进行了拍照。</u>

当事人签名：陈 ××　　　　　　　　　　　　　（见证人签名或盖章：　　　　　　　　）

执法人员签名：张 ××　吴 ××

（第 1 页共 1 页）

抽样取证凭证

当事人：陈××

抽样时间：2014 年 6 月 7 日

抽样地点：××区××广场

　　因你涉嫌经营病死动物，本机关依法对你下列物品抽样取证。

物品名称	（略）		
商　　标			
生产单位			
许 可 号			
生产日期（批号）			
样品规格			
抽样数量			
样本基数			

执法人员：吴××　　　**执法证件号：**××××××

执法人员：张××　　　**执法证件号：**××××××

××区动物卫生监督所

2014 年 6 月 7 日

当事人签名或盖章：陈××　　　　　　　　　（见证人签名或盖章：　　　　　　　）

登记保存审批表

案由			涉嫌经营病死动物案				
当事人	个人	姓名	陈××	性别	男	年龄	40
		电话	××××××	住址	××市××区××胡同××号		
		证件类型	身份证	证件号码	××××××		
	单位	名称	/		法定代表人（负责人）	/	
		电话	/	地址	/		
理由及依据		当事人陈××涉嫌经营病死动物案。 依据《中华人民共和国行政处罚法》第三十七条第二款之规定。					
办案人员意见		建议对涉案的5头死猪进行登记保存。保存期限为7天（2014年6月7日至2014年6月13日）。 　　　　　　　　　　　　　　执法人员签名：张×× 吴×× 　　　　　　　　　　　　　　　　　　2014年6月7日					
执法机构意见		（如监督所内设执法科，由执法科在此处填写意见） 　　　　　　　　　　　　　　　　　　签名： 　　　　　　　　　　　　　　　　　　年　月　日					
执法机关意见		同意。 　　　　　　　　　　　　　　　　　　负责人：董×× 　　　　　　　　　　　　　　　　　　2014年6月7日					

证据登记保存清单

当事人： 陈××

时间： 2014 年 6 月 7 日

地点： ××区××广场

　　因你涉嫌经营病死动物，本机关依照《中华人民共和国行政处罚法》第三十七条第二款之规定对你在××广场查获的下列物品：异地保存于××路××号。

序号	物品名称	规格	生产日期（批号）	生产单位	数量
1	病死猪	头	/	/	5
/	/	/	/	/	/

执法人员： 张××　　　　**执法证件号：** ××××××

　　　　　　　吴××　　　　　　　　　　　　××××××

　　　　　　　　　　　　　　　　　　　　　　　　　　　××区动物卫生监督所

　　　　　　　　　　　　　　　　　　　　　　　　　　　2014 年 6 月 7 日

当事人签名： 陈××

询 问 笔 录

询问时间： 2014 年 6 月 7 日 20 时 01 分至 20 时 30 分

询问地点： ×× 市 ×× 区 ×× 街 ×× 号（×× 市农业局办公室）

询问机关： ×× 区动物卫生监督所

询问人： 吴 ××　　**执法证件号：** ××××××

　　　　　　张 ××　　　　　　　　××××××

记录人： 张 ××

被询问人： 姓名：陈 ××　　性别：男　　年龄：40 岁

　　　　　　身份证号：××××××　　联系电话：××××××

　　　　　　工作单位：无　　职务：无

　　　　　　住址：×× 市 ×× 区 ×× 胡同 ×× 号

问： 我们是 ×× 区动物卫生监督所执法人员（出示执法证件），现依法向你进行询问调查。你应当如实回答我们的询问并协助调查，作伪证要承担法律责任，你听清楚了吗？

答： 听清楚了。

问： 请讲下你的自然情况。

答： 我叫陈 ××，男，汉族，今年 40 岁，现住 ×× 市 ×× 区 ×× 胡同 ×× 号，身份证号码是 ××××××，电话是 ××××××。

问： 请出示你的身份证？

答： 这是我的身份证。

问： 调查结束后，我们需要将你的身份证复印，需要你确认签字并标明时间？

答： 好的。

问： 你是做什么工作的？

答： 我没有工作，这两天收猪卖。

被询问人签名或盖章：陈 ××

（第 1 页共 2 页）

笔　录　纸

问：收猪多长时间了？

答：刚收了 3 天，就今天的是死猪。

问：你用什么工具装死猪？

答：就是用你们看见的没有牌照港田三轮摩托车。

问：死猪都是在哪里收购的？

答：我就是走村串巷，看看谁家有死猪，我就收购，要说具体都是谁家的，我记不清楚。

问：你一共收了多少头死猪？

答：我一共收了 5 头死猪。

问：死猪每千克收购价格是多少？

答：每千克 3 元 4 角。

问：猪都是什么原因死亡的？

答：那肯定是病死的，好猪不可能无缘无故死。

问：你准备如何处理这 5 头死猪？

答：我打算把死猪拉回家里扒皮卖肉。

问：你还有什么需要补充和修改的？

答：没有

问：以上情况是否属实？

答：以上笔录我看过，情况属实。

被询问人签名或盖章：陈 × ×

执法人员签名或盖章：张 × ×　　吴 × ×

证据材料登记表

此照片与事实相符

签字：陈××

2014 年 6 月 7 日

证据制作说明：

1. 收 集 人：吴××、张××

2. 提 供 人：

3. 收集时间：2014 年 6 月 7 日

4. 收集地点：××广场

5. 收集方式：拍照

6. 证据内容：现场检查照片

证据材料登记表

证据制作说明：

1. 收 集 人：张××、吴××
2. 提 供 人：××市物价局
3. 收集时间：2014年6月7日
4. 收集地点：××市××街××号（××市物价局）
5. 收集方式：
6. 证据内容：物价局出具的价格证明

证据材料登记表

证据制作说明:

1. 收 集 人: 张 ×× 、吴 ××

2. 提 供 人: ×× 市动物疫病预防控制中心

3. 收集时间: 2014 年 6 月 13 日

4. 收集地点: ×× 市 ×× 街 ×× 号

5. 收集方式:

6. 证据内容: ×× 市动物疫病预防控制中心出具的检验报告

登记保存物品处理通知书

陈××：

本机关对 2014 年 6 月 7 日登记保存你的物品作出如下处理决定：

解除对 5 头病死猪的登记保存。

×× 区动物卫生监督所

2014 年 6 月 13 日

扣押审批表

案由			涉嫌经营病死动物案				
当事人	个人	姓名	陈××	性别	男	年龄	40
		电话	××××××	住址	×× 市 ×× 区 ×× 胡同 ×× 号		
		证件类型	身份证	证件号码	××××××		
	单位	名称	/	法定代表人（负责人）		/	
		电话	/	地址	/		
理由及依据		理由：<u>涉嫌经营病死动物</u>。 依据：《中华人民共和国动物防疫法》第二十五条第五项："禁止屠宰、经营、运输下列动物和生产、经营、加工、贮藏、运输下列动物产品：（五）病死或者死因不明的"。					
办案人员意见		建议对涉案的 5 头病死猪扣押于 ×× 冷库，扣押期限为 30 天。 执法人员签名：吴××　张×× 2014 年 6 月 13 日					
执法机构意见		（如监督所内设执法科，由执法科在此处填写意见） 签名： 　年　月　日					
执法机关意见		同意。 负责人签名：董×× 2014 年 6 月 13 日					

××区动物卫生监督所
扣押决定书

××动监扣〔2014〕1号

陈××：

　　因你涉嫌经营病死动物，依据《中华人民共和国动物防疫法》第五十九条第二项："动物卫生监督机构执行监督检查任务，可以采取下列措施，有关单位和个人不得拒绝或者阻碍：（二）对染疫或者疑似染疫的动物、动物产品及相关物品进行隔离、查封、扣押和处理"，本机关决定对你经营的5头染疫死猪予以扣押30日。在扣押期间，你不得使用、销售、转移、损毁、隐匿。

　　当事人对本决定不服的，可以在收到本决定书之日起60日内向××区畜牧业管理局申请行政复议；或者三个月内向××区人民法院提起行政诉讼。行政复议和行政诉讼期间，本决定不停止执行。

　　附：扣押财物清单

××区动物卫生监督所

2014年6月13日

扣押财物清单

序号	财物名称	规格	生产日期（批号）	生产单位	数量
1	病死猪	头	/	/	5
/	/	/	/	/	/

当事人签名或盖章：陈××

执法人员签名或盖章：张×× 吴××

扣押现场笔录

时间： 2014 年 6 月 13 日 9 时 05 分至 9 时 15 分

地点： ××路××号

执法机关： ××区动物卫生监督所

当事人： 陈××

执法人员： 张××　　**执法证件号：** ××××××

　　　　　　 吴××　　　　　　　　 ××××××

记录人： 吴××

现场情况： 对陈××下达了《扣押决定书》《扣押财物清单》，对涉案的 5 头染疫的死猪实施了扣押，当事人未提出陈述申辩。

当事人签名或盖章：陈××　　　　　　　　　　（见证人签名或盖章：　　　　　　　　　）

执法人员签名或盖章：张××　吴××

重大案件集体讨论记录

案由： 涉嫌经营病死动物案

时间： 2014 年 6 月 19 日

地点： ×× 市 ×× 区 ×× 街 ×× 号（×× 区动物卫生监督所会议室）

主持人： 董 ×

记录人： 赵 ××

出席人员姓名及职务： 董 ××（副所长）、王 ××（副所长）、邹 ××（副所长）、张 ××（科长、办案人员、列席）。

讨论记录：

董 ××：今天大家讨论陈 ×× 涉嫌经营病死动物一案，下面请张 ×× 介绍一下案件的调查经过。

张 ××：2014 年 6 月 7 日 16 时 30 分，我所代表农业局会同经贸局、公安局在 ×× 广场联合执法检查时，发现 ×× 广场西侧有一辆载有死猪的三轮摩托车。经请示，立案调查。现场三轮摩托车上有 5 头死猪，死猪尸体僵硬，腹部、肋部有淤血，有黄疸，陈 ×× 不能提供检疫证明，经称重为 203 千克，我们对现场进行了拍照。制作了《现场检查笔录》，对 5 头死猪先行登记保存，采集了 5 份样品送到 ×× 市动物疫病预防控制中心进行化验。同日对当事人进行了询问，当事人陈 ×× 对违法经营病死猪的行为供认不讳。6 月 13 日 ×× 市动物疫病预防控制中心出具检验报告，涉案死猪死因为猪副伤寒。同日，对涉案的 5 头病死猪解除了登记保存，实施了扣押。2014 年 6 月 7 日物价局价格认证中心认证的生猪零售价格为每 100 千克 1720 元。陈 ×× 经营病死猪的行为，事实清楚、证据确凿、违反了《中华人民共和国动物防疫法》第二十五条第五项："禁止屠宰、经营、运输下列动物和生产、经营、加工、贮藏、运输下列动物产品：（五）病死或者死因不明的"，按照《×× 省畜牧业行政处罚自由裁量权标准》（具体条款略）之规定，对当事人处以（××××××—××××××)幅度内的处罚，足以起到惩戒作用。

依照《中华人民共和国动物防疫法》第七十六条："违反本法第二十五条规定，屠宰、经营、运输动物或者生产、经营、加工、贮藏、运输动物产品的，由动物卫生监督机构责令改正、采取补救措施，没收违法所得和动物、动物产品，并处同类检疫合格动物、动物产品货值金额一倍以上五倍以下罚款"，建议责令其改正违法行为，作出如下处罚：

1：没收 5 头病死猪；

2：罚款人民币 6983.20 元（17.20 元 / 千克 ×203 千克 ×2 倍 =6983.20 元）。

邹 ××：该案调查取证过程符合《中华人民共和国行政处罚法》的规定，程序合法，违法主体也准确。

王 ××：该案证据链完整，有现场检查笔录、询问笔录、证据保存清单、检测报告等为证，能够证实当事人的违法事实。

董 ××：我同意以上两位同志的意见，本案事实清楚，证据确凿，程序合法，定性准确，适用法律条款正确。按照《×× 省畜牧业行政处罚自由裁量权标准》（具体条款略）之规定，对当事人处以（××××××—××××××)幅度内的处罚，足以起到惩戒作用，下面请大家举手表决。（全体表决通过）

案件处理决定： 经讨论，陈××涉嫌经营病死动物案事实清楚，证据确凿，其行为违反了《中华人民共和国动物防疫法》第二十五条第五项之规定，依据《中华人民共和国动物防疫法》第七十六条之规定，责令其改正违法行为并给予以下处罚：

1：没收5头病死猪；

2：罚款人民币6983.20元（17.20元/千克×203千克×2倍=6983.20元）。

出席人员签名：董××　王××　邹××　张××

案件处理意见书

案由				涉嫌经营病死动物案			
当事人	个人	姓名		陈×××			
		性别	男	年龄	40	电话	××××××
		住址		××市××区××胡同××号			
	单位	名称		/		法定代表人（负责人）	/
		地址		/		电话	/

案件调查经过	2014年6月7日16时30分，本机关代表农业局会同经贸局、公安局在××广场联合执法检查时，发现××广场西侧有一辆载有死猪的三轮摩托车。执法人员立即请示机关领导，立案调查。本机关执法人员张××、吴××向当事人陈××出示执法证件后进行检查，发现车上有5头死猪，死猪尸体僵硬，腹部、肋部有淤血，有黄疸，经称重为203千克。当事人无法提供检疫证明。对涉案5头死猪进行了登记保存，对当事人进行了询问，得知当事人收购的死猪用于扒皮卖肉。6月13日，××市动物疫病预防控制中心出具的检验报告证明涉案死猪死因为猪副伤寒，本机关对涉案死猪解除了登记保存，实施了扣押。
所附证据材料	1.《现场检查笔录》1份； 2.《询问笔录》1份； 3. 价格证明1份； 4. 身份证复印件1份； 5. 检验报告1份； 6. 现场照片1张。

调查结论及处理意见	当事人陈××经营病死动物的行为，违反了《中华人民共和国动物防疫法》第二十五条第五项："禁止屠宰、经营、运输下列动物和生产、经营、加工、贮藏、运输下列动物产品：（五）病死或者死因不明的"，按照《××省畜牧业行政处罚自由裁量权标准》对当事人处以（××××××—××××××）幅度内的处罚，足以起到惩戒作用。 　　依据《中华人民共和国动物防疫法》第七十六条："违反本法第二十五条规定，屠宰、经营、运输动物或者生产、经营、加工、贮藏、运输动物产品的，由动物卫生监督机构责令改正、采取补救措施，没收违法所得和动物、动物产品，并处同类检疫合格动物、动物产品货值金额一倍以上五倍以下罚款"，建议责令其改正违法行为，作出如下处罚： 1. 没收 5 头病死猪； 2. 罚款人民币 6983.20 元（17.20 元／千克 ×203 千克 ×2 倍 =6983.20 元）。 　　　　　　　　　　　　　执法人员签名：吴××　张×× 　　　　　　　　　　　　　　　　　　　　2014 年 6 月 20 日
执法机构意见	（如监督所内设执法科，由执法科在此处填写意见） 　　　　　　　　　　　　　　　　　签名： 　　　　　　　　　　　　　　　　　　年　　月　　日
执法机关意见	同意。 　　　　　　　　　　　　　　　　　签名：董×× 　　　　　　　　　　　　　　　　　2014 年 6 月 20 日

××区动物卫生监督所
行政处罚事先告知书

××动监告〔2014〕1号

陈××：

　　经调查，你于 2014 年 6 月 7 日 16 时 30 分在 ×× 广场经营病死动物的行为，事实清楚、证据确凿，有《现场检查笔录》《询问笔录》、当事人身份证复印件、检验报告、照片 1 张、《物价证明》等为证。

　　你经营病死猪的行为，违反了《中华人民共和国动物防疫法》第二十五条第五项："禁止屠宰、经营、运输下列动物和生产、经营、加工、贮藏、运输下列动物产品：（五）病死或者死因不明的"，按照《××省畜牧业行政处罚自由裁量权标准》（具体条款略）之规定，对当事人处以（××××××—××××××）幅度内的处罚，足以起到惩戒作用。

　　依据《中华人民共和国动物防疫法》第七十六条："违反本法第二十五条规定，屠宰、经营、运输动物或者生产、经营、加工、贮藏、运输动物产品的，由动物卫生监督机构责令改正、采取补救措施，没收违法所得和动物、动物产品，并处同类检疫合格动物、动物产品货值金额一倍以上五倍以下罚款"，责令改正其违法行为，并拟作出如下处罚决定：

　　1. 没收 5 头病死猪；

　　2. 罚款人民币 6983.20 元（17.20 元 / 千克 ×203 千克 ×2 倍 =6983.20 元）。

　　根据《中华人民共和国行政处罚法》第三十一条、第三十二条之规定，你可在收到本告知书之日起三日内向本机关进行陈述申辩、申请听证，逾期不陈述申辩、申请听证的，视为你放弃上述权利。

××区动物卫生监督所
2014 年 6 月 20 日

执法机关地址：×× 市 ×× 区 ×× 街 ×× 号

联系人：张 ××　电话：××××××

行政处罚决定审批表

案由			经营病死动物案					
当事人	个人	姓名	陈××					
		性别	男	年龄	40	电话	××××××	
		住址	××市××区××胡同××号					
	单位	名称	/			法定代表人（负责人）	/	
		地址	/			电话	/	
陈述申辩或听证情况	当事人在法定期限内未进行陈述申辩，未申请听证。							
处理意见	建议维持《行政处罚事先告知书》拟作出的处理处罚决定。 执法人员签名：张××　吴×× 2014年6月24日							
执法机构意见	（如监督所内设执法科，由执法科在此处填写意见） 签名： 　年　　月　　日							
法制机构意见	（如监督所内设法制科，由法制科在此处填写意见） 签名： 　年　　月　　日							
执法机关意见	同意。 签名：董×× 2014年6月24日							

送 达 回 证

案　由	涉嫌经营病死动物案				
受送达人	陈××				
送达单位	××区动物卫生监督所				
送达文书及文号	送达地点	送达人	送达方式	收到日期	收件人签名
《行政处罚事先告知书》（××动监告〔2014〕1号）	××市××区××胡同××号	吴×× 张××	直接送达	2014年6月20日	陈××
/	/	/	/	/	/
备注					

送 达 回 证

案　　由	经营病死动物案				
受送达人	陈××				
送达单位	××区动物卫生监督所				
送达文书及文号	送达地点	送达人	送达方式	收到日期	收件人签名
《行政处罚决定书》（××动监罚〔2014〕1号）	××市××区××胡同××号	吴×× 张××	直接送达	2014年6月25日	陈××
/	/	/	/	/	/
备注					

票据粘贴页

×× 银行现金存款凭证

罚没物品处理记录

时间：<u>2014 年 6 月 25 日</u>

地点：<u>××市无害化处理场</u>

处理物品及处理方式：

　　<u>对 2014 年 6 月 25 日没收的 5 头病死猪进行焚烧无害化处理。</u>

执法人员签名：吴 ××　　张 ××

执法机构负责人签名：董 ××

行政处罚结案报告

案　由	经营病死动物案		
当事人	陈××		
立案时间	2014 年 6 月 7 日	处罚决定 送达时间	2014 年 6 月 25 日

处罚决定：

    1. 没收 5 头病死猪；

    2. 罚款人民币 6983.20 元（17.20/千克 ×203 千克 ×2 倍）。

执行情况：

    1. 执行方式：自动履行。

    2. 执行时间：2014 年 6 月 26 日。

执法人员签名：张×× 吴××

2014 年 7 月 3 日

执法 机构 意见	（如监督所内设执法科，由执法科在此处填写意见） 签名： 年　　月　　日
执法 机关 意见	同意结案。 签名：董×× 2014 年 7 月 3 日

备 考 表

本案卷包括使用的执法文书、收集的证据及罚没收据存根清单，共 30 页。

立卷人：吴××

2014 年 7 月 8 日

案卷执法文书及相关证据归档完整，符合要求。

审查人：董××

2014 年 7 月 8 日

卷八　关于王××屠宰染疫动物案

一、案情简介

2015年6月1日,本机关接到群众实名举报,称××市××镇××村××屠宰厂将在当日晚10点左右屠宰染疫病猪。根据群众举报,本机关决定立案调查,组织执法人员景××、毛××等5人在当日晚进行突击检查,发现当事人已屠宰了3头皮肤上有方形、菱形疹块变化的病猪,计195千克;执法人员对195千克猪产品予以扣押,监督屠宰厂法定代表人王××组织人员对屠宰车间进行清洗消毒。6月2日,执法人员对××屠宰厂法定代表人王××和车间主任李××进行询问,收集了相关证据。2015年6月4日,下达了《行政处罚事先告知书》;6月10日下达了《行政处罚决定书》,作出没收195千克染疫猪产品和罚款人民币9000.00元的处罚决定,当事人在法定期限内缴纳了罚款,此案结案。

二、处罚依据

违反条款:《中华人民共和国动物防疫法》第二十五条第四项。

处罚条款:《中华人民共和国动物防疫法》第七十六条。

三、本类型案件办理的注意事项及难点

1. 科学确定案由,染疫动物案的定性要有技术支撑机构的检验报告来佐证。

2. 本类案件是根据检疫合格动物产品货值进行处罚,所以取证时,需有当地近日价格证明。

3. 办理染疫动物案件时,为防止疫病传播,需立即采取扣押措施。扣押属强制措施,要按照《中华人民共和国行政强制法》的有关规定实施,实施前须向行政机关负责人报告并经批准;由两名以上行政执法人员实施;出示执法身份证件;通知当事人到场;当场告知当事人采取行政强制措施的理由、依据以及当事人依法享有的权利、救济途径;听取当事人的陈述和申辩;制作现场笔录。

××市动物卫生监督所

案　卷

××动监罚〔2015〕15号					
题　名	关于××屠宰厂屠宰染疫动物案				
案 件 承 办 人		当 事 人			
景××　毛××　吕××		××屠宰厂			
立案日期	2015年6月1日	结案日期	2015年6月11日	立卷人	景××
执行结果	当事人已依法履行完毕。				
归档日期	2015年6月18日	档 案 编 号			201515
保存期限	长期	卷内共32页			
备注					

卷内目录（一）

序号	文书编号	文书日期	题名	页号	备注
1	××动监罚〔2015〕15号	2015年6月10日	行政处罚决定书		
2	××动监立〔2015〕15号	2015年6月1日	行政处罚立案审批表		
3		2015年6月1日	当事人身份证明		复印件
4		2015年6月1日	现场检查笔录		
5		2015年6月2日	询问笔录		
6		2015年6月2日	询问笔录		
7		2015年6月1日	证据材料登记表（法定代表人身份证明）		复印件
8		2015年6月1日	证据材料登记表（证人身份证明）		复印件
9		2015年6月1日	证据材料登记表（现场检查照片）		
10		2015年6月1日	证据材料登记表（现场检查照片）		
11		2015年6月1日	证据材料登记表（现场检查照片）		
12		2015年6月1日	证据材料登记表（检验报告）		

卷内目录（二）

序号	文书编号	文书日期	题名	页号	备注
13		2015 年 6 月 1 日	证据材料登记表（价格证明）		
14		2015 年 6 月 1 日	抽样取证凭证		
15		2015 年 6 月 1 日	扣押审批表		
16	××动监扣〔2015〕15 号	2015 年 6 月 1 日	扣押决定书		
17		2015 年 6 月 1 日	扣押财物清单		
18		2015 年 6 月 1 日	扣押现场笔录		
19		2015 年 6 月 3 日	案件处理意见书		
20	××动监告〔2015〕15 号	2015 年 6 月 4 日	行政处罚事先告知书		
21		2015 年 6 月 8 日	行政处罚决定审批表		
22		2015 年 6 月 4 日	送达回证		
23		2015 年 6 月 10 日	送达回证		
24		2015 年 6 月 10 日	缴纳罚款银行回执		
25		2015 年 6 月 11 日	罚没物品处理记录		
26		2015 年 6 月 11 日	行政处罚结案报告		
27		2015 年 6 月 18 日	备考表		

××市动物卫生监督所
行政处罚决定书

××动监罚〔2015〕15号

单位名称： ××屠宰厂　　　**法定代表人：** 王××

地址： ××市××镇××村

当事人××屠宰厂屠宰染疫动物一案，经本机关依法调查，现查明：

2015年6月1日，本机关接到群众实名举报，称××市××镇××村××屠宰厂将在当日晚10点左右屠宰染疫病猪。根据群众举报，本机关决定立案调查，组织执法人员景××、毛××等5人在当日晚进行突击检查，发现当事人已屠宰了3头皮肤上有方形、菱形疹块的病猪，计195千克；执法人员对195千克猪产品予以扣押，监督屠宰厂法定代表人王××组织人员对屠宰车间进行清洗消毒。6月2日，执法人员对××屠宰厂法定代表人王××和车间主任李××进行询问，收集了相关证据。当事人存在屠宰染疫动物的违法事实。

以上事实查证属实，有下列证据为证：

1.《现场检查笔录》1份，证明现场检查的相关情况及屠宰染疫病猪的违法事实；

2.《询问笔录》2份，证明当事人违法情形、事实经过；

3. 现场照片3张，证明现场检查及相关物品情况，与证据1相互佐证；

4.《企业法人营业执照》复印件1份，证明当事人为企业法人，违法主体适格性；

5. 法定代表人身份证复印件，证明其身份；

6. 屠宰车间负责人身份证复印件1份，证明证人身份；

7. ××市动物疫病预防控制中心检验报告(编号2015×××)，证明已屠宰病猪患猪丹毒，与证据1、3相互印证；

8. 价格证明1份，证明当日猪肉价格。

本机关认为：

当事人屠宰染疫病猪的行为，事实清楚、证据确凿，违反了《中华人民共和国动物防疫法》第二十五条第四项："禁止屠宰、经营、运输下列动物和生产、经营、加工、贮藏、运输下列动物产品：(四)染疫或疑似染疫的"。本机关于2015年6月3日向当事人送达了《行政处罚事先告知书》(××动监告〔2015〕15号)，当事人在法定的期限内未进行陈述申辩，未向本机关提出听证要求。按照《××省畜牧业行政处罚自由裁量权标准》(具体条款略)之规定，对当事人处以(×××××——×××××)幅度内的处罚，足以起到惩戒作用。

依据《中华人民共和国动物防疫法》第七十六条："违反本法第二十五规定，屠宰、经营、运输下列动物或生产、经营、加工、贮藏、运输动物产品的，由动物卫生监督机构责令改正、采取补救措施，没收违法所得和动物、动物产品，并处检疫合格动物、动物产品货值金额一倍以上五倍以下罚款"，本机关现责令你立即改正违法行为，并作出如下处罚决定：

1. 没收 195 千克染疫猪产品。

2. 罚款人民币 9000.00 元。

当事人必须在收到本决定书之日起 15 日内持本决定书到 ×× 市 ×× 银行缴纳罚款。逾期不缴纳罚款的，每日按罚款数额的 3% 加处罚款。

当事人对本处罚决定不服的，可以在收到本处罚决定书之日起 60 日内向 ×× 市畜牧业局申请行政复议；或在六个月内向 ×× 市人民法院提起行政诉讼。行政复议和行政诉讼期间，本处罚决定不停止执行。

当事人逾期不申请行政复议或提起行政诉讼，也不履行本行政处罚决定的，本机关将依法申请人民法院强制执行。

×× 市动物卫生监督所

2015 年 6 月 10 日

行政处罚立案审批表

××动监立〔2015〕15号

案件来源	群众举报	受案时间	2015年6月1日

案由		涉嫌屠宰染疫动物案			
当事人	个人	姓名	/	电话	/
		性别	/	年龄	/	身份证号	/
		住址	/		
	单位	名称	××屠宰厂	法定代表人	王××
		地址	××市××镇××村	电话	××××××

简要案情	2015年6月1日,本机关接到群众实名举报,称××市××镇××村××屠宰厂将在当日晚10点左右屠宰染疫病猪,并提供了本人的手机号。接到执法人员的报告后,本机关组织相关执法人员在当日晚进行突击检查,发现当事人已屠宰了3头病猪,皮肤上有方形、菱形疹块变化。××屠宰厂涉嫌屠宰染疫动物,其行为涉嫌违反了《中华人民共和国动物防疫法》第二十五条第四项之规定,建议立案调查。 受案人签名:景××　毛×× 2015年6月1日
执法机构意见	(如监督所内设执法科,由执法科在此处填写意见) 签名: 　　年　月　日
法制机构意见	(如监督所内设法制科,由法制科在此处填写意见) 签名: 　　年　月　日
执法机关意见	同意。由景××、毛××、吕××承办。 签名:胡×× 2015年6月1日
备注	

证据材料登记表

此复印件与原件相符

签名：王×ｘ

2015 年 6 月 1 日

证据制作说明：

1．收　集　人：景××、毛××

2．提　供　人：王××

3．收集时间：2015 年 6 月 1 日

4．收集地点：××市××镇××村××屠宰厂

5．收集方式：复印

6．证据内容：《企业法人营业执照》

现场检查笔录

时间： 2015 年 6 月 1 日 21 时 5 分至 21 时 50 分

检查地点： ×× 市 ×× 镇 ×× 村

当事人： ×× 屠宰厂

检查机关： ×× 市动物卫生监督所

检查人员： 景 ××　　**执法证件号：** ××××××

　　　　　　毛 ××　　　　　　　　　　××××××

记录人： 毛 ××

现场检查情况： 2015 年 6 月 1 日，本机关接到群众实名举报，称 ×× 市 ×× 镇 ×× 村 ×× 屠宰厂将在当日晚 10 点左右屠宰染疫病猪。当日晚，本机关组织景 ××、毛 ×× 等 5 名执法人员赶赴现场，发现该屠宰厂生产区内只有屠宰车间亮着灯，屠宰厂法定代表人王 ××、车间主任李 ×× 及 2 名工人在现场，执法人员出示执法证件，进行检查：在屠宰车间内，已宰杀了 3 头猪，胴体悬挂在车间链条上，已褪毛，头、蹄、内脏摆放在胴体悬挂处南侧的容器内，猪耳未佩戴耳标，地面残留着大量的血污，猪胴体胸侧、背部、颈部有界限明显、圆形和四边形的黑红色疹块。现场称重，3 头猪共 195 千克。×× 市动物疫病预防控制中心工作人员赵 ×× 和钱 ×× 配合执法人员现场采取了猪胴体和内脏等样本。执法人员又检查该场的待宰圈，发现没有待宰猪。执法人员现场制作了扣押通知书和扣押现场笔录，其间王 ×× 出示了该场的《企业法人营业执照》和《动物防疫条件合格证》；执法人员对屠宰车间、待宰圈进行了拍照。并监督王 ×× 组织人员对屠宰车间进行清洗消毒。

当事人签名：王 ××　　　　　　　　　　　　　　（见证人签名或盖章：　　　　　　）

执法人员签名：景 ××　毛 ××

（第 1 页共 1 页）

询 问 笔 录

询问时间： 2015 年 6 月 2 日 8 时 30 分至 8 时 50 分

询问地点： ×× 市 ×× 路 ×× 号

询问机关： ×× 市动物卫生监督所

询问人： 景 ××　　**执法证件号：** ××××××

　　　　毛 ××　　　　　　　　××××××

记录人： 毛 ××

被询问人： 姓名：王 ××　　性别：男　　年龄：41

　　　　　　身份证号：××××××　　联系电话：××××××

　　　　　　工作单位：×× 屠宰厂　　职务：法定代表人

　　　　　　住址：×× 市 ×× 镇 ×× 村

问： 我们是 ×× 市动物卫生监督所执法人员（出示执法证件），现依法向你进行询问调查。你应当如实回答我们的询问并协助调查，作伪证要承担法律责任，你听清楚了吗？

答： 听清楚了。

问： 说一下你的自然情况。

答： 我叫王 ××，41 岁，家住 ×× 市 ×× 镇 ×× 村，是 ×× 屠宰厂的老板。

问： 出示一下你的身份证和你单位的营业执照、《动物防疫条件合格证》。

答： 好的，你看一下。

问： 询问结束后我们将复印这些证件并需要你签字确认。

答： 好的。

问： 昨天你屠宰的 3 头猪是谁的？

答： 是我一个老客户孙 ×× 朋友的猪，但是孙 ×× 已经好久不干了，昨天突然来个电话，说他朋友家的 3 头猪有病了，在家没法杀，就想委托我把这 3 头猪处理了，随便给点钱就行。晚上 8 点多钟，他的朋友就用三轮车把这 3 头猪送来了，碍于情面，我就给了他的朋友 500 元钱，把这 3 头猪留下，也想杀了后卖点钱；其实我也是心存侥幸，这是第一次，没想到让你们抓着了。

被询问人签名或盖章：王 ××

笔 录 纸

问：屠宰前这 3 头猪是什么状态？

答：猪浑身颤抖，不停地走，身上有疹块。

问：驻场的检疫人员为什么不阻止你屠宰？

答：因为是病猪，我就趁检疫人员下班后才屠宰的。

问：你现在联系一下孙 ×× 。

答：我已经联系多次了，他都关机，他那个朋友的电话我还没有，他们把我害苦了，实在找不到他们了。

问：你还有没有补充的？

答：没有了，这是第一次，求你们少罚点。

问：以上情况是否属实？

答：以上看过，情况属实。

被询问人签名或盖章：王 ××

执法人员签名或盖章：景 ×× 　毛 ××

（第 2 页共 2 页）

询 问 笔 录

询问时间： 2015 年 6 月 2 日 8 时 51 分至 9 时 10 分

询问地点： ×× 市 ×× 路 ×× 号

询问机关： ×× 市动物卫生监督所

询问人： 景××　　**执法证件号：** ××××××

　　　　　　毛××　　　　　　　　××××××

记录人： 毛××

被询问人： 姓名：李××　　性别：男　　年龄：35

　　　　　　身份证号：××××××　　联系电话：××××××

　　　　　　工作单位：×× 屠宰厂　　职务：车间主任

　　　　　　住址：×× 市 ×× 镇 ×× 村

问： 我们是 ×× 市动物卫生监督所执法人员（出示执法证件），现依法向你进行询问调查。你应当如实回答我们的询问并协助调查，作伪证要承担法律责任，你听清楚了吗？

答： 听清楚了。

问： 说一下你的自然情况。

答： 我叫李××，35 岁，家住 ×× 市 ×× 镇 ×× 村，是 ×× 屠宰厂车间主任。

问： 出示一下你的身份证？

答： 好的，你看一下。

问： 询问结束后我们将复印你的身份证件并需要你签字确认？

答： 好的。

问： 昨晚你们屠宰厂杀的 3 头猪是什么时间进场的？

答： 昨晚 8 点多钟。

问： 什么时间开始屠宰的？

答： 送来就杀了，直接进的屠宰间。

被询问人签名或盖章：李××

（第 1 页共 2 页）

笔　录　纸

问： 猪送来时是什么情况？

答： 是活的，身上有疹块，好像是病猪。

问： 知道是病猪为什么还杀？

答： 老板让我组织人杀，我不得不干啊！

问： 你还有没有需要说明的了？

答： 没有了。

问： 以上情况是否属实？

答： 以上看过，情况属实。

被询问人签名或盖章：李××

执法人员签名或盖章：景×× 毛××

（第2页共2页）

证据材料登记表

此复印件与原件相符

签字：王××

2015 年 6 月 1 日

证据制作说明：

1. 收　集　人：景××、毛××
2. 提　供　人：王××
3. 收集时间：2015 年 6 月 1 日
4. 收集地点：××市动物卫生监督所
5. 收集方式：复印
6. 证据内容：法定代表人王××的身份证

证据材料登记表

此复印件与原件相符

签字：李××

2015 年 6 月 1 日

证据制作说明：

1. 收 集 人：景××、毛××
2. 提 供 人：李××
3. 收集时间：2015 年 6 月 1 日
4. 收集地点：××市动物卫生监督所
5. 收集方式：复印
6. 证据内容：证人李××的身份证

证据材料登记表

证据制作说明：

1. 收 集 人：景××、毛××

2. 提 供 人：

3. 收集时间：2015 年 6 月 1 日

4. 收集地点：××市××镇××村××屠宰厂

5. 收集方式：拍照

6. 证据内容：现场检查照片

证据材料登记表

证据制作说明：

1. 收 集 人：景×× 、毛××

2. 提 供 人：

3. 收集时间：2015 年 6 月 1 日

4. 收集地点：×× 市 ×× 镇 ×× 村 ×× 屠宰厂

5. 收集方式：拍照

6. 证据内容：现场检查照片

证据材料登记表

证据制作说明：

1. 收 集 人：景××、毛××

2. 提 供 人：

3. 收集时间：2015 年 6 月 1 日

4. 收集地点：××市××镇××村××屠宰厂

5. 收集方式：拍照

6. 证据内容：现场检查照片

证据材料登记表

证据制作说明：

1. 收 集 人：景××、毛××

2. 提 供 人：××市动物疫病预防控制中心

3. 收集时间：2015 年 6 月 1 日

4. 收集地点：××市动物疫病预防控制中心

5. 收集方式：

6. 证据内容：动物疫病预防控制中心检验报告（编号 2015×××）

证据材料登记表

证据制作说明：

1. 收 集 人：景××、毛××
2. 提 供 人：××市物价局
3. 收集时间：2015 年 6 月 1 日
4. 收集地点：××市物价局
5. 收集方式：
6. 证据内容：价格证明

抽样取证凭证

当 事 人： ××屠宰厂

抽样时间： 2015 年 6 月 1 日

抽样地点： ××市××镇××村

因你单位涉嫌 屠宰染疫动物，本机关依法对你（单位）下列物品抽样取证。

物品名称	（略）		
商 标			
生产单位			
许 可 号			
生产日期（批号）			
样品规格			
抽样数量			
样本基数			

执法人员： 景×× 执法证件号： ××××××

毛×× ××××××

××市动物卫生监督所

2015 年 6 月 1 日

当事人签名或盖章：王×× （见证人签名或盖章： ）

扣押审批表

<table>
<tr>
<td colspan="3">案由</td>
<td colspan="6">涉嫌屠宰染疫动物案</td>
</tr>
<tr>
<td rowspan="7">当事人</td>
<td rowspan="3">个人</td>
<td>姓名</td>
<td>/</td>
<td>性别</td>
<td>/</td>
<td>年龄</td>
<td colspan="2">/</td>
</tr>
<tr>
<td>电话</td>
<td>/</td>
<td>住址</td>
<td colspan="4">/</td>
</tr>
<tr>
<td>证件类型</td>
<td>/</td>
<td>证件号码</td>
<td colspan="4">/</td>
</tr>
<tr>
<td rowspan="2">单位</td>
<td>名称</td>
<td colspan="2">××屠宰厂</td>
<td>法定代表人</td>
<td colspan="3">王××</td>
</tr>
<tr>
<td>电话</td>
<td colspan="2">××××××</td>
<td>地址</td>
<td colspan="3">××市××镇××村</td>
</tr>
<tr>
<td colspan="2">理由及依据</td>
<td colspan="7">　　理由：××屠宰厂屠宰疑似猪丹毒病猪，涉嫌屠宰染疫动物。
　　依据：《中华人民共和国动物防疫法》第五十九条第二项："动物卫生监督机构执行监督检查任务，可以采取下列措施，有关单位和个人不得拒绝或者阻碍：（二）对染疫或者疑似染疫的动物、动物产品及相关物品进行隔离、查封、扣押和处理"。</td>
</tr>
<tr>
<td colspan="2">办案人员意见</td>
<td colspan="7">建议对涉案的195千克猪产品扣押于××冷库，扣押期限为30天。

　　　　　　　　　　　　　执法人员签名：景××　毛××
　　　　　　　　　　　　　　　　　　　2015年6月1日</td>
</tr>
<tr>
<td colspan="2">执法机构意见</td>
<td colspan="7">（如监督所内设执法科，由执法科在此处填写意见）

　　　　　　　　　　　　　　　　　签名：
　　　　　　　　　　　　　　　　　　　年　　月　　日</td>
</tr>
<tr>
<td colspan="2">执法机关意见</td>
<td colspan="7">同意。

　　　　　　　　　　　　　负责人签名：胡××
　　　　　　　　　　　　　　　　　　　2015年6月1日</td>
</tr>
</table>

××市动物卫生监督所
扣押决定书

<u>××动监扣〔2015〕15号</u>

<u>××屠宰厂</u>：

因你单位涉嫌<u>屠宰染疫动物</u>，依据<u>《中华人民共和国动物防疫法》第五十九条第二项</u>："动物卫生监督机构执行监督检查任务，可以采取下列措施，有关单位和个人不得拒绝或者阻碍：（二）对染疫或者疑似染疫的动物、动物产品及相关物品进行隔离、查封、扣押和处理"，本机关决定对你单位<u>195千克猪产品</u>予以扣押<u>30</u>日。在扣押期间，你单位不得使用、销售、转移、损毁、隐匿。

当事人对本决定不服的，可以在收到本决定书之日起60日内向<u>××市畜牧业局</u>申请行政复议；或者六个月内向<u>××市</u>人民法院提起行政诉讼。行政复议和行政诉讼期间，本决定不停止执行。

附：扣押（查封）财物清单

××市动物卫生监督所

2015年6月1日

扣押财物清单

序号	财物名称	规格	生产日期（批号）	生产单位	数量
1	猪产品	千克	2015 年 6 月 1 日	××屠宰厂	195
	/	/	/	/	/

当事人签名或盖章：王 ××

执法人员签名或盖章：景 ××　　毛 ××

扣押现场笔录

时间： 2015 年 6 月 1 日 21 时 35 分至 21 时 40 分

地点： ××市××镇××村

执法机关： ××动物卫生监督所

当事人： ××屠宰厂

执法人员： 景××   **执法证件号：** ××××××

          毛××   ××××××

记录人： 毛××

现场情况：

     执法人员向该场下达了扣押决定书、扣押财物清单，该场法定代表人王××在现场，执法人员对涉案的 195 千克猪产品实施了扣押，当事人未提出陈述申辩。

当事人签名或盖章：王××   （见证人签名或盖章：   ）

执法人员签名或盖章：景×× 毛××

案件处理意见书

案由			涉嫌屠宰染疫动物案				
当事人	个人	姓名	/				
		性别	/	年龄	/	电话	/
		住址	/				
	单位	名称	××屠宰厂		法定代表人	王××	
		地址	××市××镇××村		电话	×××××××	
调查经过			2015年6月1日，本机关接到群众实名举报，称××市××镇××村××屠宰厂将在当日晚10点左右屠宰染疫病猪，并提供了举报人本人的手机号。根据群众举报内容，本机关决定立案调查，并组织相关执法人员在当日晚进行突击检查，发现在屠宰车间内，车间链条上悬挂6半猪胴体，已褪毛，猪胴体胸侧、背部、颈部有界限明显、圆形、四边形的黑红色疹块。头、蹄、内脏摆放在胴体悬挂处南侧的容器内，猪耳未佩戴耳标。现场称重，3头猪共195千克。××市动物疫病预防控制中心工作人员赵××和钱××配合执法人员采取了猪胴体和内脏等样本。执法人员又检查该场的待宰圈，发现没有待宰猪。执法人员制作了扣押通知书、扣押现场笔录和现场检查笔录，对屠宰车间、待宰圈进行了拍照，并监督王××组织人员对屠宰车间进行清洗消毒。6月2日，执法人员对××屠宰厂法定代表人王××和车间主任李××进行了询问，制作了询问笔录，收集了相关证据。执法人员通过多种途径查找孙××和其朋友，未果。					
所附证据材料			1.《现场检查笔录》1份； 2.《询问笔录》2份； 3.现场照片3张； 4.《动物防疫条件合格证》复印件1份； 5.《企业法人营业执照》复印件1份； 6.法定代表人身份证复印件1份； 7.屠宰车间负责人身份证复印件1份； 8.××市动物疫病预防控制中心检验报告（编号2015×××）1份； 9.价格证明1份。					

调查
结论
及
处理
意见
	当事人××屠宰厂屠宰染疫动物，事实清楚、证据确凿，其行为违反了《中华人民共和国动物防疫法》第二十五条第四项："禁止屠宰、经营、运输下列动物和生产、经营、加工、贮藏、运输下列动物产品：（四）染疫或疑似染疫的"。依据《中华人民共和国动物防疫法》第七十六条："违反本法第二十五规定，屠宰、经营、运输下列动物或生产、经营、加工、贮藏、运输动物产品的，由动物卫生监督机构责令改正、采取补救措施，没收违法所得和动物、动物产品，并处检疫合格动物、动物产品货值金额一倍以上五倍以下罚款；其中依法应当检疫而未经检疫的，依照本法第七十八条的规定处罚。"按照《××省畜牧业行政处罚自由裁量权标准》（具体条款略）之规定，对当事人处以（××××××—××××××）幅度内的处罚，足以起到惩戒作用。建议作出如下处罚：
	  1. 没收195千克染疫猪产品；
	  2. 罚款人民币9000.00元。
	
	             执法人员签名：景×× 毛××
	                   2015年6月3日

执法
机构
意见
	（如监督所内设执法科，由执法科在此处填写意见）
	
	             签名：
	               年 月 日

法制
机构
意见
	（如监督所内设法制科，由法制科在此处填写意见）
	
	             签名：
	               年 月 日

处罚
机关
意见
	同意。
	
	             签名：胡××
	              2015年6月3日

××市动物卫生监督所
行政处罚事先告知书

××动监告〔2015〕15号

××屠宰厂：

经调查，你单位屠宰染疫动物的行为，事实清楚、证据确凿，有《现场检查笔录》《询问笔录》、照片、检验报告等为证。

你单位违反了《中华人民共和国动物防疫法》第二十五条第四项："禁止屠宰、经营、运输下列动物和生产、经营、加工、贮藏、运输下列动物产品：（四）染疫或疑似染疫的"。按照《××省畜牧业行政处罚自由裁量权标准》（具体条款略）之规定，对当事人处以（××××××—××××××）幅度内的处罚，足以起到惩戒作用。

依照《中华人民共和国动物防疫法》第七十六条："违反本法第二十五条规定，屠宰、经营、运输动物或者生产、经营、加工、贮藏、运输动物产品的，由动物卫生监督机构责令改正、采取补救措施，没收违法所得和动物、动物产品，并处同类检疫合格动物、动物产品货值金额一倍以上五倍以下罚款；其中依法应当检疫而未检疫的，依照本法第七十八条的规定处罚"，本机关拟作出责令你立即改正违法行为，并作出如下处罚决定：

1. 没收195千克染疫猪产品。
2. 罚款人民币9000.00元。

依据《中华人民共和国行政处罚法》第三十一条、第三十二条之规定，你单位可在收到本告知书之日起三日内向本机关进行陈述申辩、申请听证，逾期不陈述申辩、申请听证的，视为你放弃上述权利。

××市动物卫生监督所（印章）
2015年6月4日

执法机关地址：××市××路××号
联系人：景××　毛××　电话：××××××

行政处罚决定审批表

案由			屠宰染疫动物案				
当事人	个人	姓名	/				
		性别	/	年龄	/	电话	/
		住址	/				
	单位	名称	××屠宰厂		法定代表人		王××
		地址	××市××镇××村		联系电话		××××××
陈述申辩或听证情况			当事人在法定期限内未进行陈述申辩和申请听证。				

处理意见	建议维持《行政处罚事先告知书》拟作出的处罚决定。 执法人员签名：景×× 毛×× 2015 年 6 月 8 日
执法机构意见	（如监督所内设执法科，由执法科在此处填写意见） 签名： 年　 月　 日
法制机构意见	（如监督所内设法制科，由法制科在此处填写意见） 签名： 年　 月　 日
执法机关意见	同意。 签名：胡 ×× 2015 年 6 月 8 日

送 达 回 证

案　　由	涉嫌屠宰染疫动物案
受送达人	××屠宰厂
送达单位	××市动物卫生监督所

送达文书及文号	送达地点	送达人	送达方式	收到日期	收件人签名
《行政处罚事先告知书》（××动监告〔2015〕15号）	××市××镇××村××屠宰厂	景×× 毛××	直接送达	2015年6月4日	王××
/	/	/	/	/	/
备注					

送 达 回 证

案　　由	屠宰染疫动物案				
受送达人	××屠宰厂				
送达单位	××市动物卫生监督所				
送达文书及文号	送达地点	送达人	送达方式	收到日期	收件人签名
《行政处罚决定书》（××动监罚〔2015〕15号）	××市××镇××村××屠宰厂	景×× 毛××	直接送达	2015年6月10日	王××
/	/	/	/	/	/
备注					

票据粘贴页

×× 银行现金存款凭证

罚没物品处理记录

时间： 2015 年 6 月 11 日

地点： ×× 市 ×× 镇 ×× 村（×× 病害动物无害化处理场）

处理物品及处理方式：

经请示领导同意，执法人员将 195 千克染疫猪产品用封闭运输车运至 ×× 无害化处理场焚烧销毁。

×× 市动物卫生监督所

2015 年 6 月 11 日

执法人员签名：景 ×× 毛 ××

执法机关负责人签名：胡 ××

行政处罚结案报告

案　　由	屠宰染疫动物案		
当事人	××屠宰厂		
立案时间	2015年6月1日	处罚决定送达时间	2015年6月10日

处罚决定：

1. 没收195千克染疫猪产品；
2. 罚款人民币9000.00元。

执行情况：

1. 执行方式：自动履行。
2. 执行时间：2015年6月10日。

执法人员签名：景××　毛××

2015年6月11日

执法机构意见	（如监督所内设执法科，由执法科在此处填写意见） 签名： 　　年　　月　　日
执法机关意见	同意结案。 签名：胡×× 2015年6月11日

备 考 表

本案卷包括使用的执法文书、收集的证据及罚没收据存根清单，共 32 页。

立卷人：景 × ×

2015 年 6 月 18 日

案卷执法文书及相关证据归档完整，符合要求。

审查人：胡 × ×

2015 年 6 月 18 日

卷九　关于潘××经营检疫不合格动物产品案

一、案情简介

2015 年 4 月 28 日，某县动物卫生监督所接到派驻 ×× 屠宰厂官方兽医刘 ×× 举报电话，反映潘 ×× 在 ×× 屠宰厂将检疫不合格的 70 千克猪胴体强行运往 ×× 农贸市场销售。接到报告后，该所决定立案调查。立案后，该所立即派执法人员金 ××、尚 ×× 赶赴 ×× 农贸市场，发现当事人潘 ×× 在 ×× 农贸市场 ×× 号摊床经营猪肉，肉案上摆放着 70 千克猪胴体，胴体上无检疫验讫印章，当事人不能提供有效检疫证明，执法人员对现场进行了拍照，制作了《现场检查笔录》，对当事人和证人进行询问，收集了相关证据，查明当事人经营的为检疫不合格的猪肉。于 2015 年 4 月 29 日对当事人下达了《行政处罚事先告知书》，2015 年 5 月 4 日，下达了《行政处罚决定书》，作出没收检疫不合格的 70 千克猪肉和罚款人民币 4200.00 元 的处罚决定。

二、处罚依据

违反条款：《中华人民共和国动物防疫法》第二十五条第三项。

处罚条款：《中华人民共和国动物防疫法》第七十八条。

三、本类型案件办理的注意事项及难点

1. 办理本类型案件时，要有《检疫处理通知单》等书面材料证明涉案动物、动物产品检疫不合格。

2. 本案罚款数额较大，需要机关负责人集体讨论。《中华人民共和国行政处罚法》第三十八条第二项规定"对情节复杂或者重大违法行为给予较重的行政处罚，行政机关的负责人应当集体讨论决定。"各省对情节复杂或者重大违法行为给予较重的行政处罚的界定标准不同，可根据当地具体规定决定是否需要机关负责人集体讨论。

3. 办理病死、死因不明或检疫不合格动物产品案件，注意行政执法和刑事司法的衔接，按照《最高人民法院、最高人民检察院关于办理危害食品安全刑事案件适用法律若干问题的解释》和《中华人民共和国行政处罚法》规定，及时将案件移送司法机关。

××县动物卫生监督所
案　卷

××动监罚〔2015〕1号					
题　名	关于潘××经营检疫不合格动物产品案				
案件承办人			当　事　人		
金××　尚××			潘××		
立案日期	2015年4月28日	结案日期	2015年5月6日	立卷人	尚××
执行结果	当事人已依法履行完毕。				
归档日期	2015年5月9日		档案编号		201501
保存期限	长期		卷内共30页		
备注					

卷内目录（一）

序号	文书编号	文书日期	题名	页号	备注
1	××动监罚〔2015〕1号	2015年5月4日	行政处罚决定书		
2	××动监立〔2015〕1号	2015年4月28日	行政处罚立案审批表		
3		2015年4月28日	当事人身份证明		复印件
4		2015年4月28日	现场检查笔录		
5		2015年4月28日	先行登记保存证据审批表		
6		2015年4月28日	证据登记保存清单		
7		2015年4月28日	询问笔录		
8		2015年4月28日	询问笔录		
9		2015年4月28日	证据材料登记表（现场检查照片）		
10		2015年4月28日	证据材料登记表（现场检查照片）		
11		2015年4月28日	证据材料登记表（现场检查照片）		
12		2015年4月28日	证据材料登记表（营业执照）		复印件

卷内目录（二）

序号	文书编号	文书日期	题名	页号	备注
13		2015 年 4 月 28 日	证据材料登记表 （《检疫处理通知单》）		复印件
14		2015 年 4 月 28 日	证据材料登记表 （物价证明）		
15		2015 年 4 月 29 日	重大案件集体讨论记录		
16		2015 年 4 月 29 日	案件处理意见书		
17	××动监告〔2015〕1 号	2015 年 4 月 29 日	行政处罚事先告知书		
18		2015 年 5 月 3 日	陈述申辩笔录		
19		2015 年 5 月 4 日	行政处罚决定审批表		
20		2015 年 4 月 29 日	送达回证		
21		2015 年 5 月 4 日	送达回证		
22			缴纳罚款银行回执		
23		2015 年 5 月 6 日	行政处罚结案报告		
24	××动监移〔2015〕1 号	2015 年 5 月 9 日	××动物卫生监督所 案件移送函		
25		2015 年 5 月 9 日	备考表		

××县动物卫生监督所
行政处罚决定书

<u>××动监罚〔2015〕1号</u>

姓名：<u>潘××</u>　　**性别：**<u>女</u>　　**年龄：**<u>40</u>

住址：<u>××县××镇××村</u>　　**联系方式：**<u>××××××</u>

当事人潘××经营检疫不合格动物产品一案，经本机关依法调查，现查明：

本机关于2015年4月28日接到派驻××屠宰厂官方兽医刘××举报电话，反映潘××在××屠宰厂将检疫不合格的70千克猪胴体强行运往××农贸市场销售。接到报告后，本机关决定立案调查，并立即派执法人员金××、尚××赶赴××农贸市场，发现当事人潘××在××农贸市场××号摊床经营猪肉，肉案上摆放着70千克猪胴体，胴体上无检疫验讫印章，当事人不能提供有效检疫证明，经查当事人经营的为检疫不合格的猪肉。

以上事实查证属实，有下列证据为证：

1. 肉品摊床营业执照复印件1份，证明当事人为个体工商业户；

2. 当事人身份证复印件1份，证明当事人主体的适格性；

3. 《现场检查笔录》1份，证明检查现场的相关情况及当事人经营检疫不合格猪肉的违法事实；

4. 当事人《询问笔录》1份，证明当事人经营检疫不合格猪肉的违法情形和事实经过；

5. 证人《询问笔录》1份，证明当事人将检疫不合格的猪肉强行运往农贸市场，与证据4相互佐证；

6. 照片3张，证明当事人经营检疫不合格猪肉现场情况；

7. 《检疫处理通知单》复印件1份，证明涉案猪肉检疫不合格；

8. 物价证明1份，证明当日猪肉价格。

本机关认为：

当事人经营检疫不合格动物产品的行为，事实清楚、证据确凿，违反了《中华人民共和国动物防疫法》第二十五条："禁止屠宰、经营、运输和生产、经营、加工、贮藏、运输下列动物产品：（三）依法应当检疫而未经检疫或者检疫不合格的"之规定，经本机关负责人集体讨论，于2015年4月29日对当事人下达了《行政处罚事先告知书》(××动监告〔2015〕1号)，当事人在规定期限内进行了陈述申辩，但未提出听证申请。当事人在陈述申辩中提出了减轻处罚的要求，经审查，不符合《中华人民共和国行政处罚法》关于从轻或减轻处罚的有关规定，本机关不予采纳。按照《××省畜牧业行政处罚自由裁量标准》(具体条款略)之规定，对当事人处以(××××××—××××××)幅度内的处罚，足以起到惩戒作用。

依据《中华人民共和国动物防疫法》第七十六条"违反本法第二十五条规定，屠宰、经营、运输动物或者生产、经营、加工、贮藏、运输动物产品的，由动物卫生监督机构责令改正、采取补救措施，没收违法所得和动物、动物产品，并处同类检疫合格动物、动物产品货值金额一倍以上五倍以下罚款；其

中依法应当检疫而未检疫的,依照本法第七十八条的规定处罚"之规定。本机关责令你立即改正违法行为,并作出如下处罚决定:

1. 没收检疫不合格的猪肉 70 千克;

2. 罚款人民币 4200.00 元(货值金额 × 倍)。

当事人必须在收到本决定书之日起十五日内持本决定书到 ×× 银行 ×× 支行缴纳罚款。当事人逾期不缴纳罚款的,每日按罚款数额的 3% 加处罚款。

当事人对处罚决定不服的,可以在收到本处罚决定书之日起 60 日内向 ×× 区畜牧业管理局申请行政复议,或在六个月内向 ×× 市人民法院提起诉讼。行政复议和行政诉讼期间,本处罚决定不停止执行。

当事人逾期不申请行政复议或提起行政诉讼,也不履行本行政处罚决定的,本所将依法申请人民法院强制执行。

×× 县动物卫生监督所

2015 年 5 月 4 日

行政处罚立案审批表

××动监立〔2015〕1号

案件来源		群众举报		受案时间		2015年4月28日
案　由			涉嫌经营检疫不合格动物产品案			
当事人	个人	姓名	潘××		电话	××××××
		性别	女	年龄	40	身份证号	××××××
		住址	××县××镇××村			
	单位	名称	/		法定代表人（负责人）	/
		地址	/		电话	/
简要案情		2015年4月28日，本机关接到派驻××屠宰厂官方兽医刘××举报电话，反映潘××在××屠宰厂将检疫不合格的70千克猪胴体强行运往××农贸市场销售。当事人涉嫌经营检疫不合格的猪肉，其行为涉嫌违反了《中华人民共和国动物防疫法》第二十五条第三项之规定，建议立案调查。 　　　　　　　　　　　　受案人签名：金×× 尚×× 　　　　　　　　　　　　　　　　　2015年4月28日				
执法机构意见		（如监督所内设执法科，由执法科在此处填写意见） 　　　　　　　　　　　　签名： 　　　　　　　　　　　年　月　日				
法制机构意见		（如监督所内设法制科，由法制科在此处填写意见） 　　　　　　　　　　　　签名： 　　　　　　　　　　　年　月　日				
执法机关意见		同意。由金××、尚××承办。 　　　　　　　　　　　　签名：常×× 　　　　　　　　　　　2015年4月28日				
备　注						

证据材料登记表

此复印件与原件相符

签名：潘××

2015 年 4 月 28 日

证据制作说明：

1. 收 集 人：金××、尚××

2. 提 供 人：潘××

3. 收集时间：2015 年 4 月 28 日

4. 收集地点：×× 县动物卫生监督所

5. 收集方式：复印

6. 证据内容：当事人潘 ×× 的身份证

现场检查笔录

时间： 2015 年 4 月 28 日 8 时 13 分至 9 时 15 分

检查地点： ×× 县 ×× 路 ×× 号

当事人： 潘 ××

检查机关： ×× 县动物卫生监督所

检查人员： 金 ××　　**执法证件号：** ××××××

尚 ××　　　　　　　　　　××××××

记录人： 尚 ××

现场检查情况： 2015 年 4 月 28 日，执法人员金 ××、尚 ×× 对 ×× 农贸市场潘 ×× 肉品摊床进行现场检查，经出示执法证件后的检查情况如下：潘 ×× 在 ×× 农贸市场 ×× 号经营猪肉摊床，摊床上方挂有工商营业执照，工商营业执照为个体工商户，业主姓名为潘 ××，肉案摆放猪胴体 2 半，肉案东北角有一台电子秤，电子秤下方有刀具，经现场称重净重 70 千克，外观未见检疫验讫印章，皮肤上有不同程度的溃疡，可见淋巴结化脓，当事人无法提供有效检疫证明。执法人员对现场检查情况进行了拍照，对无检疫证明、验讫印章的 70 千克猪肉进行了登记保存，出具了《证据登记保存清单》，对检查现场进行了拍照。

当事人签名：潘 ××　　　　　　　　　　　　（见证人签名或盖章：　　　　　　　　）

执法人员签名：金 ××　尚 ××

（第 1 页共 1 页）

先行登记保存证据审批表

案由			涉嫌经营检疫不合格的动物产品案					
当事人	个人	姓名	潘××	性别	女	年龄		40
		电话	××××××	住址		××镇××村		
		证件类型	身份证	证件号码		××××××		
	单位	名称	/		法定代表人（负责人）		/	
		电话	/		地址	/		
理由及依据			当事人潘××在××农贸市场经营检疫不合格的猪肉70千克，涉嫌经营检疫不合格的猪肉。 根据《中华人民共和国行政处罚法》第三十七条第二项之规定。					
物品及措施			对潘××在××农贸市场销售的70千克猪肉保存在动物卫生监督所的冷柜内。保存期限为7天（2015年4月28日至2015年5月4日）。					
办案人员意见			建议对涉案的70千克猪肉进行登记保存。 执法人员签名：金×× 尚×× 2015年4月28日					
执法机关意见			同意。 负责人：常×× 2015年4月28日					

证据登记保存清单

当事人：<u>潘××</u>

时　间：<u>2015 年 4 月 28 日 9 时 13 分</u>

地　点：<u>××县动物卫生监督所</u>

　　因你涉嫌<u>经营检疫不合格的动物产品</u>，本机关依照《中华人民共和国行政处罚法》第三十七条第二项之规定对你在 <u>××</u> 农贸市场 <u>××</u> 号摊位的 70 千克猪肉异地保存于 <u>××</u> 县动物卫生监督所冰柜内，<u>保存期限为 7 天。</u>登记保存期间，你不得使用、销售、转移、损毁、隐匿。

序号	物品名称	规格	生产日期（批号）	生产单位	数量
1	猪肉	/	/	××屠宰厂	70 千克
/	/	/	/	/	/

执法人员：<u>金××</u>　　执法证件号：<u>××××××</u>

　　　　　　<u>尚××</u>　　执法证件号：<u>××××××</u>

当事人签名：潘××

××县动物卫生监督所

2015 年 4 月 28 日

询 问 笔 录

询问时间： 2015 年 4 月 28 日 11 时 16 分至 12 时 13 分

询问地点： ×× 县动物卫生监督所办公室

询问机关： ×× 县动物卫生监督所

询问人： 金 ××　　**执法证件号：** ××××××

　　　　　尚 ××　　**执法证件号：** ××××××

记录人： 尚 ××

被询问人：姓名： 潘 ××　　**性别：** 女　　**年龄：** 40

　　　　　身份证号： ×××××　　**联系电话：** ××××××

　　　　　工作单位： 无　　**职务：** 无

　　　　　住址： ×× 镇 ×× 村

问： 我们是 ×× 县动物卫生监督所执法人员（出示执法证件），现依法向你进行询问调查。你应当如实回答我们的询问并协助调查，作伪证要承担法律责任，你听清楚了吗？

答： 听清楚了。

问： 你有申请执法人员回避的权力，你是否申请？

答： 不申请。

问： 请叙述下你的自然情况。

答： 我叫潘 ××，今年 40 岁，住在 ×× 镇 ×× 村，联系电话 ××××××。

问： 请出示你的身份证。

答： 这是我的身份证，您看一下。

问： 调查结束后，我们需要将你的身份证复印，需要你确认签字并标明时间。

答： 好的。

问： 你是从事什么工作的？

答： 我在 ×× 农贸市场肉摊卖肉。

问： 你从事肉摊销售猪肉多长时间了？

被询问人签名：潘 ××

（第 1 页共 2 页）

笔 录 纸

答： 5 年了。

问： 你在 ×× 农贸市场的摊位号是多少？

答： ×× 号。

问： 2015 年 4 月 28 日，我所执法人员在你经营的 ×× 号摊床进行现场检查时，肉摊上的 70 千克猪肉是你本人的吗？

答： 是我的。

问： 你的猪肉是从哪进的？

答： 是我自己抓的猪送到屠宰厂屠宰的。

问： 送到哪个屠宰厂屠宰的？

答： 送到 ×× 屠宰厂屠宰的。

问： 在屠宰厂屠宰后为什么没有检疫证明和验讫印章？

答： 因为当时驻场官方兽医说我的猪检疫不合格，所以没给我检疫证明，猪肉也没给盖章。

问： 官方兽医是用什么方式告知你这头猪屠宰检疫不合格的？

答： 官方兽医当时给了我一个《检疫处理通知单》。

问： 请把《检疫处理通知单》拿出来给我们看看，我们要进行复印。

答： 好的（拿出了《检疫处理通知单》）。

问： 为什么你把检疫不合格的猪肉拉到市场销售？

答： 因为我看猪肉也能卖就偷着把猪肉拉走了。

问： 驻场官方兽医是否阻拦你拉走猪肉？

答： 阻拦了，我没听他的开车就跑了。

问： 请你详细看下以上记录内容是否和你说的一样。

答： 我看过了，以上记录内容和我说的一样。

被询问人签名：潘 ××

执法人员签名：金 ××　　尚 ××

（第 2 页共 2 页）

询 问 笔 录

询问时间： 2015 年 4 月 28 日 13 时 25 分至 14 时 30 分

询问地点： ××县动物卫生监督所办公室

询问机关： ××县动物卫生监督所

询问人： 金×× 　　**执法证件号：** ××××××

　　　　　 尚×× 　　**执法证件号：** ××××××

记录人： 尚××

被询问人：姓名： 刘×× 　　**性别：** 男 　　**年龄：** 37

　　　　　 身份证号： ×××××× 　　**联系电话：** ××××××

　　　　　 工作单位： ××屠宰厂 　　**职务：** 官方兽医

　　　　　 住址： ××县××小区

问： 我们是×××动物卫生监督所执法人员（出示执法证件），现依法向你进行询问调查。你应当如实回答我们的询问并协助调查，作伪证要承担法律责任，你听清楚了吗？

答： 听清楚了。

问： 你有申请执法人员回避的权力，你是否申请？

答： 不申请。

问： 请叙述下你的自然情况。

答： 我叫刘××，今年 37 岁，在××屠宰厂从事屠宰检疫工作，联系电话是××××××。

问： 请出示你的身份证。

答： 这是我的身份证，您看一下。

问： 调查结束后，我们需要将你的身份证复印，需要你确认签字并标明时间。

答： 好的。

问： 2015 年 4 月 28 日 8 时 02 分，是你向我所电话举报潘××强行将检疫不合格的猪肉拉出屠宰厂吗？

询问人签名：刘××

（第 1 页共 2 页）

笔 录 纸

答：是我。

问：请将当时的详细情况说一下？

答：2015年4月28日，我在××屠宰厂值班，在流水线上检疫发现一头猪表皮有溃疡，肉眼可见淋巴结化脓，就按照检疫规程，作出了检疫不合格的决定，向潘××下达了《检疫处理通知单》，要求潘××立即进行无害化处理，潘××在我不注意的情况下将猪拉上了车强行拉走，我没有阻止住潘××，潘××拉走后我就给所里打电话举报了。

问：当时检疫不合格的猪有多少千克你是否知道？

答：当时我们进行过称重，那头猪有70千克。

问：你们每头猪都称重吗？

答：不，因为这是头屠宰检疫不合格的猪，我们要用《检疫处理通知单》告知当事人具体情况，所以我们要对猪肉进行称重。

问：你举报时说，潘××将检疫不合格的猪肉运往××农贸市场销售，你是如何知道她在××农贸市场的？

答：潘××常年在××屠宰厂屠宰生猪，我们经常接触，所以知道她在××农贸市场有个肉摊，另外，她拉走的时候说过烧了白瞎了，拿肉摊去卖了还能减少点损失。

问：请你看下以上的记录，和你说的是否一样？

答：看过了，和我说的一样。

被询问人签名：刘××

执法人员签名：金××　尚××

证据材料登记表

证据制作说明：

1. 收 集 人：金××、尚××
2. 提 供 人：
3. 收集时间：2015 年 4 月 28 日
4. 收集地点：×× 农贸市场 ×× 号摊床
5. 收集方式：拍照
6. 证据内容：现场检查照片

证据材料登记表

证据制作说明：

1. 收　集　人：金××、尚××

2. 提　供　人：

3. 收集时间：2015 年 4 月 28 日

4. 收集地点：××农贸市场 ×× 号摊床

5. 收集方式：拍照

6. 证据内容：现场检查照片

证据材料登记表

证据制作说明：

1. 收 集 人：金××、尚××
2. 提 供 人：
3. 收集时间：2015 年 4 月 28 日
4. 收集地点：××农贸市场 ×× 号摊床
5. 收集方式：拍照
6. 证据内容：现场检查照片

证据材料登记表

此复印件与原件相符

当事人签字：潘××

2015 年 4 月 28 日

证据制作说明：

1. 收 集 人：金××、尚××
2. 提 供 人：潘××
3. 收集时间：2015 年 4 月 28 日
4. 收集地点：××农贸市场××摊床
5. 收集方式：复印
6. 证据内容：营业执照复印件

证据材料登记表

此复印件与原件相符

当事人签字：潘 ××

2015 年 4 月 28 日

证据制作说明：

1. 收 集 人：金 ××、尚 ××
2. 提 供 人：潘 ××
3. 收集时间：2015 年 4 月 28 日
4. 收集地点：×× 县动物卫生监督所办公室
5. 收集方式：复印
6. 证据内容：《检疫处理通知单》

证据材料登记表

证据制作说明：

1. 收 集 人：金××、尚××

2. 提 供 人：物价局

3. 收集时间：2015 年 4 月 28 日

4. 收集地点：物价局

5. 收集方式：

6. 证据内容：物价证明

重大案件集体讨论记录

案由： 涉嫌经营检疫不合格猪肉案

时间： 2015 年 4 月 29 日 10:30 至 11:10

地点： ×× 路 ×× 号（×× 动物卫生监督所会议室）

主持人： 常 ××

记录人： 金 ××

出席人员姓名及职务： 常 ××（副所长）、李 ××（副所长）、孙 ××（副所长）、金 ××（案件承办人、列席）。

讨论记录：

　　常 ××：今天就潘 ×× 涉嫌经营检疫不合格动物产品案进行集体讨论，下面由办案人金 ×× 介绍简要案情和调查取证经过。

　　金 ××：2015 年 4 月 28 日本机关接到派驻 ×× 屠宰厂官方兽医刘 ×× 举报电话，反映潘 ×× 在 ×× 屠宰厂将检疫不合格的 70 千克猪胴体强行运往 ×× 农贸市场销售。执法人员金 ××、尚 ×× 立即赶赴 ×× 农贸市场，执法人员向当事人潘 ×× 出示执法证件，对潘 ×× 肉品摊床进行检查，发现摊床上方挂有工商营业执照，营业执照为个体工商户，业主姓名为潘 ××，肉案摆放 2 半猪胴体，现场称重猪肉净重 70 千克，外观未见检疫验讫印章，皮肤上有不同程度的溃疡，可见淋巴结化脓，当事人无法提供有效检疫证明。对无检疫证明、验讫印章的 70 千克猪肉进行了登记保存，出具了《证据登记保存清单》，复印了工商营业执照、身份证，当事人在复印件上进行了签字确认。经询问，当事人潘 ×× 对经营检疫不合格的猪肉的行为供认不讳。执法人员制作了《现场检查笔录》、当事人《询问笔录》、证人《询问笔录》，收集了当事人身份证复印件 1 份、肉品摊床营业执照复印件 1 份、照片 3 张、《检疫处理通知单》复印件 1 份、《物价证明》1 份，当事人的违法行为事实清楚，证据确凿，违反了《中华人民共和国动物防疫法》第二十五条："禁止屠宰、经营、运输下列动物和生产、经营、加工、贮藏、运输下列动物产品：（三）依法应当检疫而未经检疫或者检疫不合格的"，依据《中华人民共和国动物防疫法》第七十六条："违反本法第二十五条规定，屠宰、经营、运输动物或者生产、经营、加工、贮藏、运输动物产品的，由动物卫生监督机构责令改正、采取补救措施，没收违法所得和动物、动物产品，并处同类检疫合格动物、动物产品货值金额一倍以上五倍以下罚款；其中依法应当检疫而未检疫的，依照本法第七十八条的规定处罚"。

　　建议作出如下处罚：

　　1. 没收检疫不合格的猪肉 70 千克；

　　2. 罚款人民币 4200.00 元（货值金额 × 倍）。

李××：<u>该案调查取证过程符合《中华人民共和国行政处罚法》的规定，程序合法，违法主体认定</u><u>也准确。</u>

孙××：<u>该案件证据链比较完整，有现场检查情况、当事人询问笔录、证据登记保存清单，能够证</u><u>实当事人的违法事实。</u>

常××：<u>我同意以上二位同志的意见，本案事实清楚，证据确凿，程序合法，定性准确，适用法律</u><u>条款正确。下面请大家举手表决。（全体表决通过）。</u>

案件处理决定：<u>经讨论，潘××涉嫌经营检疫不合格动物产品案事实清楚，证据确凿，其行为违</u><u>反了《中华人民共和国动物防疫法》第二十五条第三项之规定，依照《中华人民共和国动物防疫法》第</u><u>七十六条之规定给予以下处罚：</u>

<u>1．没收检疫不合格的猪肉 70 千克；</u>

<u>2．罚款人民币 4200.00 元。</u>

出席人员签名：　常×× 李×× 孙×× 金××

案件处理意见书

案由			涉嫌经营检疫不合格动物产品案					
当事人	个人	姓名	潘××					
		性别	女	年龄	40	电话	××××××	
		住址	××镇××村					
	单位	名称	/			法定代表人（负责人）	/	
		地址	/			电话	/	
调查经过			2015年4月28日，本机关接到××屠宰厂驻场官方兽医刘××举报电话，举报人反映潘××在××屠宰厂屠宰生猪时经驻场官方兽医检疫，检疫结果为不合格，驻场官方兽医要求当事人进行无害化处理，当事人强行将检疫不合格的动物产品运往××农贸市场销售。金××、尚××立即赶赴到××农贸市场，经查，当事人潘××在××农贸市场××号经营猪肉摊床，工商营业执照为个体经营业户，业主姓名为潘××，肉案摆放猪胴体2半，净重70千克，外观未见检疫验讫印章，皮肤上有不同程度的溃疡，可见淋巴结化脓，当事人不能提供有效检疫证明。2015年4月28日11时16分询问了当事人潘××，当事人潘××对经营检疫不合格猪肉的行为供认不讳。2015年4月28日13时25分询问了举报人刘××，刘××的询问笔录佐证了当事人潘××的违法行为。					
所附证据材料			1.《现场检查笔录》1份； 2.《当事人询问笔录》1份 3.《举报人询问笔录》1份； 4.当事人身份证复印件1份； 5.肉品摊床营业执照复印件1份； 6.照片3张； 7.《检疫处理通知单》复印件1份； 8.物价证明1份。					

261

调查结论及处理意见	经集体讨论，当事人潘××经营检疫不合格猪肉的行为，事实清楚，违反了《中华人民共和国动物防疫法》第二十五条："禁止屠宰、经营、运输和生产、经营、加工、贮藏、运输下列动物产品：（三）依法应当检疫而未经检疫或者检疫不合格的"。结合《××省畜牧业行政处罚自由裁量标准》（具体条款略），依据《中华人民共和国动物防疫法》第七十六条之规定："违反本法第二十五条规定，屠宰、经营、运输动物或者生产、经营、加工、贮藏、运输动物产品的，由动物卫生监督机构责令改正、采取补救措施，没收违法所得和动物、动物产品，并处同类检疫合格动物、动物产品货值金额一倍以上五倍以下罚款；其中依法应当检疫而未检疫的，依照本法第七十八条的规定处罚"，建议作出如下处罚： 　　1. 没收检疫不合格的猪肉 70 千克； 　　2. 罚款人民币 4200.00 元（货值金额 × 倍）。 　　　　　　　　　　　　　　执法人员签名：金××　尚×× 　　　　　　　　　　　　　　　　　　　　2015 年 4 月 29 日
执法机构意见	（如监督所内设执法科，由执法科在此处填写意见） 　　　　　　　　　　　　　　签名： 　　　　　　　　　　　　　　年　　月　　日
法制机构意见	（如监督所内设法制科，由法制科在此处填写意见） 　　　　　　　　　　　　　　签名： 　　　　　　　　　　　　　　年　　月　　日
执法机关意见	本案经机关负责人集体讨论通过，同意。 　　　　　　　　　　　　　　签名：常×× 　　　　　　　　　　　　　　2015 年 4 月 29 日

××县动物卫生监督所
行政处罚事先告知书

××动监告〔2015〕1号

潘××：

经调查，你于2015年4月28日强行从××屠宰厂将检疫不合格的70千克猪胴体运往××农贸市场进行销售，你经营检疫不合格的动物产品，事实清楚、证据确凿，有《现场检查笔录》《询问笔录》2份、当事人身份证复印件、肉品摊床营业执照复印件、照片3张、《检疫处理通知单》（复印件）、《物价证明》等为证。

你违反了《中华人民共和国动物防疫法》第二十五条："禁止屠宰、经营、运输和生产经营加工贮藏、运输下列动物产品：（三）依法应当检疫而未经检疫或者检疫不合格的"之规定，按照《××省畜牧业行政处罚自由裁量标准》（具体条款略）之规定，对你处以(××××××—××××××)幅度内的处罚，足以起到惩戒作用。

依照《中华人民共和国动物防疫法》第七十六条："违反本法第二十五条规定，屠宰、经营、运输动物或者生产、经营、加工、贮藏、运输动物产品的，由动物卫生监督机构责令改正、采取补救措施，没收违法所得和动物、动物产品，并处同类检疫合格动物、动物产品货值金额一倍以上五倍以下罚款；其中依法应当检疫而未检疫的，依照本法第七十八条的规定处罚"之规定，本机关责令你立即改正违法行为，拟作出如下处罚决定：

1. 没收检疫不合格的猪肉70千克；

2. 罚款人民币4200.00元（货值金额×倍）。

根据《中华人民共和国行政处罚法》第三十一条、第三十二条之规定，你可在收到本告知书之日起三日内向本所进行陈述申辩、申请听证，逾期不陈述申辩、申请听证的，视为你放弃上述权利。

××县动物卫生监督所
2015年4月29日

执法机关地址：××路××号

联系人：金×× 尚×× 　　　　电话：××××××

陈述申辩笔录

当事人： 潘××   **身份证号码：** ×××××

陈述申辩时间： 2015 年 5 月 3 日 15 时 17 分至 16 时 14 分

陈述申辩地点： ×× 县 ×× 路 ×× 号（×× 县动物卫生监督所办公室）

执法人员： 金××   **执法证件号：** ×××××

         尚××   **执法证件号：** ×××××

记录人： 尚××

陈述申辩内容：

贵所下达的《行政处罚事先告知书》（×× 动监告〔2015〕1 号）我已经收到，关于对经营检疫不合格猪肉的违法事实认定，我没有什么异议。但是我的猪肉是 9 元 / 千克买的，不是 20 元 / 千克买的，我以后不卖这种猪肉了，我家庭经济困难，还要供小孩上学，做点小生意，没那么多钱，实在是拿不出来。希望贵所能看在我没有卖出去，能够从轻处罚。

陈述申辩人签名：潘××

执法人员签名：金××   尚××

行政处罚决定审批表

案由						经营检疫不合格动物产品案	
当事人	个人	姓名				潘××	
		性别	女	年龄	40岁	电话	××××××
		住址				××镇××村	
	单位	名称	/		法定代表人 （负责人）		/
		地址	/		电话		/
陈述申辩或听证情况		当事人潘××于2015年5月3日收到《行政处罚事先告知书》（××动监告〔2015〕1号）后，进行了陈述申辩。具体内容如下：我对经营检疫不合格猪肉的违法事实认定，没有异议。但是我的猪肉是9元/千克买的，不是20元/千克买的，以后不卖这种猪肉了，家庭经济困难，还要供小孩上学，做点小生意，没那么多钱，实在是拿不出来。希望贵所能看在我没有卖出去的情况下，能够从轻处罚。同时，当事人未在法定期限提出听证请求。					
处理意见		经审查，当事人陈述申辩要求从轻处罚的内容，不符合《中华人民共和国行政处罚法》的规定，不予采纳。 建议维持《行政处罚事先告知书》拟作出的处理处罚决定。 　　　　　　　　　　　　　　　　执法人员签名：金×× 尚×× 　　　　　　　　　　　　　　　　　　　　　　　　2015年5月4日					
执法机构意见		（如监督所内设执法科，由执法科在此处填写意见）					
法制机构意见		（如监督所内设法制科，由法制科在此处填写意见）					
执法机关意见		同意。 　　　　　　　　　　　　　　　　　　签名：常×× 　　　　　　　　　　　　　　　　　　　2015年5月4日					

送 达 回 证

案　由	涉嫌经营检疫不合格动物产品案				
受送达人	潘××				
送达单位	××动物卫生监督所				
送达文书及文号	送达地点	送达人	送达方式	收到日期	收件人签名
《行政处罚事先告知书》（××动监告〔2015〕1号）	××路××号（××动物卫生监督所办公室）	金××尚××	直接送达	2015年4月29日	潘××
/	/	/	/	/	/
备注					

送 达 回 证

案　　由	经营检疫不合格动物产品案				
受送达人	潘××				
送达单位	××动物卫生监督所				
送达文书及文号	送达地点	送达人	送达方式	收到日期	收件人签名
《行政处罚决定书》（××动监罚〔2015〕1号）	××路××号（××动物卫生监督所办公室）	金×× 尚××	直接送达	2015年5月4日	潘××
/	/	/	/	/	/
备注					

票据粘贴页

×× 银行现金存款凭证

行政处罚结案报告

案　　由	经营检疫不合格动物产品案		
当事人	潘××		
立案时间	2015 年 4 月 28 日	处罚决定 送达时间	2015 年 5 月 4 日

处罚决定：

1. 没收 70 千克检疫不合格猪肉；
2. 罚款人民币 4200.00 元。

执行情况：

1. 执行方式：自动履行。
2. 执行时间：2015 年 5 月 6 日。

执法人员签名：金×× 尚××

2015 年 5 月 6 日

执法 机构 意见	（如监督所内设执法科，由执法科在此处填写意见） 签名：孙×× 2015 年 5 月 6 日
执法 机关 意见	同意结案。 签名：常×× 2015 年 5 月 6 日

××动物卫生监督所
案件移送函

××动监移〔2015〕1号

××公安局：

　　潘××经营检疫不合格动物产品案件，经本机关调查核实，认为该案件当事人的行为，涉嫌违反《最高人民法院、最高人民检察院关于办理危害食品安全刑事案件适用法律若干问题的解释》，根据《中华人民共和国行政处罚法》第二十二条的规定，现将此案移送你单位处理，并请将处理结果函告本机关。

　　附：有关材料

××县动物卫生监督所（印章）
2015年5月9日

备 考 表

本案卷包括使用的执法文书、收集的证据及罚没收据存根，共计 30 页。

立卷人：尚 × ×

2015 年 5 月 9 日

本案卷执法文书及相关证据归档完整，符合要求。

审查人：常 × ×

2015 年 5 月 9 日

第五章　转让、伪造或变造动物卫生监督证章标识类案

卷十　关于陈××变造检疫证明案

一、案情简介

2014年1月15日，××市动物卫生监督所执法人员邹××、李××在××市××区××家禽批发市场进行监督检查时，在市场入口处发现一台车牌号为湘×××××的装有活鸡的货车，货主为陈××。货车上有47个鸡笼，550只鸡。鸡精神状态正常，羽毛光鲜，粪便无异常。执法人员要求查验检疫证明，陈××到驾驶室查找，提供了一张编号为NO.A×××××的检疫证明，但签发日期已涂改。执法人员对550只鸡和检疫证明进行证据登记保存。该所于当日依法进行立案调查，执法人员对当事人陈××进行了询问，制作了《询问笔录》，收集了检疫证明（编号为NO.A×××××）、检疫证明复印件（编号为NO.B×××××）和××镇检疫人员王××书面证明等相关证据。于2014年1月20日对当事人下达了《行政处罚事先告知书》，2014年1月26日下达了《行政处罚决定书》，罚款人民币3000.00元并没收变造的检疫证明。

二、处罚依据

违反条款：《中华人民共和国动物防疫法》第六十一条第一款。

处罚条款：《中华人民共和国动物防疫法》第七十九条。

三、本类型案件办理的注意事项及难点

1. 转让、伪造或者变造检疫证明、检疫标志或者畜禽标识，是行为人以检疫证明原件、检疫标志或者畜禽标识为基本材料，通过挖补、剪接、涂改等加工处理，使原始检疫证明、检疫标志或者畜禽标识改变数量、时间等行为；

2. 若检疫证明、检疫标志或者畜禽标识是伪造的，应移交司法机关处理；

3. 办理变造检疫证明案件时，应注意涉案动物（动物产品）是否检疫，若未经检疫，还需另案处理未经检疫动物（动物产品）的违法行为。

××市动物卫生监督所

案　　卷

××动监罚〔2014〕1号					
题　名		关于陈××变造检疫证明案			
案 件 承 办 人			**当 事 人**		
邹×× 李××			陈××		
立案日期	2014年1月15日	**结案日期**	2014年1月27日	**立卷人**	邹××
执行结果	当事人已依法履行完毕。				
归档日期	2014年1月28日	**档 案 编 号**		201401	
保存期限	长期	卷内共22页			
备注					

卷内目录（一）

序号	文书编号	文书日期	题名	页号	备注
1	××动监罚〔2014〕1号	2014年1月26日	行政处罚决定书		
2	××动监立〔2014〕1号	2014年1月15日	行政处罚立案审批表		
3		2014年1月15日	当事人身份证明		复印件
4		2014年1月15日	现场检查笔录		
5		2014年1月15日	先行登记保存证据审批表		
6		2014年1月15日	证据登记保存清单		
7		2014年1月17日	登记保存物品处理通知书		
8		2014年1月15日	询问笔录		
9	NO.A××××××	2014年1月15日	证据材料登记表（变造的《动物检疫合格证明（产品B）》）		原件
10	NO.B×××××	2014年1月15日	证据材料登记表（《动物检疫合格证明（产品B）》）		
11		2014年1月15日	证据材料登记表（检疫人员王××的证明）		

卷内目录（二）

序号	文书编号	文书日期	题名	页号	备注
12		2014 年 1 月 19 日	案件处理意见书		
13	××动监告〔2014〕1 号	2014 年 1 月 20 日	行政处罚事先告知书		
14		2014 年 1 月 26 日	行政处罚决定审批表		
15		2014 年 1 月 20 日	送达回证		
16		2014 年 1 月 26 日	送达回证		
17			缴款证明		
18		2014 年 1 月 27 日	行政处罚结案报告		
19		2014 年 1 月 28 日	备考表		

××市动物卫生监督所
行政处罚决定书

××动监罚〔2014〕1号

姓名：陈××　　**性别：**女　　**年龄：**43岁

住址：××市××镇××村××组　　**联系方式：**××××××

当事人陈××变造检疫证明一案，经本机关依法调查，现查明：

2014年1月15日，本机关执法人员邹××、李××在××市××区××家禽批发市场进行监督检查时，在市场入口处发现一台车牌号为湘××××××的装有活鸡的货车，货主为陈××。货车上有47个鸡笼，550只鸡。鸡精神状态正常，羽毛光鲜，粪便无异常。执法人员要求查验检疫证明，陈××到驾驶室查找，提供了一张编号为NO.A××××××的检疫证明，但签发日期已涂改。执法人员对检疫证明和550只鸡进行证据登记保存，对当事人陈××进行了询问，查明陈××启运时车上装有1050只鸡，经过检疫，有检疫证明（编号为NO.B××××××），她在××乡顺路卖了500只鸡，把检疫证明给了买鸡的人。到××家禽批发市场后，陈××把一张前两天开的检疫证明的日期由2014年1月13日涂改成2014年1月15日，想蒙混过关。执法人员收集了原始检疫证明（编号为NO.B××××××）、××镇检疫人员王××的书面证明等相关证据。陈××存在变造检疫证明的违法事实。

以上事实查证属实，有下列证据为证：

1. 《现场检查笔录》1份，证明检查现场的相关情况，当事人提供的检疫证明日期已涂改，存在违法行为，与证据4相互印证；

2. 《询问笔录》1份，证明当事人违法行为的经过；

3. 身份证复印件1份，证明其身份及违法主体的适格性；

4. 检疫证明（编号为NO.A××××××）1份，因日期已被涂改，证明为变造的检疫证明，与证据1相互印证；

5. 检疫证明复印件（编号为NO.B××××××）和××镇检疫人员王××书面证明各1份，证明当事人经营的鸡经过检疫。

本机关认为：当事人陈××变造检疫证明，事实清楚、证据确凿，其行为违反了《中华人民共和国动物防疫法》第六十一条第一款："禁止转让、伪造或者变造检疫证明、检疫标志或者畜禽标识"，本机关于2014年3月20日对当事人下达了《行政处罚事先告知书》(××动监告〔2014〕1号)，当事人未在法定期限内进行陈述申辩、申请听证。按照《××省畜牧业行政处罚自由裁量权标准》（具体条款略）之规定，对当事人处以（××××××—××××××）幅度内的处罚，足以起到惩戒作用。

依据《中华人民共和国动物防疫法》第七十九条："转让、伪造或者变造检疫证明、检疫标志或者畜禽标识的，由动物卫生监督机构没收违法所得，收缴检疫证明、检疫标志或者畜禽标识，并处三千元以上三万元以下罚款"，本机关作出如下处罚决定：

1. 没收变造的检疫证明；

2. 罚款人民币 3000.00 元。

当事人必须在收到本决定书之日起十五日内持本决定书到 ×× 银行缴纳罚款。当事人逾期不缴纳罚款的，每日按罚款数额的 3% 加处罚款。

当事人对本处罚决定不服的，可以在收到本处罚决定书之日起 60 日内向 ×× 市畜牧业管理局申请行政复议，或在三个月内向 ×× 市人民法院提起诉讼。行政复议和行政诉讼期间，本处罚决定不停止执行。

当事人逾期不申请行政复议或提起行政诉讼，也不履行本行政处罚决定的，本所将依法申请人民法院强制执行。

×× 市动物卫生监督所

2014 年 1 月 26 日

行政处罚立案审批表

×× 动监立〔2014〕1 号

案件来源	检查发现			受案时间		2014 年 1 月 15 日	
案　由	涉嫌变造检疫证明案						
当事人	**个人**	姓名	陈 ××		电话	××××××	
		性别	女	年龄	43 岁	身份证号	××××××
		住址	×× 市 ×× 镇 ×× 村 ×× 组				
	单位	名称	/		法定代表人（负责人）	/	
		地址	/		电话	/	
简要案情	2014 年 1 月 15 日 9 时 20 分，本机关执法人员邹 ××、李 ×× 在 ×× 市 ×× 区 ×× 家禽批发市场进行监督检查时，在市场入口处发现一台车牌号为湘 ×××××× 的装有活鸡的货车，货主为陈 ××。货车上共有 47 个鸡笼，共计 550 只鸡。鸡精神状态正常，羽毛光鲜，鸡粪便无异常。执法人员要求查验检疫证明，陈 ×× 到驾驶室查找，提供了一张编号为 NO.A×××××× 的检疫证明，但签发日期已涂改。执法人员对 550 只鸡和检疫证明进行证据登记保存。当事人陈 ×× 的行为涉嫌变造检疫证明，其行为涉嫌违反了《中华人民共和国动物防疫法》第六十一条第一款之规定，建议立案调查。 　　　　　　　　　　　　受案人签名：李 ××　邹 ×× 　　　　　　　　　　　　　　　　　　2014 年 1 月 15 日							
执法机构意见	同意。 　　　　　　　　　　签名：文 ×× 　　　　　　　　　　2014 年 1 月 15 日							
法制机构意见	（如监督所内设法制科，由法制科在此处填写意见） 　　　　　　　　　　签名： 　　　　　　　年　　月　　日							
执法机关意见	同意。由邹 ××、李 ×× 承办。 　　　　　　　　　　签名：尹 ×× 　　　　　　　　　　2014 年 1 月 15 日							
备　注							

证据材料登记表

此复印件与原件相符

陈××签字

2014年1月15日

证据制作说明：

1．收 集 人：邹××、李××
2．提 供 人：陈××
3．收集时间：2014年1月15日
4．收集地点：××市动物卫生监督所
5．收集方式：复印
6．证据内容：当事人陈××身份证

现场检查笔录

时间：2014 年 1 月 15 日 9 时 20 分至 10 时 01 分

检查地点：××市××区××街道××号

当事人：陈××

检查机关：××市动物卫生监督所

检查人员：邹××　　　**执法证件号：**××××××

　　　　　　李××　　　　　　　　　　××××××

记录人：邹××

现场检查情况：2014 年 1 月 15 日 9 时 20 分，本机关执法人员邹××、李××在××市××区××家禽批发市场进行监督检查时，在市场入口处发现一台车牌号为湘××××××的装有活鸡的货车。货主陈××在场，执法人员向其出示执法证件后进行检查：货车上共有 47 个鸡笼，共计 550 只鸡。鸡精神状态正常，羽毛光鲜，鸡粪便无异常。执法人员要求查验检疫证明，陈××到驾驶室查找，提供了一张编号为 NO.A××××××的检疫证明，但签发日期已涂改。执法人员对 550 只鸡和检疫证明进行证据登记保存。执法人员对检查现场进行了拍照。

当事人签名或盖章：陈××　　　　　　　　　　　　（见证人签名或盖章：　　　　　　）

执法人员签名或盖章：邹××　李××

（第 1 页共 1 页）

先行登记保存证据审批表

<table>
<tr>
<td colspan="2">案由</td>
<td colspan="6">涉嫌变造检疫证明案</td>
</tr>
<tr>
<td rowspan="6">当事人</td>
<td rowspan="3">个人</td>
<td>姓名</td>
<td>陈××</td>
<td>性别</td>
<td>女</td>
<td>年龄</td>
<td>43 岁</td>
</tr>
<tr>
<td>电话</td>
<td>×××××</td>
<td>住址</td>
<td colspan="3">××市××镇××村××组</td>
</tr>
<tr>
<td>证件
类型</td>
<td>身份证</td>
<td>证件
号码</td>
<td colspan="3">×××××</td>
</tr>
<tr>
<td rowspan="2">单位</td>
<td>名称</td>
<td>/</td>
<td colspan="2">法定代表人
（负责人）</td>
<td colspan="2">/</td>
</tr>
<tr>
<td>电话</td>
<td>/</td>
<td>地址</td>
<td colspan="3">/</td>
</tr>
<tr><td colspan="7"></td></tr>
<tr>
<td colspan="2">理由及依据</td>
<td colspan="6">当事人陈××涉嫌变造检疫证明。
依据《中华人民共和国行政处罚法》第三十七条第二款之规定。</td>
</tr>
<tr>
<td colspan="2">保存物品</td>
<td colspan="6">1．550 只鸡；
2．涉嫌变造的检疫证明（NO.A××××××）。</td>
</tr>
<tr>
<td colspan="2">办案人员
意见</td>
<td colspan="6">建议对涉案的 550 只鸡和检疫证明（NO.A××××××）作为证据登记保存。保存期限为 7 天（2014 年 1 月 15 至 2014 年 1 月 21 日）。

执法人员签名：邹×× 李××
2014 年 1 月 15 日</td>
</tr>
<tr>
<td colspan="2">执法机构
意见</td>
<td colspan="6">同意。

签名：文××
2014 年 1 月 15 日</td>
</tr>
<tr>
<td colspan="2">执法机关
意见</td>
<td colspan="6">同意。

负责人：尹××
2014 年 1 月 15 日</td>
</tr>
</table>

证据登记保存清单

当事人： 陈××

时间： 2014 年 1 月 15 日 10 时 08 分

地点： ××市××区××路××号

　　因你涉嫌变造检疫证明，本机关依照《中华人民共和国行政处罚法》第三十七条第二款之规定，将在××市××区××家禽批发市场发现的下列物品异地保存于××市动物卫生监督所，保存期为自登记之日起 7 天。登记保存期间，你不得使用、销售、转移、损毁、隐匿。

序号	物品名称	规格	生产日期（批号）	生产单位	数量
1	鸡	只	/	/	550
2	《动物检疫合格证明（产品 B）》	张	NO.A×××××× 2014 年 1 月 13 日	××××××	1

执法人员： 邹××　　**执法证件号：** ××××××

　　　　　　　 李××　　　　　　　　　　　 ××××××

当事人签名： 陈××

××市动物卫生监督所

2014 年 1 月 15 日

登记保存物品处理通知书

陈××：

　　本机关对 <u>2014 年 1 月 15 日</u>登记保存你的物品作出如下处理决定：

　　<u>对先行登记保存的 550 只鸡做返还处理。</u>

××市动物卫生监督所

2014 年 1 月 17 日

询 问 笔 录

询问时间： 2014 年 1 月 15 日 10 时 45 分至 11 时 30 分

询问地点： ××市××区××家禽批发市场

询问机关： ××市动物卫生监督所

询问人： 邹××   **执法证件号：** ××××××

         李××   ××××××

记录人： 邹××

被询问人： 姓名：陈××   性别：女   年龄：43 岁

              身份证号：××××××   联系电话：××××××

              工作单位：无   职务：无

              住址：××市××镇××村××组

问： 我们是××市动物卫生监督所的执法人员（出示执法证件），现依法向你进行询问调查。你应当如实回答我们的询问并协助调查，作伪证要承担法律责任，你听清楚了吗？

答： 听清楚了。

问： 你有申请执法人员回避的权力，你是否申请？

答： 不申请。

问： 请介绍一下你的自然情况。

答： 我叫陈××，今年43岁，住在××市××镇××村××组，手机号码是××××××。

问： 请出示你的身份证。

答： 这是我的身份证，你看一下。

问： 调查结束后，我们需要将你的身份证复印，需要你确认签字并标明时间。

被询问人签名或盖章：陈××

（第1页共2页）

笔 录 纸

答：好的。

问：你是从事什么职业的？

答：我是搞家禽贩运和销售的。

问：今天停在××市××区××家禽批发市场，车牌号为湘×××××货车上的鸡是你的吗？

答：是的。

问：一共多少只？

答：550只。

问：你这车鸡是从哪里运过来的？

答：从××镇运过来的。

问：经过检疫了吗？

答：检疫了，是××镇检疫员王××检的。

问：你提供的检疫证明（NO.A××××××）日期怎么改了？

答：我这车鸡经过检疫了，有检疫证明，但是我是在××乡顺路卖了500只鸡，买鸡的人要检疫证明，我就给他了。到××家禽批发市场后，我把一张前两天开的检疫证明的日期，由2014年1月13日涂改成2014年1月15日，想蒙混过关，但还是被你们发现了。

问：你用什么工具改的？

答：用我车上蓝色圆珠笔改的。

问：以上情况是否属实？

答：以上看过，情况属实。

被询问人签名或盖章：陈××

执法人员签名或盖章：邹×× 李××

（第2页共2页）

证据材料登记表

证据制作说明：

1. 收 集 人：邹××、李××

2. 提 供 人：陈××

3. 收集时间：2014 年 1 月 15 日

4. 收集地点：××市××区××家禽批发市场

5. 收集方式：登记保存

6. 证据内容：变造的检疫合格证明原件（编号为 NO.A××××××）

证据材料登记表

此复印件与原件相符

当事人签字：陈××

2014 年 1 月 15 日

证据制作说明：

1. 收 集 人：邹××、李××

2. 提 供 人：陈××

3. 收集时间：2014 年 1 月 15 日

4. 收集地点：××市××区××家禽批发市场

5. 收集方式：复印

6. 证据内容：检疫合格证明（NO.B××××××）

证据材料登记表

证据制作说明：

1. 收 集 人：邹××、李××

2. 提 供 人：王××

3. 收集时间：2014年1月15日

4. 收集地点：××市××区××家禽批发市场

5. 收集方式：

6. 证据内容：××镇检疫人员王××书面证明（证明内容为涉案的550只鸡已经过检疫，出具了检疫证明，编号为NO.B××××××）

案件处理意见书

案由					涉嫌变造检疫证明案			
当事人	个人	姓名			陈××			
		性别	女	年龄	43岁	电话	××××××	
		住址			××市××镇××村××组			
	单位	名称		/		法定代表人（负责人）	/	
		地址		/		电话	/	
案件调查经过		2014年1月15日，本机关执法人员邹××、李××在××市××区××家禽批发市场进行监督检查时，在市场入口处发现一台车牌号为湘××××××的装有活鸡的货车，货主为陈××。货车上有47个鸡笼，550只鸡。鸡精神状态正常，羽毛光鲜，粪便无异常。执法人员要求查验检疫证明，陈××到驾驶室查找，提供了一张编号为NO.A××××××的检疫证明，但签发日期已涂改。执法人员对550只鸡和检疫证明进行证据登记保存，执法人员对当事人陈××进行了询问，查明陈××起运时车上装有1050只鸡，经过检疫，有检疫证明（编号为NO.B××××××），她在××乡顺路卖了500只鸡，把检疫证明给了买鸡的人。到××家禽批发市场后，陈××把一张前两天开的检疫证明的日期由2014年1月13日涂改成2014年1月15日，想蒙混过关。执法人员收集了原始检疫证明（编号为NO.B××××××）、××镇检疫人员王××的书面证明等相关证据。						
所附证据材料		1.《现场检查笔录》1份； 2.《询问笔录》1份； 3.身份证复印件1份； 4.检疫证明（编号为NO.A××××××）1份； 5.检疫证明复印件（编号为NO.B××××××）1份； 6.××镇检疫人员王××书面证明1份。						

调查 结论 及 处理 意见	当事人陈××变造检疫证明，事实清楚、证据确凿，其行为违反了《中华人民共和国动物防疫法》第六十一条第一款："禁止转让、伪造或者变造检疫证明、检疫标志或者畜禽标识"。按照《××省畜牧业行政处罚自由裁量权标准》（具体条款略），对当事人处以××××××—××××××幅度内的罚款，足以起到惩戒作用。 　　依据《中华人民共和国动物防疫法》第七十九条："违反本法规定，转让、伪造或者变造检疫证明、检疫标志或者畜禽标识，由动物卫生监督机构没收违法所得，收缴检疫证明、检疫标志或者畜禽标识，并处三千元以上三万元以下罚款。"建议给予陈××如下处罚： 　　1. 没收变造检疫证明； 　　2. 罚款人民币 3000.00 元。 执法人员签名：邹××　李×× 2014 年 1 月 19 日
执法 机构 意见	同意。 签名：文×× 2014 年 1 月 19 日
法制 机构 意见	（如监督所内设法制科，由法制科在此处填写意见） 签名： 　　年　　月　　日
执法 机关 意见	同意。 签名：尹×× 2014 年 1 月 19 日

××市动物卫生监督所
行政处罚事先告知书

××动监告〔2014〕1号

陈××：

经调查，你于2014年1月15日，在××市××区××家禽批发市场进场时出具的一张编号为NO.A××××××的检疫证明，日期已涂改，涉嫌变造检疫证明，有《现场检查笔录》《询问笔录》等为证。

你违反了《中华人民共和国动物防疫法》第六十一条第一款："禁止转让、伪造或者变造检疫证明、检疫标志或者畜禽标识"，按照《××省畜牧业行政处罚自由裁量权标准》（具体条款略）之规定，对当事人处以××××××—××××××幅度内的罚款，足以起到惩戒作用。

依照《中华人民共和国动物防疫法》第七十九条："转让、伪造或者变造检疫证明、检疫标志或者畜禽标识的，由动物卫生监督机构没收违法所得，收缴检疫证明、检疫标志或者畜禽标识，并处三千元以上三万元以下罚款。"拟对你作出如下处罚决定：

1. 没收变造的检疫证明；

2. 罚款人民币3000.00元。

根据《中华人民共和国行政处罚法》第三十一条、第三十二条之规定，你可在收到本告知书之日起三日内向本所进行陈述申辩、申请听证，逾期不陈述申辩、申请听证的，视为你放弃上述权利。

××市动物卫生监督所
2014年1月20日

执法机关地址：××市××区××街××号

联系人：邹××　李××　　联系电话：××××××

行政处罚决定审批表

案由						变造检疫证明案		
当事人	个人	姓名				陈××		
		性别	女	年龄	43岁	电话	×××××××	
		住址				××市××镇××村××组		
	单位	名称	/			法定代表人（负责人）		/
		地址	/			电话	/	
陈述申辩或听证情况		当事人在法定期限内未进行陈述申辩、申请听证。						
处理意见		建议维持《行政处罚事先告知书》拟作出的处理处罚决定。 执法人员签名：邹×× 李×× 2014年1月26日						
执法机构意见		同意。 签名：文×× 2014年1月26日						
法制机构意见		（如监督所内设法制科，由法制科在此处填写意见） 签名： 年 月 日						
执法机关意见		同意。 签名：尹×× 2014年1月26日						

送 达 回 证

案　　由	涉嫌变造检疫证明案				
受送达人	陈××				
送达单位	××市动物卫生监督所				
送达文书及文号	送达地点	送达人	送达方式	收到日期	收件人签名
《行政处罚事先告知书》(××动监告〔2014〕1号)	××市××镇××村××组	邹×× 李××	直接送达	2014年1月20日	陈××
/	/	/	/	/	/
备注					

送 达 回 证

案　　由	变造检疫证明案				
受送达人	陈××				
送达单位	××市动物卫生监督所				
送达文书及文号	送达地点	送达人	送达方式	收到日期	收件人签名
《行政处罚决定书》(××动监罚〔2014〕1号)	××市××镇××村××组	邹××李××	直接送达	2014年1月26日	陈××
/	/	/	/	/	/
备注					

票据粘贴页

　　××省非税收入一般缴款书

　　××市本级非税收入缴纳通知单

行政处罚结案报告

案　　由	变造检疫证明案		
当事人	陈××		
立案时间	2014 年 1 月 15 日	处罚决定 送达时间	2014 年 1 月 26 日

处罚决定：
1. 收缴变造的检疫证明；
2. 罚款人民币 3000.00 元。

执行情况：
1. 执行方式：自动履行。
2. 执行时间：2014 年 1 月 27 日。

执法人员签名：邹××　李××

2014 年 1 月 27 日

执法 机构 意见	同意结案。 签名：文×× 2014 年 1 月 27 日
执法 机关 意见	同意结案。 签名：尹×× 2014 年 1 月 27 日

备 考 表

本案卷包括使用的执法文书、收集的证据及罚没收据存根，共计 22 页。

立卷人：邹 × ×

2014 年 1 月 28 日

本案卷执法文书及相关证据归档完整，符合要求。

审查人：尹 × ×

2014 年 1 月 28 日

第六章　违反规定调运动物及动物产品类案

卷十一　关于杨 ×× 跨省引进种用动物未办理审批手续案

一、案情简介

2013 年 4 月 1 日，×× 区动物卫生监督所接到 ×× 镇畜牧兽医站报告，该镇 ×× 村杨 ×× 未经审批从 ×× 省 ×× 市 ×× 县 ×× 养殖基地引进种牛和种羊。该所立即指派执法人员傅 ××、张 ×× 赶赴现场，查明，×× 养殖场于 2013 年 3 月 29 日从 ×× 省 ×× 市 ×× 县引进 101 只种羊和 20 头种牛，没有办理跨省引进种用动物的审批手续，但提供了该批牛、羊的检疫证明（其中 1 头种羊在运输途中因挤压死亡，已由执法人员监督进行无害化处理）。执法人员制作了《现场检查笔录》《询问笔录》，收集了《种畜禽经营许可证》复印件、系普卡（一）、系普卡（二）、引种交款收据等相关证据。于 4 月 1 日向当事人下达了《行政处罚事先告知书》，2013 年 4 月 8 日，下达了《行政处罚决定书》，罚款人民币 1000.00 元。

二、处罚依据

违反条款：《中华人民共和国动物防疫法》第四十六条第一款。

处罚条款：《中华人民共和国动物防疫法》第七十七条第二项。

三、本类型案件办理的注意事项及难点

1. 本类案件办理时，系普卡能准确定性引进的动物是否是种用；

2. 办理此类案件，发现运输动物死亡的，要核实死因，妥善处置；

3. 现场检查后，要责令当事人对引进动物进行隔离，定期向动物卫生监督所报告隔离情况，动物卫生监督所进行不定期检查。

××区动物卫生监督所
案　卷

×× 动监罚〔2013〕3 号					
题　名	关于杨 ×× 跨省引进种用动物未办理审批手续案				
案 件 承 办 人			当 事 人		
傅 ××　　张 ××			杨 ××		
立案日期	2013 年 4 月 1 日	结案日期	2013 年 5 月 17 日	立卷人	傅 ××
执行结果	当事人已依法履行完毕。				
归档日期	2013 年 5 月 20 日	档 案 编 号			201303
保存期限	长期	卷内共 30 页			
备注					

卷 内 目 录（一）

序号	文书编号	日期	题名	页号	备注
1	××动监罚〔2013〕3号	2013年4月8日	行政处罚决定书		
2	××动监立〔2013〕3号	2013年4月1日	行政处罚立案审批表		
3		2013年4月1日	当事人身份证明		复印件
4		2013年4月1日	现场检查笔录		
5		2013年4月1日	询问笔录		
6		2013年4月1日	询问笔录		
7		2013年4月1日	证据材料登记表（《种畜禽经营许可证》）		复印件
8		2013年4月1日	证据材料登记表（种羊的系普卡）		复印件
9		2013年4月1日	证据材料登记表（种牛的系普卡）		复印件
10		2013年4月1日	证据材料登记表（购羊合同）		复印件
11		2013年4月1日	证据材料登记表（购牛合同）		复印件
12		2013年4月1日	证据材料登记表（交款收据）		复印件
13		2013年4月1日	证据材料登记表（营业执照）		复印件
14		2013年4月1日	隔离通知书		
15		2013年4月1日	案件处理意见书		
16	××动监告〔2013〕3号	2013年4月1日	行政处罚事先告知书		

卷　内　目　录（二）

序号	文书编号	日期	题名	页号	备注
17		2013 年 4 月 7 日	行政处罚决定审批表		
18		2013 年 4 月 1 日	送达回证		
19		2013 年 4 月 1 日	送达回证		
20		2013 年 4 月 8 日	送达回证		
21		2013 年 5 月 16 日	送达回证		
22		2013 年 4 月 9 日	缴纳罚款银行回执		
23		2013 年 5 月 16 日	解除隔离通知书		
24		2013 年 5 月 17 日	行政处罚结案报告		
25		2013 年 5 月 20 日	备考表		

××区动物卫生监督所
行政处罚决定书

××动监罚〔2013〕3号

姓名：杨××　　**性别**：男　　**年龄**：48岁

住址：××区××镇××村××组××号　　**联系方式**：××××××

当事人杨××跨省引进种用动物未办理审批手续一案，经本机关依法调查，现查明：

2013年4月1日，本机关接到××镇畜牧兽医站报告，该镇××村杨××未经审批从××省××市××县××养殖基地引进种牛和种羊。经请示，立案调查。本机关指派执法人员付××、张××赶赴现场，经查，××养殖场于2013年3月29日从××省××市××县引进101只种羊和20头种牛，没有办理跨省引进种用动物的审批手续，但提供了该批牛、羊的检疫证明（其中1头种羊在运输途中挤压死亡，已由执法人员监督进行无害化处理）。执法人员对杨××进行了询问，收集了相关证据，当事人存在跨省引进种用动物未办理审批手续的违法事实。

以上事实查证属实，有下列证据为证：

1. 《现场检查笔录》1份，证明当事人跨省引进101只种羊和20头种牛已经过检疫，其中1只羊死亡，与证据2相互印证；

2. 《询问笔录》2份，证明当事人跨省引进种用动物未经审批和1只羊因挤压死亡的事实，与证据1相互印证；

3. 《种畜禽经营许可证》复印件1份，证明××省××市××县养殖基地种畜禽经营资格；

4. 系普卡（一）1份，证明当事人购买的101只羊是种羊；

5. 系普卡（二）1份，证明当事人购买的20头牛是种牛；

6. 引种交款收据1份，证明当事人杨××从××省××市××县养殖基地购入种羊和种牛的数量；

7. 身份证复印件、《个体工商户营业执照》复印件各1份，证明违法主体的适格性。

本机关认为：当事人杨××跨省引进101只种羊和20头种牛未办理审批手续，事实清楚、证据确凿，其行为违反了《中华人民共和国动物防疫法》第四十六条第一款："跨省、自治区、直辖市引进乳用动物、种用动物及其精液、胚胎、种蛋的，应当向输入地省、自治区、直辖市动物卫生监督机构申请办理审批手续。"之规定，本机关于4月1日向当事人下达了《行政处罚事先告知书》(××动监告〔2013〕3号)，当事人在法定的期限内未进行陈述申辩。按照《××省畜牧业行政处罚自由裁量权标准》（具体条款略）之规定，对当事人处以（××××××—××××××）幅度内的处罚，足以起到惩戒作用。

依照《中华人民共和国动物防疫法》第七十七条："违反本法规定，有下列行为之一的，由动物卫生监督机构责令改正，处一千元以上一万元以下罚款；情节严重的，处一万元以上十万元以下罚款：（二）未办理审批手续，跨省、自治区、直辖市引进乳用动物、种用动物及其精液、胚胎、种蛋的。"之规定，本机关责令你立即改正违法行为，并作出如下处罚决定：

　　罚款人民币 1000.00 元。

　　当事人必须在收到本处罚决定书之日起 15 日内持本决定书到 ×× 银行 ×× 支行缴纳罚款。逾期不按规定缴纳罚款的，每日按罚款数额的 3% 加处罚款。

　　当事人对本处罚决定不服的，可以在收到本处罚决定书之日起 60 日内向 ×× 区畜牧兽医局申请行政复议；或者三个月内向 ×× 区人民法院提起行政诉讼。行政复议和行政诉讼期间，本处罚决定不停止执行。

　　当事人逾期不申请行政复议或提起行政诉讼，也不履行本行政处罚决定的，本机关将依法申请人民法院强制执行。

×× 区动物卫生监督所（印章）

2013 年 4 月 8 日

行政处罚立案审批表

×× 动监立〔2013〕3 号

案件来源			下级报告		受案时间	2013 年 4 月 1 日
案　由			涉嫌跨省引进种用动物未办理审批手续案			
当事人	个人	姓名	杨 ××		电话	××××××
		性别	男	年龄　48	身份证号	××××××
		住址	×× 市 ×× 区 ×× 镇 ×× 村 ×× 组 ×× 号			
	单位	名称	/		法定代表人（负责人）	/
		地址	/		电话	/
简要案情			2013 年 4 月 1 日，本机关接到 ×× 区 ×× 镇畜牧兽医站报告，反映 ×× 养殖场跨省引进种牛和种羊未办理审批手续，建议立案调查。 受案人签名：傅 ××　张 ×× 2013 年 4 月 1 日			
执法机构意见			（如监督所内设执法科，由执法科在此处填写意见） 　　　　　　　　　　签名： 　　　　　　　　　　　年　　月　　日			
法制机构意见			（如监督所内设法制科，由法制科在此处填写意见） 　　　　　　　　　　签名： 　　　　　　　　　　　年　　月　　日			
执法机关意见			同意。由傅 ××、张 ×× 承办。 　　　　　　　　　　签名：于 ×× 　　　　　　　　　　2013 年 4 月 1 日			
备注						

证据材料登记表

此复印件与原件相符

当事人签字：杨××

2013 年 4 月 1 日

证据制作说明：

1. 收 集 人：傅××、张××

2. 提 供 人：杨××

3. 收集时间：2013 年 4 月 1 日

4. 收集地点：××镇××村的养殖场

5. 收集方式：复印

6. 证据内容：当事人身份证明

现场检查笔录

时间： 2013 年 4 月 1 日 10 时 15 分至 10 时 48 分

检查地点： ×× 市 ×× 区 ×× 镇 ×× 村 ×× 组

当事人： 杨 ××

检查机关： ×× 区动物卫生监督所

检查人员： 傅 ××　　**执法证件号：** ××××××

　　　　　　张 ××　　　　　　　　　　××××××

记录人： 张 ××

现场检查情况： 2013 年 4 月 1 日，本机关接到 ×× 区 ×× 镇畜牧兽医站报告，反映 ×× 养殖场跨省引进种牛和种羊未办理审批手续。执法人员傅 ×× 和张 ×× 立即赶赴现场，向其出示证件，进行检查。该养殖场位于 ×× 区 ×× 镇 ×× 村，该场坐北朝南，办公室位于场区的西侧，圈舍位于场区的东侧，在圈舍的门口有一辆福田大卡车，车牌号为鲁 ××××××，车上有 100 只活种羊、20 头活种牛和 1 只死羊。杨 ×× 提供了检疫证明，证号分别为 NO.A×××××× 和 NO.B××××××，启运地为 ×× 省 ×× 市 ×× 县，到达地为 ×× 省 ×× 市 ×× 区 ×× 县 ×× 镇 ×× 村，数量为 100 只活种羊和 20 头活种牛，用途为养殖，出证时间为 2013 年 3 月 30 日。当事人不能提供该批种牛羊的准引手续。

　　执法人员对 ×× 省 ×× 市 ×× 养殖基地的《种畜禽经营许可证》复印件、牛羊系普卡、引种收据和检疫证明等进行了复印，对检查现场进行了拍照。

当事人签名或盖章：杨 ××　　　　　　　　　　　　　　（见证人签名或盖章：　　　　　　　）

执法人员签名或盖章：傅 ××　张 ××

（第 1 页共 1 页）

询 问 笔 录

询问时间： 2013 年 4 月 1 日 14 时 12 分至 16 时 9 分

询问地点： ×× 区 ×× 镇畜牧兽医站

询问机关： ×× 区动物卫生监督所

询问人： 傅 ××   **执法证件号：** × × × × × ×

      张 × ×   × × × × × ×

记录人： 傅 ××

被询问人：姓名： 杨 × ×   **性别：** 男   **年龄：** 48

      身份证号： × × × × × ×   **联系电话：** × × × × × ×

      工作单位： 无   **职务：** 无

      住址： × × 市 × × 区 × × 镇 × × 村 × × 组

问： 我们是 ×× 市 ×× 区动物卫生监督所执法人员（出示执法证件），现依法向你进行询问调查。你应当如实回答我们的询问并协助调查，作伪证要承担法律责任，你听清楚了吗?

答： 听清楚了。

问： 请叙述下你的自然情况。

答： 我叫杨 ××，男，48 岁，初中文化，住 × 市 × × 区 × × 镇 × × 村 × × 组。

问： 请出示你的身份证。

答： 这是我的身份证。

问： 调查结束后，我们需要将你的身份证复印，需要你确认签字并标明时间?

答： 好的。

问： 你是做什么工作的?

答： 我是搞养殖的，在 × × 镇 × × 村开了 × × 养殖场。

问： 你的养殖场是什么时候建的?

答： 是 2013 年 2 月 25 日建的。

问： 你场是否取得《动物防疫条件合格证》?

答： 已经取得。

被询问人签名或盖章： 杨 × ×

（第 1 页共 2 页）

笔 录 纸

问：请出示你的《动物防疫条件合格证》。

答：好的。

问：养殖场都饲养什么？

答：饲养牛和羊。

问：今天在你场圈舍停放的大卡车上装的羊、牛和 1 只死羊是从哪里进的？

答：是从 ×× 省 ×× 市 ×× 县养殖基地购买的。

问：什么时候引进的？

答：车刚进场你们就来了。

问：一共引进多少只羊和牛？

答：101 只羊和 20 头牛，路上死了 1 只羊。

问：这 1 只羊是怎么死的？

答：踩死的。

问：你怎么知道是踩死的？

答：车进场时，我下车检查，发现因为拥挤踩死了 1 只。

问：你引进的 101 只羊和 20 头牛是种羊和种牛吗？

答：是的。

问：你引进的牛羊是否有相关的手续？

答：×× 省 ×× 市 ×× 县养殖基地给我提供《种畜禽经营许可证》复印件、系普卡和引种收据。

问：你购买的羊和牛是否有检疫证明？

答：有检疫证明。

问：你去 ×× 省 ×× 市 ×× 县养殖基地购买种牛和种羊，是否办理跨省引进种用动物审批手续？

答：没有。

问：你还有什么要补充的没有？

答：没有补充了。

问：以上情况是否属实？

答：以上看过，情况属实。

被询问人签名或盖章：杨 ××

执法人员签名或盖章：傅 ××　　张 ××

（第 2 页共 2 页）

询 问 笔 录

询问时间：<u>2013</u> 年 <u>4</u> 月 <u>1</u> 日 <u>11</u> 时 <u>46</u> 分至 <u>12</u> 时 <u>46</u> 分

询问地点：<u>××区××镇畜牧兽医站</u>

询问机关：<u>××区动物卫生监督所</u>

询问人：<u>傅××</u>　　执法证件号：<u>××××××</u>

　　　　<u>张××</u>　　　　　　<u>××××××</u>

记录人：<u>傅××</u>

被询问人：姓名：<u>王××</u>　　性别：<u>男</u>　　年龄：<u>28</u>

　　　　　身份证号：<u>××××××</u>　　联系电话：<u>××××××</u>

　　　　　工作单位：<u>无</u>　　职务：<u>无</u>

　　　　　住址：<u>××省××县××乡××村××号</u>

问：我们是 <u>××市××区动物卫生监督所</u>执法人员（出示执法证件），现依法向你进行询问调查。你应当如实回答我们的询问并协助调查，作伪证要承担法律责任，你听清楚了吗？

答：<u>听清楚了。</u>

问：<u>请叙述下你的自然情况。</u>

答：<u>我叫王××，男，28 岁，初中文化，在家务农，住 ××省××县××乡××村××号。我是物流公司人员，是 ××养殖基地让我来运输。</u>

问：<u>请你说一下这次运输情况？</u>

答：<u>我是 3 月 31 日晚上 6 点从 ××省××市××县××养殖基地出发，车上就我和杨×× 两个人，当时车上装有 101 只羊和 20 头牛。肉牛品种我不清楚。在 4 月 1 日早上到 ××区××镇××村××组，是因为路远、拥挤踩死了一只羊。</u>

问：<u>你们在中途有没有再装或者卸下牛羊？</u>

被询问人签名或盖章：王 ××

（第 1 页共 2 页）

询 问 笔 录

答： 没有。

问： 你还有什么补充没有？

答： 没有补充了。

问： 以上情况是否属实？

答： 以上看过，情况属实。

被询问人签名或盖章：王 ××

执法人员签名或盖章：傅 ×× 　张 ××

（第 2 页共 2 页）

证据材料登记表

此复印件与原件相符

当事人签字：杨××

2013 年 4 月 1 日

证据制作说明：

1. 收 集 人：傅××、张××
2. 提 供 人：杨××
3. 收集时间：2013 年 4 月 1 日
4. 收集地点：××镇××村的养殖场
5. 收集方式：复印
6. 证据内容：××省××市××县养殖基地《种畜禽经营许可证》

证据材料登记表

此复印件与原件相符

当事人签字：杨××

2013 年 4 月 1 日

证据制作说明：

1. 收 集 人：傅××、张××
2. 提 供 人：杨××
3. 收集时间：2013 年 4 月 1 日
4. 收集地点：××镇××村的养殖场
5. 收集方式：复印
6. 证据内容：101 只种羊的系普卡

证据材料登记表

此复印件与原件相符

当事人签字：杨××

2013 年 4 月 1 日

证据制作说明：

1. 收 集 人：傅××、张××
2. 提 供 人：杨××
3. 收集时间：2013 年 4 月 1 日
4. 收集地点：××镇××村的养殖场
5. 收集方式：复印
6. 证据内容：20 头种牛的系普卡

证据材料登记表

此复印件与原件相符

当事人签字：杨××

2013 年 4 月 1 日

证据制作说明：

1. 收 集 人：傅××、张××
2. 提 供 人：杨××
3. 收集时间：2013 年 4 月 1 日
4. 收集地点：××镇××村的养殖场
5. 收集方式：复印
6. 证据内容：购羊合同

证据材料登记表

此复印件与原件相符

当事人签字：杨××

2013 年 4 月 1 日

证据制作说明：

1. 收 集 人：傅××、张××
2. 提 供 人：杨××
3. 收集时间：2013 年 4 月 1 日
4. 收集地点：××镇××村的养殖场
5. 收集方式：复印
6. 证据内容：购牛合同

证据材料登记表

此复印件与原件相符

当事人签字：杨××

2013 年 4 月 1 日

证据制作说明：

1. 收 集 人：傅××、张××
2. 提 供 人：杨××
3. 收集时间：2013 年 4 月 1 日
4. 收集地点：××镇××村的养殖场
5. 收集方式：复印
6. 证据内容：交款收据

证据材料登记表

此复印件与原件相符

当事人签字：杨 × ×

2013 年 4 月 1 日

证据制作说明：

1. 收 集 人：傅 × ×、张 × ×

2. 提 供 人：杨 × ×

3. 收集时间：2013 年 4 月 1 日

4. 收集地点：× × 镇 × × 村的养殖场

5. 收集方式：复印

6. 证据内容：《个体工商户营业执照》

隔离通知书

杨 ××：

你于 2013 年 3 月 29 日跨省引进的 100 只种羊和 20 头种牛未经审批，现依据《中华人民共和国动物防疫法》第四十六条和《中华人民共和国动物检疫管理办法》第二十条之规定，要求该批动物在你的养殖场隔离圈内进行隔离，100 只种羊和 20 头种牛隔离 45 天。在隔离期间要遵守以下规定：

一、严禁与其他动物混群饲养；

二、安排专人饲养和观察该批动物的健康状况，并填写《跨省引进乳用种用动物隔离观察日志》；

三、发现疑似口蹄疫等疫病临床症状，立即向 ×× 区动物卫生监督所报告；

四、对隔离观察圈舍及周边道路每周进行一次消毒。

本通知一式两份，一份送杨 ××，一份存档。

特此通知。

×× 区动物卫生监督所（印章）

2013 年 4 月 1 日

案件处理意见书

<table>
<tr>
<td rowspan="5">当事人</td>
<td colspan="6">案由</td>
<td colspan="2">涉嫌跨省引进种用动物未办理审批手续案</td>
</tr>
</table>

<table>
<tr>
<td rowspan="7">当
事
人</td>
<td colspan="7">案由</td>
<td colspan="2">涉嫌跨省引进种用动物未办理审批手续案</td>
</tr>
<tr>
<td rowspan="3">个人</td>
<td>姓名</td>
<td colspan="7" align="center">杨××</td>
</tr>
<tr>
<td>性别</td>
<td>男</td>
<td>年龄</td>
<td>48</td>
<td>电话</td>
<td colspan="3" align="center">××××××</td>
</tr>
<tr>
<td>住址</td>
<td colspan="7" align="center">××市××区××镇××村××组××号</td>
</tr>
<tr>
<td rowspan="2">单位</td>
<td>名称</td>
<td colspan="3" align="center">/</td>
<td>法定代表人
（负责人）</td>
<td colspan="3" align="center">/</td>
</tr>
<tr>
<td>地址</td>
<td colspan="3" align="center">/</td>
<td>电话</td>
<td colspan="3" align="center">/</td>
</tr>
<tr>
<td colspan="9">

案件调查经过

　　2013年4月1日，本机关接到××镇畜牧兽医站报告，该镇××村杨××未经审批从××省××市××县××养殖基地引进种牛和种羊。经请示，立案调查。本机关指派执法人员傅××、张××赶赴现场，经查，××养殖场于2013年3月29日从××省××市××县引进101只种羊和20头种牛，没有办理跨省引进种用动物的审批手续，但提供了该批牛、羊的检疫证明（其中1头种羊在运输途中因挤压死亡，已由执法人员监督进行无害化处理）。执法人员对杨××进行了询问，收集了相关证据。

</td>
</tr>
<tr>
<td colspan="9">

所附证据材料

1. 《现场检查笔录》1份；
2. 《询问笔录》2份；
3. 《种畜禽经营许可证》复印件1份；
4. 系普卡（一）1份；
5. 系普卡（二）1份；
6. 引种交款收据1份；
7. 身份证复印件1份；
8. 《个体工商户营业执照》复印件1份。

</td>
</tr>
</table>

调查结论及处理意见	当事人杨××跨省引进101只种羊和20头种牛未办理审批手续的行为，事实清楚、证据确凿，违反了《中华人民共和国动物防疫法》第四十六条第一款："跨省、自治区、直辖市引进乳用动物、种用动物及其精液、胚胎、种蛋的，应当向输入地省、自治区、直辖市动物卫生监督机构申请办理审批手续。"之规定。按照《××省畜牧业行政处罚自由裁量权标准》（具体条款略）之规定，对当事人处以（××××××—×××××）幅度内的处罚，足以起到惩戒作用。 　　依据《中华人民共和国动物防疫法》第七十七条第二项："违反本法规定，有下列行为之一的，由动物卫生监督机构责令改正，处一千元以上一万元以下罚款；情节严重的，处一万元以上十万元以下罚款。（二）未办理审批手续，跨省、自治区、直辖市引进乳用动物、种用动物及其精液、胚胎、种蛋的。"本机关责令你立即改正违法行为，并作出如下处罚决定： 　　罚款人民币1000.00元。 　　另在运输途中因挤压死亡的1头种羊由当事人在执法人员监督下进行无害化处理。 　　当事人于2013年3月29日跨省引进的100只种羊和20头种牛未经审批，现依据《中华人民共和国动物防疫法》第四十六条和《中华人民共和国动物检疫管理办法》第二十条之规定，要求该批动物在你的养殖场隔离圈内进行隔离，100只种羊和20头种牛隔离45天。 　　　　　　　　　　　　　　执法人员签名：傅××　张×× 　　　　　　　　　　　　　　　　　　　　　2013年4月1日
执法机构意见	（如监督所内设执法科，由执法科在此处填写意见） 　　　　　　　　　　　　　　　签名： 　　　　　　　　　　　　　　　　年　　月　　日
法制机构意见	（如监督所内设法制科，由法制科在此处填写意见） 　　　　　　　　　　　　　　　签名： 　　　　　　　　　　　　　　　　年　　月　　日
执法机关意见	同意。 　　　　　　　　　　　　　　　签字：于×× 　　　　　　　　　　　　　　　　2013年4月1日

××市动物卫生监督所
行政处罚事先告知书

××动监告〔2013〕3号

杨××：

经调查，你于2013年3月29日从××省××市××县××养殖基地引进101只种羊和20头种牛有未办理审批手续的行为，以上事实有《现场检查笔录》《询问笔录》等为证。

你违反了《中华人民共和国动物防疫法》第四十六条第一款："跨省、自治区、直辖市引进乳用动物、种用动物及其精液、胚胎、种蛋的，应当向输入地省、自治区、直辖市动物卫生监督机构申请办理审批手续。"之规定。按照《××省畜牧业行政处罚自由裁量权标准》（具体条款略）之规定，对当事人处以（××××××—××××××）幅度内的处罚，足以起到惩戒作用。

依照《中华人民共和国动物防疫法》第七十七条："违反本法规定，有下列行为之一的，由动物卫生监督机构责令改正，处一千元以上一万元以下罚款；情节严重的，处一万以上十万元以下罚款：（二）未办理审批手续，跨省、自治区、直辖市引进乳用、种用动物及其精液、胚胎、种蛋的。"之规定，本机关拟作出如下处罚决定：

罚款人民币1000.00元。

根据《中华人民共和国行政处罚法》第三十一条、第三十二条之规定，你可在收到本告知书之日起三日内向本机关进行陈述申辩，逾期不陈述申辩的，视为你放弃上述权利。

××区动物卫生监督所（印章）

2013年4月1日

执法机关地址：××市××区××街××号

联系人：于×× 电话：××××××

行政处罚决定审批表

案由			跨省引进种用动物未办理审批手续案					
当事人	个人	姓名	杨××					
		性别	男	年龄	48	电话	××××××	
		住址	××市××区××镇××村××组××号					
	单位	名称	/			法定代表人（负责人）		/
		地址	/			电话		/
陈述申辩或听证情况			当事人在法定期限内未进行陈述申辩。					

处理意见	建议维持《行政处罚事先告知书》拟作出的处理处罚决定。 执法人员签名：傅××　张×× 2013 年 4 月 7 日
执法机构意见	（如监督所内设执法科，由执法科在此处填写意见） 签名： 　年　　月　　日
法制机构意见	（如监督所内设法制科，由法制科在此处填写意见） 签名： 　年　　月　　日
执法机关意见	同意。 签名：于×× 2013 年 4 月 7 日

送 达 回 证

案　　由	涉嫌跨省引进种用动物未办理审批手续案				
受送达人	杨××				
送达单位	××区动物卫生监督所				
送达文书及文号	送达地点	送达人	送达方式	收到日期	收件人签名
《隔离通知书》	××镇畜牧兽医站	傅×× 张××	直接送达	2015年4月1日	杨××
备注					

送 达 回 证

案　　由	涉嫌跨省引进种用动物未办理审批手续案				
受送达人	杨××				
送达单位	××区动物卫生监督所				
送达文书及文号	送达地点	送达人	送达方式	收到日期	收件人签名
《行政处罚事先告知书》(××动监告〔2013〕3号)	××镇畜牧兽医站	傅×× 张××	直接送达	2013年4月1日	杨××
备注					

送 达 回 证

案　　由	跨省引进种用动物未办理审批手续案				
受送达人	杨××				
送达单位	××区动物卫生监督所				
送达文书及文号	送达地点	送达人	送达方式	收到日期	收件人签名
《行政处罚决定书》（××动监罚〔2013〕3号）	××镇畜牧兽医站	傅×× 张××	直接送达	2013年4月8日	杨××
备注					

送 达 回 证

案　　由	跨省引进种用动物未办理审批手续案				
受送达人	杨××				
送达单位	××区动物卫生监督所				
送达文书及文号	送达地点	送达人	送达方式	收到日期	收件人签名
《解除隔离通知书》	××镇畜牧兽医站	傅×× 张××	直接送达	2013年5月16日	杨××
备注					

票据粘贴页

缴纳罚款银行回执

解除隔离通知书

杨××：

  你从 ×× 省 ×× 市 ×× 县 ×× 养殖基地引进的 100 只种羊和 20 头种牛，未办理跨省引进种用动物的审批手续。2013 年 4 月 1 日本机关下达了《隔离通知书》，现已达到隔离观察期限，该批动物未发现异常情况，现予以解除隔离观察，可以投入正常生产。

  本通知一式两份，一份送当事人，一份存档。

  特此通知。

×× 区动物卫生监督所（印章）

2013 年 5 月 16 日

行政处罚结案报告

案　由	跨省引进种用动物未办理审批手续案		
当事人	杨××		
立案时间	2013 年 4 月 1 日	处罚决定送达时间	2013 年 4 月 8 日

处罚决定：

　罚款人民币 1000.00 元。

执行情况：

　1. 执行方式：自动履行。

　2. 执行时间：2013 年 4 月 8 日。

执法人员签名：傅×× 张××

2013 年 5 月 17 日

执法机构意见	（如监督所内设执法科，由执法科在此处填写意见） <div align="right">签名： 年　月　日</div>
执法机关意见	同意结案。 <div align="right">签名：于×× 2013 年 5 月 17 日</div>

备　考　表

本案卷包括使用的执法文书、收集的证据及罚没收据存根，共计 30 页。

立卷人：傅 ××

2013 年 5 月 20 日

本案卷执法文书及相关证据归档完整，符合要求。

审查人：于 ××

2013 年 5 月 20 日

卷十二 关于××牧业科技有限公司跨省引进用于饲养的非乳用、非种用肉羊到达 目的地后，未向所在地动物卫生监督机构报告案

一、简要案情

2015年6月22日，某县动物卫生监督所执法人员刘××、李××到××牧业科技有限公司进行监督检查时，发现该公司2015年6月5日从××省××县购买了60只肉羊，该批肉羊佩戴耳标，附有检疫证明，于2015年6月6日运抵该公司后，在法定期限内未履行向××动物卫生监督所报告义务。经请示，立案调查，执法人员对××牧业科技有限公司总经理王××进行了询问，制作了《询问笔录》，同时对现场进行了检查，制作了《现场检查笔录》，收集了当事人身份证明、检疫证明复印件等证据。某县动物卫生监督所于2015年6月23日向当事人下达了《行政处罚事先告知书》，当事人在法定期限内未进行陈述申辩，2015年6月29日向当事人下达了《行政处罚决定书》，罚款人民币1000.00元。

二、处罚依据

违反条款：《动物检疫管理办法》第十九条。

处罚条款：《动物检疫管理办法》第四十八条。

三、本类型案件办理的注意事项及难点

1. 跨省引进的非乳用、非种用动物必须是用于饲养的，如果是其他用途未履行报告义务，则不违反规定。

2. 本类型案件当事人的报告时间是到达目的地后的24小时内，只有当事人未在法定时间内履行报告义务才可以给予行政处罚。

××市动物卫生监督所
案　　卷

××动监罚〔2015〕5号					
题　名	关于××牧业科技有限公司跨省引进用于饲养的非乳用、非种用肉羊到达目的地后，未向所在地动物卫生监督机构报告案				
案 件 承 办 人			当 事 人		
刘×× 李××			××牧业科技有限公司		
立案日期	2015年6月22日	结案日期	2015年7月1日	立卷人	刘××
执行结果	当事人已依法履行完毕。				
归档日期	2015年7月1日	档 案 编 号		201505	
保存期限	长期	卷内共19页			
备注					

卷内目录（一）

序号	文书编号	文书日期	题名	页号	备注
1	××动监罚〔2015〕5号	2015年6月29日	行政处罚决定书		
2	××动监立〔2015〕5号	2015年6月22日	行政处罚立案审批表		
3		2015年6月22日	当事人身份证明		复印件
4		2015年6月22日	现场检查笔录		
5		2015年6月22日	询问笔录		
6		2015年6月22日	证据材料登记表（王××身份证复印件）		复印件
7		2015年6月22日	证据材料登记表（现场检查照片）		
8		2015年6月22日	证据材料登记表（检疫证明复印件）		复印件
9		2015年6月22日	案件处理意见书		
10	××动监告〔2015〕5号	2015年6月23日	行政处罚事先告知书		
11		2015年6月27日	行政处罚决定审批表		
12		2015年6月23日	送达回证		
13		2015年6月29日	送达回证		
14		2015年6月29日	缴纳罚款银行回执		

卷内目录（二）

序号	文书编号	文书日期	题名	页号	备注
15		2015 年 7 月 1 日	行政处罚结案报告		
16		2015 年 7 月 1 日	备考表		

××区动物卫生监督所
行政处罚决定书

××动监罚〔2015〕5号

当事人：××牧业科技有限公司　　**法定代表人：**仝××

地址：××省××区××镇××村村委会西950米　　**联系方式：**×××××××

当事人××牧业科技有限公司跨省引进用于饲养的非乳用、非种用肉羊到达目的地后，未向所在地动物卫生监督机构报告一案，经本机关依法调查，现查明：

2015年6月22日，本机关执法人员刘××、李××到××牧业科技有限公司进行监督检查时，发现该公司2015年6月5日从××省××县购买了60只肉羊，该批肉羊佩戴耳标，附有检疫证明，在次日运抵该公司后，在法定期限内未履行向××动物卫生监督所报告义务。经请示，立案调查。执法人员对××牧业科技有限公司总经理王××进行了询问，收集了相关证据，当事人存在跨省引进用于饲养的非乳用、非种用肉羊到达目的地后，未向所在地动物卫生监督机构报告的违法事实。

以上事实查证属实，有下列证据为证：

1. 《现场检查笔录》1份，证明检查现场的情况；

2. 《询问笔录》1份，证明当事人违法情形和事实经过；

3. 身份证复印件1份，证明其身份；

4. 《企业法人营业执照》副本复印件1份，证明违法主体的适格性，违法主体为企业法人；

5. 检疫证明复印件1份，证明引进的肉羊检疫合格和引进时间；

6. 现场检查照片4张，证明现场检查和相关物品情况。

本机关认为：

当事人××牧业科技有限公司跨省引进用于饲养的非乳用、非种用肉羊到达目的地后，未向所在地动物卫生监督机构报告的行为，事实清楚、证据确凿，违反了《动物检疫管理办法》第十九条"跨省、自治区、直辖市引进用于饲养的非乳用、非种用动物到达目的地后，货主或承运人应当在24小时内向所在地县级动物卫生监督机构报告，并接受监督检查。"之规定。本机关于2015年6月23日向当事人送达了《行政处罚事先告知书》（××动监告〔2015〕5号），当事人在法定期限内未进行陈述申辩。按照《××省畜牧业行政处罚自由裁量权标准》（具体条款略）之规定，对当事人处以（××××××—××××××）幅度内的处罚，足以起到惩戒作用。

依照《动物检疫管理办法》第四十八条"违反本办法第十九条、第三十一条规定，跨省、自治区、直辖市引进用于饲养的非乳用、非种用动物和水产苗种到达目的地后，未向所在地动物卫生监督机构报告的，由动物卫生监督机构处五百元以上二千元以下罚款"的规定，对当事人作出如下处罚决定：

罚款人民币1000.00元。

当事人必须在收到本处罚决定书之日起15日内持本决定书到××银行缴纳罚款。逾期不按规定缴纳罚款的，每日按罚款数额的 3% 加处罚款。

当事人对本处罚决定不服的，可以在收到本处罚决定书之日起 60 日内向 ×× 区农业局申请行政复议；或者六个月内向 ×× 区人民法院提起行政诉讼。行政复议和行政诉讼期间，本处罚决定不停止执行。

当事人逾期不申请行政复议或提起行政诉讼，也不履行本行政处罚决定的，本机关将依法申请人民法院强制执行。

×× 区动物卫生监督所

2015 年 6 月 29 日

行政处罚立案审批表

×× 动监立〔2015〕5 号

案件来源	检查发现				受案时间	2015 年 6 月 22 日
案　由	涉嫌跨省引进用于饲养的非乳用、非种用肉羊到达目的地后，未向所在地动物卫生监督机构报告案					
当事人	**个人**	姓名	/			电话	/
		性别	/	年龄	/	身份证号	/
		住址	/				
	单位	名称	×× 牧业科技有限公司		法定代表人		仝 × ×
		地址	×× 省 ×× 市 ×× 区 ×× 镇 ×× 村村委会西 950 米		电话		× × × × × ×
简要案情	2015 年 6 月 22 日，本机关执法人员刘 × ×、李 × × 到 × × 牧业科技有限公司进行监督检查时，发现该公司 2015 年 6 月 5 日从 × × 省 × × 县购买了 60 只肉羊，该批肉羊佩戴耳标，附有检疫证明，在次日运抵该公司后，在法定期限内未履行向 × × 区动物卫生监督所报告义务。当事人 × × 牧业科技有限公司涉嫌跨省引进用于饲养的非乳用、非种用肉羊到达目的地后，未向所在地动物卫生监督机构报告，其行为涉嫌违反了《动物检疫管理办法》第十九条"跨省、自治区、直辖市引进用于饲养的非乳用、非种用动物到达目的地后，货主或承运人应当在 24 小时内向所在地县级动物卫生监督机构报告，并接受监督检查。"之规定，建议立案调查。 　　　　　　　　　　　　　　　　受案人签名：刘 × × 　李 × × 　　　　　　　　　　　　　　　　　　　　　2015 年 6 月 22 日						
执法机构意见	（如监督所内设执法科，由执法科在此处填写意见） 　　　　　　　　　　　　　　　　　　　　签名： 　　　　　　　　　　　　　　　　　　　年　　月　　日						
法制机构意见	（如监督所内设法制科，由法制科在此处填写意见） 　　　　　　　　　　　　　　　　　　　　签名： 　　　　　　　　　　　　　　　　　　　年　　月　　日						
执法机关意见	同意立案调查。由刘 × ×、李 × × 承办。 　　　　　　　　　　　　　　　　　　　　签名：高 × × 　　　　　　　　　　　　　　　　　　　2015 年 6 月 22 日						
备　注						

证据材料登记表

此复印件与原件相符

当事人签名：王××

2015 年 6 月 22 日

证据制作说明：

1. 收 集 人：刘××、李××

2. 提 供 人：王××

3. 收集时间：2015 年 6 月 22 日

4. 收集地点：××省××市××区××镇××村村委会西 950 米

5. 收集方式：复印

6. 证据内容：《企业法人营业执照》副本

现场检查笔录

时间： 2015 年 6 月 22 日 9 时 10 分至 10 时 05 分

检查地点： ×× 市 ×× 区 ×× 镇 ×× 村村委会西 950 米

当事人： ×× 牧业科技有限公司

检查机关： ×× 区动物卫生监督所

检查人员： 刘 ××   **执法证件号：** ××××××

            李 ××   **执法证件号：** ××××××

记 录 人： 刘 ××   **执法证件号：** ××××××

现场检查情况： 2015 年 6 月 22 日 9 时，本机关执法人员刘 ××、李 ×× 到 ×× 牧业科技有限公司检查，向该公司总经理王 ×× 出示执法证件，检查情况如下：该公司位于 ×× 省 ×× 市 ×× 区 ×× 路 ×× 号，公司东侧为办公区，西侧为养殖区，圈舍内有 60 只肉羊，均佩戴耳标。王 ×× 提供了检疫证明，编号为 ××××××，签发日期：2015 年 6 月 5 日，加盖 ×× 省 ×× 县动物卫生监督所检疫（验）专用章，当事人无法提供本机关的《跨省引进用于饲养的非乳用、非种用动物到达目的地的监管记录》。执法人员对检疫证明进行了复印，对检查现场进行了拍照。

当事人签名或盖章：王 ××   （见证人签名或盖章：   ）

执法人员签名或盖章：刘 ××   李 ××

（第 1 页共 1 页）

询 问 笔 录

询问时间：2015 年 6 月 22 日 9 时 10 分至 9 时 40 分

询问地点：××省××市××区动物卫生监督所动物卫生监督科

询问机关：××区动物卫生监督所

询问人：刘××　　**执法证件号：**××××××

　　　　李××　　**执法证件号：**××××××

记录人：刘××　　**执法证件号：**××××××

被询问人：姓名：王××　　性别：男　　年龄：25

　　　　　身份证号：××××××　　联系电话：××××××

　　　　　工作单位：××牧业科技有限公司　　职务：总经理

　　　　　住　　址：××省××市××区××号楼××单元××号

问：我们是××区动物卫生监督所执法人员（出示执法证件），现依法向你进行询问调查。你应当如实回答我们的询问并协助调查，作伪证要承担法律责任，你听清楚了吗？

答：听清楚了。

问：你有权申请执法人员回避，你是否需要申请？

答：不需要申请回避。

问：请叙述下你的自然情况。

答：我叫王××，今年 25 岁，现住在××省××市××区××号楼××单元××号，手机号码是××××××。身份证号码是××××××。

问：请出示你的身份证。

答：这是我的身份证，您看一下。

问：调查结束后，我们需要将你的身份证复印，需要你确认签字并标明时间。

答：好的。

问：你是从事什么工作的？

答：我在××牧业科技有限公司担任总经理，负责公司全面工作。

问：你们公司法定代表人是谁？

答：是全××。

问：你们公司主要饲养什么动物？

被询问人签名：王××

笔　录　纸

答： 饲养肉羊。

问： 现在你公司存栏羊有多少？

答： 就剩了 60 只，上个月卖了 800 只。

问： 现在存栏的羊是什么品种？

答： 就是细毛肉羊。

问： 是什么时间引进的肉羊？

答： 引肉羊是我去的，是今年 6 月 6 日引进到我公司的。

问： 肉羊是从哪里进的？

答： 从 ×× 省 ×× 县进的。

问： 进了多少只？

答： 60 只肉羊。

问： 引进的羊检疫了吗？

答： 检疫了，有检疫证明。

问： 羊到达你们公司以后，是否向 ×× 区动物卫生监督所报告？

答： 没有。

问： 你还有什么要补充的吗？

答： 没有了。

问： 以上情况是否属实？

答： 我看过了，情况属实。

被询问人签名：王 ××

执法人员签名：刘 ××　李 ××

（第 2 页共 2 页）

证据材料登记表

此复印件与原件相符

当事人签名：王××

2015 年 6 月 22 日

证据制作说明：

1. 收集人：刘××、李××

2. 提供人：王××

3. 收集时间：2015 年 6 月 22 日

4. 收集地点：××牧业科技有限公司

5. 收集方式：复印

6. 证据内容：王××身份证复印件

证据材料登记表

证据制作说明：

1. 收 集 人：刘××、李××

2. 提 供 人：

3. 收集时间：2015 年 6 月 22 日

4. 收集地点：×× 牧业科技有限公司

5. 收集方式：拍摄

6. 证据内容：现场检查照片

证据材料登记表

此复印件与原件相符

当事人签字：王××

2015 年 6 月 22 日

证据制作说明：

1. 收 集 人：刘××、李××

2. 提 供 人：王××

3. 收集时间：2015 年 6 月 22 日

4. 收集地点：××牧业科技有限公司

5. 收集方式：复印

6. 证据内容：检疫证明

案件处理意见书

<table>
<tr>
<td colspan="2" rowspan="2">案由</td>
<td colspan="6">涉嫌跨省引进用于饲养的非乳用、非种用肉羊到达目的地后，未向所在地动物卫生监督机构报告案</td>
</tr>
<tr>
</tr>
<tr>
<td rowspan="7">当事人</td>
<td rowspan="4">个人</td>
<td>姓名</td>
<td colspan="5">/</td>
</tr>
<tr>
<td>性别</td>
<td>/</td>
<td>年龄</td>
<td>/</td>
<td>电话</td>
<td>/</td>
</tr>
<tr>
<td rowspan="2">住址</td>
<td colspan="5" rowspan="2">/</td>
</tr>
<tr>
</tr>
<tr>
<td rowspan="3">单位</td>
<td>名称</td>
<td colspan="2">××牧业科技有限公司</td>
<td>法定代表人</td>
<td colspan="2">仝××</td>
</tr>
<tr>
<td rowspan="2">地址</td>
<td colspan="2" rowspan="2">××省××市××区××镇××村委会西950米</td>
<td rowspan="2">电话</td>
<td colspan="2" rowspan="2">××××××</td>
</tr>
<tr>
</tr>
<tr>
<td colspan="2">案件调查经过</td>
<td colspan="6">2015年6月22日，本机关执法人员刘××、李××到××牧业科技有限公司进行监督检查时，发现该公司2015年6月5日从××省××县购买了60只肉羊，该批肉羊佩戴耳标，附有检疫证明，在次日运抵该公司后，在法定期限内未履行向××动物卫生监督所报告义务。经请示，立案调查，执法人员对××牧业科技有限公司总经理王××进行了询问，收集了相关证据。</td>
</tr>
<tr>
<td colspan="2">所附证据材料</td>
<td colspan="6">1.《现场检查笔录》1份；
2.《询问笔录》1份；
3.《企业法人营业执照》副本复印件1份；
4. 王××身份证复印件1份；
5. 现场照片4张；
6. 动物检疫证明复印件1份。</td>
</tr>
</table>

调查结论及处理意见	当事人××牧业科技有限公司跨省引进用于饲养的非乳用、非种用肉羊到达目的地后，未向所在地动物卫生监督机构报告的行为，事实清楚、证据确凿，违反了《动物检疫管理办法》第十九条"跨省、自治区、直辖市引进用于饲养的非乳用、非种用动物到达目的地后，货主或承运人应当在24小时内向所在地县级动物卫生监督机构报告，并接受监督检查。"之规定。按照《××省畜牧业行政处罚自由裁量权标准》（具体条款略）之规定，对当事人处以（××××××—××××××）幅度内的处罚，足以起到惩戒作用。 　　依照《动物检疫管理办法》第四十八条"违反本办法第十九条、第三十一条规定，跨省、自治区、直辖市引进用于饲养的非乳用、非种用动物和水产苗种到达目的地后，未向所在地动物卫生监督机构报告的，由动物卫生监督机构处五百元以上二千元以下罚款"的规定，对当事人作出如下处罚决定： 　　罚款人民币1000.00元。 　　　　　　　　　　　　　　　　　执法人员签名：刘×× 李×× 　　　　　　　　　　　　　　　　　　　　　　　2015年6月22日
执法机构意见	（如监督所内设执法科，由执法科在此处填写意见） 　　　　　　　　　　　　　　　　签名：
法制机构意见	（如监督所内设法制科，由法制科在此处填写意见） 　　　　　　　　　　　　　　签名： 　　　　　　　　　　　　　　　　年　　月　　日
执法机关意见	同意办案人员意见。 　　　　　　　　　　　　　　签名：高×× 　　　　　　　　　　　　　　　　2015年6月22日

××区动物卫生监督所
行政处罚事先告知书

××动监告〔2015〕5号

××牧业科技有限公司：

经调查，你单位跨省引进用于饲养的非乳用、非种用肉羊到达目的地后，24小时内未向所在地动物卫生监督机构报告，事实清楚、证据确凿，有《现场检查笔录》《询问笔录》、照片等为证。

你单位跨省引进用于饲养的非乳用、非种用肉羊到达目的地后，未向所在地动物卫生监督机构报告的行为，违反了《动物检疫管理办法》第十九条"跨省、自治区、直辖市引进用于饲养的非乳用、非种用动物到达目的地后，货主或承运人应当在24小时内向所在地县级动物卫生监督机构报告，并接受监督检查。"之规定。按照《××省畜牧业行政处罚自由裁量权标准》（具体条款略）之规定，对当事人处以（××××××—××××××）幅度内的处罚，足以起到惩戒作用。

依据《动物检疫管理办法》第四十八条"违反本办法第十九条、第三十一条规定，跨省、自治区、直辖市引进用于饲养的非乳用、非种用动物和水产苗种到达目的地后，未向所在地动物卫生监督机构报告的，由动物卫生监督机构处五百元以上二千元以下罚款"的规定，拟作出如下处罚：

罚款人民币1000.00元。

根据《中华人民共和国行政处罚法》第三十一条、第三十二条之规定，你公司可在收到本告知书之日起三日内向本机关进行陈述申辩，逾期不陈述申辩的，视为你放弃上述权利。

××区动物卫生监督所

2015年6月23日

执法机关地址：××省××市××区××路西500米

联系人：李××　　联系电话：××××××

行政处罚决定审批表

案由	跨省引进用于饲养的非乳用、非种用肉羊到达目的地后，未向所在地动物卫生监督机构报告案					
当事人	个人	姓名	/			
		性别	/	年龄	/	电话	/
		住址	/			
	单位	名称	×× 牧业科技有限公司	法定代表人	仝 ××	
		地址	×× 省 ×× 区 ×× 镇 ×× 村委会西 950 米	电话	××××××	
陈述申辩或听证情况	当事人在法定期限内未进行陈述申辩。					
处理意见	建议维持《行政处罚事先告知书》拟作出的处理处罚意见。 执法人员签名：刘 ×× 　李 ×× 2015 年 6 月 27 日					
执法机构意见	（如监督所内设执法科，由执法科在此处填写意见） 签名： 年　月　日					
法制机构意见	（如监督所内设法制科，由法制科在此处填写意见） 签名： 年　月　日					
执法机关意见	同意。 签名：高 ×× 2015 年 6 月 27 日					

送 达 回 证

案　由	涉嫌跨省引进用于饲养的非乳用、非种用肉羊到达目的地后，未向所在地动物卫生监督机构报告案				
受送达人	××牧业科技有限公司				
送达单位	××省××区动物卫生监督所				
送达文书及文号	送达地点	送达人	送达方式	收到日期	收件人签名
《行政处罚事先告知书》（××动监告〔2015〕5号）	××区动物卫生监督所动物卫生监督科	刘×× 李××	直接送达	2015年6月23日	王××
/	/	/	/	/	/
备注					

送 达 回 证

案　　由	跨省引进用于饲养的非乳用、非种用肉羊到达目的地后，未向所在地动物卫生监督机构报告案				
受送达人	××牧业科技有限公司				
送达单位	××省××区动物卫生监督所				
送达文书及文号	送达地点	送达人	送达方式	收到日期	收件人签名
《行政处罚决定书》（××动监罚〔2015〕5号）	××区动物卫生监督所动物卫生监督科	刘×× 李××	直接送达	2015年 6月29日	王××
/	/	/	/	/	/
备注					

票据粘贴页

（罚没收据存根清单）

行政处罚结案报告

案　由	跨省引进用于饲养的非乳用、非种用肉羊到达目的地后，未向所在地动物卫生监督机构报告案		
当事人	××牧业科技有限公司		
立案时间	2015年6月22日	处罚决定送达时间	2015年6月29日

处罚决定：
　　罚款人民币 1000.00 元。
执行情况：
　　1. 执行方式：自动履行。
　　2. 执行时间：2015年6月29日。

执法人员签名：刘××　李××

2015年7月1日

执法机构意见	（如监督所内设执法科，由执法科在此处填写意见） 　　　　　　　　　　　　　　　　　　　签名： 　　　　　　　　　　　　　　　　　　　　年　　月　　日
执法机关意见	同意结案。 　　　　　　　　　　　　　　　　　　　签名：高×× 　　　　　　　　　　　　　　　　　　　2015年7月1日

备 考 表

本案卷包括使用的执法文书、收集的证据及罚没收据存根，共计 19 页。

立卷人：刘××

2015 年 7 月 1 日

本案卷执法文书及相关证据归档完整，符合要求。

审查人：高××

2015 年 7 月 1 日

卷十三　××食品有限公司未经检疫向无规定动物疫病区输入动物产品案

一、简要案情

2014年4月13日，××市动物卫生监督所执法人员张××、王××等四人对××食品有限公司冷库进行检查，发现在该公司1～4号冷库贮存了A省××食品公司生产的1000千克（80箱）白条鸡和B省××禽业集团××食品有限公司生产的800千克（100箱）鸡产品。该公司出示了两张输出省动物卫生监督机构出具的《动物检疫合格证明》（产品A），编号为NO.110111×××、NO.110035××××。当事人无法提供本机关出具的《动物检疫合格证明》（产品B）。经请示，立案调查。对××食品有限公司负责人赵××进行了询问，制作了《询问笔录》《现场检查笔录》，并收集了相关证据。2014年4月15日，向当事人送达了《行政处罚事先告知书》，4月21日向当事人送达了《行政处罚决定书》，罚款人民币2000.00元。

二、处罚依据

违反条款：《中华人民共和国动物防疫法》第四十五条。

处罚条款：《中华人民共和国动物防疫法》第七十七条第三项。

三、本类型案件办理的注意事项及难点

1. 关于违法主体，按现行动物防疫法的规定本类型案件的违法主体只能是货主。

2. 货主除按规定对输入的动物和动物产品向输出地动物卫生监督机构申报检疫并取得检疫证明外，在到达输入地，进入到无规定动物疫病区前，还应当向输入地动物卫生监督机构申报检疫，经检疫合格的方可进入。

××市动物卫生监督所
案　卷

<table>
<tr><td colspan="6" align="center">××动监罚〔2014〕4号</td></tr>
<tr><td align="center">题　名</td><td colspan="5" align="center">××食品有限公司未经检疫向无规定动物疫病区输入动物产品案</td></tr>
<tr><td colspan="2" align="center">案件承办人</td><td colspan="4" align="center">当事人</td></tr>
<tr><td colspan="2">张××、王××
石××、矫××</td><td colspan="4">××食品有限公司</td></tr>
<tr><td align="center">立案日期</td><td align="center">2014年4月13日</td><td align="center">结案日期</td><td align="center">2014年4月21日</td><td align="center">立卷人</td><td align="center">石××</td></tr>
<tr><td align="center">执
行
结
果</td><td colspan="5">当事人已依法履行完毕。</td></tr>
<tr><td align="center">归档日期</td><td align="center">2014年4月22日</td><td colspan="2" align="center">档　案　编　号</td><td colspan="2" align="center">201404</td></tr>
<tr><td align="center">保存期限</td><td align="center">长期</td><td colspan="4" align="center">卷内共21页</td></tr>
<tr><td align="center">备
注</td><td colspan="5"></td></tr>
</table>

卷内目录（一）

序号	文书编号	文书日期	题名	页号	备注
1	××动监罚〔2014〕4号	2014年4月21日	行政处罚决定书		
2	××动监立〔2014〕4号	2014年4月13日	行政处罚立案审批表		
3		2014年4月13日	当事人身份证明		复印件
4		2014年4月13日	现场检查笔录		
5		2014年4月13日	询问笔录		
6		2014年4月13日	证据材料登记表（赵××身份证复印件）		复印件
7		2014年4月13日	证据材料登记表（现场检查照片）		
8	NO：110111××××	2014年4月13日	证据材料登记表（《动物检疫合格证明（产品A）》）		复印件
9	NO：110035××××	2014年4月13日	证据材料登记表（《动物检疫合格证明（产品A）》）		复印件
10		2014年4月14日	案件处理意见书		
11	××动监告〔2014〕4号	2014年4月15日	行政处罚事先告知书		
12		2014年4月15日	陈述申辩笔录		
13		2014年4月18日	行政处罚决定审批表		

卷内目录（二）

序号	文书编号	文书日期	题名	页号	备注
14		2014 年 4 月 15 日	送达回证		
15		2014 年 4 月 21 日	送达回证		
16		2014 年 4 月 21 日	缴纳罚款银行回执		
17		2014 年 4 月 21 日	行政处罚结案报告		
18		2014 年 4 月 22 日	备考表		

××市动物卫生监督所
行政处罚决定书

××动监罚〔2014〕4号

名称：××食品有限公司　　　　法定代表人：齐××

地址：××区××路××号　　　　联系方式：××××××

当事人××食品有限公司未经检疫向无规定动物疫病区输入动物产品案，经本所依法调查，现查明：

2014年4月13日，本机关执法人员张××、王××等四人对×××食品有限公司冷库进行检查，发现在1～4号冷库贮存了A省××食品公司生产的1000千克（80箱）白条鸡和B省××禽业集团××食品有限公司生产的800千克（100箱）鸡产品。该公司出示了两张输出省动物卫生监督机构出具的《动物检疫合格证明》（产品A），编号为NO.110111×××、NO.110035×××。当事人无法提供本机关出具的《动物检疫合格证明》（产品B）。经请示，立案调查。对××食品有限公司负责人赵××进行了询问，收集了相关证据。××食品有限公司存在未经检疫向无规定动物疫病区输入动物产品的违法事实。

以上事实查证属实，有以下证据予以证明：

1. 《现场检查笔录》1份，证明当事人向无规定动物疫病区输入了动物产品，与证据6相互印证；

2. 《询问笔录》1份，证明当事人未经检疫向无规定动物疫病区输入动物产品；

3. 《动物检疫合格证明》复印件2张，证明当事人经营的鸡产品为经产地检疫合格的动物产品；

4. 《企业法人营业执照》复印件1张，证明违法主体的适格性；

5. 身份证复印件1张，证明其身份；

6. 照片4张，证明现场检查情况，与证据1相互印证。

本机关认为：××食品有限公司未经检疫向无规定动物疫病区输入动物产品，事实清楚、证据确凿，其行为违反了《中华人民共和国动物防疫法》第四十五条第一款："输入到无规定动物疫病区内的动物、动物产品，货主应当按照国务院兽医主管部门的规定向无规定动物疫病区所在地动物卫生监督机构申报检疫，经检疫合格的，方可进入。"之规定，本机关于2014年4月15日向当事人送达了《行政处罚事先告知书》，当事人在法定期限内进行了陈述申辩，经审查不符合《中华人民共和国行政处罚法》的有关规定，不予采纳。按照《××省畜牧业行政处罚自由裁量权标准》（具体条款略）之规定，对当事人处以（××××××—××××××）幅度内的处罚，足以起到惩戒作用。

依据《中华人民共和国动物防疫法》第七十七条第三项："违反本法规定，有下列行为之一的，由动物卫生监督机构责令改正，处一千元以上一万元以下罚款；情节严重的，处一万元以上十万元以下罚款：（三）未经检疫，向无规定动物疫病区输入动物、动物产品的。"本机关责令你立即改正违法行为，并作出如下处罚决定：

罚款人民币2000.00元。

当事人必须在收到本处罚决定书之日起 15 日内持本决定书到 ×× 银行缴纳罚款。逾期不按规定缴纳罚款的，每日按罚款数额的 3% 加处罚款。

当事人对本处罚决定不服的，可以在收到本处罚决定书之日起 60 日内向 ×× 市农业局 申请行政复议；或者三个月内向 ×× 市人民法院 提起行政诉讼。行政复议和行政诉讼期间，本处罚决定不停止执行。

当事人逾期不申请行政复议或提起行政诉讼，也不履行本行政处罚决定的，本所将依法申请人民法院强制执行。

×× 市动物卫生监督所

2014 年 4 月 21 日

行政处罚立案审批表

××动监立〔2014〕4 号

案件来源			检查发现		受案时间	2014 年 4 月 13 日	
案 由			涉嫌未经检疫向无规定动物疫病区输入动物产品案				
当事人	个人	姓名	/			电话	/
		性别	/	年龄	/	身份证号	/
		住址	/				
	单位	名称	×× 食品有限公司		法定代表人	齐 ××	
		地址	××区××路××号		电话	××××××	
简要案情			2014 年 3 月 26 日，本机关执法人员张××、王××等四人对××食品有限公司冷库进行检查，发现在 1～4 号冷库贮存了 A 省××食品公司生产的 1000 千克（80 箱）白条鸡和 B 省××禽业集团××食品有限公司生产的 800 千克（100 箱）鸡产品。该公司出示了两张输出省动物卫生监督机构出具的《动物检疫合格证明》（产品 A），编号为 NO.110111×××、NO.110035×××。当事人无法提供本机关出具的《动物检疫合格证明》（产品 B）。建议立案调查。 <div align="right">受案人签名：张×× 王×× 2014 年 4 月 13 日</div>				
执法机构意见			（如监督所内设执法科，由执法科在此处填写意见） <div align="right">签名： 年 月 日</div>				
法制机构意见			（如监督所内设法制科，由法制科在此处填写意见） <div align="right">签名： 年 月 日</div>				
执法机关意见			同意立案调查。由张××、王××、矫××、石××承办。 <div align="right">签名：解×× 2014 年 4 月 13 日</div>				
备 注							

证据材料登记表

<table>
<tr><td></td></tr>
<tr><td style="text-align:right">此复印件与原件相符
当事人签名：赵××
2014年4月13日</td></tr>
</table>

证据制作说明：

1. 收 集 人：张××、王××

2. 提 供 人：赵××

3. 收集时间：2014年4月13日

4. 收集地点：××市动物卫生监督所

5. 收集方式：复印

6. 证据内容：××食品有限公司《企业法人营业执照》

现场检查笔录

时间： 2014 年 4 月 13 日 9 时 00 分至 9 时 25 分

检查地点： ×× 区 ×× 路 ×× 号 ×× 食品公司

当事人： ×× 食品有限公司

检查机关： ×× 市动物卫生监督所

检查人员： 张 ××　　**执法证件号：** ××××××

　　　　　　王 ××　　**执法证件号：** ××××××

　　　　　　矫 ××　　**执法证件号：** ××××××

　　　　　　石 ××　　**执法证件号：** ××××××

记录人： 石 ××　　**执法证件号：** ××××××

现场检查情况： 2014 年 3 月 26 日，本机关执法人员张 ××、王 ×× 等 4 人到 ×× 食品有限公司例行检查，该公司负责人赵 ×× 在现场，执法人员向其出示执法证件，进行检查。在 1 ~ 4 号冷库贮藏了 A 省 ×× 食品公司生产的 1000 千克白条鸡，包装为纸箱，规格为 12.5 千克/箱，共计 80 箱，生产日期为 2014 年 1 月 3 日；B 省 ×× 禽业集团 ×× 食品有限公司生产的鸡产品 800 千克，规格 8 千克/箱，共计 100 箱，生产日期为 2014 年 2 月 16 日。以上产品内外包装上均粘贴了检疫合格标志。赵 ×× 提供了该批产品检疫合格证明，证明编号分别为 NO.110035×××× 和 NO.110111××××，但无法提供本机关出具的《动物检疫合格证明》（产品 B）。执法人员对检查现场进行了拍照。

当事人签名：赵 ××

执法人员签名：张 ××　王 ××　石 ××　矫 ××

（第 1 页共 1 页）

询 问 笔 录

询问时间：2014 年 4 月 13 日 10 时 35 分至 11 时 00 分

询问地点：××市××区××号

询问机关：××市动物卫生监督所

询问人：张××　　**执法证件号**：××××××

　　　　　石××　　　　　　　　××××××

记录人：石××

被询问人：姓名：赵××　　性别：女　　年龄 35

　　　　　身份证号：××××××　　联系电话：××××××

　　　　　工作单位：××食品有限公司　　职务：总经理

　　　　　住址：××县××镇××村

问：我们是××市动物卫生监督所执法人员（出示执法证件），现依法向你进行询问调查。你应当如实回答我们的询问并协助调查，作伪证要承担法律责任，你听清楚了吗？

答：知道了。

问：现把你的个人情况讲下。

答：我叫赵××，35 岁，在××食品有限公司工作，职务是总经理。

问：请出示你的身份证，调查结束后我们要复印你的身份证，同时要你在身份证复印件上签名并标明日期。

答：好的，你看一下。

问：××食品有限公司是什么时候成立的？

答：1996 年成立的。

问：××食品有限公司经营项目是什么？

答：经营鸡产品。

被询问人签名：赵××

（第 1 页共 2 页）

问：你公司是否办理了营业执照？

答：办理了，这是我公司的营业执照，你们看一下。

问：调查结束后我们要复印你的营业执照，需要你签字确认，并标明时间。

答：好的。

问：你公司经营的鸡产品贮藏在什么地方？

答：贮藏在公司的 1 ～ 4 号冷库内。

问：现贮藏哪些动物产品？

答：贮藏了 A 省 ×× 食品公司生产的白条鸡 1000 千克（80 箱）。B 省 ×× 禽业集团 ×× 食品有限公司生产的鸡产品 800 千克（100 箱）。

问：什么时间购买的？

答：2014 年 4 月 9 日购入 A 省 ×× 食品公司生产的白条鸡 1000 千克；2014 年 4 月 10 日购入 B 省 ×× 禽业集团 ×× 食品有限公司鸡产品 800 千克。

问：这些鸡产品是否销售？

答：还没有销售就被你们发现了。

问：这些鸡产品是否附有检疫证明？

答：有检疫证明，也有检疫标志。检疫证明已经让你们复印了。

问：这些鸡产品是否向我所申报检疫？

答：没有。

问：为什么没有申报检疫？

答：因为我个人工作疏忽，忘了申报检疫。

问：你还有需要说明吗？

答：没有了。

问：以上情况是否属实？

答：以上内容我已看过，属实。

被询问人签名：赵 ××

询问人和记录人签名：张 ××　石 ××

（第 2 页共 2 页）

证据材料登记表

此复印件与原件相符

当事人签名：赵××

2014 年 4 月 13 日

证据制作说明：

1. 收 集 人：张××、王××

2. 提 供 人：赵××

3. 收集时间：2014 年 4 月 13 日

4. 收集地点：××市动物卫生监督所

5. 收集方式：复印

6. 证据内容：赵××身份证

证据材料登记表

证据制作说明：

1. 收 集 人：张××、王××
2. 提 供 人：
3. 收集时间：2014年4月13日
4. 收集地点：××区××路××号（××食品有限公司南4号冷库）
5. 收集方式：拍照
6. 证据内容：现场检查照片

证据材料登记表

此复印件与原件相符

当事人签名：赵××

2014 年 4 月 13 日

证据制作说明：

1. 收 集 人：张××、王××
2. 提 供 人：赵××
3. 收集时间：2014 年 4 月 13 日
4. 收集地点：××市动物卫生监督所
5. 收集方式：复印
6. 证据内容：检疫证明

证据材料登记表

此复印件与原件相符

当事人签名：赵 × ×

2014 年 4 月 13 日

证据制作说明：

1. 收 集 人：张 × × 、王 × ×
2. 提 供 人：赵 × ×
3. 收集时间：2014 年 4 月 13 日
4. 收集地点：× × 市动物卫生监督所
5. 收集方式：复印
6. 证据内容：检疫证明

案件处理意见书

案由			涉嫌未经检疫向无规定动物疫病区输入动物产品案				
当事人	个人	姓名	/				
		性别	/	年龄	/	电话	/
		住址	/				
	单位	名称	××食品有限公司		法定代表人		齐××
		地址	××区××路××号		电话		××××××

案件调查经过	2014年3月26日，本机关执法人员张××、王××等四人对××食品有限公司冷库进行检查，发现在1～4号冷库贮存了A省××食品公司生产的1000千克（80箱）白条鸡和B省××禽业集团××食品有限公司生产的800千克（100箱）鸡产品。该公司出示了两张输出省动物卫生监督机构出具的《动物检疫合格证明》（产品A），编号为NO.110111×××、NO.110035×××。当事人无法提供本机关出具的《动物检疫合格证明》（产品B）。经请示，立案调查。对××食品有限公司负责人赵××进行了询问，收集了相关证据。
所附证据材料	1.《现场检查笔录》1份； 2.《询问笔录》1份； 3.《动物检疫合格证明》2张； 4.《企业法人营业执照》复印件1张； 5.身份证复印件1张； 6.照片4张。

调查 结论 及 处理 意见	××食品有限公司未经检疫向无规定动物疫病区输入动物产品的行为，事实清楚、证据确凿，违反了《中华人民共和国动物防疫法》第四十五条第一款："输入到无规定动物疫病区内的动物、动物产品，货主应当按照国务院兽医主管部门的规定向无规定动物疫病区所在地动物卫生监督机构申报检疫，经检疫合格的，方可进入。"之规定，按照《××省畜牧业行政处罚自由裁量权标准》（具体条款略）之规定，对当事人处以（×××××—×××××）幅度内的处罚，足以起到惩戒作用。 　　依据《中华人民共和国动物防疫法》第七十七条第三项："违反本法规定，有下列行为之一的，由动物卫生监督机构责令改正，处一千元以上一万元以下罚款；情节严重的，处一万元以上十万元以下罚款：（三）未经检疫，向无规定动物疫病区输入动物、动物产品的。"本机关责令你立即改正违法行为，建议作出如下处罚： 　　<u>罚款人民币 2000.00 元。</u> 　　　　　　　　　　　　　　　　执法人员签名：张×× 石×× 　　　　　　　　　　　　　　　　　　　　　2014 年 4 月 14 日
执法 机构 意见	（如监督所内设执法科，由执法科在此处填写意见） 　　　　　　　　　　　　　　　　　　签名： 　　　　　　　　　　　　　　　　　年　　月　　日
法制 机构 意见	（如监督所内设法制科，由法制科在此处填写意见） 　　　　　　　　　　　　　　　　　　签名： 　　　　　　　　　　　　　　　　　年　　月　　日
执法 机关 意见	同意。 　　　　　　　　　　　　　　　　　　签名：解×× 　　　　　　　　　　　　　　　　　　2014 年 4 月 14 日

××市动物卫生监督所
行政处罚事先告知书

××动监告〔2014〕4号

××食品有限公司:

经调查,你单位未经检疫向无规定动物疫病区输入动物产品的行为,事实清楚、证据确凿,有《现场检查笔录》《询问笔录》、照片等为证。

你单位违反了《中华人民共和国动物防疫法》第四十五条第一款:"输入到无规定动物疫病区内的动物、动物产品,货主应当按照国务院兽医主管部门的规定向无规定动物疫病区所在地动物卫生监督机构申报检疫,经检疫合格的,方可进入。"之规定,按照《××省畜牧业行政处罚自由裁量权标准》(具体条款略)之规定,对当事人处以(××××××—××××××)幅度内的处罚,足以起到惩戒作用。

依据《中华人民共和国动物防疫法》第七十七条第三项:"违反本法规定,有下列行为之一的,由动物卫生监督机构责令改正,处一千元以上一万元以下罚款;情节严重的,处一万元以上十万元以下罚款:(三)未经检疫,向无规定动物疫病区输入动物、动物产品的。"本机关责令你立即改正违法行为,拟作出如下处罚决定:

罚款人民币 2000.00 元。

根据《中华人民共和国行政处罚法》第三十一条、第三十二条的规定,你可在收到本告知书之日起三日内向本所进行陈述申辩,逾期不陈述申辩的,视为你放弃上述权利。

××市动物卫生监督所
2014 年 4 月 15 日

动物卫生监督所地址: ××市××路××号　　邮政编码: ××××××

联系人: 张××　王××　　联系电话: ××××××

陈述申辩笔录

当事人：赵×× **身份证号码：**××××××

陈述申辩时间：2014 年 4 月 15 日 11 时 40 分至 12 时 00 分

陈述申辩地点：××市动物卫生监督所（××市××路××号）

执法人员：张×× **执法证件号：**××××××

　　　　　　王×× ××××××

记录人：王××

陈述申辩内容：

　　贵所下达的《行政处罚事先告知书》（×动监告〔2014〕4 号）我已经收到，我没有什么异议。但因我公司经营过程中的违法行为不是主观故意，是因为我个人工作失职，造成了购入的动物产品没有申报检疫。所以请求贵所对我单位予以从轻处罚。

陈述申辩人签名：赵××

执法人员签名：张×× 王××

行政处罚决定审批表

案由	未经检疫向无规定动物疫病区输入动物产品案					
当事人	个人	姓名	/			
		性别	/	年龄 /	电话	/
		住址	/			
	单位	名称	××食品有限公司	法定代表人（负责人）		齐××
		地址	××区××路××号	电话		××××××
陈述申辩或听证情况	当事人赵××在收到我所下达的《行政处罚事先告知书》后，立即进行了陈述审辩。具体内容如下： 　　接受贵所的行政处罚。但因我公司经营过程中的违法行为不是主观故意，是因为我个人工作失职，造成了购入的动物产品没有申报检疫。所以请求贵所对我单位予以从轻处罚。					
处理意见	当事人的陈述申辩理由不符合《行政处罚法》的有关规定，建议维持《行政处罚事先告知书》拟作出的处理处罚决定。 执法人员签名：张×× 王×× 2014年4月18日					
执法机构意见	（如监督所内设执法科，由执法科在此处填写意见） 签名： 年 月 日					
法制机构意见	（如监督所内设法制科，由法制科在此处填写意见） 签名： 年 月 日					
执法机关意见	同意。 签名：解×× 2014年4月18日					

送 达 回 证

案　　由	涉嫌未经检疫向无规定动物疫病区输入动物产品案				
受送达人	××食品有限公司				
送达单位	××市动物卫生监督所				
送达文书及文号	送达地点	送达人	送达方式	收到日期	收件人签名
《行政处罚事先告知书》（××动监告〔2014〕4号）	××市动物卫生监督所	张×× 王××	直接送达	2014年4月15日	赵××
/	/	/	/	/	/
备注					

送 达 回 证

案　　由	未经检疫向无规定动物疫病区输入动物产品案				
受送达人	××食品有限公司				
送达单位	××市动物卫生监督所				
送达文书及文号	送达地点	送达人	送达方式	收到日期	收件人签名
《行政处罚决定书》（××动监罚〔2014〕4号）	××市动物卫生监督所	张×× 王××	直接送达	2014年4月21日	赵××
/	/	/	/	/	/
备注					

票据粘贴页

罚款现金存款凭证

行政处罚结案报告

案　由	未经检疫向无规定动物疫病区输入动物产品案		
当事人	××食品有限公司		
立案时间	2014 年 4 月 13 日	处罚决定送达时间	2014 年 4 月 21 日

处罚决定：
　　罚款人民币：2000.00 元。

执行情况：
　　1．执行方式：自动履行。
　　2．执行时间：2014 年 4 月 21 日。

执法人员签名：张×× 王××

2014 年 4 月 21 日

执法机构意见	（如监督所内设执法科，由执法科在此处填写意见） 签名： 年　　月　　日
执法机关意见	同意。 签名：解×× 2014 年 4 月 21 日

备 考 表

本案卷包括使用的执法文书、收集的证据及罚没收据存根，共计 21 页。

立卷人：石 × ×

2014 年 4 月 22 日

本案卷执法文书及相关证据归档完整，符合要求。

审查人：解 × ×

2014 年 4 月 22 日

第七章　动物诊疗违法行为类案

卷十四　关于叶××未取得动物诊疗许可证从事动物诊疗活动案

一、简要案情

2014年4月22日，××市动物卫生监督所执法人员许××、范××在对××宠物用品店进行监督检查时，发现2014年3月10日至2014年4月22日期间，叶××在未取得《动物诊疗许可证》的情况下，在其开办的××宠物用品店从事动物诊疗活动，期间开具处方18张，违法所得为2086元整。××市动物卫生监督所对当事人叶××进行了询问，制作了《询问笔录》，收集了相关证据。2014年4月25日向当事人下达了《行政处罚事先告知书》，4月28日向当事人下达了《行政处罚决定书》，没收违法所得人民币2086.00元，罚款人民币3000.00元。

二、处罚依据

违反条款：《中华人民共和国动物防疫法》第五十一条。

处罚条款：《中华人民共和国动物防疫法》第八十一条第一款。

三、本类型案件办理的注意事项及难点

1. 办理本类型案件在实施行政处罚时，还要没收违法所得。

2. 关于违法所得的认定：是指从事动物诊疗活动所取得的全部收入，包括成本和利润。

××市动物卫生监督所
案　卷

××动监罚〔2014〕2号				
题　名	关于叶××未取得动物诊疗许可证从事动物诊疗活动案			
案 件 承 办 人		**当 事 人**		
许××　范××		叶××（××宠物用品店业主）		
立案日期	2014年4月22日	**结案日期**	2014年5月11日	**立卷人** 许××
执行 结果	当事人已依法履行完毕。			
归档日期	2014年5月11日	**档 案 编 号**		201402
保存期限	长期	卷内共24页		
备 注				

卷 内 目 录

序号	文书编号	文书日期	题名	页号	备注
1	××动监罚〔2014〕2号	2014年4月28日	行政处罚决定书		
2	××动监立〔2014〕2号	2014年4月22日	行政处罚立案审批表		
3		2014年4月22日	当事人身份证明		复印件
4		2014年4月22日	现场检查笔录		
5		2014年4月22日	询问笔录		
6		2014年4月22日	先行登记保存审批表		
7		2014年4月22日	证据登记保存清单		
8		2014年4月28日	登记保存物品处理通知书		复印件
9		2014年4月22日	证据材料登记表（营业执照）		
10		2014年4月22日	证据材料登记表（现场检查照片）		
11		2014年4月22日	证据材料登记表（现场检查照片）		
12		2014年4月25日	重大案件集体讨论记录		
13		2014年4月25日	案件处理意见书		
14	××动监告〔2014〕2号	2014年4月25日	行政处罚事先告知书		
15		2014年4月28日	行政处罚决定审批表		
16		2014年4月25日	送达回证		
17		2014年4月28日	送达回证		
18		2014年5月11日	缴纳罚款银行回执		
19		2014年5月11日	行政处罚结案报告		
20		2014年5月11日	备考表		

××市动物卫生监督所
行政处罚决定书

××动监罚〔2014〕2号

当事人： 叶××（××宠物用品店业主）　　　**性别：** <u>女</u>　　年龄：<u>55</u>

住　址： <u>××市××区××路××号</u>　　**联系方式：** <u>××××××</u>

当事人叶××未取得动物诊疗许可证从事动物诊疗活动一案，经本机关依法调查，现查明：

2014年4月22日，本机关执法人员许××、范××进行监督检查时，发现叶××在其开办的××宠物用品店未取得《动物诊疗许可证》的情况下，从事动物诊疗活动。经请示，立案调查。发现2014年3月10日至2014年4月22日期间，叶××未取得《动物诊疗许可证》从事动物诊疗活动，开具处方18张，期间违法所得为2086.00元整。执法人员对叶××进行了询问，制作了《询问笔录》，收集了相关证据。叶××存在未取得《动物诊疗许可证》从事动物诊疗活动的违法事实。

以上事实查证属实，有下列证据为证：

1. 身份证复印件1份，证明当事人身份及违法主体的适格性；

2.《个体工商户营业执照》复印件1份，证明叶××系××宠物用品店业主；

3.《现场检查笔录》1份，证明检查现场的相关情况，××宠物用品店存在未取得《动物诊疗许可证》从事动物诊疗活动的违法事实；

4.《询问笔录》1份，证明当事人违法情形和事实经过；

5. 青霉素5瓶、生理盐水10瓶、注射用头孢曲松钠10盒、头孢唑林钠8盒、病历卡2份、住院协议书5份、麻醉同意书6份、手术同意书2份，证明当事人2014年3月10日至2014年4月22日未取得《动物诊疗许可证》从事诊疗活动；

6. 处方18份，证明当事人2014年3月10日至2014年4月22日未取得《动物诊疗许可证》从事诊疗活动，当事人违法所得金额2086.00元，与证据5、7互相印证；

7. 照片2张，证明当事人从事动物诊疗活动，与证据5、6相关印证。

本机关认为：叶××未取得《动物诊疗许可证》从事动物诊疗活动，事实清楚、证据确凿，其行为违反了《中华人民共和国动物防疫法》第五十一条之规定："设立从事动物诊疗活动的机构，应当向县级以上地方人民政府兽医主管部门申请动物诊疗许可证。申请人凭动物诊疗许可证向工商行政管理部门申请办理登记册手续，取得营业执照后，方可从事动物诊疗活动"。经本机关负责人集体讨论，2014年4月30日，向当事人直接送达了《行政处罚事先告知书》，收到《行政处罚事先告知书》后，当事人在法定期限内未进行陈述申辩。按照《××省畜牧业行政处罚自由裁量权标准》（具体条款略）之规定，对当事人处以（××××××—××××××）幅度内的处罚，足以起到惩戒作用。

依照《中华人民共和国动物防疫法》第八十一条第一款之规定："违反本法规定，未取得动物诊疗许可证从事动物诊疗活动的，由动物卫生监督机构责令停止诊疗活动，没收违法所得；违法所得在三万元以上的，并处违法所得一倍以上三倍以下罚款；没有违法所得或者违法所得不足三万元的，并处三千元以上三万元以下罚款"。本机关责令你立即改正违法行为，并作出如下处罚决定：

1. 没收违法所得人民币 2086.00 元；

2. 罚款人民币 3000.00 元。

当事人必须在收到本决定书之日起 15 日内持本决定书到 ×× 银行缴纳罚款。当事人逾期不按规定缴纳罚款的，每日按罚款数额的 3% 加处罚款。

当事人对本处罚决定不服的，可以在收到本处罚决定书之日起 60 日内向 ×× 市畜牧兽医局申请行政复议，或在三个月内向 ×× 市人民法院提起诉讼。行政复议和行政诉讼期间，本处罚决定不停止执行。

当事人逾期不申请行政复议或提起行政诉讼，也不履行本行政处罚决定的，本机关将依法申请人民法院强制执行。

×× 市动物卫生监督所

2014 年 4 月 28 日

行政处罚立案审批表

×× 动监立〔2014〕2 号

案件来源	检查发现	受案时间	2014 年 4 月 22 日

| 案　由 | 涉嫌未取得动物诊疗许可证从事动物诊疗活动案 |

当事人	个人	姓名	叶 ××（×× 宠物用品店业主）	电话	××××××
		性别	女　　年龄　55	身份证号	××××××
		住址	×× 市 ×× 区 ×× 路 ×× 号		
	单位	名称	/	法定代表人	/
		地址	/	电话	/

简要案情	2014 年 4 月 22 日 8 时 30 分，×× 市动物卫生监督所对全市动物诊疗机构进执法检查时，发现位于 ×× 区 ×× 路 ×× 号叶 ×× 开办的 ×× 宠物用品店有药品、医疗器械以及开具的处方等，叶 ×× 涉嫌未取得《动物诊疗许可证》从事诊疗活动。其行为涉嫌违反了《中华人民共和国动物防疫法》第五十一条之规定，建议立案调查。 签名：许 ××　范 ×× 2014 年 4 月 22 日
执法机构意见	（如监督所内设执法科，由执法科在此处填写意见） 签名： 　年　月　日
法制机构意见	（如监督所内设法制科，由法制科在此处填写意见） 签名： 　年　月　日
执法机关意见	同意立案调查。由许 ××、范 ×× 承办。 签名：林 ×× 2014 年 4 月 22 日
备注	

证据材料登记表

此复印件与原件相符

当事人签名：叶××

2014 年 4 月 22 日

证据制作说明：

1. 收 集 人：许××、范××

2. 提 供 人：叶××

3. 收集时间：2014 年 4 月 22 日

4. 收集地点：××市动物卫生监督所

5. 收集方式：复印

6. 证据内容：叶××身份证

现场检查笔录

时间： 2014 年 4 月 22 日 9 时 20 分至 10 时 20 分

检查地点： ××市××区××路××号

当事人： 叶××

检查机关： ××市动物卫生监督所

检查人员： 许××　　**执法证件号：** ××××××

　　　　　　范××　　　　　　　　　××××××

记录人： 许××

现场检查情况： 2014 年 4 月 22 日，××市动物卫生监督所执法人员范××、许××对××宠物用品店进行现场检查，当事人叶××在场，向其出示执法证件，检查情况如下：该宠物用品店位于××区××路××号，大门坐南朝北，大门上方 LED 广告牌上明显标示宠物诊疗字样。该店经营场所分上、下两层共计 200 ㎡，一层经营美容、宠物用品，经楼梯上二层，右边是客服部，左边是医疗部。医疗部设置有药房、X 光室、手术室、留置观察室和诊疗大厅。药房进门右侧药品架零散放置青霉素 5 瓶、生理盐水 10 瓶、注射用头孢曲松钠 10 盒、头孢唑林钠 8 盒，X 光室放置 X 光机一台。手术室放置无烟灯一台。诊疗大厅东侧办公桌有医生坐诊，桌上有麻醉同意书 6 份、病历卡 2 份和手术同意书 2 份、处方笺 1 本（已使用 18 张，内容为××宠物用品店于 2014 年 3 月 10 日至 4 月 22 日开具的药品名称、数量，总计金额为 2086.00 元。）；2 只犬正在诊疗大厅接受治疗。执法人员对检查现场及相关物品进行了拍照。

当事人签名或盖章：叶××　　　　　　　　　　（见证人签字或盖章：　　　　　　　　　）

执法人员签名或盖章：许××　范××

（第 1 页共 1 页）

询 问 笔 录

询问时间： 2014 年 4 月 22 日 10 时 40 分至 11 时 00 分

询问地点： ××市××区××路××号

询问机关： ××市动物卫生监督所

询问人： 许××   **执法证件号：** ××××××

            范××   ××××××

记录人： 范××

被询问人： 姓名：叶××   性别：女   年龄：55

            身份证号：××××××   联系电话：××××××

            工作单位：××市××宠物用品店   职务：店长

            住　　址：××市××区××路××号

问： 我们是××市动物卫生监督所执法人员许××、范××（出示执法证件），现依法向你调查××宠物用品店的办证和经营情况。你应当如实回答我们的询问并协助调查，作伪证要承担法律责任，你听清楚了吗？

答： 听清楚了。（经核对执法人员许××和范××的执法证件无异。）

问： 你有申请执法人员回避的权力，你是否申请？

答： 不申请。

问： 请描述一下你的自然情况。

答： 我叫叶××，今年55岁，身份证号××××××，联系电话：××××××，现住××区××路××号，是××区××宠物用品店的老板。

问： 请出示你的身份证，调查结束后我们要复印你的身份证，同时你要在身份证复印件上签名并标明日期。

答： 好的（向执法人员出示身份证）。

问： 现就4月22日××宠物用品店从事动物诊疗活动情况向你调查了解，请你主动配合，如实回答。

答： 是，我会认真配合你们的调查。

被询问人签名：叶××（手写）

问：××宠物用品店有工商营业执照吗?

答：有（向执法人员出示个体工商户营业执照）。

问：调查结束后我们要复印个体工商户营业执照，同时你要在该营业执照上签名并标明日期。

答：好的。

问：××区××宠物用品店何时开始经营?

答：2014年3月10日开始经营。

问：你的宠物用品店经营范围?

答：宠物用品、美容。

问：现场检查发现开具的处方笺、病历卡、住院协议书、麻醉同意书和手术同意书、收费资料本等，是怎么回事儿?

答：我做宠物美容兼做宠物诊疗。

问：请出示你的《动物诊疗许可证》?

答：我没有办理。

问：你开展动物诊疗活动有多长时间?

答：我从2014年3月10日开始从事动物诊疗活动。

问：从2014年3月10日开始经营到现在动物诊疗收入多少?

答：我看一下，一共是2086元。

问：以上情况是否属实?

答：看过了，情况属实。

被询问人签名或盖章：叶××

执法人员签名或盖章：许××　范××

（第2页共2页）

先行登记保存审批表

案由			涉嫌未取得动物诊疗许可证从事动物诊疗活动案					
当事人	个人	姓名	叶××（××宠物用品店业主）	性别	女	年龄		55
		电话	××××××	住址	××市××区××路××号			
		证件类型	身份证	证件号码	××××××			
	单位	名称	/		法定代表人		/	
		电话	/	地址		/		
理由及依据			当事人叶××涉嫌未取得动物诊疗许可证从事动物诊疗活动案。 依据《中华人民共和国行政处罚法》第三十七条第二款之规定。					
保存物品			处方18份、病历卡2份、住院协议书5份、麻醉同意书6份、手术同意书2份、青霉素5瓶、生理盐水10瓶、注射用头孢曲松钠10盒、头孢唑林钠8盒。					
办案人员意见			建议对涉案的处方18份、病历卡2份、住院协议书5份、麻醉同意书6份、手术同意书2份、青霉素5瓶、生理盐水10瓶、注射用头孢曲松钠10盒、头孢唑林钠8盒进行登记保存。保存期限为7天（2014年4月22日至2014年4月28日）。 执法人员签名：范×× 许×× 2014年4月22日					
执法机构意见			（如监督所内设执法科，由执法科在此处填写意见） 签名： 年 月 日					
执法机关意见			同意办案人员意见。 负责人：林×× 2014年4月22日					

证据登记保存清单

当事人：叶××（××宠物用品店业主）

时　　间：2014年4月22日12时

地　　点：××市××区××路××号（××宠物用品店）

　　因你涉嫌未取得《动物诊疗许可证》从事动物诊疗活动，本机关依照《中华人民共和国行政处罚法》第三十七条第二款之规定对你在××区××路××号××宠物用品店的下列物品就地保存，保存期限为7天。登记保存期间，你不得使用、销售、转移、销毁、隐匿。

执法人员：许××　　**执法证件号：**××××××

序号	物品名称	规格	数量	生产日期（批号）	生产单位
1	处方签		1本	////	××××××
2	病历卡		2份	/////	××××××
3	住院协议书		5份	////	××××××
4	麻醉同意书		6份	////	××××××
5	手术同意书		2份	////	××××××
6	青霉素		5瓶	201×.××.××—201×.××.××	××××××
7	生理盐水		10瓶	201×.××.××—201×.××.××	××××××
8	注射用头孢曲松钠		10盒	201×.××.××—201×.××.××	××××××
9	头孢唑林钠		8盒	201×.××.××—201×.××.××	××××××

执法人员：范××　　**执法证件号：**××××××

执法人员：许××　　**执法证件号：**××××××

当事人签名：叶××

××市动物卫生监督所

2014年4月22日

登记保存物品处理通知书

叶 ××（×× 宠物用品店业主）：

本机关对 2014 年 4 月 22 日登记保存你的物品作出如下处理决定：

对先行登记保存的青霉素 5 瓶、生理盐水 10 瓶、注射用头孢曲松钠 10 盒、头孢唑林钠 8 盒、病历卡 2 份、住院协议书 5 份、麻醉同意书 6 份、手术同意书 2 份予以返还。

×× 市动物卫生监督所

2014 年 4 月 28 日

证据材料登记表

此复印件与原件相符

当事人签名：叶××

2014 年 4 月 22 日

证据制作说明：

1. 收 集 人：许××、范××
2. 提 供 人：叶××
3. 收集时间：2014 年 4 月 22 日
4. 收集地点：××市动物卫生监督所
5. 收集方式：复印
6. 证据内容：营业执照

证据材料登记表

证据制作说明：

1. 收 集 人：许××、范××
2. 提 供 人：
3. 收集时间：2014 年 4 月 22 日
4. 收集地点：××市动物卫生监督所
5. 收集方式：拍照
6. 证据内容：现场检查照片

证据材料登记表

证据制作说明：

1. 收 集 人：许××、范××

2. 提 供 人：

3. 收集时间：2014 年 4 月 22 日

4. 收集地点：××市动物卫生监督所

5. 收集方式：拍照

6. 证据内容：现场检查照片

重大案件集体讨论记录

案由： 涉嫌未取得动物诊疗许可证从事动物诊疗活动案

时间： 2014 年 4 月 25 日 10:30 至 11:10

地点： ×× 市 ×× 路 ×× 号（×× 市动物卫生监督所会议室）

主持人： 林 ××　　**记录人：** 徐 ××

出席人员姓名及职务： 林 ××（副所长）、徐 ××（副所长）、陈 ××（副所长）、许 ××（案情介绍人、列席）

讨论记录：

林 ××：

今天就叶 ×× 涉嫌未取得《动物诊疗许可证》从事动物诊疗活动进行集体讨论，下面请许 ×× 介绍简要案情和调查取证经过。

许 ××：

2014 年 4 月 22 日，我所在监督检查中发现叶 ×× 未取得《动物诊疗许可证》从事动物诊疗活动。该宠物用品店位于 ×× 区 ×× 路 ×× 号。该店经营场所分上、下两层共计 200 ㎡，一层经营美容、宠物用品，经楼梯上二层，右边是客服部，左边是医疗部。医疗部设置有药房、X 光室、手术室、留置观察室和诊疗大厅。药房进门右侧药品架零散放置药品和器械。诊疗大厅东侧办公桌有医生坐诊，桌上有麻醉同意书 6 份、病历卡 2 份和手术同意书 2 份、处方笺 1 本。诊疗大厅有 2 只犬正在接受诊疗。经执法人员请示，立案调查，制作了《现场检查笔录》，对病历卡 2 份、住院协议书 5 份、手术同意书 2 份、麻醉同意书 6 份等诊疗文书和药品进行先行登记保存，向当事人出具了《登记保存清单》。执法人员对检查现场及相关物品进行了拍照。2014 年 4 月 22 日，对该店叶 ×× 进行了询问，制作了《询问笔录》。叶 ×× 不能出示《动物诊疗许可证》。经查，2014 年 3 月 10 至 2014 年 4 月 22 日，该店开展动物诊疗活动收入共计人民币 2086.00 元。当事人对上述违法事实供认不讳。叶 ×× 未取得《动物诊疗许可证》从事动物诊疗活动的行为涉嫌违反了《中华人民共和国动物防疫法》第五十一条，按照《×× 省畜牧业行政处罚自由裁量权标准》（具体条款略）之规定，对当事人处以（××××××—××××××）幅度内的处罚，足以起到惩戒作用。依据《中华人民共和国动物防疫法》第八十一条第一款，建议作出如下处理决定：

1. 没收违法所得人民币 2086.00 元；

2. 罚款人民币 3000.00 元。

陈 ××：

该案调查取证过程符合《中华人民共和国行政处罚法》的规定，程序合法，违法主体认定准确。

徐 ××：该案案情比较清晰，事实清楚，有现场检查情况、当事人供述、处方笺、照片等证据，能够证实当事人的违法事实。

林 ××：我认为本案事实清楚，证据确凿，程序合法，定性准确，适用法律条款正确，自由裁量合理。我同意以上 2 位同志的意见，下面请大家举手表决（全体表决通过）。

　　讨论结果：叶 ×× 未取得《动物诊疗许可证》从事动物诊疗活动的行为涉嫌违反了《中华人民共和国动物防疫法》第五十一条，按照《×× 省畜牧业行政处罚自由裁量权标准》（具体条款略）之规定，对当事人处以（××××××—××××××）幅度内的处罚，足以起到惩戒作用。依据《中华人民共和国动物防疫法》第八十一条第一款，作出如下处罚决定：

　　1. 没收违法所得人民币 2086.00 元；

　　2. 罚款人民币 3000.00 元。

　　出席人员签名：林 ××　徐 ××　陈 ××　许 ××

案件处理意见书

案由	涉嫌未取得动物诊疗许可证从事动物诊疗活动案					
当事人	个人	姓名	叶××（××宠物用品店业主）				
		性别	女	年龄	55	电话	××××××
		住址	××市××区××路××号				
	单位	名称	/			法定代表人（负责人）	/
		地址	/			电话	/
案件调查经过	2014年4月22日，本机关许××、范××对全市动物诊疗机构执法检查时，发现位于××区××路××号的××宠物用品店店内设有布局明确的医疗部、药房、X光室、手术室，并存有动物诊疗药品、器械、设施、设备以及使用过的医疗废弃物，2只犬正在诊疗大厅接受治疗。当事人不能提供《动物诊疗许可证》，其行为涉嫌未取得《动物诊疗许可证》从事动物诊疗活动。经请示，立案调查，执法人员制作了《现场检查笔录》，并拍照取证，对处方签、病历卡、住院协议书、手术同意书等有明显动物诊疗活动痕迹的诊疗文书和药品先行证据登记保存，向当事人出具了《证据登记保存清单》。2014年4月22日，对叶××进行了询问，制作了《询问笔录》，当事人承认了未取得《动物诊疗许可证》从事动物诊疗活动的违法事实。					
所附证据材料	1. 叶××身份证复印件1份； 2.《个体工商户营业执照》复印件1份； 3.《现场检查笔录》1份； 4.《询问笔录》1份； 5. 处方18份； 6. 病历卡2份； 7. 住院协议书5份； 8. 麻醉同意书6份； 9. 手术同意书2份； 10. 现场照片2张。					

调查 结论 及 处理 意见	经集体讨论，叶××未取得《动物诊疗许可证》从事动物诊疗活动，违法事实清楚、证据确凿，其行为违反了《中华人民共和国动物防疫法》第五十一条之规定："设立从事动物诊疗活动的机构，应当向县级以上地方人民政府兽医主管部门申请动物诊疗许可证。申请人凭动物诊疗许可证向工商行政管理部门申请办理登记册手续，取得营业执照后，方可从事动物诊疗活动。"按照《××省畜牧业行政处罚自由裁量权标准》（具体条款略），对当事人处以（××××××—×××××××）幅度内的处罚，足以起到惩戒作用。 　　依据《中华人民共和国动物防疫法》第八十一条第一款："违反本法规定，未取得动物诊疗许可证从事动物诊疗活动的，由动物卫生监督机构责令停止诊疗活动，没收违法所得；违法所得在三万元以上的，并处违法所得一倍以上三倍以下罚款；没有违法所得或者违法所得不足三万元的，并处三千元以上三万元以下罚款。"建议作出以下处罚： 　　1. 没收违法所得人民币 2086.00 元； 　　2. 罚款人民币 3000.00 元。 　　　　　　　　　　　　　　　执法人员签名：许××　范×× 　　　　　　　　　　　　　　　　　　　　2014 年 4 月 25 日
执法 机构 意见	（如监督所内设执法科，由执法科在此处填写意见） 　　　　　　　　　　　　　　　　签名： 　　　　　　　　　　　　　　　　年　　月　　日
法制 机构 意见	（如监督所内设法制科，由法制科在此处填写意见） 　　　　　　　　　　　　　　　　签名： 　　　　　　　　　　　　　　　　年　　月　　日
执法 机关 意见	经本机关负责人集体讨论，同意办案人员意见。 　　　　　　　　　　　　　　　　签名：林×× 　　　　　　　　　　　　　　　　2014 年 4 月 25 日

××市动物卫生监督所
行政处罚事先告知书

××动监告〔2014〕2号

叶××（××宠物用品店业主）：

经调查：你2014年3月10日开办的××宠物用品店，在未取得《动物诊疗许可证》的情况下，于2014年3月10日至2014年4月22日期间从事动物诊疗活动，开具兽药处方18张，收入2086.00元。有《现场检查笔录》《询问笔录》和照片等为证。

你违反了《中华人民共和国动物防疫法》第五十一条之规定："设立从事动物诊疗活动的机构，应当向县级以上地方人民政府兽医主管部门申请动物诊疗许可证。申请人凭动物诊疗许可证向工商行政管理部门申请办理登记册手续，取得营业执照后，方可从事动物诊疗活动。"按照《××省畜牧业行政处罚自由裁量权标准》（具体条款略）之规定，对当事人处以（××××××—××××××）幅度内的处罚，足以起到惩戒作用。

依照《中华人民共和国动物防疫法》第八十一条第一款之规定："违反本法规定，未取得动物诊疗许可证从事动物诊疗活动的，由动物卫生监督机构责令停止诊疗活动，没收违法所得；违法所得在三万元以上的，并处违法所得一倍以上三倍以下罚款；没有违法所得或者违法所得不足三万元的，并处三千元以上三万元以下罚款"。本机关拟作出如下处罚决定：

1. 没收违法所得人民币2086.00元；

2. 罚款人民币3000.00元。

根据《中华人民共和国行政处罚法》第三十一条、第三十二条和第四十二条的规定，你可在收到本告知书之日起三日内向本机关进行陈述申辩、申请听证，逾期不陈述申辩、申请听证的，视为你放弃上述权利。

××市动物卫生监督所

2014年4月25日

××动物卫生监督所地址：××市××路××号

联系人：许××　范××　　　联系电话：××××××

行政处罚决定审批表

案由	未取得动物诊疗许可证从事动物诊疗活动案					
当事人	个人	姓名	叶××（××宠物用品店业主）			
		性别	女	年龄	55	电话	××××××
		住址	××市××区××路××号			
	单位	名称	/	法定代表人（负责人）		/
		地址	/	电话		/
陈述申辩或听证情况	当事人在法定期限内未进行陈述申辩。					
处理意见	建议维持《行政处罚事先告知书》拟作出的处理处罚意见。 执法人员签名：许××　范×× 2014 年 4 月 28 日					
执法机构意见	（如监督所内设执法科，由执法科在此处填写意见） 签名： 　年　月　日					
法制机构意见	（如监督所内设法制科，由法制科在此处填写意见） 签名： 　年　月　日					
执法机关意见	本案经本机关负责人集体讨论通过，同意。 签名：林×× 2014 年 4 月 28 日					

送 达 回 证

案　　由	涉嫌未取得动物诊疗许可证从事动物诊疗活动案				
受送达人	叶××（××宠物用品店业主）				
送达单位	××市动物卫生监督所				
送达文书及文号	送达地点	送达人	送达方式	收到日期	收件人签名
《行政处罚事先告知书》（××动监告〔2014〕2号）	××区××路××号	许×× 范××	直接送达	2014年4月25日	叶××
/	/	/	/	/	/
备注					

送 达 回 证

案　　由	未取得动物诊疗许可证从事动物诊疗活动案				
受送达人	叶××（××宠物用品店业主）				
送达单位	××市动物卫生监督所				
送达文书及文号	送达地点	送达人	送达方式	收到日期	收件人签名
《行政处罚决定书》(××动监罚〔2014〕2号)	××区××路××号	许×× 范××	直接送达	2014年4月28日	叶××
/	/	/	/	/	/
备注					

票据粘贴页

（罚没收据存根清单）

行政处罚结案报告

案　由	未取得动物诊疗许可证从事动物诊疗活动案		
当事人	叶××（××宠物用品店业主）		
立案时间	2014 年 4 月 22 日	**处罚决定送达时间**	2014 年 4 月 28 日

处罚决定：
　　1. 没收违法所得人民币 2086.00 元；
　　2. 罚款人民币 3000.00 元。
执行情况：
　　1. 执行方式：自动履行。
　　2. 执行时间：2014 年 5 月 11 日。

执法人员签名：许××　范××

2014 年 5 月 11 日

执法机构意见	（如监督所内设执法科，由执法科在此处填写意见） <div align="right">签名： 　年　　月　　日</div>
执法机关意见	同意结案。 <div align="right">签名：林×× 2014 年 5 月 11 日</div>

备 考 表

本案卷包括使用的执法文书、收集的证据及罚没收据存根，共计 24 页。

立卷人：许××

2014 年 5 月 11 日

本案卷执法文书及相关证据归档完整，符合要求。

审查人：林××

2014 年 5 月 11 日

卷十五 关于 ×× 动物医院变更机构名称未办理变更手续案

一、简要案情

2013 年 7 月 3 日，本机关执法人员汤 ×× 和孙 ×× 对位于 ×× 市 ×× 广场 ×× 商业楼 ×× 号的康宝动物医院进行检查时，发现该动物医院法定代表人段 ×× 于 2013 年 4 月 4 日到工商部门办理《企业法人营业执照》机构名称变更手续后，未在 15 个工作日内向 ×× 区畜牧业管理局申请办理《动物诊疗许可证》机构名称变更手续。本机关下达了《当场处罚决定书》，给予警告，责令立即改正。2013 年 7 月 7 日，本机关执法人员汤 ×× 和孙 ×× 再次来到康宝动物医院进行检查，发现其仍未向 ×× 区畜牧业管理局申请办理变更手续。经请示，立案调查。执法人员对段 ×× 进行了询问，收集了相关证据。2013 年 7 月 8 日，下达了《行政处罚事先告知书》，7 月 16 日，下达了《行政处罚决定书》，并作出罚款人民币 300.00 元的处罚决定。

二、处罚依据

违反条款：《动物诊疗机构管理办法》第十三条第一款。

处罚条款：《动物诊疗机构管理办法》第三十三条第一项。

三、本类型案件办理的注意事项及难点

1. 《动物诊疗机构管理办法》第十三条："动物诊疗机构变更**名称或者法定代表人（负责人）**的，应当在办理工商变更登记手续后 15 个工作日内，向原发证机关申请办理变更手续"。

动物诊疗机构变更**从业地点、诊疗活动范围**的，应当按照本办法规定重新办理动物诊疗许可手续，申请换发动物诊疗许可证，并依法办理工商变更登记手续。

注意事项及难点：如果动物诊疗机构由 ×× **动物诊所**变更为 ×× **动物医院**，其违反的应是《动物诊疗机构管理办法》第十三条第二款："变更诊疗活动范围"，而非第十三条第一款"变更名称"。

2. 《动物诊疗机构管理办法》第三十三条："违反本办法规定，动物诊疗机构有下列情形之一的，由动物卫生监督机构给予警告，责令限期改正；拒不改正或者再次出现同类违法行为的，处以 1000 元以下罚款：（一）变更机构名称或者法定代表人未办理变更手续的；"。

注意事项及难点：办理此类型案件要先向当事人下达《当场处罚决定书》，给予警告，责令限期改正。当事人拒不改正或者再次出现同类违法行为的，才能给予罚款的行政处罚。

×× 区动物卫生监督所
案　　卷

	×× 动监罚〔2013〕2 号				
题　名	关于康宝动物医院变更机构名称未办理变更手续案				
案 件 承 办 人			当 事 人		
汤 ×× 　孙 ××			康宝动物医院		
立案日期	2013 年 7 月 7 日	结案日期	2013 年 7 月 20 日	立卷人	汤 ××
执行结果	当事人已依法履行完毕。				
归档日期	2013 年 7 月 20 日	档 案 编 号		201302	
保存期限	长期	卷内共 23 页			
备注					

卷 内 目 录

序号	文书编号	文书日期	题名	页号	备注
1	××动监罚〔2013〕2号	2013年7月16日	行政处罚决定书		
2		2013年7月3日	现场检查笔录		
3		2013年7月3日	询问笔录		
4	××动监简罚〔2013〕1号	2013年7月3日	当场处罚决定书		
5	××动监立〔2013〕2号	2013年7月7日	行政处罚立案审批表		
6		2013年7月7日	当事人身份证明		复印件
7		2013年7月7日	现场检查笔录		
8		2013年7月7日	询问笔录		
9		2013年7月7日	证据材料登记表（《动物诊疗许可证》）		复印件
10		2013年7月7日	证据材料登记表（段××身份证）		复印件
11		2013年7月7日	证据材料登记表（现场检查照片）		
12		2013年7月7日	证据材料登记表（现场检查照片）		
13		2013年7月7日	案件处理意见书		
14	××动监告〔2013〕2号	2013年7月8日	行政处罚事先告知书		
15		2013年7月15日	行政处罚决定审批表		
16		2013年7月8日	送达回证		
17		2013年7月16日	送达回证		
18		2013年7月20日	缴纳罚款银行回执		
19		2013年7月20日	行政处罚结案报告		
20		2013年7月20日	备考表		

××区动物卫生监督所
行政处罚决定书

××动监罚〔2013〕2号

名称：康宝动物医院　　**法定代表人：**段××

地址：××市××广场××商业楼××号　　**联系方式：**×××××

当事人康宝动物医院变更机构名称未办理变更手续一案，经本机关依法调查，现查明：

2013年7月3日，本机关执法人员汤××和孙××对位于××市××广场××商业楼××号的康宝动物医院进行检查时，发现该动物医院法定代表人段××于2013年4月4日到工商部门办理《企业法人营业执照》机构名称变更手续后，未在15个工作日内向××区畜牧业管理局申请办理《动物诊疗许可证》机构名称变更手续。本机关下达了《当场处罚决定书》，给予警告，责令立即改正。2013年7月7日，本机关执法人员汤××和孙××再次来到康宝动物医院进行检查，发现该动物医院仍未向××区畜牧业管理局申请办理变更手续。经请示，立案调查。执法人员对段××进行了询问，收集了相关证据，康宝动物医院存在变更机构名称未办理变更手续的违法事实。

以上事实查证属实，有下列证据为证：

1. 2013年7月3日制作的《现场检查笔录》和《询问笔录》各1份，证明康宝动物医院未在法定期限内向兽医主管部门申请办理机构名称变更手续的事实；

2. 《当场处罚决定书》1份，证明本机关给予当事人警告、责令其立即改正违法行为的事实；

3. 2013年7月7日制作的《现场检查笔录》和《询问笔录》各1份，证明本机关责令康宝动物医院立即改正违法行为后，其仍未办理机构名称变更手续；

4. 《企业法人营业执照》复印件1份，证明本案违法主体的适格性和段××为康宝动物医院法定代表人，同时证明该《企业法人营业执照》颁发于2013于4月4日，载明的机构名称为康宝动物医院；

5. 身份证复印件1份，证明段××的身份；

6. 《动物诊疗许可证》复印件1份，证明该《动物诊疗许可证》颁发于2012年2月6日，载明的机构名称为洋洋动物医院；

7. 照片2张，证明现场检查及相关物品情况。

本机关认为：当事人违反了《动物诊疗机构管理办法》第十三条第一款之规定："动物诊疗机构变更名称或者法定代表人（负责人）的，应当在办理工商变更登记手续后15个工作日内，向原发证机关申请办理变更手续"。本机关于2013年7月8日下达了《行政处罚事先告知书》，当事人收到《行政处罚事先告知书》后，未在法定期限内进行陈述申辩。按照《××省畜牧业行政处罚自由裁量权标准》（具体条款略）之规定，对当事人处以（×××××—×××××）幅度内的处罚，足以起到惩戒作用。

依据《动物诊疗机构管理办法》第三十三条第一项："违反本办法规定，动物诊疗机构有下列情形之一的，由动物卫生监督机构给予警告，责令限期改正；拒不改正或者再次出现同类违法行为的，处以一千元以下罚款：（一）变更机构名称或者法定代表人未办理变更手续的。"本机关责令你立即改正违法行为，并作出如下处罚决定：

　　罚款人民币 300.00 元。

　　当事人必须在收到本决定书之日起 15 日内持本决定书到 ×× 区 ×× 银行缴纳罚款。逾期不按规定缴纳罚款的，每日按罚款数额的 3% 加处罚款。

　　当事人对本处罚决定不服的，可以在收到本处罚决定书之日起 60 日内向 ×× 区畜牧业管理局申请行政复议；或者三个月内向 ×× 区 人民法院提起行政诉讼。行政复议和行政诉讼期间，本处罚决定不停止执行。

　　当事人逾期不申请行政复议或提起行政诉讼，也不履行本行政处罚决定的，本机关将依法申请人民法院强制执行。

×× 区动物卫生监督所

2013 年 7 月 16 日

现场检查笔录

时间： 2013 年 7 月 3 日 9 时 21 分至 9 时 35 分

检查地点： ×× 市 ×× 广场 ×× 商业楼 ×× 号（康宝动物医院）

当事人： 康宝动物医院

检查机关： ×× 区动物卫生监督所

检查人员： 汤 ××　　　**执法证件号：** ××××××
　　　　　　　孙 ××　　　　　　　　　　　××××××

记录人： 汤 ××

现场检查情况： 2013 年 7 月 3 日，本机关执法人员汤 ×× 和孙 ×× 对康宝动物医院进行检查，向该动物医院的段 ×× 出示执法证件，检查情况如下：康宝动物医院位于 ×× 市 ×× 广场 ×× 商业楼 ×× 号，共有三层，其中一层有门诊室、接诊室和化验室。门诊室悬挂有《动物诊疗许可证》《企业法人营业执照》《税务登记证》和执业兽医公示板等，其中《动物诊疗许可证》载明的机构名称为洋洋动物医院，《企业法人营业执照》载明的机构名称为康宝动物医院。化验室内有 B 超仪、血液分析仪、显微镜等设备。二层为输液室和药房。三层为传染病隔离治疗室、消毒室、更衣室和手术室。执法人员对检查现场进行了拍照。

当事人签名或盖章：　段 ××　　　　　　　　　　（见证人签名或盖章：　　　　　　　）

执法人员签名或盖章：　汤 ××　孙 ××

（第 1 页共 1 页）

询 问 笔 录

询问时间： 2013 年 7 月 3 日 9 时 42 分至 10 时 24 分

询问地点： ×× 市 ×× 广场 ×× 商业楼 ×× 号

询问人： 汤 ××　　　**执法证件号：** ××××××

　　　　 孙 ××　　　　　　　　　　 ××××××

记录人： 汤 ××

被询问人：姓名： 段 ××　　　**性别：** 男　　　**年龄：** 34

　　　　　　身份证号： ××××××　　　**联系电话：** ××××××

　　　　　　工作单位： ×× 市 ×× 广场康宝动物医院　　　**职务：** 总经理

　　　　　　住　　址： ×× 市 ×× 广场 ×× 商业楼 ×× 号

问： 我们是 ×× 区 动物卫生监督所的执法人员，这是我们的执法证件，请你确认。现依法向你进行询问调查。你应当如实回答我们的询问并协助调查，作伪证要承担法律责任，你听清楚了吗？

答： 是的，我看过，确认。

问： 如你认为我们与本案件有利害关系，你有权向本机关申请让我们回避。

答： 我知道了，我不需要你们回避。

问： 请说一下你的自然情况。

答： 我叫段 ××，男，34 岁，身份证号是 ××××××，联系电话 ××××××，住在 ×× 市 ×× 广场 ×× 商业楼 ×× 号。

问： 请出示你的身份证。

答： 好的。你看一下我的身份证。

问： 调查结束后，我们要复印你的身份证，需要你在身份证复印件上签字确认并标注日期。

答： 好的，可以。

问： 你是从事什么工作的？

答： 我是康宝动物医院的法定代表人，也是总经理。

问： 康宝动物医院是否有《企业法人营业执照》？

答： 有，你看一下。

被询问人签名或盖章：段 ××

（第 1 页共 2 页）

问： 是否办理了《动物诊疗许可证》？

答： 办了。这是《动物诊疗许可证》。

问： 为什么《动物诊疗许可证》的机构名称是洋洋动物医院，而《企业法人营业执照》的机构名称是康宝动物医院？

答： 原来的"洋洋动物医院"这个名字是我朋友起的，现在不喜欢了，就去工商部门把《企业法人营业执照》的名称改成"康宝动物医院"了。

问： 你是什么时候去工商部门办理的变更手续？

答： 是今年4月4日办理完变更手续的。

问： 那现在为什么《动物诊疗许可证》的机构名称还是洋洋动物医院？

答： 因为我在工商部门办理完《企业法人营业执照》的变更手续后，就去外地朋友那了，所以就没有去××区畜牧业管理局申请办理变更手续。

问： 你对此次调查还有什么要补充的吗？

答： 没有了。

问： 请你详细看下以上记录内容是否和你说的一样。

答： 我看过了，以上记录内容和我说的一样。

被询问人签名或盖章： 段 × ×

执法人员签名或盖章： 汤 × ×　孙 × ×

（第2页共2页）

××区动物卫生监督所
当场处罚决定书

××动监简罚〔2013〕1号

<table>
<tr>
<td rowspan="5">当事人</td>
<td rowspan="3">个人</td>
<td>姓名</td>
<td colspan="3">/</td>
<td>电话</td>
<td colspan="2">/</td>
</tr>
<tr>
<td>性别</td>
<td>/</td>
<td>年龄</td>
<td>/</td>
<td>身份证号</td>
<td colspan="2">/</td>
</tr>
<tr>
<td>住址</td>
<td colspan="6">/</td>
</tr>
<tr>
<td rowspan="2">单位</td>
<td>名称</td>
<td colspan="2">康宝动物医院</td>
<td colspan="2">法定代表人</td>
<td colspan="2">段××</td>
</tr>
<tr>
<td>地址</td>
<td colspan="3">××市××广场××商业楼××号</td>
<td>电话</td>
<td colspan="2">××××××</td>
</tr>
<tr>
<td>违法事实</td>
<td colspan="8">2013年7月3日，本机关执法人员汤××、孙××对位于××市××广场××商业楼××号的康宝动物医院进行检查时，发现该动物医院法定代表人段××于2013年4月4日到工商部门办理《企业法人营业执照》机构名称变更手续后，未在15个工作日内向××区畜牧业管理局申请办理《动物诊疗许可证》机构名称变更手续。</td>
</tr>
<tr>
<td>处罚依据及内容</td>
<td colspan="8">本机关认为：当事人违反了《动物诊疗机构管理办法》第十三条第一款之规定："动物诊疗机构变更名称或者法定代表人（负责人）的，应当在办理工商变更登记手续后15个工作日内，向原发证机关申请办理变更手续"。依据《动物诊疗机构管理办法》第三十三条第一项："违反本办法规定，动物诊疗机构有下列情形之一的，由动物卫生监督机构给予警告，责令限期改正；拒不改正或者再次出现同类违法行为的，处以一千元以下罚款：（一）变更机构名称或者法定代表人未办理变更手续的。"本机关责令你立即改正违法行为，并作出如下处罚决定：警告。</td>
</tr>
<tr>
<td>告知事项</td>
<td colspan="8">1. 当事人应当对违法行为立即予以纠正；
2. 当事人必须在收到处罚决定书之日起15日内持本决定书到××银行缴纳罚没款。逾期不缴纳的，每日按罚款数额的3%加处罚款；
3. 当事人逾期不按规定缴纳罚没款的，本所将申请人民法院强制执行或依法强制执行；
4. 对本处罚决定不服的，可以在收到本处罚决定书之日起60日内向××区畜牧业管理局申请行政复议，或在三个月内向××区人民法院起诉，在复议或诉讼期间不停止执行本处罚决定。</td>
</tr>
<tr>
<td rowspan="2">执法人员基本情况</td>
<td>姓　名</td>
<td colspan="3">汤××</td>
<td colspan="2">孙××</td>
<td rowspan="2">××区动物卫生监督所
2013年7月3日</td>
</tr>
<tr>
<td>执法证件号</td>
<td colspan="3">××××××</td>
<td colspan="2">××××××</td>
</tr>
<tr>
<td>当事人签收</td>
<td colspan="3">段××</td>
<td colspan="2">是否当场执行</td>
<td colspan="2">当场执行</td>
</tr>
</table>

行政处罚立案审批表

××动监立〔2013〕2号

案件来源			监督检查			受案时间	2013 年 7 月 7 日
案　　由			涉嫌变更机构名称未办理变更手续案				
当事人	个人	姓名	/			电话	/
		性别	/	年龄	/	身份证号	/
		住址	/				
	单位	名称	康宝动物医院		法定代表人		段××
		地址	××市××广场××商业楼××号		电话		××××××
简要案情			2013 年 7 月 3 日，本机关执法人员汤××、孙××对位于××市××广场××商业楼××号的康宝动物医院进行检查时，发现该动物医院法定代表人段××到工商部门办理《企业法人营业执照》机构名称变更手续后，未在 15 个工作日内向××区畜牧业管理局申请办理《动物诊疗许可证》机构名称变更手续。本机关下达了《当场处罚决定书》，给予警告，并责令立即改正违法行为。2013 年 7 月 7 日，本机关执法人员汤××、孙××再次来到康宝动物医院进行检查，发现该动物医院仍未办理变更手续。康宝动物医院的行为涉嫌违反了《动物诊疗机构管理办法》第十三条第一款之规定，建议立案调查。 受案人签名：汤××　孙×× 2013 年 7 月 7 日					
执法机构意见			（如监督所内设执法科，由执法科在此处填写意见） 　　　　　　　　　　　　　签名： 　　　　　　　　　　　　　　年　　月　　日				
法制机构意见			（如监督所内设法制科，由法制科在此处填写意见） 　　　　　　　　　　　　　签名： 　　　　　　　　　　　　　　年　　月　　日				
执法机关意见			同意立案调查。由汤××、孙××承办。 　　　　　　　　　　　　　签名：汪×× 　　　　　　　　　　　　　2013 年 7 月 7 日				
备　　注							

证据材料登记表

此复印件与原件相符

签字：段××

2013 年 7 月 7 日

证据制作说明：

1. 收 集 人：汤××、孙××
2. 提 供 人：段××
3. 收集时间：2013 年 7 月 7 日
4. 收集地点：××市××广场××商业楼××号（康宝动物医院）
5. 收集方式：复印
6. 证据内容：《企业法人营业执照》

现场检查笔录

时间： 2013 年 7 月 7 日 9 时 20 分至 9 时 45 分

检查地点： × × 市 × × 广场 × × 商业楼 × × 号

当事人： 康宝动物医院

检查机关： × × 区动物卫生监督所

检查人员： 汤 × ×　　　**执法证件号：** × × × × × ×

　　　　　　　孙 × ×　　　　　　　　　　 × × × × × ×

记录人： 汤 × ×

现场检查情况： 2013 年 7 月 7 日，本机关执法人员汤 × × 和孙 × × 对康宝动物医院进行检查，向该医院的段 × × 出示执法证件，检查情况如下：康宝动物医院位于 × × 市 × × 广场 × × 商业楼 × × 号，共有三层，其中一层有门诊室、接诊室和化验室。门诊室悬挂有《动物诊疗许可证》《企业法人营业执照》《税务登记证》和执业兽医公示板等，其中《动物诊疗许可证》载明的机构名称为洋洋动物医院，《企业法人营业执照》载明的机构名称为康宝动物医院。化验室内有 B 超仪、血液分析仪、显微镜等设备；二楼为输液室和药房；三楼为传染病隔离治疗室、消毒室、更衣室和手术室。执法人员对检查现场进行了拍照。

当事人签名或盖章：　段 × ×　　　　　　　　　　　（见证人签名或盖章：　　　　　　　）

执法人员签名或盖章：　汤 × ×　 孙 × ×

（第 1 页共 1 页）

询 问 笔 录

询问时间： 2013 年 7 月 7 日 10 时 02 分至 10 时 34 分

询问地点： ×× 市 ×× 区 ×× 路 ×× 号

询问机关： ×× 区动物卫生监督所

询问人： 汤 ××　　**执法证件号：** ××××××

　　　　　孙 ××　　　　　　　　　××××××

记录人： 孙 ××

被询问人：姓名： 段 ××　　**性别：** 男　　**年龄：** 34

　　　　　身份证号： ××××××　　**联系电话：** ××××××

　　　　　工作单位： ×× 市 ×× 广场康宝动物医院　　**职务：** 总经理

　　　　　住　　址： ×× 市 ×× 广场 ×× 商业楼 ×× 号

问： 我们是 ×× 区动物卫生监督所的执法人员，这是我们的执法证件，请你确认。现依法向你进行询问调查。你应当如实回答我们的询问并协助调查，作伪证要承担法律责任，你听清楚了吗？

答： 是的，我看过，确认。

问： 如你认为我们与本案件有利害关系，你有权向本机关申请让我们回避。

答： 我知道了，我不需要你们回避。

问： 请说一下你的自然情况。

答： 我叫段 ××，34 岁，身份证号是 ××××××，联系电话 ××××××，是康宝动物医院法定代表人，也是总经理。住在 ×× 市 ×× 广场 ×× 商业楼 ×× 号。

问： 请出示你的身份证。

答： 这是我的身份证，你看一下。

问： 调查结束后，我们要复印你的身份证，需要你在身份证复印件上签字确认并标注日期。

答： 好的，可以。

问： 本机关于 2013 年 7 月 3 日下达了《当场处罚决定书》，你是否到 ×× 区畜牧业管理局办理了机构名称变更手续？

答： 没有。

问： 为什么不办？

答： 我去外地了，没来得及办理。

问： 你对此次调查还有什么要补充的吗？

答： 没有了。

问： 以上情况是否属实？

答： 看过，情况属实。

被询问人签名或盖章：段 ××

执法人员签名或盖章：汤 ××　孙 ××

（第 1 页共 1 页）

证据材料登记表

此复印件与原件相符

签字：段××

2013 年 7 月 7 日

证据制作说明：

1. 收 集 人：汤××、孙××

2. 提 供 人：段××

3. 收集时间：2013 年 7 年 7 日

4. 收集地点：××市××广场××商业楼××号（康宝动物医院）

5. 收集方式：复印

6. 证据内容：《动物诊疗许可证》

证据材料登记表

此复印件与原件相符

签字：段××

2013 年 7 月 7 日

证据制作说明：

1. 收 集 人：汤××、孙××

2. 提 供 人：段××

3. 收集时间：2013 年 7 月 7 日

4. 收集地点：××市××广场××商业楼××号（康宝动物医院）

5. 收集方式：复印

6. 证据内容：段××身份证

证据材料登记表

证据制作说明：

1. 收集人：汤××、孙××

2. 提供人：

3. 收集时间：2013 年 7 月 7 日

4. 收集地点：××市××广场××商业楼××号（康宝动物医院）

5. 收集方式：拍摄

6. 证据内容：现场检查照片

证据材料登记表

证据制作说明：

1. 收 集 人：汤××、孙××

2. 提 供 人：

3. 收集时间：2013 年 7 月 7 日

4. 收集地点：××市××广场××商业楼××号（康宝动物医院）

5. 收集方式：拍摄

6. 证据内容：现场检查照片

案件处理意见书

案由			涉嫌变更机构名称未办理变更手续				
当事人	个人	姓名	/				
		性别	/	年龄	/	电话	/
		住址	/				
	单位	名称	康宝动物医院		法定代表人		段××
		地址	××市××广场××商业楼××号		电话		××××××
案件调查经过			2013年7月3日,本机关执法人员汤××和孙××对位于××市××广场××商业楼××号的康宝动物医院进行检查时,发现该动物医院法定代表人段××于2013年4月4日到工商部门办理《企业法人营业执照》机构名称变更手续后,未在15个工作日内向××区畜牧业管理局申请办理《动物诊疗许可证》机构名称变更手续。本机关下达了《当场处罚决定书》,给予警告,责令立即改正。2013年7月7日,本机关执法人员汤××和孙××再次来到康宝动物医院进行检查,发现其仍未向××区畜牧业管理局申请办理变更手续。经请示,立案调查。执法人员对段××进行了询问,收集了相关证据。				
所附证据材料			1.《现场检查笔录》2份; 2.《询问笔录》2份; 3.《当场处罚决定书》1份; 4.《企业法人营业执照》复印件1份; 5. 段××的身份证复印件1份; 6.《动物诊疗许可证》复印件1份; 7. 照片2张。				

调查 结论 及 处理 意见	经查，康宝动物医院为本案违法行为主体。段××为康宝动物医院法定代表人。 　　当事人违法事实清楚、证据确凿，其行为违反了《动物诊疗机构管理办法》第十三条第一款： "动物诊疗机构变更名称或者法定代表人（负责人）的，应当在办理工商变更登记手续后 15 个工作日内，向原发证机关申请办理变更手续"。按照《××省畜牧业行政处罚自由裁量权 标准》（具体条款略）之规定，对当事人处以（××××××—××××××）幅度内的处罚， 足以起到惩戒作用。依据《动物诊疗机构管理办法》第三十三条第一项："违反本办法规定， 动物诊疗机构有下列情形之一的，由动物卫生监督机构给予警告，责令限期改正；拒不改正 或者再次出现同类违法行为的，处以一千元以下罚款：（一）变更机构名称或者法定代表人 未办理变更手续的。"本机关责令你立即改正违法行为，建议作出如下处罚： 　　罚款人民币 300.00 元。 执法人员签名：汤 ××　孙 ×× 2013 年 7 月 7 日
执法 机构 意见	（如监督所内设执法科，由执法科在此处填写意见） 签名： 年　　月　　日
法制 机构 意见	（如监督所内设法制科，由法制科在此处填写意见） 签名： 年　　月　　日
执法 机关 意见	同意。 签名：汪 ×× 2013 年 7 月 7 日

××区动物卫生监督所
行政处罚事先告知书

××动监告〔2013〕2号

康宝动物医院：

经调查，你单位于 2013 年 4 月 4 日到工商部门办理《企业法人营业执照》机构名称变更手续后，未在 15 个工作日内向××区畜牧业管理局申请办理《动物诊疗许可证》机构名称变更手续。本机关下达了《当场处罚决定书》，给予警告，责令立即改正。2013 年 7 月 7 日，本机关执法人员汤××和孙××再次来到康宝动物医院进行检查，发现你单位仍未向××区畜牧业管理局申请办理变更手续，事实清楚、证据确凿，有《现场检查笔录》《询问笔录》《当场处罚决定书》、照片等为证。

你单位违反了《动物诊疗机构管理办法》第十三条："动物诊疗机构变更名称或者法定代表人（负责人）的，应当在办理工商变更登记手续后 15 个工作日内，向原发证机关申请办理变更手续"。按照《××省畜牧业行政处罚自由裁量权标准》（具体条款略）之规定，对当事人处以（×××××—××××××）幅度内的处罚，足以起到惩戒作用。

依据《动物诊疗机构管理办法》第三十三条第一项："违反本办法规定，动物诊疗机构有下列情形之一的，由动物卫生监督机构给予警告，责令限期改正；拒不改正或者再次出现同类违法行为的，处以一千元以下罚款：（一）变更机构名称或者法定代表人未办理变更手续的。"本机关拟作出如下处罚决定：

罚款人民币 300.00 元。

根据《中华人民共和国行政处罚法》第三十一条、第三十二条的规定，你（单位）可在收到本告知书之日起三日内向本机关进行陈述申辩，逾期不陈述申辩的，视为你（单位）放弃上述权利。

××区动物卫生监督所
2013 年 7 月 8 日

××区动物卫生监督机构地址：××市××区××路××号

联系人：汤××　　联系电话：××××××

行政处罚决定审批表

案由			变更机构名称未办理变更手续				
当事人	个人	姓名	/				
		性别	/	年龄	/	电话	/
		住址	/				
	单位	名称	康宝动物医院		法定代表人		段××
		地址	××市××广场××商业楼××号		电话		××××××
陈述申辩或听证情况		当事人在法定期限内未进行陈述申辩。					
处理意见		建议维持《行政处罚事先告知书》拟作出的处理处罚决定。 执法人员签名：汤×× 孙×× 2013 年 7 月 15 日					
执法机构意见		（如监督所内设执法科，由执法科在此处填写意见） 签名： 年 月 日					
法制机构意见		（如监督所内设法制科，由法制科在此处填写意见） 签名： 年 月 日					
执法机关意见		同意。 签名：汪×× 2013 年 7 月 15 日					

送 达 回 证

案　　由	涉嫌变更机构名称未办理变更手续案				
受送达人	康宝动物医院				
送达单位	××区动物卫生监督所				
送达文书及文号	送达地点	送达人	送达方式	收到日期	收件人签名
《行政处罚事先告知书》（××动监告〔2013〕2号）	××市××广场××商业楼××号(康宝动物医院)	汤×× 孙××	直接送达	2013年7月8日	段××
/	/	/	/	/	/
备注					

送 达 回 证

案　　由	变更机构名称未办理变更手续案				
受送达人	康宝动物医院				
送达单位	××区动物卫生监督所				
送达文书及文号	送达地点	送达人	送达方式	收到日期	收件人签名
《行政处罚决定书》（××动监罚〔2013〕2号）	××市××广场××商业楼××号（康宝动物医院）	汤×× 孙××	直接送达	2013年7月16日	段××
/	/	/	/	/	/
备注					

票据粘贴页

（罚没收据存根清单）

行政处罚结案报告

案　由	变更机构名称未办理变更手续案		
当事人	康宝动物医院		
立案时间	2013 年 7 月 7 日	处罚决定 送达时间	2013 年 7 月 16 日

处罚决定：
　　罚款人民币 300 元。
执行情况：
　　1. 执行方式：自动履行。
　　2. 执行时间：2013 年 7 月 20 日。

执法人员签名：汤 ×× 　孙 ××

2013 年 7 月 20 日

执法 机构 意见	（如监督所内设执法科，由执法科在此处填写意见） 　　　　　　　　　　　　　　　　　　　　　　签名： 　　　　　　　　　　　　　　　　　　　　年　　月　　日
执法 机关 意见	同意。 　　　　　　　　　　　　　　　　　　　　　　签名：汪 ×× 　　　　　　　　　　　　　　　　　　　　2013 年 7 月 20 日

备 考 表

本案卷包括使用的执法文书及罚没收据存根清单，共 23 页。

立卷人：汤××　孙××

2013 年 7 月 20 日

本案卷执法文书及相关证据归档完整，符合要求。

审查人：汪××

2013 年 7 月 20 日

卷十六　关于李××未在动物诊疗场所公示从业人员基本情况案

一、简要案情

2015 年 7 月 9 日，××市动物卫生监督所执法人员单××、王××和孙××对位于××区××路××号的洋洋宠物诊所进行检查时，发现未公示其聘用的执业兽医赵××的基本情况。本机关下达了《当场处罚决定书》，给予警告，并责令其在 5 日内纠正违法行为。2015 年 7 月 15 日，××市动物卫生监督所执法人员再次来到洋洋宠物诊所进行检查，发现仍未公示其聘用的执业兽医赵××的基本情况。经请示，立案调查。执法人员对洋洋宠物诊所业主李××进行了询问，收集了相关证据。2015 年 7 月 18 日，下达了《行政处罚事先告知书》；7 月 24 日，下达了《行政处罚决定书》，并作出罚款人民币 200.00 元的处罚决定。

二、处罚依据

违反条款：《动物诊疗机构管理办法》第十六条。

处罚条款：《动物诊疗机构管理办法》第三十三条第二项。

三、本类型案件办理的注意事项及难点

《动物诊疗机构管理办法》第三十三条第二项："违反本办法规定，动物诊疗机构有下列情形之一的，由动物卫生监督机构给予警告，责令限期改正；拒不改正或者再次出现同类违法行为的，处以一千元以下罚款：（二）未在诊疗场所悬挂动物诊疗许可证或者公示从业人员基本情况的"。

注意事项及难点： 办理此类型案件要先向当事人下达《当场处罚决定书》，给予警告，责令限期改正。当事人拒不改正或者再次出现同类违法行为的，才能给予罚款的行政处罚。

××市动物卫生监督所
案　卷

××动监罚〔2015〕9号					
题　名	关于洋洋宠物诊所未在动物诊疗场所公示从业人员基本情况案				
案 件 承 办 人			**当 事 人**		
单×× 王×× 孙××			洋洋宠物诊所（业主李××）		
立案日期	2015年7月15日	结案日期	2015年7月25日	立卷人	单××
执行结果	当事人已依法履行完毕。				
归档日期	2015年7月25日	档 案 编 号		201509	
保存期限	长期	卷内共29页			
备注					

卷 内 目 录

序号	文书编号	文书日期	题名	页号	备注
1	××动监罚〔2015〕9号	2015年7月24日	行政处罚决定书		
2		2015年7月9日	现场检查笔录		
3		2015年7月9日	询问笔录		
4		2015年7月9日	询问笔录		
5	××动监简罚〔2015〕8号	2015年7月9日	当场处罚决定书		
6	××动监立〔2015〕9号	2015年7月15日	行政处罚立案审批表		
7		2015年7月15日	当事人身份证明		复印件
8		2015年7月15日	现场检查笔录		
9		2015年7月15日	询问笔录		
10		2015年7月15日	证据材料登记表（李××身份证）		复印件
11		2015年7月15日	证据材料登记表（赵××身份证）		复印件
12		2015年7月15日	证据材料登记表（赵××《兽医师执业证书》）		复印件
13		2015年7月15日	证据材料登记表（李××《兽医师执业证书》）		复印件
14		2015年7月15日	证据材料登记表（赵××聘用合同复印件）		复印件
15		2015年7月15日	证据材料登记表（现场检查照片）		
16		2015年7月15日	证据材料登记表（现场检查照片）		
17		2015年7月15日	案件处理意见书		
18	××动监告〔2015〕9号	2015年7月18日	行政处罚事先告知书		
19		2015年7月24日	行政处罚决定审批表		
20		2015年7月18日	送达回证		
21		2015年7月24日	送达回证		
22		2015年7月24日	缴纳罚款银行回执		
23		2015年7月25日	行政处罚结案报告		
24		2015年7月25日	备考表		

××市动物卫生监督所
行政处罚决定书

×× 动监罚〔2015〕9 号

名称： 洋洋宠物诊所（业主李××   **性别：** 女   **年龄：** 56）

地址： ×× 市 ×× 区 ×× 路 ×× 号   **联系方式：** ××××××

当事人洋洋宠物诊所未在动物诊疗场所公示从业人员基本情况一案，经本机关依法调查，现查明：

2015 年 7 月 9 日，×× 市动物卫生监督所执法人员单 ××、王 ×× 和孙 ×× 对位于 ×× 区 ×× 路 ×× 号的洋洋宠物诊所进行检查时，发现该诊所未公示其聘用的执业兽医赵 ×× 的基本情况。本机关下达了《当场处罚决定书》（×× 动监简罚〔2015〕8 号），给予警告，并责令其在 5 日内纠正违法行为。2015 年 7 月 15 日，×× 市动物卫生监督所执法人员再次来到洋洋宠物诊所进行检查，发现该诊所仍未公示其聘用的执业兽医赵 ×× 的基本情况。经请示，立案调查。执法人员对业主李 ×× 进行了询问，收集了相关证据，洋洋宠物诊所存在未在动物诊疗场所公示其聘用的执业兽医基本情况的违法事实。

以上事实查证属实，有下列证据为证：

1. 2015 年 7 月 9 日制作的《现场检查笔录》1 份和《询问笔录》2 份，证明了当事人未在诊疗场所公示从业人员基本情况的事实；

2. 2015 年 7 月 9 日制作的《当场处罚决定书》1 份，证明本机关给予当事人警告、责令其 5 日内纠正违法行为的事实；

3. 2015 年 7 月 15 日制作的《现场检查笔录》和《询问笔录》各 1 份，证明当事人没有改正违法行为的事实；

4. 李 ×× 的身份证复印件和《个体工商户营业执照》复印件各 1 份，证明违法主体的适格性；

5. 《动物诊疗许可证》复印件 1 份，证明了洋洋宠物诊所的动物诊疗资格；同时证明了违法主体的适格性，与证据 4 相互印证；

6. 《兽医师执业证书》复印件 1 份，证明赵 ×× 的执业资格；

7. 《兽医师执业证书》复印件 1 份，证明李 ×× 的执业资格；

8. 《聘用合同书》复印件 1 份，证明赵 ×× 为李 ×× 雇佣的执业兽医；

9. 照片 2 张，证明现场检查及相关物品情况。

本机关认为：

洋洋宠物诊所未在动物诊疗场所公示从业人员基本情况，其行为违反了《动物诊疗机构管理办法》第十六条："动物诊疗机构应当依法从事动物诊疗活动，建立健全内部管理制度，在诊疗场所的显著位置悬挂动物诊疗许可证和公示从业人员基本情况。"当事人收到《行政处罚事先告知书》后，在法定期限内未进行陈述申辩。按照《×× 省畜牧业行政处罚自由裁量权标准》（具体条款略）之规定，对当事人处以（×××××× — ××××××）幅度内的处罚，足以起到惩戒作用。

依据《动物诊疗机构管理办法》第三十三条第二项："违反本办法规定，动物诊疗机构有下列情形之一的，由动物卫生监督机构给予警告，责令限期改正；拒不改正或者再次出现同类违法行为的，处以一千元以下罚款：（二）未在诊疗场所悬挂动物诊疗许可证或者公示从业人员基本情况的"。本机关作出如下处罚：

罚款人民币 200.00 元。

当事人必须在收到本处罚决定书之日起 15 日内持本决定书到 ×× 银行缴纳罚款。逾期不按规定缴纳罚款的，每日按罚款数额的 3% 加处罚款。

当事人对本处罚决定不服的，可以在收到本处罚决定书之日起 60 日内向 ×× 市畜牧业管理局申请行政复议；或者六个月内向 ×× 市 ×× 区人民法院提起行政诉讼。行政复议和行政诉讼期间，本处罚决定不停止执行。

当事人逾期不申请行政复议或提起行政诉讼，也不履行本行政处罚决定的，本机关将依法申请人民法院强制执行。

×× 市动物卫生监督所

2015 年 7 月 24 日

现场检查笔录

时间： 2015 年 7 月 9 日 9 时 15 分至 9 时 35 分

检查地点： ××市××区××路××号（洋洋宠物诊所）

检查机关： ××市动物卫生监督所

执法人员： 王×× **执法证件号：** ××××××

孙×× **执法证件号：** ××××××

记录人： 单××

现场检查情况： 2015 年 7 月 9 日，××市动物卫生监督所执法人员单××、王××、孙××依法对位于××区××路××号的洋洋宠物诊所进行检查，向业主李××出示执法证件，检查情况如下：该诊所位于××区××路与××路交口东北侧的××居民楼一楼，有独立的出入口，诊所入口上方有"洋洋宠物"字牌。诊所内南侧诊疗区正面及右侧墙上依次悬挂着《税务登记证》《个体工商户营业执照》《动物诊疗许可证》和用玻璃镜框装裱的诊疗场所从业人员基本情况公示信息。执法人员对该诊所从业人员基本情况公示信息仔细查看，发现新注册执业兽医赵××的基本情况没有公示。执法人员对现场检查情况进行了拍照。

当事人签名或盖章：李×× （见证人签字或盖章： ）

执法人员签名或盖章：单×× 王×× 孙××

（第 1 页共 1 页）

询 问 笔 录

询问时间: <u>2015</u> 年 <u>7</u> 月 <u>9</u> 日 <u>9</u> 时 <u>55</u> 分至 <u>10</u> 时 <u>27</u> 分

询问地点: <u>×× 市 ×× 区 ×× 路 ×× 号</u>

询问机关: <u>×× 市动物卫生监督所</u>

询问人: <u>王 ××</u>　　**执法证件号:** <u>× × × × × ×</u>

　　　　<u>孙 ××</u>　　　　　　　<u>× × × × × ×</u>

记录人: <u>单 ××</u>　　　　　　　<u>× × × × × ×</u>

被询问人: 姓名: <u>李 ××</u>　　**性别:** <u>女</u>　　**年龄:** <u>56</u>

　　　　　 身份证号: <u>× × × × × ×</u>　　**联系电话:** <u>× × × × × ×</u>

　　　　　 工作单位: <u>洋洋宠物诊所</u>　　**职务:** <u>总经理</u>

　　　　　 住址: <u>×× 市 ×× 区 ×× 公寓 ×× 号楼 ×× 栋 ×× 号</u>

问: 我们是 ×× 市动物卫生监督所执法人员(出示执法证件),现依法向你进行询问调查。你应当如实回答我们的询问并协助调查,作伪证要承担法律责任,你听清楚了吗?

答: 听清楚了,我会积极配合你们。

问: 如你认为我们与本案件有利害关系,你有权向 ×× 市动物卫生监督所申请让我们回避。

答: 我知道了,我不需要你们回避。

问: 请说一下你的自然情况。

答: 我叫李 ××,女,56 岁,身份证号是 × × × × × ×,联系电话 × × × × × ×,是洋洋宠物诊所总经理,住在 ×× 市 ×× 区 ×× 公寓 ×× 号楼 ×× 栋 ×× 号。

问: 请出示你诊所的《动物诊疗许可证》和你本人的身份证。

答: 好的,你看一下。

问: 调查结束后,我们要复印你诊所的《动物诊疗许可证》和你的身份证,需要你在复印件上签字确认并标注日期。

答: 好的,可以。

问: 你诊所有几个注册的执业兽医?

答: 有 2 个,我和赵 ××。赵 ×× 是今年 6 月份注册的。

被询问人签名或盖章: 李 ××

问： 赵 ×× 和你们诊所什么关系？

答： 我诊所雇佣的，有合同。

问： 赵 ×× 具体从事什么工作？

答： 他主要是和我一起开展宠物诊疗工作。

问： 请出示你们的《兽医师执业证书》。

答： 这是我们的《兽医师执业证书》，你们看一下。

问： 你们诊所为什么没有公示赵 ×× 的基本情况？

答： 这段时间只顾忙孩子，没有公示。

问： 你对此次调查还有什么要补充的吗？

答： 没有了。

问： 以上情况是否属实？

答： 看过了，情况属实。

被询问人签名或盖章：李 ××

执法人员签名或盖章：单 ×× 　 王 ×× 　 孙 ××

（第 2 页共 2 页）

询 问 笔 录

询问时间： 2015 年 7 月 9 日 11 时 05 分至 11 时 30 分

询问地点： ×× 市 ×× 区 ×× 路 ×× 号

询问机关： ×× 市动物卫生监督所

询问人： 王 ××　　　**执法证件号：** ××××××

　　　　　 孙 ××　　　　　　　　　 ××××××

记录人： 单 ××　　　　　　　　　 ××××××

被询问人： 姓名：赵 ××　　性别：男　　年龄：56

　　　　　　 身份证号：××××××　　联系电话：××××××

　　　　　　 工作单位：×× 市洋洋宠物诊所　　职务：执业兽医

　　　　　　 住址：×× 市 ×× 区 ×× 胡同 ×× 号

问： 我们是 ×× 市动物卫生监督所执法人员（出示执法证件），现依法向你进行询问调查。你应当如实回答我们的询问并协助调查，作伪证要承担法律责任，你听清楚了吗？

答： 听清楚了，我会积极配合你们。

问： 如你认为我们与本案件有利害关系，你有权向 ×× 市动物卫生监督所申请让我们回避。

答： 知道了，我不需要你们回避。

问： 说一下你的自然情况。

答： 我叫赵 ××，男，56 岁，身份证号是 ××××××，住址是 ×× 市 ×× 区 ×× 胡同 ×× 号，联系电话：××××××，现在是洋洋宠物诊所的一名执业兽医。

问： 请出示你的身份证件。

答： 好的，这是我的身份证。

问： 我们将对你的身份证进行复印，需要你在复印件上签字确认并标注日期。

答： 好的。

问： 你和 ×× 市洋洋宠物诊所是什么关系？

答： 雇佣关系，我是该诊所聘用的执业兽医，我们之间有聘用合同。

被询问人签名或盖章：赵 ××

（第 1 页共 2 页）

问： 你到洋洋宠物诊所工作多长时间了？

答： 今年6月份来的，工作一个多月了。

问： 你在洋洋宠物诊所从事什么工作？

答： 主要从事动物诊疗。

问： 你是否取得《兽医师执业证书》？

答： 取得了《兽医师执业证书》，你看下。

问： 以上情况是否属实？

答： 看过了，情况属实。

被询问人签名或盖章：赵××

执法人员签名或盖章：单×× 王×× 孙××

（第2页共2页）

××市动物卫生监督所
当场处罚决定书

××动监简罚〔2015〕8号

<table>
<tr>
<td rowspan="5">当事人</td>
<td rowspan="3">个人</td>
<td>姓名</td>
<td colspan="4">/</td>
<td>电话</td>
<td>/</td>
</tr>
<tr>
<td>性别</td>
<td>/</td>
<td>年龄</td>
<td>/</td>
<td>身份证号</td>
<td colspan="2">/</td>
</tr>
<tr>
<td>住址</td>
<td colspan="6">/</td>
</tr>
<tr>
<td rowspan="2">单位</td>
<td>名称</td>
<td colspan="2">洋洋宠物诊所</td>
<td colspan="2">法定代表人
（负责人）</td>
<td colspan="2">李××</td>
</tr>
<tr>
<td>地址</td>
<td colspan="2">××区××路××号</td>
<td colspan="2">电话</td>
<td colspan="2">××××××</td>
</tr>
<tr>
<td>违法
事实</td>
<td colspan="8">　　2015年7月9日，××市动物卫生监督所执法人员单××、王××和孙××对位于××区××路××号的××市洋洋宠物诊所进行检查时，发现该诊所未公示其聘用的执业兽医赵××的基本情况。</td>
</tr>
<tr>
<td>处罚
依据
及
内容</td>
<td colspan="8">　　洋洋宠物诊所未在动物诊疗场所公示从业人员基本情况，其行为违反了《动物诊疗机构管理办法》第十六条之规定："动物诊疗机构应当依法从事动物诊疗活动，建立健全内部管理制度，在诊疗场所的显著位置悬挂动物诊疗许可证和公示从业人员基本情况。"
　　依据《动物诊疗机构管理办法》第三十三条第二项："违反本办法规定，动物诊疗机构有下列情形之一的，由动物卫生监督机构给予警告，责令限期改正；拒不改正或者再次出现同类违法行为的，处以一千元以下罚款：（二）未在诊疗场所悬挂动物诊疗许可证或者公示从业人员基本情况的。"本机关作出如下处罚：警告。</td>
</tr>
<tr>
<td>告知
事项</td>
<td colspan="8">1. 当事人应当对违法行为在 5 日内予以纠正；
2. 当事人必须在收到处罚决定书之日起15日内持本决定书到××银行缴纳罚款。逾期不缴纳的，每日按罚款数额的3%加处罚款；
3. 对本处罚决定不服的，可以在收到本处罚决定书之日起60日内向××市畜牧业管理局申请行政复议；或者六个月内向××区人民法院提起行政诉讼。</td>
</tr>
<tr>
<td rowspan="2">执法人员
基本情况</td>
<td>姓　名</td>
<td colspan="3">单××</td>
<td colspan="2">王××</td>
<td rowspan="2">××市动物卫生监督所
2015年7月9日</td>
</tr>
<tr>
<td>执法证件号</td>
<td colspan="3">××××××</td>
<td colspan="2">××××××</td>
</tr>
<tr>
<td colspan="2">当事人签收</td>
<td colspan="3">李××</td>
<td colspan="2">是否当场执行</td>
<td>是</td>
</tr>
</table>

行政处罚立案审批表

×× 动监立〔2015〕9 号

案件来源			检查发现	受案时间	2015 年 7 月 15 日
案　由			涉嫌未在诊疗场所公示从业人员基本情况案		
当事人	个人	姓名	/	电话	/
		性别	/	年龄	/	身份证号	/
		住址	/		
	单位	名称	洋洋宠物诊所	法定代表人（负责人）	李 ××
		地址	×× 区 ×× 路 ×× 号	电话	× × × × × ×
简要案情			2015 年 7 月 9 日 9 时 30 分，×× 市动物卫生监督所执法人员单 ××、王 ××、孙 ×× 依法对洋洋宠物诊所进行检查时，发现当事人未在诊疗场所公示从业人员基本情况，本机关下达了《当场处罚决定书》，给予了警告，并责令其在 5 日内予以纠正。2015 年 7 月 15 日 10 时 40 分，执法人员再次对洋洋宠物诊所进行检查，发现当事人仍未在诊疗场所公示从业人员基本情况。其行为涉嫌违反了《动物诊疗机构管理办法》第十六条之规定，建议立案调查。 　　　　　　　　　　受案人签名：单 ××　王 ××　孙 ×× 　　　　　　　　　　　　　　　　2015 年 7 月 15 日		
执法机构意见			（如监督所内设执法科，由执法科在此处填写意见） 　　　　　　　　　　　　　　签名： 　　　　　　　　　　　　　　年　　月　　日		
法制机构意见			（如监督所内设法制科，由法制科在此处填写意见） 　　　　　　　　　　　　　　签名： 　　　　　　　　　　　　　　年　　月　　日		
执法机关意见			同意立案调查，由单 ××、王 ××、孙 ×× 承办。 　　　　　　　　　　　　　　签名：周 ×× 　　　　　　　　　　　　　　2015 年 7 月 15 日		
备　注					

证据材料登记表

此复印件与原件相符

签名：李 × ×

2015 年 7 月 15 日

证据制作说明：

1. 收 集 人：单 × ×、王 × ×、孙 × ×
2. 提 供 人：李 × ×
3. 收集时间：2015 年 7 月 15 日
4. 收集地点：× × 市动物卫生监督所
5. 收集方式：复印
6. 证据内容：《个体工商户营业执照》

现场检查笔录

时间： 2015 年 7 月 15 日 10 时 40 分至 11 时 20 分

检查地点： ×× 市 ×× 区 ×× 路 ×× 号（洋洋宠物诊所）

检查机关： ×× 市动物卫生监督所

执法人员： 王 ××   **执法证件号：** × × × × × ×

         孙 ××   **执法证件号：** × × × × × ×

记录人： 单 ××

现场检查情况： 2015 年 7 月 15 日，×× 市动物卫生监督所执法人员单 ××、王 ××、孙 ×× 再次对位于 ×× 区 ×× 路 ×× 号的洋洋宠物诊所进行检查，向业主李 ×× 出示执法证件，检查情况如下：该诊所位于 ×× 区 ×× 路与 ×× 路交口东北侧的 ×× 居民楼一楼，有独立的出入口，诊所入口上方有"洋洋宠物"字牌。诊所内南侧诊疗区正面及右侧墙上依次悬挂着《税务登记证》《个体工商户营业执照》《动物诊疗许可证》、诊所各项管理制度和玻璃镜框装裱的诊疗场所从业人员基本情况公示信息。执法人员对该诊所从业人员基本情况公示信息仔细查看，新注册执业兽医赵 ×× 的基本情况仍然没有公示。执法人员对检查现场进行了拍照。

当事人签名或盖章：李 ××   （见证人签字或盖章：   ）

执法人员签名或盖章：单 ××   王 ××   孙 ××

询 问 笔 录

询问时间： 2015 年 7 月 15 日 13 时 20 分至 13 时 55 分

询问地点： ×× 市 ×× 区 ×× 路 ×× 号

询问机关： ×× 市动物卫生监督所

询问人： 王 ××　　**执法证件号：** ××××××

　　　　　孙 ××　　　　　　　　　××××××

记录人： 单 ××　　　　　　　　××××××

被询问人： 姓名： 李 ××　　性别： 女　　年龄： 56

　　　　　　身份证号： ××××××　　联系电话： ××××××

　　　　　　工作单位： 洋洋宠物诊所　　职务： 总经理

　　　　　　住址： ×× 市 ×× 区 ×× 公寓 ×× 号楼 ×× 栋 ×× 号

问： 我们是 ×× 市动物卫生监督所执法人员（出示执法证件），现依法向你进行询问调查。你应当如实回答我们的询问并协助调查，作伪证要承担法律责任，你听清楚了吗？

答： 听清楚了，我会积极配合你们。

问： 如你认为我们与本案件有利害关系，你有权向 ×× 市动物卫生监督所申请让我们回避。

答： 我知道了，我不需要你们回避。

问： 请说一下你的自然情况。

答： 我叫李 ××，女，56 岁，身份证号是 ××××××，联系电话 ××××××，是洋洋宠物诊所总经理，住在 ×× 市 ×× 区 ×× 公寓 ×× 号楼 ×× 栋 ×× 号。

问： 请出示你的身份证。

答： 好的。你看一下我的身份证。

问： 我们将对你的身份证进行复印，需要你在复印件上签字确认并标注日期。

答： 好的。

问： 2015 年 7 月 9 日，本机关执法人员依法对洋洋宠物诊所检查时，发现你未在诊疗场所公示赵 ×× 的基本情况，并下达了《当场处罚决定书》，责令你在 5 日内改正违法行为，你是否改正了？

答： 没有。

被询问人签名或盖章： 李 ××

问：你为什么不公示赵 ×× 的基本情况？

答：这段时间只顾忙着孩子的事了，还没来得及公示。

问：你对此次调查还有什么要补充的吗？

答：没有了。

问：以上笔录内容请你仔细阅读，并确认与你叙述是否一致。

答：已阅读，内容与我叙述一致。

被询问人签名或盖章：李 ××

执法人员签名或盖章：单 ××　王 ××　孙 ××

（第 2 页共 2 页）

证据材料登记表

此复印件与原件相符

签名：李××

2015 年 7 月 15 日

证据制作说明：

1. 收 集 人：单××、王××、孙××
2. 提 供 人：李××
3. 收集时间：2015 年 7 月 15 日
4. 收集地点：××市××区××路××号
5. 收集方式：复印
6. 证据内容：李××身份证

证据材料登记表

此复印件与原件相符

签名：赵××

2015 年 7 月 15 日

证据制作说明：

1. 收 集 人：单××、王××、孙××

2. 提 供 人：赵××

3. 收集时间：2015 年 7 月 15 日

4. 收集地点：××市××区××路××号

5. 收集方式：复印

6. 证据内容：赵××的身份证

证据材料登记表

此复印件与原件相符

签名：赵××

2015 年 7 月 15 日

证据制作说明：

1. 收 集 人：单××、王××、孙××

2. 提 供 人：赵××

3. 收集时间：2015 年 7 月 15 日

4. 收集地点：××市××区××路××号

5. 收集方式：复印

6. 证据内容：赵××的《兽医师执业证书》

证据材料登记表

此复印件与原件相符

签名：李××

2015 年 7 月 15 日

证据制作说明：

1. 收 集 人：单××、王××、孙××

2. 提 供 人：李××

3. 收集时间：2015 年 7 月 15 日

4. 收集地点：××市××区××路××号

5. 收集方式：复印

6. 证据内容：李××的《兽医师执业证书》

证据材料登记表

此复印件与原件相符

签名：李××

2015 年 7 月 15 日

证据制作说明：

1. 收 集 人：单××、王××、孙××
2. 提 供 人：李××
3. 收集时间：2015 年 7 月 15 日
4. 收集地点：××市××区××路××号
5. 收集方式：复印
6. 证据内容：《聘用合同书》

证据材料登记表

证据制作说明：

1. 收 集 人：单××、王××、孙××

2. 提 供 人：

3. 收集时间：2015 年 7 月 15 日

4. 收集地点：××市××区××路××号

5. 收集方式：拍摄

6. 证据内容：现场检查照片

证据材料登记表

证据制作说明：

1. 收 集 人：单××、王××、孙××

2. 提 供 人：

3. 收集时间：2015年7月15日

4. 收集地点：××市××区××路××号

5. 收集方式：拍摄

6. 证据内容：现场检查照片

案件处理意见书

案由	涉嫌未在动物诊疗场所公示从业人员基本情况案					
当事人	个人	姓名	/			
		性别	/	年龄	/	电话	/
		住址	/			
	单位	名称	洋洋宠物诊所	法定代表人（负责人）		李××
		地址	××区××路××号	电话		××××××

案件调查经过	2015年7月9日，××市动物卫生监督所执法人员单××、王××和孙××对位于××区××路××号的洋洋宠物诊所进行检查时，发现当事人未公示其聘用执业兽医赵××的基本情况。本机关下达了《当场处罚决定书》，给予警告，并责令其在5日内纠正违法行为。2015年7月15日10时40分，××市动物卫生监督所执法人员再次来到洋洋宠物诊所进行检查，发现当事人在规定期限内仍没有在诊疗场所公示其聘用的执业兽医赵××的基本情况。执法人员对李××进行了询问，收集了相关证据。

所附证据材料	1. 《个体工商户营业执照》复印件1份； 2. 《动物诊疗许可证》复印件1份； 3. 李××的身份证复印件1份； 4. 《现场检查笔录》2份； 5. 现场照片2张； 6. 李××的《询问笔录》2份； 7. 《聘用合同书》复印件1份； 8. 赵××的身份证复印件1份； 9. 赵××的《询问笔录》1份； 10. 李××《兽医师执业证书》复印件1份； 11. 赵××《兽医师执业证书》复印件1份； 12. 《当场处罚决定书》1份。

调查结论及处理意见	经查，当事人洋洋宠物诊所未在动物诊疗场所公示从业人员基本情况，事实清楚、证据确凿，其行为涉嫌违反了《动物诊疗管理办法》第十六条："动物诊疗机构应当依法从事动物诊疗活动，建立健全内部管理制度，在诊疗场所的显著位置悬挂动物诊疗许可证和公示从业人员基本情况。"按照《××省畜牧业行政处罚自由裁量权标准》（具体条款略）之规定，对当事人处以（××××××—××××××）幅度内的处罚，足以起到惩戒作用。 　　依据《动物诊疗机构管理办法》第三十三条第二项："违反本办法规定，动物诊疗机构有下列情形之一的，由动物卫生监督机构给予警告，责令限期改正；拒不改正或者再次出现同类违法行为的，处以一千元以下罚款：（二）未在诊疗场所悬挂动物诊疗许可证或者公示从业人员基本情况的"。建议作出如下处罚： 　　罚款人民币 200.00 元。 执法人员签名：单×× 王×× 孙×× 2015 年 7 月 15 日
执法机构意见	（如监督所内设执法科，由执法科在此处填写意见） 签名： 年　　月　　日
法制机构意见	（如监督所内设法制科，由法制科在此处填写意见） 签名： 年　　月　　日
执法机关意见	同意。 签名：周×× 2015 年 7 月 15 日

××市动物卫生监督所
行政处罚事先告知书

××动监告〔2015〕9号

洋洋宠物诊所（业主李××　性别：女　年龄：56）：

经调查，你未在动物诊疗场所公示从业人员基本情况，本机关于2015年7月9日下达了《当场处罚决定书》，给予警告，责令你在规定期限内改正违法行为。2015年7月15日，本机关执法人员再次检查，发现你仍未公示聘用的执业兽医赵××的基本情况，事实清楚、证据确凿，有《现场检查笔录》《询问笔录》和照片等为证。

你违反了《动物诊疗机构管理办法》第十六条："动物诊疗机构应当依法从事动物诊疗活动，建立健全内部管理制度，在诊疗场所的显著位置悬挂动物诊疗许可证和公示从业人员基本情况。"按照《××省畜牧业行政处罚自由裁量权标准》（具体条款略）之规定，对当事人处以（×××××—××××××）幅度内的处罚，足以起到惩戒作用。

依据《动物诊疗机构管理办法》第三十三条第二项："违反本办法规定，动物诊疗机构有下列情形之一的，由动物卫生监督机构给予警告，责令限期改正；拒不改正或者再次出现同类违法行为的，处以一千元以下罚款：（二）未在诊疗场所悬挂动物诊疗许可证或者公示从业人员基本情况的。"本机关责令你立即改正违法行为，并拟作出如下处罚决定：

罚款人民币200.00元。

根据《中华人民共和国行政处罚法》第三十一条、第三十二条之规定，你（单位）可在收到本告知书之日起三日内向本机关进行陈述申辩，逾期不陈述申辩的，视为你（单位）放弃上述权利。

××市动物卫生监督所

2015年7月18日

××动物卫生监督所地址：××市××区××路××号

联系人：李××　电话：××××××

行政处罚决定审批表

案　　由			未在诊疗场所公示从业人员基本情况案			
当事人	个人	姓名	/			
		性别	/	年龄　　/	电话	/
		住址	/			
	单位	名称	洋洋宠物诊所		法定代表人（负责人）	李××
		地址	××区××路××号		电话	××××××
陈述申辩或听证情况		当事人收到《行政处罚事先告知书》后，在法定期限内未进行陈述申辩。				
处理意见		建议维持《行政处罚事先告知书》拟作出的处理处罚决定。 　　　　　　　　　　签名：单×× 王×× 孙×× 　　　　　　　　　　2015年7月24日				
执法机构意见		（如监督所内设执法科，由执法科在此处填写意见） 　　　　　　　　　　签名： 　　　　　　　　　　年　月　日				
法制机构意见		（如监督所内设法制科，由法制科在此处填写意见） 　　　　　　　　　　签名： 　　　　　　　　　　年　月　日				
执法机关意见		同意。 　　　　　　　　　　签名：周×× 　　　　　　　　　　2015年7月24日				

送 达 回 证

案　　由	涉嫌未在动物诊疗场所公示从业人员基本情况案				
受送达人	洋洋宠物诊所（业主李××）				
送达单位	××市动物卫生监督所				
送达文书及文号	送达地点	送达人	送达方式	收到日期	收件人签名
《行政处罚事先告知书》（××动监告〔2015〕9号）	××区××路××号	单×× 王×× 孙××	直接送达	2015年7月18日	李××
/	/	/	/	/	/
备注					

送 达 回 证

案　　由	未在动物诊疗场所公示从业人员基本情况案				
受送达人	洋洋宠物诊所（业主李××）				
送达单位	××市动物卫生监督所				
送达文书及文号	送达地点	送达人	送达方式	收到日期	收件人签名
《行政处罚决定书》（××动监罚〔2015〕9号）	××区××路××号	单××王××孙××	直接送达	2015年7月24日	李××
/	/	/	/	/	/
备注					

票据粘贴页

（罚没收据存根清单）

行政处罚结案报告

案　由	未在动物诊疗场所公示从业人员基本情况案		
当事人	洋洋宠物诊所（业主李××）		
立案时间	2015 年 7 月 15 日	处罚决定送达时间	2015 年 7 月 24 日

处罚决定：

　　罚款人民币 200.00 元。

执行情况：

　　1. 执行方式：自动履行。

　　2. 执行时间：2015 年 7 月 25 日。

执法人员签名：单×× 王×× 孙××

2015 年 7 月 25 日

执法机构意见	（如监督所内设执法科，由执法科在此处填写意见） <div align="right">签名： 年　　月　　日</div>
执法机关意见	同意结案。 <div align="right">签名：周×× 2015 年 7 月 25 日</div>

备 考 表

本案卷包括使用的执法文书、收集的证据及罚没收据存根，共计 29 页。

立卷人：单 ××

2015 年 7 月 25 日

本案卷执法文书及相关证据归档完整，符合要求。

审查人：徐 ××

2015 年 7 月 25 日

卷十七　关于周××从事动物诊疗活动不使用病历案

一、简要案情

2015 年 10 月 15 日，本机关执法人员王××、檀×× 对周×× 经营的 ×× 宠物诊所进行检查，发现周×× 正在从事动物诊疗活动，该宠物诊所已取得《动物诊疗许可证》，但周×× 在从事动物诊疗活动时没有使用病历，本机关向其下达了《当场处罚决定书》，给予警告，并责令其立即改正违法行为。10 月 17 日，本机关执法人员王××、檀×× 再次来到 ×× 宠物诊所进行检查，发现周×× 从事动物诊疗活动时仍然没有使用病历。经请示，立案调查。执法人员对周×× 进行了询问，收集了相关证据。2015 年 10 月 18 日，下达了《行政处罚事先告知书》；10 月 22 日，下达了《行政处罚决定书》，并作出罚款人民币 1000.00 元的处罚决定。

二、处罚依据

违反条款：《动物诊疗机构管理办法》第十九条。

处罚条款：《动物诊疗机构管理办法》第三十三条第三项。

三、本类型案件办理的注意事项及难点

《动物诊疗机构管理办法》第三十三条第三项之规定：违反本法规定，动物诊疗机构有下列情形之一的由动物卫生监督机构给予警告，责令限期改正；拒不改正或者再次出现同类违反行为的，处以一千元以下罚款；（三）不使用病历，或者应当开具处方未开具处方的。

注意事项及难点：办理此类型案件要先向当事人下达《当场处罚决定书》，给予警告，责令限期改正。当事人拒不改正或者再次出现同类违法行为的，才能给予罚款的行政处罚。

××市动物卫生监督所
案　　卷

××动监罚〔2015〕7号				
题　名	关于周××从事动物诊疗活动不使用病历案			
案件承办人		**当　事　人**		
王××　檀××		××宠物诊所（业主周××）		
立案日期	2015年10月17日	**结案日期**	2015年10月22日	**立卷人**	王××
执行结果	当事人已依法履行完毕。			
归档日期	2015年10月22日	**档案编号**		201507
保存期限	长期	卷内共25页		
备注				

卷 内 目 录

序号	文书编号	文书日期	题名	页号	备注
1	××动监罚〔2015〕7号	2015年10月22日	行政处罚决定书		
2		2015年10月15日	现场检查笔录		
3		2015年10月15日	询问笔录		
4	××动监简罚〔2015〕6号	2015年10月15日	当场处罚决定书		
5	××动监立〔2015〕7号	2015年10月17日	行政处罚立案审批表		
6		2015年10月17日	当事人身份证明		复印件
7		2015年10月17日	现场检查笔录		
8		2015年10月17日	询问笔录		
9		2015年10月17日	证据材料登记表（周××身份证）		复印件
10		2015年10月17日	证据材料登记表（《动物诊疗许可证》）		复印件
11		2015年10月17日	证据材料登记表（《兽医师执业证书》）		复印件
12		2015年10月17日	证据材料登记表（现场检查照片）		
13		2015年10月17日	证据材料登记表（现场检查照片）		
14		2015年10月18日	案件处理意见书		
15	××动监告〔2015〕7号	2015年10月18日	行政处罚事先告知书		
16		2015年10月22日	行政处罚决定审批表		
17		2015年10月18日	送达回证		
18		2015年10月22日	送达回证		
19		2015年10月22日	缴纳罚款银行回执		
20		2015年10月22日	行政处罚结案报告		
21		2015年10月22日	备考表		

××市动物卫生监督所
行政处罚决定书

×× 动监罚〔2015〕7 号

名称： ×× 宠物诊所（业主：周 ××　　**性别：** 男　　**年龄：** 27）

住址： ×× 市 ×× 区 ×× 路 ×× 号　　**联系方式：** ××××××

当事人 ×× 宠物诊所从事动物诊疗活动不使用病历一案，经本机关依法调查，现查明：

2015 年 10 月 15 日，本机关执法人员王 ××、檀 ×× 对周 ×× 经营的 ×× 宠物诊所进行检查，发现周 ×× 正在从事动物诊疗活动，该宠物诊所已取得《动物诊疗许可证》，但周 ×× 在从事动物诊疗活动时没有使用病历，本机关向其下达了《当场处罚决定书》，给予警告，并责令其立即改正违法行为。10 月 17 日，本机关执法人员王 ××、檀 ×× 再次来到 ×× 宠物诊所进行检查，发现周 ×× 从事动物诊疗活动时仍然没有使用病历。经请示，立案调查。执法人员对当事人周 ×× 进行了询问，收集了相关证据，×× 宠物诊所存在从事动物诊疗活动不使用病历的违法事实。

以上事实查证属实，有下列证据为证：

1. 2015 年 10 月 15 日制作的《现场检查笔录》《询问笔录》各 1 份，证明当事人从事动物诊疗活动不使用病历。

2.《当场处罚决定书》1 份，证明本机关给予当事人警告、责令其立即改正违法行为的事实。

3. 2015 年 10 月 17 日制作的《现场检查笔录》和《询问笔录》各 1 份，证明当事人没有改正违法行为。

4. 周 ×× 的身份证和《个体工商户营业执照》复印件各 1 份，证明当事人身份及违法主体的适格性。

5.《动物诊疗许可证》和《兽医师执业证书》复印件各 1 份，共同证明 ×× 宠物诊所和兽医从业人员合法性。

6. 现场照片，证明现场检查及相关物品情况。

本机关认为：当事人违反了《动物诊疗机构管理办法》第十九条："动物诊疗机构应当使用规范的病历、处方笺，病历、处方笺应当印有动物诊疗机构名称。病例档案应当保存 3 年以上。"本机关关于 2015 年 10 月 18 日下达了《行政处罚事先告知书》，当事人收到《行政处罚事先告知书》后，在法定期限内未进行陈述申辩。按照《×× 省畜牧业行政处罚自由裁量权标准》（具体条款略）之规定，对当事人处以（××××××—××××××）幅度内的处罚，足以起到惩戒作用。

依据《动物诊疗机构管理办法》第三十三条第三项之规定："违反本办法规定，动物诊疗机构有下列情形之一的，由动物卫生监督机构给予警告，责令限期改正；拒不改正或者再次出现同类违法行为的，处以一千元以下罚款：（三）不使用病历，或者应当开具处方未开具处方的"。本机关责令你立即改正违法行为，并作出如下处罚决定：

罚款人民币 1000.00 元。

当事人必须在收到本决定书之日起 15 日内持本决定书到 ×× 银行缴纳罚（没）款。当事人逾期不缴纳罚款的，每日按罚款数额的 3% 加处罚款。

当事人对本处罚决定不服的，可以在收到本处罚决定书之日起 60 日内向 ×× 市畜牧业管理局申请行政复议，或者六个月内向 ×× 市人民法院提起行政诉讼。行政复议和行政诉讼期间，本处罚决定不停止执行。

当事人逾期不申请行政复议或提起行政诉讼，也不履行本行政处罚决定的，本机关将依法申请人民法院强制执行。

×× 市动物卫生监督所

2015 年 10 月 22 日

现场检查笔录

时间：2015 年 10 月 15 日 9 时 12 分至 9 时 33 分

检查地点：××市××路××号（××宠物诊所）

检查机关：××市动物卫生监督所

检查人员：王×× 　　**执法证件号：**××××××

　　　　　　檀×× 　　　　　　　　××××××

记录人：王××

现场检查情况：2015 年 10 月 15 日，本机关执法人员王××、檀××来到××宠物诊所，向业主周××出示执法证件，检查情况如下：××宠物诊所南侧的诊室内悬挂有《动物诊疗许可证》《个体工商户营业执照》《税务登记证》及执业兽医公示板等，北侧设有手术室、化验室、药房、X 光室等，诊室的桌上放着处方笺，没有使用病历。执法人员对当事人诊疗情况进行了拍照。

当事人签名或盖章：周×× 　　　　　　　　　　（见证人签名或盖章：　　　　　　　　）

执法人员签名或盖章：王×× 　檀××

（第 1 页共 1 页）

询 问 笔 录

询问时间： 2015 年 10 月 15 日 9 时 50 分至 10 时 20 分

询问地点： ××市××路××号（××宠物诊所）

询问机关： ××市动物卫生监督所

询问人员： 王××　　**执法证件号：** ××××××

　　　　　　檀××　　　　　　　　××××××

记录人： 王××

被询问人：姓名： 周××　　**性别：** 男　　**年龄：** 27

　　　　　　身份证号： ××××××　　**联系电话：** ××××××

　　　　　　工作单位： ××宠物诊所　　**职务：** 总经理

　　　　　　住址： ××市××区××路××号

问： 我们是 ××市动物卫生监督所执法人员（出示执法证件），现依法向你进行询问调查。你应当如实回答我们的询问并协助调查，作伪证要承担法律责任，你听清楚了吗？

答： 是的，我看过，确认。

问： 如你认为我们与本案件有利害关系，你有权向本机关申请让我们回避。

答： 我知道了，我不需要你们回避。

问： 请说一下你的自然情况。

答： 我叫周××，今年 27 岁，身份证号是××××××，手机号码是××××××。住址××市××区××路××号，是××宠物诊所业主，也是总经理。

问： 请出示你的身份证。

答： 好的。你看一下我的身份证。

问： 调查结束后，我们需要将你的身份证复印，需要你确认签字并标明时间。

答： 好的。

问： 你的诊所是否办理《动物诊疗许可证》？

答： 有，你看一下《动物诊疗许可证》。

问： 你是否取得《兽医师执业证书》？

答： 取得了《兽医师执业证书》，你看一下。

被询问人签名或盖章：周 ××

（第 1 页共 2 页）

问：你为什么不使用病历？

答：我嫌麻烦。

问：你对此次调查还有什么要补充的吗？

答：没有了。

问：以上笔录内容请你仔细阅读，并确认与你叙述是否一致？

答：我已阅读，记录内容与我叙述一致。

被询问人签名或盖章：周 ××

执法人员签名或盖章：王 ××　檀 ××

（第 2 页共 2 页）

××市动物卫生监督所
当场处罚决定书

××动监简罚〔2015〕6号

<table>
<tr><td rowspan="5">当事人</td><td rowspan="3">个人</td><td>姓名</td><td colspan="3">/</td><td>电话</td><td>/</td></tr>
<tr><td>性别</td><td>/</td><td>年龄</td><td>/</td><td>身份证号</td><td>/</td></tr>
<tr><td>住址</td><td colspan="5">/</td></tr>
<tr><td rowspan="2">单位</td><td>名称</td><td colspan="2">××宠物诊所</td><td colspan="2">法定代表人
（负责人）</td><td>周××</td></tr>
<tr><td>地址</td><td colspan="3">××市××路××号</td><td>电话</td><td>××××××</td></tr>
<tr><td>违法
事实</td><td colspan="7">　　2015年10月15日，××市动物卫生监督所执法人员王××、檀××对××宠物诊所进行检查时，发现周××不使用病历从事动物诊疗活动。</td></tr>
<tr><td>处罚
依据
及
内容</td><td colspan="7">　　本机关认为：当事人违反了《动物诊疗机构管理办法》第十九条："动物诊疗机构应当使用规范的病历、处方笺，病历、处方笺应当印有动物诊疗机构名称。病历档案应当保存3年以上。"依据《动物诊疗机构管理办法》第三十三条第三项之规定："违反本办法规定，动物诊疗机构有下列情形之一的，由动物卫生监督机构给予警告，责令限期改正；拒不改正或者再次出现同类违法行为的，处以一千元以下罚款：（三）不使用病历，或者应当开具处方未开具处方的"。本机关责令你立即改正违法行为，并作出如下处罚决定：警告。</td></tr>
<tr><td>告知
事项</td><td colspan="7">1. 当事人应当对违法行为立即予以纠正；
2. 当事人必须在收到处罚决定书之日起15日内持本决定书到××银行缴纳罚没款。逾期不缴纳的，每日按罚款数额的3%加处罚款；
3. 当事人逾期不按规定缴纳罚没款的，本所将申请人民法院强制执行或依法强制执行；
4. 对本处罚决定不服的，可以在收到本处罚决定书之日起60日内向××市畜牧业管理局申请行政复议，或在三个月内向××市人民法院起诉，在复议或诉讼期间不停止执行本处罚决定。</td></tr>
<tr><td rowspan="2">执法
人员
基本
情况</td><td>姓　　名</td><td colspan="2">王××</td><td colspan="2">檀××</td><td rowspan="2">××市动物卫生监督所
2015年10月15日</td></tr>
<tr><td>执法证件号</td><td colspan="2">××××××</td><td colspan="2">××××××</td></tr>
<tr><td>当事人签收</td><td colspan="2">周××</td><td colspan="2">是否当场执行</td><td colspan="2">是</td></tr>
</table>

473

行政处罚立案审批表

×× 动监立〔2015〕7 号

案件来源	检查发现		受案时间	2013 年 10 月 18 日
案 由	涉嫌从事动物诊疗活动不使用病历案			
当事人	个人	姓名	/	电话	/
		性别	/	年龄	/	身份证号	/
		住址	/			
	单位	名称	×× 宠物诊所	法定代表人（负责人）	周 ××
		地址	×× 市 ×× 路 ×× 号	电话	××××××
简要案情	2015 年 10 月 15 日，本机关执法人员王 ××、檀 ×× 在检查 ×× 宠物诊所中发现，周 ×× 从事动物诊疗活动时不使用病历，违反了《动物诊疗机构管理办法》第十九条的规定，本机关向其下达了《当场处罚决定书》，给予警告，并责令其立即改正违法行为。2015 年 10 月 17 日，本机关执法人员王 ××、檀 ×× 再次来到 ×× 宠物诊所检查，发现周 ×× 从事动物诊疗活动时仍然没有使用病历。周 ×× 的行为涉嫌违反了《动物诊疗机构管理办法》第三十三条之规定，建议立案调查。 　　　　　　　　　　　　　　受案人签名：王 ××　檀 ×× 　　　　　　　　　　　　　　2015 年 10 月 17 日				
执法机构意见	（如监督所内设执法科，由执法科在此处填写意见） 　　　　　　　　　　　　　　签名： 　　　　　　　　　　　　　　　年　月　日				
法制机构意见	（如监督所内设法制科，由法制科在此处填写意见） 　　　　　　　　　　　　　　签名： 　　　　　　　　　　　　　　　年　月　日				
执法机关意见	同意立案。由王 ××、檀 ×× 承办。 　　　　　　　　　　　　　　签名：张 ×× 　　　　　　　　　　　　　　2015 年 10 月 17 日				
备注					

证据材料登记表

此复印件与原件相符

签名：周××

2015 年 10 月 17 日

证据制作说明：

1. 收 集 人：王××、檀××

2. 提 供 人：周××

3. 收集时间：2015 年 10 月 17 日

4. 收集地点：××市动物卫生监督所

5. 收集方式：复印

6. 证据内容：《个体工商户营业执照》

现场检查笔录

时间： <u>2015</u> 年 <u>10</u> 月 <u>17</u> 日 <u>9</u> 时 <u>10</u> 分至 <u>9</u> 时 <u>33</u> 分

检查地点： <u>××市××路××号（××宠物诊所）</u>

检查机关： <u>××市动物卫生监督所</u>

检查人员： <u>王××</u>　　**执法证件号：** <u>××××××</u>

　　　　　　<u>檀××</u>　　　　　　　　　<u>××××××</u>

记录人： <u>王××</u>

现场检查情况： <u>2015 年 10 月 17 日，本机关执法人员王××、檀×× 再次来到 ×× 宠物诊所，向业</u>
<u>主周 ×× 出示执法证件，检查情况如下：该宠物诊所南侧的诊室内悬挂有《动物诊疗许可证》《个体</u>
<u>工商户营业执照》《税务登记证》及执业兽医公示板等，北侧设有手术室、化验室、药房、X 光室等，</u>
<u>该诊所执业兽医师周 ×× 正在从事动物诊疗，仍没有使用病历。执法人员对周 ×× 诊疗情况拍摄照片。</u>

当事人签名：周 ××　　　　　　　　　　　　　（见证人签字或盖章：　　　　　　　　　）

执法人员签名：王 ××　檀 ××

（第 1 页共 1 页）

询 问 笔 录

询问时间： 2015 年 10 月 17 日 9 时 45 分至 10 时 20 分

询问地点： ××市××路××号（××宠物诊所）

询问机关： ××市动物卫生监督所

询问人员： 王×× 　　**执法证件号：** ××××××

　　　　　　　檀×× 　　　　　　　　××××××

记录人： 王××

被询问人： 姓名：周×× 　　性别：男 　　年龄：27

　　　　　　　身份证号：×××××× 　　联系电话：××××××

　　　　　　　工作单位：××宠物诊所 　　职务：总经理

　　　　　　　住　　址：××市××区××路××号

问： 我们是××市动物卫生监督所执法人员（出示执法证件），现依法向你进行询问调查。你应当如实回答我们的询问并协助调查，作伪证要承担法律责任，你听清楚了吗？

答： 是的，我看过，确认。

问： 如你认为我们与本案件有利害关系，你有权向本机关申请让我们回避。

答： 我知道了，我不需要你们回避。

问： 请说一下你的自然情况。

答： 我叫周××，今年 27 岁，身份证号是××××××，手机号码是××××××，住在××市××区××路××号，是××宠物诊所的业主，也是总经理。

问： 请出示你的身份证，调查结束后我们要复印你的身份证，同时你要确认签名并标明时间。

答： 好的。你看一下我的身份证。

问： 2015 年 10 月 15 日，本机关执法人员依法对××宠物诊所检查时，因你不使用病历从事动物诊疗活动，下达了《当场处罚决定书》，责令你立即改正，你是否改正？

答： 没有。

当事人签名：周　××

（第 1 页共 2 页）

问：为什么还不使用病历?

答：我嫌麻烦。

问：你对此次调查还有什么要补充的吗?

答：没有了。

问：你看一下，以上记录内容是否属实?

答：我看过了，属实。

当事人签名：周××

执法人员签名：王×× 檀××

（第2页共2页）

证据材料登记表

此复印件与原件相符

签名：周××

2015 年 10 月 17 日

证据制作说明：

1. 收 集 人：王××、檀××
2. 提 供 人：周××
3. 收集时间：2015 年 10 月 17 日
4. 收集地点：××市动物卫生监督所
5. 收集方式：复印
6. 证据内容：周××身份证

证据材料登记表

此复印件与原件相符

签字：周××

2015 年 10 月 17 日

证据制作说明：

1. 收 集 人：王××、檀××
2. 提 供 人：周××
3. 收集时间：2015 年 10 月 17 日
4. 收集地点：××市动物卫生监督所
5. 收集方式：复印
6. 证据内容：××动物诊所《动物诊疗许可证》

证据材料登记表

此复印件与原件相符

签字：周××

2015 年 10 月 17 日

证据制作说明：

1. 收 集 人：王××、檀××

2. 提 供 人：周××

3. 收集时间：2015 年 10 月 17 日

4. 收集地点：××市动物卫生监督所

5. 收集方式：复印

6. 证据内容：周××《兽医师执业证书》

证据材料登记表

证据制作说明：

1. 收 集 人：王××、檀××
2. 提 供 人：
3. 收集时间：2015 年 10 月 17 日
4. 收集地点：××市××路××号
5. 收集方式：拍摄
6. 证据内容：现场检查照片

证据材料登记表

证据制作说明：

1. 收 集 人：王××、檀××

2. 提 供 人：

3. 收集时间：2015 年 10 月 17 日

4. 收集地点：××市××路××号

5. 收集方式：拍摄

6. 证据内容：现场检查照片

案件处理意见书

案　由			涉嫌从事动物诊疗活动不使用病历案			
当事人	个人	姓名	/			
		性别	/	年龄	/	电话	/
		住址	/			
	单位	名称	××宠物诊所	法定代表人（负责人）	周××	
		地址	××市××路××号	电话	××××××	

案件调查经过	2015年10月15日，本机关执法人员王××、檀××对周××经营的××宠物诊所进行监督检查，发现周××正在从事动物诊疗活动，××宠物诊所已取得《动物诊疗许可证》，但周××在从事动物诊疗活动时没有使用病历，本机关下达了《当场处罚决定书》，给予警告，并责令其立即改正违法行为。10月17日，本机关执法人员王××、檀××再次来到××宠物诊所进行检查，发现周××从事动物诊疗活动时仍然没有使用病历，经请示，立案调查。执法人员对周××进行了询问，收集了相关证据。
所附证据材料	1. 《个体工商户营业执照》复印件1份； 2. 《动物诊疗许可证》复印件1份； 3. 《现场检查笔录》2份； 4. 《询问笔录》2份； 5. 现场照片2张； 6. 周××的身份证复印件1份； 7. 周××《兽医师执业证书》复印件1份； 8. 《当场处罚决定书》1份。
调查结论及处理意见	当事人××宠物诊所从事动物诊疗活动不使用病历的行为，事实清楚、证据确凿，其行为涉嫌违反《动物诊疗机构管理办法》第十九条："动物诊疗机构应当使用规范的病历、处方笺，病历、处方笺应当印有动物诊疗机构名称。病历档案应当保存3年以上。"按照《××省畜牧业行政处罚自由裁量权标准》（具体条款略）之规定，对当事人处以（××××××—××××××）幅度内的处罚，足以起到惩戒作用。 　　依照《动物诊疗机构管理办法》第三十三条第三项："违反本办法规定，动物诊疗机构有下列情形之一的，由动物卫生监督机构给予警告，责令限期改正；拒不改正或者再次出现同类违法行为的，处以一千元以下罚款：（三）不使用病历，或者应当开具处方未开具处方的。"建议作出如下处罚： 　　罚款人民币1000.00元。 　　　　　　　　　　　　　　　　　　　执法人员签名：王××　檀×× 　　　　　　　　　　　　　　　　　　　　　　　　2015年10月18日

执法 机构 意见	（如监督所内设执法科，由执法科在此处填写意见） 　　　　　　　　　　　　　　　　　　签名： 　　　　　　　　　　　　　　　　　　　　年　　月　　日
法制 机构 意见	（如监督所内设法制科，由法制科在此处填写意见） 　　　　　　　　　　　　　　　　　　签名： 　　　　　　　　　　　　　　　　　　　　年　　月　　日
执法 机关 意见	同意。 　　　　　　　　　　　　　　　　　签名：张×× 　　　　　　　　　　　　　　　　　2015 年 10 月 18 日

××市动物卫生监督所
行政处罚事先告知书

××动监告〔2015〕7号

××宠物诊所（业主：周×× 性别：男 年龄：27）：

经调查，你于2015年10月15日不使用病历从事动物诊疗活动。本机关下达了《当场处罚决定书》，给予警告，责令你立即改正违法行为。2015年10月17日，本机关执法人员王××、檀××再次来到××宠物诊所进行检查，发现你仍不使用病历从事动物诊疗活动，有《现场检查笔录》《询问笔录》、照片等为证。

你违反了《动物诊疗机构管理办法》第十九条"动物诊疗机构应当使用规范的病历、处方笺，病历、处方笺应当印有动物诊疗机构名称。病历档案应当保存3年以上。"按照《××省畜牧业行政处罚自由裁量权标准》（具体条款略）之规定，对当事人处以（×××××—××××××）幅度内的处罚，足以起到惩戒作用。

依据《动物诊疗机构管理办法》第三十三条第三项的规定："违反本办法规定，动物诊疗机构有下列情形之一的，由动物卫生监督机构给予警告，责令限期改正；拒不改正或者再次出现同类违法行为的，处以一千元以下罚款：（三）不使用病历，或者应当开具处方未开具处方的。"本机关责令你立即改正违法行为，拟作出如下处罚决定：

罚款人民币1000.00元。

根据《中华人民共和国行政处罚法》第三十一条、第三十二条和第四十二条的规定，你可在收到本告知书之日起三日内向本机关进行陈述申辩、申请听证，逾期不陈述申辩、申请听证的，视为你放弃上述权利。

××市动物卫生监督机所

2015年10月18日

执法机关地址：××路××号

联系人：王×× 电话：××××××

行政处罚决定审批表

案　由	从事动物诊疗活动不使用病历案					
当事人	个人	姓名	/			
		性别	/	年龄　/	电话	/
		住址	/			
	单位	名称	××宠物诊所	法定代表人（负责人）		周××
		地址	××市××路××号	电话		××××××
陈述申辩或听证情况	当事人收到《行政处罚事先告知书》后，在法定期限内未进行陈述申辩。					
处理意见	建议维持《行政处罚事先告知书》拟作出的处理处罚决定。 　　　　　　　　　　　执法人员签名：王××　檀×× 　　　　　　　　　　　　　　2015 年 10 月 22 日					
执法机构意见	（如监督所内设执法科，由执法科在此处填写意见） 　　　　　　　　　　　签名： 　　　　　　　　　　　　　年　　月　　日					
法制机构意见	（如监督所内设法制科，由法制科在此处填写意见） 　　　　　　　　　　　签名： 　　　　　　　　　　　　　年　　月　　日					
执法机关意见	同意。 　　　　　　　　　　　签名：张×× 　　　　　　　　　　　　　2015 年 10 月 22 日					

送 达 回 证

案　　由	涉嫌从事动物诊疗活动不使用病历案				
受送达人	周××（××宠物诊所业主）				
送达单位	××市动物卫生监督所				
送达文书及文号	送达地点	送达人	送达方式	收到日期	收件人签名
《行政处罚事先告知书》（××动监告〔2015〕7号）	××市××路××号（××宠物诊所）	王×× 檀××	直接送达	2011年10月18日	周××
/	/	/	/	/	/
备注					

送 达 回 证

案　由	从事动物诊疗不使用病历案				
受送达人	周××（××宠物诊所业主）				
送达单位	××市动物卫生监督所				
送达文书及文号	**送达地点**	**送达人**	**送达方式**	**收到日期**	**收件人签名**
《行政处罚决定书》（××动监罚〔2015〕7号）	××市××路××号（××宠物诊所）	王××檀××	直接送达	2014年10月22日	周××
/	/	/	/	/	/
备注					

票据粘贴页

（罚没收据存根清单）

行政处罚结案报告

案　由	从事动物诊疗活动不使用病历案		
当 事 人	×× 宠物诊所（业主周 ××）		
立案时间	2015 年 10 月 17 日	处罚决定 送达时间	2015 年 10 月 22 日

处罚决定：

　　罚款人民币 1000.00 元。

执行情况：

　　1. 执行方式：自动履行。

　　2. 执行时间：2015 年 10 月 22 日。

执法人员签名：王 ××　檀 ××

2015 年 10 月 22 日

执法 机构 意见	（如监督所内设执法科，由执法科在此处填写意见） 签名： 年　　月　　日
执法 机关 意见	同意结案。 签名：张 ×× 2015 年 10 月 22 日

备 考 表

本案卷包括使用的执法文书、收集的证据及罚没收据存根，共计 25 页。

立卷人：王 × ×

2015 年 10 月 22 日

本案卷执法文书及相关证据归档完整，符合要求。

审查人：张 × ×

2015 年 10 月 22 日

卷十八　关于吕××未经执业兽医注册从事动物诊疗活动案

一、案情简介

2015 年 5 月 20 日，本机关执法人员赵××和钱××对××市××区××动物诊所进行检查，发现当事人未经执业兽医注册从事诊疗活动。经请示，立案调查。当事人于 2015 年 5 月 19 日至 2015 年 5 月 20 日期间，未经执业兽医注册在该动物诊所从事动物诊疗活动，开具处方 2 张，期间从事动物诊疗收入 120 元（壹佰贰拾元整）。执法人员对当事人吕××进行了询问，收集了相关证据。2015 年 5 月 21 日，下达了《行政处罚事先告知书》；5 月 24 日，下达了《行政处罚决定书》，并作出没收违法所得人民币 120.00 元（壹佰贰拾元整）和罚款人民币 1000.00 元的处罚决定。

二、处罚依据

违反条款：《中华人民共和国动物防疫法》第五十五条第一款。

处罚条款：《中华人民共和国动物防疫法》第八十二条第一款。

三、本类型案件办理的注意事项及难点

1. 此类案件来源一般为监督检查发现或者群众举报，监督检查时要注意查看诊疗机构内兽医师执业证书上执业兽医姓名，查看病历卡时注意是否为注册的执业兽医开具，如果姓名不对应，要查看填写病历卡的人员是否为注册的执业兽医师。

2. 调查取证过程中，执法人员要采取一定的技巧对违法次数和涉案金额进行确定。

××市动物卫生监督所
案　卷

××动监罚〔2015〕3号					
题　名	关于吕××未经执业兽医注册从事动物诊疗活动案				
案件承办人		**当 事 人**			
赵×× 钱××		吕××			
立案日期	2015年5月20日	**结案日期**	2015年5月25日	**立卷人**	赵××
执行结果	当事人已依法履行完毕。				
归档日期	2015年5月26日	**档案编号**		201503	
保存期限	长期	卷内共22页			
备注					

卷内目录（一）

序号	文书编号	文书日期	题名	页号	备注
1	××动监罚〔2015〕3号	2015年5月24日	行政处罚决定书		
2	××动监立〔2015〕3号	2015年5月20日	行政处罚立案审批表		
3		2015年5月20日	当事人身份证明		复印件
4		2015年5月20日	现场检查笔录		
5		2015年5月20日	询问笔录		
6		2015年5月20日	证据材料登记表（《动物诊疗许可证》）		复印件
7		2015年5月20日	证据材料登记表（现场检查照片）		
8		2015年5月20日	证据材料登记表（现场检查照片）		
9		2015年5月20日	证据材料登记表（处方笺）		复印件
10		2015年5月20日	证据材料登记表（处方笺）		复印件
11		2015年5月20日	证据材料登记表（《个体工商户营业执照》）		复印件

卷内目录（二）

序号	文书编号	文书日期	题名	页号	备注
12		2015 年 5 月 21 日	案件处理意见书		
13	××动监告〔2015〕3 号	2015 年 5 月 21 日	行政处罚事先告知书		
14		2015 年 5 月 21 日	陈述申辩笔录		
15		2015 年 5 月 24 日	行政处罚决定审批表		
16		2015 年 5 月 21 日	送达回证		
17		2015 年 5 月 24 日	送达回证		
18		2015 年 5 月 24 日	缴纳罚款银行回执		
19		2015 年 5 月 25 日	行政处罚结案报告		
20		2015 年 5 月 26 日	备考表		

××市动物卫生监督所
行政处罚决定书

××动监罚〔2015〕3 号

姓名：吕×× **性别：**男 **年龄：**45

住址：××市××区××胡同××号 **联系方式：**××××××

当事人吕××未经执业兽医注册从事动物诊疗活动一案，经本机关依法调查，现查明：

2015 年 5 月 20 日，本机关执法人员赵××和钱××对××市××区××动物诊所进行检查，发现当事人未经执业兽医注册从事诊疗活动。经请示，立案调查。当事人于 2015 年 5 月 19 日至 2015 年 5 月 20 日期间，未经执业兽医注册在该动物诊所从事动物诊疗活动，开具处方 2 张，期间从事动物诊疗收入 120 元（壹佰贰拾元整）。执法人员对当事人吕××进行了询问，收集了相关证据。当事人吕××存在未经执业兽医注册从事动物诊疗活动的违法事实。

以上事实查证属实，有下列证据为证：

1. 《现场检查笔录》和《询问笔录》各 1 份，证明当事人未经执业兽医注册从事动物诊疗活动；

2. 吕××的身份证复印件和《个体工商户营业执照》复印件各 1 份，证明违法主体的适格性；

3. 《动物诊疗许可证》复印件 1 张，证明××动物诊所的合法性，当事人系××动物诊所业主；

4. 处方笺复印件 2 张，证明当事人于 2015 年 5 月 19 日至 2015 年 5 月 20 日期间从事动物诊疗活动，且违法所得为人民币 120.00 元；

5. 照片 2 张，证明现场检查及相关物品情况。

本机关认为：当事人吕××未经执业兽医注册从事动物诊疗活动，事实清楚、证据确凿，违反了《中华人民共和国动物防疫法》第五十五条第一款："经注册的执业兽医师，方可从事动物诊疗、开具兽药处方等活动"。当事人收到《行政处罚事先告知书》进行了陈述申辩，以初犯为由要求减轻处罚。经审查，不符合《中华人民共和国行政处罚法》关于从轻或减轻处罚的有关规定，不予采纳。按照《××省畜牧业行政处罚自由裁量权标准》（具体条款略）之规定，对当事人处以（××××××—××××××）幅度内的处罚，足以起到惩戒作用。

依照《中华人民共和国动物防疫法》第八十二条第一款："违反本法规定，未经兽医执业注册从事动物诊疗活动的，由动物卫生监督机构责令停止动物诊疗活动，没收违法所得，并处一千元以上一万元以下罚款。"本机关责令你立即停止动物诊疗活动，并作出如下处罚决定：

1. 没收违法所得人民币 120.00 元；

2. 罚款人民币 1000.00 元。

当事人必须在收到本决定书之日起十五日内持本决定书到××银行缴纳罚款。逾期不缴纳罚款的，每日按罚款数额的 3% 加处罚款。

当事人对本处罚决定不服的，可以在收到本处罚决定书之日起 60 日内向××市畜牧业管理局申请行政复议；或者三个月内向××市人民法院提起行政诉讼。行政复议和行政诉讼期间，本处罚决定不停止执行。

当事人逾期不申请行政复议或提起行政诉讼，也不履行本行政处罚决定的，本机关将依法申请人民法院强制执行。

××市动物卫生监督所
2015 年 5 月 24 日

行政处罚立案审批表

××动监立〔2015〕3号

案件来源	检查发现			受案时间		2015年5月20日
案 由	涉嫌未经执业兽医注册从事动物诊疗活动案					
当事人	个人	姓名	吕××		电话	××××××
		性别	男 年龄 45	身份证号		××××××
		住址	××市××区××胡同××号			
	单位	名称	/	法定代表人（负责人）		/
		地址	/	电话		/
简要案情	2015年5月20日，××市动物卫生监督所在××动物诊所实施监督检查时，发现业主吕××未经执业兽医注册在该诊所内对病畜进行诊疗，并于2015年5月19日至2015年5月20日开具处方2张。当事人的行为涉嫌违反了《中华人民共和国动物防疫法》第五十五条第一款之规定，建议立案调查。 　　　　　　　　　　　　　　　受案人签名：赵×× 钱×× 　　　　　　　　　　　　　　　　　　2015年5月20日					
执法机构意见	（如监督所内设执法科，由执法科在此处填写意见） 　　　　　　　　　　签名： 　　　　　　　　　　　年　月　日					
法制机构意见	（如监督所内设法制科，由法制科在此处填写意见） 　　　　　　　　　　签名： 　　　　　　　　　　　年　月　日					
执法机关意见	同意。由赵××、钱××承办。 　　　　　　　　　　签名：孙×× 　　　　　　　　　　　2015年5月20日					
备注						

证据材料登记表

<table>
<tr><td></td></tr>
<tr><td>

此复印件与原件相符
当事人签名：吕××
2015 年 5 月 20 日
</td></tr>
<tr><td>

证据制作说明：

1．收　集　人：赵××、钱××

2．提　供　人：吕××

3．收集时间：2015 年 5 月 20 日

4．收集地点：××动物诊所

5．收集方式：复印

6．证据内容：吕××身份证
</td></tr>
</table>

现场检查笔录

时间： 2015 年 5 月 20 日 9 时 35 分至 10 时 15 分

检查地点： ××市××区××路××号（××动物诊所）

当事人： 吕××

检查机关： ××市动物卫生监督所

检查人员： 赵××　　**执法证件号：** ××××××

　　　　　　钱××　　　　　　　　　××××××

记录人： 赵××

现场检查情况： 2015 年 5 月 20 日，××市动物卫生监督所执法人员赵××、钱××依法对××动物诊所进行检查，向当事人吕××出示执法证件，检查情况如下：该诊所位于××市××区××路××号，大门坐南朝北，诊所内东侧为柜台，柜台内零散放置药品；东墙上挂有《税务登记证》《个体工商户营业执照》《动物诊疗许可证》和用玻璃镜框装裱的诊疗场所从业人员基本情况公示信息。执法人员对该诊所从业人员基本情况公示信息进行查看，发现没有公示吕××的《兽医师执业证书》。北侧为诊疗区，有床一张，床上放有铁钩 3 个，当事人吕××正在给 1 只犬注射生理盐水；西侧为办公桌，上有笔两支，处方笺一本，已用 2 张，内容为吕××于 2015 年 5 月 19 日和 5 月 20 日开具的药品名称、数量，总计金额为 120 元。执法人员对现场检查情况进行了拍照。

当事人签名：吕××　　　　　　　　　　　　　（见证人签名或盖章：　　　　　　　）

执法人员签名：赵×× 钱××

（第 1 页共 1 页）

询 问 笔 录

询问时间： 2015 年 5 月 20 日 10 时 21 分至 10 时 50 分

询问地点： ×× 市 ×× 区 ×× 路 ×× 号（×× 动物诊所）

询问机关： ×× 市动物卫生监督所

询问人： 赵 ××　　**执法证件号：** ××××××

　　　　　　钱 ××　　　　　　　　××××××

记录人： 赵 ××

被询问人：姓名： 吕 ××　　**性别：** 男　　**年龄：** 45

　　　　　　身份证号： ××××××　　**联系电话：** ××××××

　　　　　　工作单位： ×× 动物诊所　　**职务：** 无

　　　　　　住址： ×× 市 ×× 区 ×× 胡同 ×× 号

问： 我们是 ×× 市动物卫生监督所执法人员（出示执法证件），现依法向你进行询问调查。你应当如实回答我们的询问并协助调查，作伪证要承担法律责任，你听清楚了吗？

答： 听清楚了。

问： 你有申请执法人员回避的权力，你是否申请？

答： 不申请。

问： 请叙述下你的自然情况。

答： 我叫吕 ××，今年 45 岁，现住 ×× 市 ×× 区 ×× 胡同 ×× 号。

问： 请出示你的身份证。

答： 这是我的身份证，您看一下。

问： 调查结束后，我们需要将你的身份证复印，需要你确认签字并标明时间。

答： 好的。

被询问人签名：吕 ××

（第 1 页共 2 页）

问：你在 ×× 动物诊所主要从事什么工作？

答：这个店是我开的，我是业主，我主要对病畜进行诊疗和开处方，给宠物打打针、看看病。

问：你从什么时候开始诊疗活动的？

答：我昨天刚开业，就干了 2 天。

问：你开具处方和用药是否有记录？

答：有，今天你们看到的这个是我第二次看病和打针。我开具的就这两张处方。

问：这两张处方涉及的诊疗收入为多少？

答：120 元。

问：你是否取得了执业兽医资格？

答：取得了，你们看下，这是证书。

问：你在 ×× 市畜牧业管理局经过执业兽医资格注册了吗？

答：没有。

问：以上情况是否属实？

答：我看了，属实。

被询问人签名：吕 × ×

执法人员签名：赵 × ×　钱 × ×

（第 2 页共 2 页）

证据材料登记表

<table>
<tr><td>

此复印件与原件相符

当事人签字：吕××

2015 年 5 月 20 日

</td></tr>
<tr><td>

证据制作说明：

1. 收 集 人：赵××、钱××

2. 提 供 人：吕××

3. 收集时间：2015 年 5 月 20 日

4. 收集地点：××动物诊所

5. 收集方式：复印

6. 证据内容：《动物诊疗许可证》

</td></tr>
</table>

证据材料登记表

证据制作说明：

1. 收 集 人：赵××、钱××
2. 提 供 人：
3. 收集时间：2015 年 5 月 20 日
4. 收集地点：×× 动物诊所
5. 收集方式：拍照
6. 证据内容：现场检查照片

证据材料登记表

证据制作说明：

1. 收 集 人：赵××、钱××

2. 提 供 人：

3. 收集时间：2015 年 5 月 20 日

4. 收集地点：××动物诊所

5. 收集方式：拍照

6. 证据内容：现场检查照片

证据材料登记表

此复印件与原件相符

当事人签字：吕××

2015 年 5 月 20 日

证据制作说明：

1. 收 集 人：赵××、钱××

2. 提 供 人：吕××

3. 收集时间：2015 年 5 月 20 日

4. 收集地点：××动物诊所

5. 收集方式：复印

6. 证据内容：处方笺

证据材料登记表

此复印件与原件相符

当事人签字：吕××

2015 年 5 月 20 日

证据制作说明：

1. 收 集 人：赵××、钱××

2. 提 供 人：吕××

3. 收集时间：2015 年 5 月 20 日

4. 收集地点：××动物诊所

5. 收集方式：复印

6. 证据内容：处方笺

证据材料登记表

此复印件与原件相符

当事人签字：吕××

2015 年 5 月 20 日

证据制作说明：

1. 收 集 人：赵××、钱××
2. 提 供 人：吕××
3. 收集时间：2015 年 5 月 20 日
4. 收集地点：××动物诊所
5. 收集方式：复印
6. 证据内容：《个体工商户营业执照》

案件处理意见书

案　由			涉嫌未经执业兽医注册从事动物诊疗活动案					
当事人	个人	姓名	吕××					
		性别	男	年龄	45	电话	××××××	
		住址	××市××区××胡同××号					
	单位	名称	/		法定代表人（负责人）		/	
		地址	/		电话		/	

案件调查经过

2015年5月20日，本机关执法人员赵××和钱××对××市××区××动物诊所进行检查，发现当事人未经执业兽医注册从事诊疗活动。经请示，立案调查。当事人于2015年5月19日至2015年5月20日期间，未经执业兽医注册在该动物诊所从事动物诊疗活动，开具处方2张，期间从事动物诊疗收入120元。执法人员对当事人吕××进行了询问，收集了相关证据。

所附证据材料

1. 《现场检查笔录》1份；
2. 《询问笔录》1份；
3. 身份证复印件1张；
4. 《动物诊疗许可证》复印件1张；
5. 处方笺复印件2张；
6. 照片2张；
7. 《个体工商户营业执照》复印件1张。

调查结论及处理意见

经查，吕××未经执业兽医注册从事动物诊疗活动，事实清楚、证据确凿，其行为涉嫌违反了《中华人民共和国动物防疫法》第五十五条第一款："经注册的执业兽医师，方可从事动物诊疗、开具兽药处方等活动"。按照《××省畜牧业行政处罚自由裁量权标准》（具体条款略）之规定，对当事人处以（××××××—××××××）幅度内的处罚，足以起到惩戒作用。

依据《中华人民共和国动物防疫法》第八十二条第一款："违反本法规定，未经兽医执业注册从事动物诊疗活动的，由动物卫生监督机构责令停止动物诊疗活动，没收违法所得，并处一千元以上一万元以下罚款"。建议责令吕××立即停止从事动物诊疗活动，并作出如下处罚：

1. 没收违法所得人民币120.00元；
2. 罚款人民币1000.00元。

执法人员签名：赵×× 钱××

2015年5月21日

执法 机构 意见	（如监督所内设执法科，由执法科在此处填写意见） 签名： 年　　月　　日	
法制 机构 意见	（如监督所内设法制科，由法制科在此处填写意见） 签名： 年　　月　　日	
执法 机关 意见	同意。 签名：孙×× 2015 年 5 月 21 日	

××市动物卫生监督所
行政处罚事先告知书

××动监告〔2015〕3号

吕××：

经调查，你于2015年5月19日至2015年5月20日未经执业兽医注册从事动物诊疗活动，开具处方2张，期间从事动物诊疗收入为120元。有《现场检查笔录》《询问笔录》、处方笺、照片等为证。

你违反了《中华人民共和国动物防疫法》第五十五条第一款："经注册的执业兽医师，方可从事动物诊疗、开具兽药处方等活动"。按照《××省畜牧业行政处罚自由裁量权标准》（具体条款略）之规定，对当事人处以（×××××—××××××）幅度内的处罚，足以起到惩戒作用。

依据《中华人民共和国动物防疫法》第八十二条第一款："违反本法规定，未经兽医执业注册从事动物诊疗活动的，由动物卫生监督机构责令停止动物诊疗活动，没收违法所得，并处一千元以上一万元以下罚款"，本机关责令你立即改正违法行为，并拟作出如下处罚决定：

1. 没收违法所得人民币120.00元；

2. 罚款人民币1000.00元。

根据《中华人民共和国行政处罚法》第三十一条、第三十二条之规定，你可在收到本告知书之日起三日内向本所进行陈述申辩、申请听证，逾期不陈述申辩、申请听证的，视为你放弃上述权利。

××市动物卫生监督所
2015年5月21日

执法机关地址：××市××路××号××市动物卫生监督所

联系人：赵××　钱××　　电话：××××××

陈述申辩笔录

当事人： 吕××   **身份证号码：** ××××××

陈述申辩时间： 2015 年 5 月 21 日 15 时 17 分至 15 时 35 分

陈述申辩地点： ××市动物卫生监督所（××市××路××号）

执法人员： 赵××   **执法证件号：** ××××××

           钱××   ××××××

记录人： 赵××

陈述申辩内容：

    贵所下达的《行政处罚事先告知书》（××动监告〔2015〕3 号）我已经收到，关于认定我未经执业兽医注册从事动物诊疗活动的违法事实，以及对我的违法行为处理理由和处罚依据没有异议。但是，2015 年 3 月我父亲去世，我忙完了家里的事情后，在 2015 年 5 月 19 日诊所才开业。因为近期家中事情比较多，所以没有来得及到××市畜牧业管理局进行执业兽医的注册。收到《行政处罚事先告知书》后，我感到万分后悔。鉴于我是初犯，希望能够减轻处罚。

      陈述申辩人签名：吕××

      执法人员签名：赵××   钱××

行政处罚决定审批表

案由	未经执业兽医注册从事动物诊疗活动案					
当事人	个人	姓名	吕××			
		性别	男	年龄	45	电话　×××××
		住址	××市××区××胡同××号			
	单位	名称	/	法定代表人（负责人）	/	
		地址	/	电话	/	

陈述申辩或听证情况	当事人吕××收到《行政处罚事先告知书》后，进行了陈述申辩。具体内容如下：2015年3月我父亲去世，我忙完了家里的事情后，在2015年5月19日诊所才开业。因为近期家中事情比较多，所以没有来得及到××市畜牧业管理局进行执业兽医的注册。收到《行政处罚事先告知书》后，我感到万分后悔。鉴于我是初犯，希望能够减轻处罚。
处理意见	经审查，当事人吕××陈述申辩要求减轻处罚的理由，不符合《中华人民共和国行政处罚法》的有关规定，不予采纳。 　　建议维持《行政处罚事先告知书》拟作出的处理处罚决定。 　　　　　　　　　　　　　　执法人员签名：赵××　钱×× 　　　　　　　　　　　　　　　　　　　　　2015年5月24日
执法机构意见	（如监督所内设执法科，由执法科在此处填写意见） 　　　　　　　　　　　　　　签名： 　　　　　　　　　　　　　　　　年　月　日
法制机构意见	（如监督所内设法制科，由法制科在此处填写意见） 　　　　　　　　　　　　　　签名： 　　　　　　　　　　　　　　　　年　月　日
执法机关意见	同意。 　　　　　　　　　　　　　　签名：孙×× 　　　　　　　　　　　　　　　　2015年5月24日

送 达 回 证

案　　由	涉嫌未经执业兽医注册从事动物诊疗活动案				
受送达人	吕××				
送达单位	××市动物卫生监督所				
送达文书及文号	送达地点	送达人	送达方式	收到日期	收件人签名
《行政处罚事先告知书》（××动监告〔2015〕3号）	××市××区××路××号	赵××钱××	直接送达	2015年5月21日	吕××
/	/	/	/	/	/
备注					

送 达 回 证

案　由	未经执业兽医注册从事动物诊疗活动案				
受送达人	吕××				
送达单位	××市动物卫生监督所				
送达文书及文号	送达地点	送达人	送达方式	收到日期	收件人签名
《行政处罚决定书》（××动监罚〔2015〕3号）	××市××区××路××号	赵××钱××	直接送达	2015年5月24日	吕××
/	/	/	/	/	/
备注					

票据粘贴页

（××银行现金存款凭证）

行政处罚结案报告

案　　由	未经执业兽医注册从事动物诊疗活动案		
当 事 人	吕 × ×		
立案时间	2015 年 5 月 20 日	处罚决定 送达时间	2015 年 5 月 24 日

处罚决定：
　　1．没收违法所得人民币 120.00 元；
　　2．罚款人民币 1000.00 元。

执行情况：
　　1．执行方式：自动履行。
　　2．执行时间：2015 年 5 月 24 日。

执法人员签名：赵 × ×　钱 × ×

2015 年 5 月 25 日

执法 机构 意见	（如监督所内设执法科，由执法科在此处填写意见） 　　　　　　　　　　　　　　　　签名： 　　　　　　　　　　　　　　　　　　　年　　月　　日
执法 机关 意见	同意结案。 　　　　　　　　　　　　　　　　签名：孙 × × 　　　　　　　　　　　　　　　　　2015 年 5 月 25 日

517

备 考 表

本案卷包括使用的执法文书、收集的证据及罚没收据存根，共计 22 页。

立卷人：赵 × ×

2015 年 5 月 26 日

本案卷执法文书及相关证据归档完整，符合要求。

审查人：孙 × ×

2015 年 5 月 26 日

第八章　其他动物卫生监督违法行为类案

卷十九　关于蒋××拒绝动物卫生监督机构监督检查案

一、简要案情

2013 年 9 月 16 日，××县动物卫生监督所开展"四类场所"专项检查，执法人员余××、刘××来到××县××镇××村××饲养场检查，该场法定代表人蒋××以担心其饲养的猪被传染为由拒绝执法人员入场检查，将饲养场大门关闭，执法人员邀请当地村委会工作人员协助检查，并依法下达《责令改正通知书》，蒋××接到《责令改正通知书》后，仍拒不接受检查。执法人员经请示，立案调查，制作了现场检查笔录，收集了相关证据。2013 年 9 月 16 日，向当事人下达了《行政处罚事先告知书》，9 月 21 日下达了《行政处罚决定书》，罚款人民币 2000.00 元。

二、处罚依据

违反条款：《中华人民共和国动物防疫法》第五十九条。

处罚条款：《中华人民共和国动物防疫法》第八十三条第三项。

三、本类型案件办理的注意事项及难点

1. 办理本类型案件应尽量邀请当地的基层组织，因为当事人拒绝接受监督检查，有不配合的情况存在，各种执法文书可能涉及留置送达，因此，尽量邀请当地基层组织作为见证人。

2. 本类型案件的行政处罚有一定的阶段性，在实施行政处罚前，必须责令当事人改正违法行为，当事人"拒不改正"的，才可以实施行政处罚；如果当事人按要求改正了违法行为，则不能实施行政处罚。

××市动物卫生监督所
案　　卷

××动监罚〔2013〕22号					
题　名	关于××饲养场拒绝动物卫生监督机构监督检查案				
案件承办人		当　事　人			
余×× 张××		××饲养场			
立案日期	2013年9月16日	结案日期	2013年9月22日	立卷人	余××
执行结果	当事人已依法履行完毕。				
归档日期	2013年9月22日	档案编号		201322	
保存期限	长期	卷内共19页			
备注					

卷 内 目 录

序号	文书编号	文书日期	题名	页号	备注
1	××动监罚〔2013〕22号	2013年9月21日	行政处罚决定书		
2		2013年9月16日	现场检查笔录		
3		2013年9月16日	责令改正通知书		
4	××动监立〔2013〕22号	2013年9月16日	行政处罚立案审批表		
5		2013年9月16日	当事人身份证明		复印件
6		2013年9月16日	现场检查笔录		
7		2013年9月16日	证据材料登记表(××饲养场营业执照)		复印件
8		2013年9月16日	证据材料登记表（现场检查照片）		
9		2013年9月16日	案件处理意见书		
10	××动监告〔2013〕22号	2013年9月16日	行政处罚事先告知书		
11		2013年9月21日	行政处罚决定审批表		
12		2013年9月16日	送达回证		
13		2013年9月16日	送达回证		
14		2013年9月21日	送达回证		
15		2013年9月21日	缴纳罚款银行回执		
16		2013年9月22日	行政处罚结案报告		
		2013年9月22日	备考表		

××县动物卫生监督所
行政处罚决定书

××动监罚〔2013〕22号

姓名： ××饲养场　　**法定代表人：** 蒋××

住址： ××县××镇××村××屯　　**联系方式：** ××××××

当事人××饲养场拒绝动物卫生监督机构监督检查一案，经本机关依法调查，现查明：

2013年9月16日，××县动物卫生监督所开展"四类场所"专项检查，执法人员余××、刘××来到××县××镇××村××饲养场检查，法定代表人蒋××以担心其饲养的猪被传染为由拒绝执法人员入场检查，将饲养场大门关闭，执法人员邀请当地村委会工作人员协助检查，并依法下达《责令改正通知书》，蒋××拒绝签收，由村委会工作人员李××见证，采取留置送达的方式将《责令改正通知书》留在××饲养场。蒋××接到《责令改正通知书》后，仍拒不接受检查。执法人员经请示，立案调查。制作了《现场检查笔录》，收集了相关证据。××饲养场存在拒绝动物卫生监督机构监督检查的违法事实。

以上事实查证属实，有下列证据为证：

1. ××饲养场营业执照复印件1份，证明该饲养场是企业法人，蒋××是法定代表人；

2. 《现场检查笔录》（9月16日8时）1份，证明××饲养场拒绝执法人员入场检查；

3. 《责令改正通知书》1份，证明本机关责令当事人改正违法行为；

4. 《现场检查笔录》（9月16日9时）1份，证明××饲养场拒绝执法人员入场检查，经责令改正后，仍拒不接受检查；

5. 蒋××身份证复印件1份，证明蒋××身份及违法主体的适格性；

6. 现场照片1张，证明现场检查及相关物品情况。

本机关认为：

当事人拒绝动物卫生监督机构监督检查的行为违反了《中华人民共和国动物防疫法》第五十九条之规定："动物卫生监督机构执行监督检查任务，可以采取下列措施，有关单位和个人不得拒绝或者阻碍：（六）进入有关场所调查取证，查阅、复制与动物防疫有关的资料"。本机关于2013年9月16日向当事人送达《行政处罚事先告知书》，当事人在法定期限内未进行陈述申辩。按照《××省畜牧业行政处罚自由裁量权标准》（具体条款略）之规定，对当事人处以（××××××—××××××）幅度内的处罚，足以起到惩戒作用。

依据《中华人民共和国动物防疫法》第八十三条第三项之规定："违反本法规定，从事动物疫病研究与诊疗和动物饲养、屠宰、经营、隔离、运输，以及动物产品生产、经营、加工、贮藏等活动的单位和个人，有下列行为之一的，由动物卫生监督机构责令改正；拒不改正的，对违法行为单位处一千元以上一万元以下罚款，对违法行为个人可以处五百元以下罚款：（三）拒绝动物卫生监督机构进行监督检查的"。本机构责令你立即改正违法行为，作出如下处罚决定：

罚款人民币 2000.00 元。

当事人必须在收到本决定书之日起 15 日内持本决定书到 ×× 银行缴纳罚款。当事人逾期不按规定缴纳罚款的，每日按罚款数额的 3% 加处罚款。

当事人对本处罚决定不服的，可以在收到本处罚决定书之日起 60 日内向 ×× 县畜牧兽医局申请行政复议，或在三个月内向 ×× 县人民法院提起诉讼。行政复议和行政诉讼期间，本处罚决定不停止执行。

当事人逾期不申请行政复议或提起行政诉讼，也不履行本行政处罚决定的，本机关将依法申请人民法院强制执行。

×× 县动物卫生监督所

2013 年 9 月 21 日

现场检查笔录

时间： 2013 年 9 月 16 日 8 时 5 分至 8 时 50 分

检查地点： ×× 县 ×× 镇 ×× 村

当事人： ×× 饲养场

检查机关： ×× 县动物卫生监督所

执法人员： 余 ×× 　　**执法证件号：** ××××××

　　　　　　刘 ××　　　　　　　　　　××××××

记录人： 张 ××

检查情况： 2013 年 9 月 16 日 8 时 5 分，×× 县动物卫生监督所开展"四类场所"专项检查，执法人员余 ××、刘 ×× 来到 ×× 县 ×× 镇 ×× 村 ×× 饲养场检查，蒋 ×× 以担心其饲养猪被传染为由拒绝执法人员入场检查，执法人员邀请当地村委会工作人员李 ×× 协助，蒋 ×× 仍拒不接受检查。执法人员依法下达《责令改正通知书》后，蒋 ×× 拒绝签收，由村委会工作人员李 ×× 见证，采取留置送达的方式将《责令改正通知书》留在饲养场。执法人员对检查现场的过程进行了拍照。

　　×× 养殖场法定代表人蒋 ×× 以担心其饲养猪被传染为由，拒绝接受检查，拒绝在《现场检查笔录》上签字，本机关执法人员邀请了当地村委会工作人员李 ×× 作为见证人，在《现场检查笔录》上签字。

当事人签名或盖章：（拒绝签字）　　　　　　　　　　　　（见证人签名或盖章：李 ××）

执法人员签名：余 ××　　刘 ××

（第 1 页共 1 页）

××县动物卫生监督所
责令改正通知书

××饲养场：

你单位拒绝动物卫生监督机构进行监督检查的行为，违反了《中华人民共和国动物防疫法》第五十九条之规定："动物卫生监督机构执行监督检查任务，可以采取下列措施，有关单位和个人不得拒绝或者阻碍：（六）进入有关场所调查取证，查阅、复制与动物防疫有关的资料"。依据《中华人民共和国动物防疫法》第八十三条之规定："违反本法规定，从事动物疫病研究与诊疗和动物饲养、屠宰、经营、隔离、运输，以及动物产品生产、经营、加工、贮藏等活动的单位和个人，有下列行为之一的，由动物卫生监督机构责令改正；拒不改正的，对违法行为单位处一千元以上一万元以下罚款，对违法行为个人可以处五百元以下罚款：（三）拒绝动物卫生监督机构进行监督检查的"。本机关责令你立即按下列要求改正违法行为：

接受动物卫生监督机构进行监督检查。（逾期不改正的，本机关将依据《中华人民共和国动物防疫法》第八十三条之规定："违反本法规定，从事动物疫病研究与诊疗和动物饲养、屠宰、经营、隔离、运输，以及动物产品生产、经营、加工、贮藏等活动的单位和个人，有下列行为之一的，由动物卫生监督机构责令改正；拒不改正的，对违法行为单位处一千元以上一万元以下罚款，对违法行为个人可以处五百元以下罚款：（三）拒绝动物卫生监督机构进行监督检查的"。）

××县动物卫生监督所

2013 年 9 月 16 日

行政处罚立案审批表

××动监立〔2013〕22号

案件来源	检查发现		受案时间	2013年9月16日	
案　由	涉嫌拒绝动物卫生监督机构监督检查案				
当事人	个人	姓名	/		电话	/
		性别	/	年龄	/	身份证号	/
		住址	/			
	单位	名称	××饲养场	法定代表人	蒋××	
		地址	××县××镇××村××屯	电话	××××××	
简要案情	2013年9月16日，××县动物卫生监督所开展"四类场所"专项检查，执法人员余××、刘××来到××县××镇××村××饲养场检查，蒋××以担心其饲养的猪被传染为由拒绝执法人员入场检查，将饲养场大门紧闭，执法人员邀请当地村委会工作人员协助检查。执法人员依法下达《责令改正通知书》后，蒋××拒签，由村委会工作人员李××见证，采取留置送达的方式将《责令改正通知书》留在××饲养场。蒋××接到《责令改正通知书》后，仍拒不接受检查。当事人的行为涉嫌违反了《中华人民共和国动物防疫法》第五十九条之规定，建议立案调查。 　　　　　　　　　　　　　　　　受案人签名：余×× 刘×× 　　　　　　　　　　　　　　　　2013年9月16日					
执法机构意见	（如监督所内设执法科，由执法科在此处填写意见） 　　　　　　　　　　　　签名： 　　　　　　　　　　　　　　年　月　日					
法制机构意见	（如监督所内设法制科，由法制科在此处填写意见） 　　　　　　　　　　　　签名： 　　　　　　　　　　　　　　年　月　日					
执法机关意见	同意立案。本案由余××、刘××承办。 　　　　　　　　　　　　签名：张×× 　　　　　　　　　　　　2013年9月16日					
备注						

证据材料登记表

此复印件与原件相符

当事人签名：蒋××

2013 年 9 月 16 日

证据制作说明：

1. 收 集 人：余××、刘××
2. 提 供 人：蒋××
3. 收集时间：2013 年 9 月 16 日
4. 收集地点：××县动物卫生监督所
5. 收集方式：复印
6. 证据内容：蒋××身份证

现场检查笔录

时间： 2013 年 9 月 16 日 9 时 10 分至 9 时 25 分

检查地点： ×× 县 ×× 镇 ×× 村 ×× 饲养场

当事人： 蒋 ××

检查机关： ×× 县动物卫生监督所

执法人员： 余 ××　　　**执法证件号：** ××××××

　　　　　　刘 ××　　　　　　　　　××××××

记录人： 李 ××

现场检查情况： 2013 年 9 月 16 日 9 时，执法人员身穿防护服邀请当地村委会工作人员李 ××，向蒋 ×× 提出要对 ×× 饲养场进行检查时，蒋 ×× 仍然以担心其饲养猪被传染为由拒绝执法人员检查。执法人员对检查现场相关情况进行了拍照。

　　×× 养殖场法定代表人蒋 ×× 以担心其饲养猪被传染为由，拒绝接受检查，拒绝在《现场检查笔录》上签字，本机关执法人员邀请了当地村委会工作人员李 ×× 作为见证人，在《现场检查笔录》上签字。

当事人签名：（拒绝签字）

见证人签名：李 ××（×× 村工作人员）

执法人员签名：余 ××　刘 ××

（第 1 页共 1 页）

证据材料登记表

此复印件与原件相符

当事人签名：蒋××

2013 年 9 月 16 日

证据制作说明：

1. 收 集 人：余×× 、刘××

2. 提 供 人：蒋××

3. 收集时间：2013 年 9 月 16 日

4. 收集地点：×× 县动物卫生监督所

5. 收集方式：复印

6. 证据内容：×× 饲养场营业执照

证据材料登记表

证据制作说明：

1. 收 集 人：余××、刘××

2. 提 供 人：

3. 收集时间：2013 年 9 月 16 日

4. 收集地点：××饲养场

5. 收集方式：拍摄

6. 证据内容：现场检查照片

案件处理意见书

案　由	涉嫌拒绝动物卫生监督机构监督检查案					
当事人	**个人**	姓名	/			
		性别	/	年龄	/	电话	/
		住址	/			
	单位	名称	××饲养场	**法定代表人**	蒋××	
		地址	××县××镇××村××屯	**电话**	××××××	

案件调查经过

2013年9月16日8时5分，××县动物卫生监督所开展"四类场所"专项检查，执法人员余××、刘××等4人来到××县××镇××村××饲养场检查，执法人员出示执法证件，说明来意后准备入场对其防疫条件、养殖档案、营业执照等进行检查，蒋××以担心猪被传染疫病为由拒绝执法人员入场检查。执法人员换上防护服，再次要求入场检查，蒋××仍然拒绝接受检查。执法人员分别到××县畜牧局调取该饲养场备案资料，到公安局调取蒋××的身份证明。证实该饲养场为企业法人，蒋××为法定代表人，执法人员对营业执照和蒋××的身份证进行了复印，下达《责令改正通知书》，当事人拒绝签收，执法人员邀请当地村委会工作人员李××作为见证人留置送达。

2013年9月16日9时，执法人员身穿防护服要求入场检查，蒋××仍以担心猪被传染疫病为由拒绝执法人员检查。执法人员对现场执法过程进行了拍照，制作了《现场检查笔录》，当事人拒绝签字，执法人员邀请当地村委会工作人员李××作为见证人在《现场检查笔录》上签字。蒋××的行为涉嫌违反了《中华人民共和国动物防疫法》第五十九条之规定："动物卫生监督机构执行监督检查任务，可以采取下列措施，有关单位和个人不得拒绝或者阻碍：（六）进入有关场所调查取证，查阅、复制与动物防疫有关的资料"。

所附证据材料

1. ××饲养场营业执照复印件1份；
2. 《现场检查笔录》（9月16日8时）1份；
3. 《责令改正通知书》1份；
4. 《现场检查笔录》（9月16日9时）1份；
5. 身份证复印件1份；
6. 现场检查照片1张。

调查结论及处理意见	××饲养场拒绝动物卫生监督机构监督检查的行为，违反了《中华人民共和国动物防疫法》第五十九条之规定："动物卫生监督机构执行监督检查任务，可以采取下列措施，有关单位和个人不得拒绝或者阻碍：（六）进入有关场所调查取证，查阅、复制与动物防疫有关的资料"。按照《××省畜牧业行政处罚自由裁量权标准》（具体条款略），对当事人处以（×××××—××××××）幅度内的处罚，足以起到惩戒作用。 　　依据《中华人民共和国动物防疫法》第八十三条之规定："违反本法规定，从事动物疫病研究与诊疗和动物饲养、屠宰、经营、隔离、运输，以及动物产品生产、经营、加工、贮藏等活动的单位和个人，有下列行为之一的，由动物卫生监督机构责令改正；拒不改正的，对违法行为单位处一千元以上一万元以下罚款，对违法行为个人可以处五百元以下罚款：（三）拒绝动物卫生监督机构进行监督检查的"。建议作出如下处罚： 　　罚款人民币 2000.00 元。 执法人员签名：余×× 刘×× 2013 年 9 月 16 日
执法机构意见	（如监督所内设执法科，由执法科在此处填写意见） 签名： 年　　月　　日
法制机构意见	（如监督所内设法制科，由法制科在此处填写意见） 签名： 年　　月　　日
执法机关意见	同意。 签名：张×× 2013 年 9 月 16 日

行政处罚事先告知书

××动监告〔2013〕22号

××饲养场：

经调查，××饲养场在2013年9月16日本机关开展"四类场所"专项检查时，拒绝接受监督检查，下达《责令改正通知书》后，仍拒绝接受监督检查，事实清楚、证据确凿，有营业执照复印件1份，《现场检查笔录》2份，《责令改正通知书》1份，照片1张为证。

你违反了《中华人民共和国动物防疫法》第五十九条之规定："动物卫生监督机构执行监督检查任务，可以采取下列措施，有关单位和个人不得拒绝或者阻碍：（六）进入有关场所调查取证，查阅、复制与动物防疫有关的资料"。按照《××省畜牧业行政处罚自由裁量权标准》（具体条款略）之规定，对当事人处以（××××××—××××××）幅度内的处罚，足以起到惩戒作用。

依据《中华人民共和国动物防疫法》第八十三条第三项之规定："违反本法规定，从事动物疫病研究与诊疗和动物饲养、屠宰、经营、隔离、运输，以及动物产品生产、经营、加工、贮藏等活动的单位和个人，有下列行为之一的，由动物卫生监督机构责令改正；拒不改正的，对违法行为单位处一千元以上一万元以下罚款，对违法行为个人可以处五百元以下罚款：（三）拒绝动物卫生监督机构进行监督检查的"。作出如下处罚决定：

罚款人民币2000.00元。

根据《中华人民共和国行政处罚法》第三十一条、第三十二条和第四十二条的规定，你可在收到本告知书之日起三日内向本机关进行陈述申辩，逾期不陈述申辩，视为你放弃上述权利。

××县动物卫生监督所

2013年9月16日

××县动物卫生监督所地址：××县××路××号

联系人：余××　　电话：××××××

行政处罚决定审批表

案由			拒绝动物卫生监督机构监督检查案			
当事人	个人	姓名	/			
		性别	/	年龄	/	电话	/
		住址	/			
	单位	名称	××饲养场	法定代表人	蒋××
		地址	××县××镇××村××屯	电话	××××××
陈述申辩或听证情况			当事人收到《行政处罚事先告知书》后，在法定期限内未进行陈述申辩。			
处理意见			建议维持《行政处罚事先告知书》拟作出的处理处罚意见。 执法人员签名：余×× 刘×× 2013 年 9 月 21 日			
执法机构意见			（如监督所内设执法科，由执法科在此处填写意见） 签名： 年 月 日			
法制机构意见			（如监督所内设法制科，由法制科在此处填写意见） 签名： 年 月 日			
执法机关意见			同意。 签名：张×× 2013 年 9 月 21 日			

送 达 回 证

案　　由	涉嫌拒绝动物卫生监督机构进行监督检查案				
受送达人	××饲养场				
送达单位	××县动物卫生监督所				
送达文书及文号	送达地点	送达人	送达方式	收到日期	收件人签名
《责令改正通知书》	××县××镇××村（××饲养场）	余××刘××	留置送达	2013年9月16日	拒签
/	/	/	/	/	/
备注	××饲养场法定代表人蒋××以担心其饲养猪被传染为由，拒绝接受检查，拒绝在《送达回证》上签字，本机关执法人员邀请了当地村委会工作人员李××作为见证人，在《送达回证》上签字，将《责令改正通知书》留置在××饲养场。				

送 达 回 证

案　　由	涉嫌拒绝动物卫生监督机构进行监督检查案
受送达人	××饲养场
送达单位	××县动物卫生监督所

送达文书及文号	送达地点	送达人	送达方式	收到日期	收件人签名
《行政处罚事先告知书》（××动监告〔2013〕22号）	××县××镇××村××屯（××饲养场）	余×× 刘××	留置送达	2013年9月16日	拒签
/	/	/	/	/	/

备注	××饲养场法定代表人蒋××以担心其饲养猪被传染为由，拒绝接受检查，拒绝在《送达回证》上签字，本机关执法人员邀请了当地村委会工作人员李××作为见证人，在《送达回证》上签字，将《行政处罚事先告知书》留置在××饲养场。

送 达 回 证

案　　由	拒绝动物卫生监督机构进行监督检查案
受送达人	××饲养场
送达单位	××县动物卫生监督所

送达文书及文号	送达地点	送达人	送达方式	收到日期	收件人签名
《行政处罚决定书》（××动监罚〔2013〕22号）	××县××镇××村（××饲养场）	余×× 刘××	直接送达	2013年9月21日	蒋××
/	/	/	/	/	/

备注	××饲养场法定代表人蒋××以担心其饲养猪被传染为由，拒绝接受检查，拒绝在《送达回证》上签字，本机关执法人员邀请了当地村委会工作人员李××作为见证人，在《送达回证》上签字，将《行政处罚决定书》留置在××饲养场。

票据粘贴页

（罚没收据存根清单）

行政处罚结案报告

案　由	拒绝动物卫生监督机构进行监督检查案		
当事人	××饲养场		
立案时间	2013 年 9 月 16 日	处罚决定 送达时间	2013 年 9 月 21 日
处罚决定： 　　罚款人民币 2000.00 元 执行情况： 　　1. 执行方式：完全履行。 　　2. 执行时间：2013 年 9 月 22 日。 　　　　　　　　　　　　　　执法人员签名：余××　刘×× 　　　　　　　　　　　　　　　　　　　　　2013 年 9 月 22 日			
执法 机构 意见	（如监督所内设执法科，由执法科在此处填写意见） 　　　　　　　　　　　　　　签名： 　　　　　　　　　　　　　　　　　年　　月　　日			
执法 机关 意见	同意结案。 　　　　　　　　　　　　　　签名：张×× 　　　　　　　　　　　　　　　2013 年 9 月 22 日			

备 考 表

本案卷包括使用的执法文书、收集的证据及罚没收据存根清单，共 19 页。

立卷人：余××

2013 年 9 月 22 日

案卷执法文书及相关证据归档完整，符合要求。

审查人：张××

2013 年 9 月 22 日

卷二十　关于陈××拒绝动物疫病预防控制机构进行动物疫病监测案

一、案情简介

2014年4月19日，××县动物卫生监督所接到动物疫病预防控制中心工作人员高××的举报，反映该县××镇××村陈××拒绝接受高致病性禽流感监测。该所执法人员张××、刘××立即赶赴现场，经调查情况属实，下达了《责令改正通知书》，责令陈××立即改正违法行为。4月20日，又接到高××的举报，说陈××仍拒绝接受高致病性禽流感监测。该所于4月20日依法立案调查，执法人员询问了陈××，制作了《询问笔录》，同时制作了《现场检查笔录》，并收集了相关证据。2014年4月21日，该县动物卫生监督所下达了《行政处罚事先告知书》，当事人在法定的期限内未进行陈述申辩。2014年4月25日，下达了《行政处罚决定书》，罚款人民币200.00元。

二、处罚依据

违反条款：《中华人民共和国动物防疫法》第十五条第三款。

处罚条款：《中华人民共和国动物防疫法》第八十三条第四项。

三、本类型案件办理的注意事项及难点

1.办理本类型案件应尽量邀请当地的基层组织，因为当事人拒绝接受监督检查，有不配合的情况存在，各种执法文书可能涉及留置送达，因此，尽量邀请当地基层组织作为见证人。

2.本类型案件的行政处罚有一定的阶段性，在实施行政处罚前，必须责令当事人改正违法行为，当事人"拒不改正"的，才可以实施行政处罚；如果当事人按要求改正了违法行为，则不能实施行政处罚。

××县动物卫生监督所
案　卷

××动监罚〔2014〕7号					
题　名	关于陈××拒绝动物疫病预防控制机构进行动物疫病监测案				
案件承办人		当　事　人			
张×× 刘××		陈××			
立案日期	2014年4月20日	结案日期	2014年4月29日	立卷人	张××
执行结果	当事人已依法履行完毕。				
归档日期	2014年5月9日	档　案　编　号			201407
保存期限	长期	卷内共23页			
备注					

卷 内 目 录

序号	文书编号	文书日期	题名	页号	备注
1	××动监罚〔2014〕7号	2014年4月25日	行政处罚决定书		
2		2014年4月19日	现场检查笔录		
3		2014年4月19日	询问笔录		
4		2014年4月19日	责令改正通知书		
5	××动监立〔2014〕7号	2014年4月20日	行政处罚立案审批表		
6		2014年4月19日	当事人身份证明		复印件
7		2014年4月20日	现场检查笔录		
8		2014年4月20日	询问笔录		
9		2014年4月20日	询问笔录		
10		2014年4月19日	证据材料登记表（现场检查照片）		
11		2014年4月20日	证据材料登记表（现场检查照片）		
12		2014年4月20日	案件处理意见书		
13	××动监告〔2014〕7号	2014年4月21日	行政处罚事先告知书		
14		2014年4月25日	行政处罚决定审批表		
15		2014年4月19日	送达回证		
16		2014年4月21日	送达回证		
17		2014年4月25日	送达回证		
18		2014年4月29日	缴纳罚款银行回执		
19		2014年4月29日	行政处罚结案报告		
		2014年5月9日	备考表		

××县动物卫生监督所
行政处罚决定书

××动监罚〔2014〕7号

姓名： 陈××   **性别：** 男   **年龄：** 40

住址： ××县××镇××村   **联系方式：** ××××××

当事人拒绝动物疫病预防控制机构进行动物疫病监测一案，经本机关依法调查，现查明：

2014年4月19日，本机关接到××县动物疫病预防控制中心举报，反映××县××镇××村陈××拒绝××县动物疫病预防控制机构进行动物疫病监测。本机关当日指派张××、刘××到达陈××处，经调查核实情况属实，本机关依法下达《责令改正通知书》，责令当事人陈××立即改正违法行为。4月20日，本机关再次接到××县动物疫病预防控制中心工作人员高××的举报，反映本机关下达了《责令改正通知书》后，陈××仍拒绝进行高致病性禽流感监测。经请示，立案调查，执法人员对陈××进行了询问，制作了《询问笔录》，收集了相关证据。陈××存在拒绝动物疫病预防控制机构进行动物疫病监测的违法事实。

以上事实查证属实，有下列证据为证：

1. 《现场检查笔录》（2014年4月19日）1份，证明当事人饲养35只鸡。

2. 《询问笔录》（2014年4月19日）1份，证明当事人拒绝动物疫病预防控制机构进行动物疫病监测。

3. 《责令改正通知书》1份，证明本机关责令当事人改正违法行为。

4. 《现场检查笔录》（2014年4月20日）1份，证明当事人饲养了35只鸡，拒绝动物疫病预防控制机构进行动物疫病监测。

5. 当事人《询问笔录》（2014年4月20日）1份，证明当事人收到《责令改正通知书》后，仍拒绝动物疫病预防控制机构动进行物疫病监测。

6. 高××《询问笔录》（2014年4月20日）1份，证明案件来源，与证据2、5相互印证。

7. 照片2张，证明现场检查情况。

8. 当事人身份证复印件1份，证明其身份及违法主体的适格性。

本机关认为：

当事人拒绝动物疫病预防控制机构进行动物疫病监测的行为，事实清楚、证据确凿，违反了《中华人民共和国动物防疫法》第十五条第三款之规定："动物疫病预防控制机构应当按照国务院兽医主管部门的规定，对动物疫病的发生、流行等情况进行监测；从事动物饲养、屠宰、经营、隔离、运输以及动物产品生产、经营、加工、贮藏等活动的单位和个人不得拒绝或者阻碍"。当事人收到《行政处罚事先告知书》后，在法定期限内未进行陈述申辩。按照《××省畜牧业行政处罚自由裁量权标准》（具体条款略）之规定，对当事人处以（××××××—××××××）幅度内的处罚，足以起到惩戒作用。

依据《中华人民共和国动物防疫法》第八十三条第四项之规定："违反本法规定，从事动物疫病研究与诊疗和动物饲养、屠宰、经营、隔离、运输，以及动物产品生产、经营、加工、贮藏等活动的单位和个人，有下列行为之一的，由动物卫生监督机构责令改正；拒不改正的，对违法行为单位处一千元以上一万元以下罚款，对违法行为个人可以处五佰元以下罚款：（四）拒绝动物疫病预防控制机构进行动物疫病监测、检测的"。本机构责令你立即改正违法行为，作出如下处罚决定：

罚款人民币 200.00 元。

当事人必须在收到本处罚决定书之日起 15 日内持本决定书到 ×× 银行缴纳罚款。逾期不按规定缴纳罚款的，每日按罚款数额的 3% 加处罚款。

当事人对本处罚决定不服的，可以在收到本处罚决定书之日起 60 日内向 ×× 县畜牧业管理局申请行政复议；或者三个月内向 ×× 县人民法院提起行政诉讼。行政复议和行政诉讼期间，本处罚决定不停止执行。

当事人逾期不申请行政复议或提起行政诉讼，也不履行本行政处罚决定的，本机关将依法申请人民法院强制执行。

×× 县动物卫生监督所

2014 年 4 月 25 日

现场检查笔录

时间： 2014 年 4 月 19 日 10 时 10 分至 10 时 50 分

检查地点： ××县××镇××村

当事人： 陈××

检查机关： ××县动物卫生监督所

检查人员： 张×× **执法证件号：** ××××××

　　　　　　刘××　　　　　　　　　××××××

记录人： 刘××

现场检查情况： 2014 年 4 月 19 日，本机关接到××县动物疫病预防控制中心举报，反映××县××镇××村陈××拒绝进行高致病性禽流感监测。执法人员张××、刘××立即赶赴现场，向其出示执法证件，检查情况如下：陈××家西侧有一圈舍饲养了 35 只鸡，精神状态正常，圈内卫生条件差，有料槽 1 个，水槽 1 个。执法人员对检查现场及相关物品进行了拍照。

当事人签名或盖章：陈××　　　　　　　　　（见证人签名或盖章：　　　　　　）

执法人员签名或盖章：张××　刘××

询 问 笔 录

询问时间：2014 年 4 月 19 日 14 时 50 分至 15 时 20 分

询问地点：×× 县 ×× 镇 ×× 村

询问机关：×× 县动物卫生监督所

询问人：张 ×× 　　执法证件号：× × × × × ×

　　　　刘 × × 　　　　　　　× × × × × ×

记录人：刘 × ×

被询问人：姓名：陈 × ×　　性别：男　　年龄：40

　　　　　身份证号：× × × × ×　　联系电话：× × × × × ×

　　　　　工作单位：　/　　职务：　/

　　　　　住　　址：×× 县 ×× 镇 ×× 村

问：我们是 ×× 县动物卫生监督所执法人员（出示执法证件），现依法向你进行询问调查。你应当如实回答我们的询问并协助调查，作伪证要承担法律责任，你听清楚了吗？

答：听清楚了。

问：你有权申请回避权利，你是否申请？

答：不用回避。

问：请把你的个人情况说一下。

答：我叫陈 × ×，40 岁，现住 ×× 县 ×× 镇 ×× 村。

问：请出示你的身份证。

答：这是我的身份证，您看一下。

问：我们将对你的身份证进行复印，并需要你在复印件上签字，你清楚吗？

答：清楚。

问：你家现在饲养了多少只鸡？

答：35 只。

问：今天 ×× 县动物疫病预防控制中心人员是否到你家进行高致病性禽流感监测？

答：来了。

问：你是否接受了监测？

答：没有，我家一共就养了 35 只鸡，也没病，我觉得监测没有必要。

问：以上记录你看一下，是否属实？

答：属实，和我说的一样。

被询问人签名或盖章：陈 × ×

执法机关人员签名或盖章：张 × ×　刘 × ×

（第 1 页共 1 页）

××县动物卫生监督所
责令改正通知书

陈××：

你拒绝动物疫病预防控制机构进行动物疫病监测的行为，违反了《中华人民共和国动物防疫法》第十五条第三款之规定："动物疫病预防控制机构应当按照国务院兽医主管部门的规定，对动物疫病的发生、流行等情况进行监测；从事动物饲养、屠宰、经营、隔离、运输以及动物产品生产、经营、加工、贮藏等活动的单位和个人不得拒绝或者阻碍"。

依据《中华人民共和国动物防疫法》第八十三条第四项之规定："违反本法规定，从事动物疫病研究与诊疗和动物饲养、屠宰、经营、隔离、运输，以及动物产品生产、经营、加工、贮藏等活动的单位和个人，有下列行为之一的，由动物卫生监督机构责令改正；拒不改正的，对违法行为单位处一千元以上一万元以下罚款，对违法行为个人可以处五百元以下罚款：（四）拒绝动物疫病预防控制机构进行动物疫病监测、检测的"。

本机关责令你立即按下列要求改正违法行为：

接受××县动物疫病预防控制中心动物疫病监测。

（逾期不改正的，本机关将依据《中华人民共和国动物防疫法》第八十三条第四项之规定依法处理）

××县动物卫生监督所

2014 年 4 月 19 日

行政处罚立案审批表

××动监立〔2014〕7号

案件来源	相关部门举报	受案时间	2014 年 4 月 20 日
案　　由	涉嫌拒绝动物疫病预防控制机构进行动物疫病监测案			

当事人	个人	姓名	陈××			电话	××××××
		性别	男	年龄	40	身份证号	××××××
		住址	××县××镇××村				
	单位	名称	/		法定代表人 （负责人）		/
		地址	/		电话		/

简要 案情	2014 年 4 月 19 日，本机关接到××县动物疫病预防控制中心工作人员高××的举报，反映××县××镇××村陈××拒绝高致病性禽流感监测。本机关遂于当日指派执法人员张××、刘××立即赶赴现场，经调查情况属实，本机关下达了《责令改正通知书》，责令陈××立即改正违法行为。次日，本机关再次接到××县动物疫病预防控制中心工作人员高××的举报，反映本机关下达了《责令改正通知书》后，陈××仍拒绝进行高致病性禽流感监测。其行为涉嫌违反了《中华人民共和国动物防疫法》第十五条第三款规定，建议立案调查。 <div align="right">受案人签名：张××　刘××</div><div align="right">2014 年 4 月 20 日</div>
执法 机构 意见	（如监督所内设执法科，由执法科在此处填写意见） <div align="right">签名：</div><div align="right">年　　月　　日</div>
法制 机构 意见	（如监督所内设法制科，由法制科在此处填写意见） <div align="right">签名：</div><div align="right">年　　月　　日</div>
执法 机关 意见	同意立案查处。由张××、刘××承办。 <div align="right">签名：孙××</div><div align="right">2014 年 4 月 20 日</div>
备注	

证据材料登记表

此复印件与原件相符

当事人签名：陈××

2014 年 4 月 19 日

证据制作说明：

1. 收 集 人：张××、刘××

2. 提 供 人：陈××

3. 收集时间：2014 年 4 月 19 日

4. 收集地点：××县动物卫生监督所

5. 收集方式：复印

6. 证据内容：陈××身份证

现场检查笔录

时间： 2014 年 4 月 20 日 14 时 10 分至 14 时 50 分

检查地点： ×× 县 ×× 镇 ×× 村

当事人： 陈 ××

检查机关： ×× 县动物卫生监督所

检查人员： 张 ××　　　**执法证件号：** ×××××

　　　　　　 刘 ××　　　　　　　　　　　 ×××××

记录人： 刘 ××

现场检查情况： 2014 年 4 月 20 日，本机关再次接到 ×× 县动物疫病预防控制中心工作人员高 ×× 举报，反映本机关下达了《责令改正通知书》后，×× 县 ×× 镇 ×× 村陈 ×× 仍拒绝进行高致病性禽流感监测。执法人员张 ××、刘 ×× 立即赶赴现场，向其出示执法证件，检查情况如下：陈 ×× 家西侧有一圈舍饲养了 35 只鸡，鸡精神状态正常，圈内卫生条件差，有料槽 1 个，水槽 1 个。当事人陈 ×× 承认拒绝动物疫病预防控制机构进行动物疫病监测。执法人员对检查现场及相关物品进行了拍照。

当事人签名或签章：陈 ××　　　　　　　　　　　（见证人签字或盖章：　　　　　　　　）

执法人员签名或签章：张 ××　 刘 ××

（第 1 页共 1 页）

询 问 笔 录

询问时间：2014 年 4 月 20 日 15 时 10 分至 15 时 40 分

询问地点：×× 县 ×× 镇 ×× 村

询问机关：×× 县动物卫生监督所

询问人：张 ××　　**执法证件号**：× × × × × ×

　　　　　刘 ××　　　　　　　　× × × × × ×

记录人：刘 ××

被询问人：姓名：陈 ××　　性别：男　　年龄：40

　　　　　身份证号：× × × × × ×　　联系电话：× × × × × ×

　　　　　工作单位：　/　　职务：　/

　　　　　住　　址：×× 县 ×× 镇 ×× 村

问：我们是 ×× 县动物卫生监督所执法人员（出示执法证件），现依法向你进行询问调查。你应当如实回答我们的询问并协助调查，作伪证要承担法律责任，你听清楚了吗？

答：听清楚了。

问：你有申请回避权利，你是否申请？

答：不用回避。

问：请把你的个人情况讲下。

答：我叫陈 ××，40 岁，现住 ×× 县 ×× 镇 ×× 村。

问：请出示你的身份证。

答：这是我的身份证，您看一下。

问：我们将对你的身份证进行复印，并需要你在复印件上签字，你清楚吗？

答：清楚。

问：你家现在饲养了多少只鸡？

答：35 只。

问：今天 ×× 县动物疫病预防控制中心工作人员高 ×× 等三人再次到你家监测了吗？

答：来了。

问：你是否接受监测？

答：没有，我一共就养了 35 只鸡，鸡也没病，我觉得监测没有必要，还影响鸡下蛋。

问：我们向你下达了《责令改正通知书》，你为什么不改正？

答：我就是认为没有必要，我家的鸡也没有病，所以我就不让他们做监测。

问：以上记录你看一下，是否属实？

答：属实，和我说的一样。

被询问人签名或盖章：陈 ××

执法机关人员签名或盖章：张 ××　　刘 ××

（第 1 页共 1 页）

询 问 笔 录

询问时间： 2014 年 4 月 20 日 16 时 00 分至 16 时 30 分

询问地点： ×× 县动物疫病预防控制中心办公室

询问机关： ×× 县动物卫生监督所

询问人： 张 ××　　**执法证件号：** ××××××

　　　　　 刘 ××　　　　　　　　××××××

记录人： 刘 ××

被询问人： 姓名：高 ××　　性别：男　　年龄：42

　　　　　 身份证号：××××××　　联系电话：××××××

　　　　　 工作单位：×× 县动物疫病预防控制中心　　职务：科长

　　　　　 住　　址：×× 县 ×× 街 ×× 号

问： 我们是 ×× 县动物卫生监督所执法人员（出示执法证件），现依法向你进行询问调查。你应当如实回答我们的询问并协助调查，作伪证要承担法律责任，你听清楚了吗？

答： 听清楚了。

问： 你有申请回避权利，你是否申请？

答： 不用回避。

问： 请把你的个人情况讲下。

答： 我叫高 ××，42 岁，现住 ×× 县 ×× 街 ×× 号。

问： 请出示你的身份证。

答： 这是我的身份证，您看一下。

问： 我们将对你的身份证进行复印，并需要你在复印件上签字，你清楚吗？

答： 清楚。

问： 你在单位负责什么工作的？

答： 负责疫病监测。

问： 今天和昨天，都是你举报 ×× 县 ×× 镇 ×× 村陈 ×× 拒绝监测的吗？

答： 都是我。

问： 你什么时间到陈 ×× 家监测的？

答： 昨天上午和今天上午，我们去了两次。

问： 你们去几名工作人员？

答： 我们去了三个人。

问： 你们监测工作任务是什么？

答： 高致病性禽流感监测。

问： 陈 ×× 为什么不接受高致病性禽流感监测？

答：他说他家养了 35 只鸡，也没病，觉得监测没有必要。

问：2014 年 4 月 19 日我们下达了《责令改正通知书》后，陈××还以什么理由拒绝监测？

答：陈××还是认为没有必要，他家的鸡也没有病，所以就不让我们监测。

问：以上记录你看一下，是否属实？

答：属实，和我说的一样。

被询问人签名或盖章：高 ××

执法机关人员签名或盖章：张 ××　刘 ××

（第 1 页共 1 页）

证据材料登记表

证据制作说明：

1. 收 集 人：张××、刘××
2. 提 供 人：
3. 收集时间：2014 年 4 月 19 日
4. 收集地点：×× 县 ×× 镇 ×× 村
5. 收集方式：拍照
6. 证据内容：现场检查照片

证据材料登记表

证据制作说明：

1. 收 集 人：张××、刘××
2. 提 供 人：
3. 收集时间：2014 年 4 月 20 日
4. 收集地点：×× 县 ×× 镇 ×× 村
5. 收集方式：拍照
6. 证据内容：现场检查照片

案件处理意见书

案　由			涉嫌拒绝动物疫病预防控制机构进行动物疫病监测案					
当事人	个人	姓名	陈××					
		性别	男	年龄	40	电话	××××××	
		住址	××县××镇××村					
	单位	名称	/			法定代表人（负责人）	/	
		地址	/			电话	/	
案件调查经过			2014年4月19日，本机关接到××县动物疫病预防控制中心工作人员高××的举报，反映××县××镇××村陈××拒绝高致病性禽流感监测。本机关遂于当日指派执法人员张××、刘××立即赶赴现场，经调查情况属实，本机关下达了《责令改正通知书》，责令陈××立即改正违法行为。次日，本机关再次接到××县动物疫病预防控制中心高××的举报，反映本机关下达了《责令改正通知书》后，陈××仍拒绝进行高致病性禽流感监测。4月20日执法人员对当事人陈××进行了询问，陈××承认了拒绝接受高致病性禽流感监测的违法事实。					
所附证据材料			1.《现场检查笔录》2份； 2. 当事人《询问笔录》2份； 3.《责令改正通知书》1份； 4. 举报人《询问笔录》1份； 5. 照片2张； 6. 当事人身份证复印件1份。					
调查结论及处理意见			当事人陈××拒绝动物疫病预防控制机构进行动物疫病监测的行为，事实清楚、证据确凿。其行为违反了《中华人民共和国动物防疫法》第十五条第三款之规定："动物疫病预防控制机构应当按照国务院兽医主管部门的规定，对动物疫病的发生、流行等情况进行监测；从事动物饲养、屠宰、经营、隔离、运输以及动物产品生产、经营、加工、贮藏等活动的单位和个人不得拒绝或者阻碍"。按照《××省畜牧业行政处罚自由裁量权标准》（具体条款略）之规定，对当事人处以（××××××—××××××）幅度内的处罚，足以起到惩戒作用。 　　依据《中华人民共和国动物防疫法》第八十三条第四项之规定："违反本法规定，从事动物疫病研究与诊疗和动物饲养、屠宰、经营、隔离、运输，以及动物产品生产、经营、加工、贮藏等活动的单位和个人，有下列行为之一的，由动物卫生监督机构责令改正；拒不改正的，对违法行为单位处一千元以上一万元以下罚款，对违法行为个人可以处五百元以下罚款：（四）拒绝动物疫病预防控制机构进行动物疫病监测、检测的"。建议作出如下处罚： 　　罚款人民币200.00元。 　　　　　　　　　　　　　　执法人员签名：刘×× 张×× 　　　　　　　　　　　　　　2014年4月20日					

执法机构意见	（如监督所内设执法科，由执法科在此处填写意见） 签名： 　　　　　　　　　　　　　　　　　年　　月　　日
法制机构意见	（如监督所内设法制科，由法制科在此处填写意见） 签名： 　　　　　　　　　　　　　　　　　年　　月　　日
执法机关意见	同意。 签名：夏×× 2014 年 4 月 20 日

××县动物卫生监督所
行政处罚事先告知书

××动监告〔2014〕7号

陈××：

经调查，你在 2014 年 4 月 19 日××县动物疫病预防控制中心工作人员高××进行高致病性禽流感监测时，拒绝接受监测，本机关下达《责令改正通知书》后，仍拒绝接受监测，事实清楚、证据确凿，有《现场检查笔录》2 份；当事人《询问笔录》2 份；《责令改正通知书》1 份；举报人《询问笔录》1 份；照片 2 张；当事人身份证复印件 1 份为证。

你违反了《中华人民共和国动物防疫法》第十五条第三款之规定："动物疫病预防控制机构应当按照国务院兽医主管部门的规定，对动物疫病的发生、流行等情况进行监测；从事动物饲养、屠宰、经营、隔离、运输以及动物产品生产、经营、加工、贮藏等活动的单位和个人不得拒绝或者阻碍"。按照《××省畜牧业行政处罚自由裁量权标准》（具体条款略）之规定，对当事人处以（××××××—××××××）幅度内的处罚，足以起到惩戒作用。

依据《中华人民共和国动物防疫法》第八十三条第四项之规定："违反本法规定，从事动物疫病研究与诊疗和动物饲养、屠宰、经营、隔离、运输，以及动物产品生产、经营、加工、贮藏等活动的单位和个人，有下列行为之一的，由动物卫生监督机构责令改正；拒不改正的，对违法行为单位处一千元以上一万元以下罚款，对违法行为个人可以处五百元以下罚款：（四）拒绝动物疫病预防控制机构进行动物疫病监测、检测的"。拟对你作出如下处罚决定：

罚款人民币 200.00 元。

根据《中华人民共和国行政处罚法》第三十一条、第三十二条和第四十二条的规定，你可在收到本告知书之日起三日内向本机关进行陈述申辩，逾期不陈述申辩，视为你放弃上述权利。

××县动物卫生监督所
2014 年 4 月 21 日

××县动物卫生监督所地址：××县××街××号

联系人：张××　刘××　电话：××××××

行政处罚决定审批表

案由			拒绝动物疫病预防控制机构进行动物疫病监测案					
当事人	个人	姓名	陈××					
		性别	男	年龄	40	电话	××××××	
		住址	××县××镇××村					
	单位	名称	/			法定代表人（负责人）	/	
		地址	/			电话	/	
陈述申辩或听证情况	当事人在法定期限内未进行陈述申辩。							
处理意见	建议维持《行政处罚事先告知书》拟作出的处理处罚意见。 执法人员签名：刘×× 张×× 2014 年 4 月 25 日							
执法机构意见	（如监督所内设执法科，由执法科在此处填写意见） 签名： 年　月　日							
法制机构意见	（如监督所内设法制科，由法制科在此处填写意见） 签名： 年　月　日							
执法机关意见	同意。 签名：夏×× 2014 年 4 月 25 日							

送 达 回 证

案　　由	涉嫌拒绝动物疫病预防控制机构进行动物疫病监测案				
受送达人	陈××				
送达单位	××县动物卫生监督所				
送达文书及文号	送达地点	送达人	送达方式	收到日期	收件人签名
《责令改正通知书》	××县×× 镇××村	张×× 刘××	直接送达	2014年4月19日	陈××
/	/	/	/	/	/
备注					

送 达 回 证

案　　由	涉嫌拒绝动物疫病预防控制机构进行动物疫病监测案					
受送达人	陈××					
送达单位	××县动物卫生监督所					
送达文书及文号	送达地点	送达人	送达方式	收到日期		收件人签名
《行政处罚事先告知书》（××动监告〔2014〕7号）	×× 县 ×× 镇 ×× 村	张×× 刘××	直接送达	2014年4月21日		陈××
/	/	/	/	/		/
备注						

送 达 回 证

案　　由	拒绝动物疫病预防控制机构进行动物疫病监测案
受送达人	陈××
送达单位	××县动物卫生监督所

送达文书及文号	送达地点	送达人	送达方式	收到日期	收件人签名
《行政处罚决定书》（××动监罚〔2014〕7号）	××县××镇××村	张××刘××	直接送达	2014年4月25日	陈××
/	/	/	/	/	/

备注	

票据粘贴页

（罚没收据存根清单）

行政处罚结案报告

案　　由	拒绝动物疫病预防控制机构进行动物疫病监测案		
当 事 人	陈××		
立案时间	2014 年 4 月 20 日	处罚决定 送达时间	2014 年 4 月 25 日

<table>
<tr><td colspan="4">

处罚决定：

　　罚款人民币 200.00 元。

执行情况：

　　1．执行方式：自动履行。

　　2．执行时间：2014 年 4 月 29 日。

执法人员签名：张××　刘××
2014 年 4 月 29 日

</td></tr>
<tr><td>

执法
机构
意见

</td><td colspan="3">

（如监督所内设执法科，由执法科在此处填写意见）

签名：
　　　　年　　月　　日

</td></tr>
<tr><td>

执法
机关
意见

</td><td colspan="3">

同意结案。

签名：孙××
2014 年 4 月 29 日

</td></tr>
</table>

备 考 表

本案卷包括使用的执法文书、收集的证据及罚没收据存根清单，共 23 页。

立卷人：张××

2014 年 5 月 9 日

案卷执法文书及相关证据归档完整，符合要求。

审查人：孙××

2014 年 5 月 9 日

卷二十一　关于王××盗掘已被依法处理的动物案

一、案情简介

2015 年 5 月 2 日 16 时，某区动物卫生监督所接到群众举报，反映王××正在挖 1 头已经被依法处理的死猪。执法人员张××和常××到达现场后发现，在某市某区××镇××村西 10 千米和××乡道南 15 千米交汇处，有一个深 3 米、长 2 米、宽 2 米的掩埋坑，在坑的东侧有 1 头死猪，在坑的北侧有一辆车牌号为××××××的小货车，王某正要准备装车。该区动物卫生监督所于当日依法进行立案调查，执法人员询问了王××，制作了《询问笔录》《现场检查笔录》，并收集了相关证据。2014 年 5 月 3 日，区动物卫生监督所下达了《行政处罚事先告知书》。2014 年 5 月 9 日，下达了《行政处罚决定书》，罚款人民币 1000.00 元。

二、处罚依据

违反条款：《中华人民共和国动物防疫法》第三十八条第二款。

处罚条款：《中华人民共和国动物防疫法》第八十条第二项。

三、本类型案件办理的注意事项及难点

在对当事人实施行政处罚的同时，要注意当事人的行为是否构成犯罪，如构成犯罪，要及时移交司法机关。

××区动物卫生监督所
案　卷

××动监罚〔2015〕3号					
题　名	关于王××盗掘已被依法处理的动物案				
案件承办人		当　事　人			
常××　张××		王××			
立案日期	2015年5月2日	结案日期	2015年5月15日	立卷人	常××
执行结果	当事人已依法履行完毕。				
归档日期	2015年5月15日	档案编号			201503
保存期限	长期	卷内共18页			
备注					

卷 内 目 录

序号	文书编号	文书日期	题名	页号	备注
1	××动监罚〔2015〕3号	2015年5月9日	行政处罚决定书		
2	××动监立〔2015〕3号	2015年5月2日	行政处罚立案审批表		
3		2015年5月2日	现场检查笔录		
4		2015年5月2日	当事人身份证明		复印件
5		2015年5月2日	询问笔录		
6		2015年5月2日	询问笔录		
7		2015年5月2日	证据材料登记表（现场检查照片）		
8		2015年5月3日	案件处理意见书		
9	××动监告〔2015〕3号	2015年5月3日	行政处罚事先告知书		
10		2015年5月8日	行政处罚决定审批表		
11		2015年5月3日	送达回证		
12		2015年5月9日	送达回证		
13			××银行现金存款凭证		
14		2015年5月15日	行政处罚结案报告		
15		2015年5月15日	备考表		

××区动物卫生监督所
行政处罚决定书

××动监罚〔2015〕3号

姓名：王××   **性别：**男   **年龄：**45

住址：××市××区××镇××村××社××组   **联系方式：**××××××

当事人王××盗掘已被依法处理的动物案，经本机关依法调查，现查明：

2015年5月2日，本机关接到群众举报，当事人王××在××市××区××镇××村西10千米和××乡道南15千米交汇处，盗掘死猪。本机关决定立案调查，并立即指派执法人员张××和常××赶赴现场。发现王××已经将刘××于2015年5月2日依法无害化处理后深埋的1头病死猪挖出，准备装车。执法人员对当事人王××和举报人刘××分别进行了询问，收集了相关证据，当事人王××存在盗掘已被依法处理动物的违法事实。

以上事实查证属实，有下列证据为证：

1. 身份证复印件1份，证明其身份，证明当事人主体的适格性；

2. 《现场检查笔录》1份、《询问笔录》2份、照片3张，共同证明王××盗掘已被依法处理的1头死猪的事实。

本机关认为：当事人盗掘已被依法处理的1头死猪的行为，事实清楚、证据确凿，其行为违反了《中华人民共和国动物防疫法》第三十八条第二款之规定："任何单位和个人不得藏匿、转移、盗掘已被依法隔离、封存、处理的动物和动物产品"。经本机关领导审批，于2015年5月3日下达了《行政处罚事先告知书》，当事人在法定期限内未进行陈述申辩。按照《××省畜牧业行政处罚自由裁量权标准》（具体条款略）之规定，对当事人处以（××××××—××××××）幅度内的处罚，足以起到惩戒作用。

依据《中华人民共和国动物防疫法》第八十条之规定："违反本法规定，有下列行为之一的，由动物卫生监督机构责令改正，处一千元以上一万元以下罚款：（二）藏匿、转移、盗掘已被依法隔离、封存、处理的动物和动物产品"。本机关责令你立即改正违法行为，并作出如下处罚决定：

罚款人民币1000.00元。

当事人必须在收到本处罚决定书之日起15日内持本决定书到××银行缴纳罚（没）款。逾期不按规定缴纳罚款的，每日按罚款数额的3%加处罚款。

当事人对本处罚决定不服的，可以在收到本处罚决定书之日起60日内向××畜牧业管理局申请行政复议；或者六个月内向××人民法院提起行政诉讼。行政复议和行政诉讼期间，本处罚决定不停止执行。

当事人逾期不申请行政复议或提起行政诉讼，也不履行本行政处罚决定的，本机关将依法申请人民法院强制执行。

××区动物卫生监督所

2015年5月9日

行政处罚立案审批表

×× 动监立〔2015〕3 号

案件来源			群众举报		受案时间		2015 年 5 月 2 日
案　由			涉嫌盗掘已被依法处理的动物案				
当事人	个人	姓名	王 ××		电话		××××××
		性别	男	年龄 45	身份证号		××××××
		住址	×× 市 ×× 区 ×× 镇 ×× 村 ×× 社 ×× 组				
	单位	名称	/		法定代表人（负责人）		/
		地址	/		电话		/
简要案情			2015 年 5 月 2 日 16 时，本机关接到群众举报，当事人王 ×× 在 ×× 市 ×× 区 ×× 镇 ×× 村西 10 千米和 ×× 乡道南 15 千米交汇处，将已经被依法无害化处理的 1 头死猪挖出，准备运走。当事人盗掘已被依法处理的动物，其行为涉嫌违反了《中华人民共和国动物防疫法》第三十八条第二款之规定，建议立案调查。 　　　　　　　　　　　　　　受案人签名：张 ××　常 ×× 　　　　　　　　　　　　　　　　　　　2015 年 5 月 2 日						
执法机构意见			（如监督所内设执法科，由执法科在此处填写意见） 　　　　　　　　　　　　签名： 　　　　　　　　　　　　　　年　月　日				
法制机构意见			（如监督所内设法制科，由法制科在此处填写意见） 　　　　　　　　　　　　签名： 　　　　　　　　　　　　　　年　　月　　日				
执法机关意见			同意，由张 ××、常 ×× 承办。 　　　　　　　　　　　　签名：任 ×× 　　　　　　　　　　　　　　2015 年 5 月 2 日				
备注							

现场检查笔录

时间： 2015 年 5 月 2 日 16 时 30 分至 17 时 0 分

检查地点： ××市××区××镇××村西 10 千米和××乡道南 15 千米交汇处

当事人： 王××

检查机关： ××区动物卫生监督所

检查人员： 张××　　**执法证件号：** ××××××

　　　　　　常××　　**执法证件号：** ××××××

记录人： 常××

现场检查情况： 2015 年 5 月 2 日 16 时，本机关接到群众举报，王××正在挖 1 头已经被依法处理的死猪。执法人员张××和常××立即赶赴现场，向王××出示执法证件，检查情况如下：在××市××区××镇××村西 10 千米和××乡道南 15 千米交汇处，有一个深 3 米、长 2 米、宽 2 米的掩埋坑，在坑的东侧有 1 头死猪，表皮有灼烧痕迹，猪身上有石灰残留，尸体僵硬，在坑的南侧有一把铁锹，在坑的北侧有一辆车牌号为 ×××××× 的小货车，当事人王××正在准备装车。执法人员对现场检查情况进行了拍照。

当事人签名或盖章：王××　　　　　　　　　　　（见证人签名或盖章：　　　　　　　　）

执法人员签名或盖章：张××　常××

（第 1 页共 1 页）

证据材料登记表

此复印件与原件相符

签名：王××

2015 年 5 月 2 日

证据制作说明：

1. 收 集 人：张××、常××

2. 提 供 人：王××

3. 收集时间：2015 年 5 月 2 日

4. 收集地点：××区动物卫生监督所

5. 收集方式：复印

6. 证据内容：当事人王××身份证

询 问 笔 录

询问时间： 2015 年 5 月 2 日 18 时 0 分至 18 时 30 分

询问地点： ××区动物卫生监督所执法科

询问机关： ××区动物卫生监督所

询问人： 张×× **执法证件号：** ××××××

常×× ××××××

记录人： 常××

被询问人：姓名： 王×× **性别：** 男 **年龄：** 45

身份证号： ×××××× **联系电话：** ××××××

工作单位： 无 **职务：** 无

住址： ××市××区××镇××村××社××组

问： 我们是××区动物卫生监督所的执法人员（出示执法证件），现依法向你进行询问调查。你应当如实回答我们的询问并协助调查，作伪证要承担法律责任，你听清楚了吗?

答： 听清楚了。

问： 你有申请执法人员回避的权利，你是否申请?

答： 不申请。

问： 请叙述下你的自然情况。

答： 我叫王××，今年45周岁，住在××市××区××镇××村××社××组，没有工作，电话是××××××。

问： 请出示你的身份证。

答： 这是我的身份证，您看一下。

问： 调查结束后，我们需要将你的身份证复印，需要你确认签字并标明时间。

答： 好的。

问： 2015年5月2日下午，我们发现你在××市××区××镇××村西10千米和××乡道南15千米交汇处正在挖死猪，你要挖出来干什么?

答： 我听说这埋了1头死猪，想把这头猪挖出来拉回家喂狗，刚挖出来就被你们发现了。

问： 你听谁说这里埋了1头死猪?

答： 听刘××说的，他家养的猪因为猪传染性胃肠炎死了，然后他按规定进行无害化处理之后就埋到这了。

问： 刘××是谁?

答： 他是我家邻居，就住在我们村。

问： 你能联系上他么?

被询问人签名或盖章：王××

（第 1 页共 2 页）

答： 能，他的电话是 ×××××× 。

问： 以上内容是否属实？

答： 我已看过，属实。

被询问人签名或盖章：王 ××

执法人员签名或盖章：张 ××　　常 ××

（第 2 页共 2 页）

询 问 笔 录

询问时间：2015 年 5 月 2 日 18 时 45 分至 19 时 30 分

询问地点：××市××区××镇××村××社××组

询问机关：××区动物卫生监督所

询问人：张××　　**执法证件号：**××××××

　　　　　常××　　**执法证件号：**××××××

记录人：常××

被询问人：姓名：刘××　　性别：男　　年龄：51

　　　　　身份证号：××××××　　联系电话：××××××

　　　　　工作单位：无　　职务：无

　　　　　住址：××市××区××镇××村××社××组

问：我们是××区动物卫生监督所的执法人员（出示执法证件），现依法向你进行询问调查。你应当如实回答我们的询问并协助调查，作伪证要承担法律责任，你听清楚了吗？

答：听清楚了。

问：你有申请执法人员回避的权利，你是否申请？

答：不申请。

问：请叙述下你的自然情况。

答：我叫刘××，今年 51 周岁，住在××市××区××镇××村××社××组，没有工作，电话是××××××。

问：请出示你的身份证。

答：这是我的身份证，您看一下。

问：调查结束后，我们需要将你的身份证复印，需要你确认签字并标明时间。

答：好的。

问：今天早上是你往我们单位打的举报电话么？

答：是。

问：你当时举报有人在挖你埋的病死猪，是么？

答：对。

问：请你讲一下当时的情况。

答：我当时从那路过，看见王××正在挖我今天早上埋的 1 头病死猪，我告诉他不能挖，这头猪得病了，我是按照国家的有关规定，在咱们畜牧兽医站人员的监督下进行无害化处理，然后埋在这了。他说，没事，我不吃，就是挖出来回家喂狗。我说那也不行，但他不听我的，我制止不了，就打电话举报了。

问：王××说埋猪的地点是你告诉他的，是么？

被询问人签名或盖章：刘××

（第 1 页共 2 页）

答：是的，我埋完猪回来碰到他，他问我干什么去了，我就告诉他了。

问：你家的猪得了什么病死的？

答：猪传染性胃肠炎。

问：以上情况是否属实？

答：我已看过，属实。

被询问人签名或盖章：刘××

执法人员签名或盖章：张××　常××

（第 2 页共 2 页）

证据材料登记表

证据制作说明：

1. 收 集 人：张××、常××
2. 提 供 人：
3. 收集时间：2015 年 5 月 2 日
4. 收集地点：××市××区××镇××村西 10 千米和××乡道南 15 千米交汇处
5. 收集方式：拍照
6. 证据内容：现场检查照片

案件处理意见书

案由	涉嫌盗掘已被依法处理的动物案					
当事人	个人	姓名	王××			
		性别	男	年龄	45	电话	××××××
		住址	××市××区××镇××村××社××组			
	单位	名称	/	法定代表人（负责人）		/
		地址	/	电话		/

案件调查经过	2015年5月2日16时，本机关接到群众举报，王××正在挖1头已经被依法处理的死猪。本机关决定立案调查，并立即指派执法人员赶赴现场，经查，在××市××区××镇××村西10千米和××乡道南15千米交汇处，有一个深3米、长2米、宽2米的掩埋坑，坑东侧有一头死猪，表皮有灼烧痕迹，猪身上有石灰残留，尸体僵硬，在坑南侧有一把铁锹，在坑北侧有一辆车牌号为××××××的小货车，当事人王某正在准备装车。执法人员制作了《现场检查笔录》，对现场进行了拍照，并对当事人王××和举报人刘××分别进行了询问，制作了《询问笔录》，收集了相关证据。
所附证据材料	1. 身份证复印件1份； 2.《现场检查笔录》1份； 3. 刘××《询问笔录》1份； 4. 王××《询问笔录》1份； 5. 照片3张。
调查结论及处理意见	当事人盗掘已被依法无害化处理的死猪的行为，事实清楚、证据确凿，其行为已经违反了《中华人民共和国动物防疫法》第三十八条第二款之规定："任何单位和个人不得藏匿、转移、盗掘已被依法隔离、封存、处理的动物和动物产品"。2015年5月2日，执法人员责令当事人依照《病害动物和病害动物产品生物安全处理规程》的规定，对挖出的死猪进行无害化处理。按照《××省畜牧业行政处罚自由裁量权标准》（具体条款略）之规定，对当事人处以（××××××—××××××）幅度内的处罚，足以起到惩戒作用。依据《中华人民共和国动物防疫法》第八十条之规定："违反本法规定，有下列行为之一的，由动物卫生监督机构责令改正，处一千元以上一万元以下罚款：（二）藏匿、转移、盗掘已被依法隔离、封存、处理的动物和动物产品"。建议作出如下处罚： 　　罚款人民币1000.00元。 　　　　　　　　　　　　　　　　　　　执法人员签名：张××　常×× 　　　　　　　　　　　　　　　　　　　2015年5月3日

执法机构意见	（如监督所内设执法科，由执法科在此处填写意见） 签名： 　年　　月　　日	
法制机构意见	（如监督所内设法制科，由法制科在此处填写意见） 签名： 　年　　月　　日	
执法机关意见	同意。 签名：任 × × 2015 年 5 月 3 日	

××区动物卫生监督所
行政处罚事先告知书

<u>××动监告〔2015〕3号</u>

王××：

经调查，你于2015年5月2日下午，在××市××区××镇××村西10千米和××乡道南15千米交汇处，盗掘刘××依法处理的1头死猪的违法行为，有《现场检查笔录》《询问笔录》和照片等为证。

你违反了《中华人民共和国动物防疫法》第三十八条第二款之规定："任何单位和个人不得藏匿、转移、盗掘已被依法隔离、封存、处理的动物和动物产品"。按照《××省畜牧业行政处罚自由裁量权标准》（具体条款略）之规定，对当事人处以（××××××—××××××）幅度内的处罚，足以起到惩戒作用。

依据《中华人民共和国动物防疫法》第八十条之规定："违反本法规定，有下列行为之一的，由动物卫生监督机构责令改正，处一千元以上一万元以下罚款：（二）藏匿、转移、盗掘已被依法隔离、封存、处理的动物和动物产品"。本机关拟作出如下处罚决定：

罚款人民币1000.00元。

根据《中华人民共和国行政处罚法》第三十一条、第三十二条之规定，你（单位）可在收到本告知书之日起三日内向本机关进行陈述申辩，逾期不陈述申辩的，视为你（单位）放弃上述权利。

××区动物卫生监督所

2015年5月3日

执法机关地址：<u>××市××区××街××号</u>

联系人：<u>张××</u>　　电话：<u>××××××</u>

行政处罚决定审批表

案由			盗掘已被依法处理的动物案				
当事人	个人	姓名	王××				
		性别	男	年龄	45	电话	××××××
		住址	××市××区××镇××村××社××组				
	单位	名称	/		法定代表人（负责人）		/
		地址	/		电话		/
陈述申辩或听证情况	当事人在法定期限内未进行陈述申辩。						
处理意见	建议维持《行政处罚事先告知书》拟作出的处理处罚决定。 执法人员签名：张×× 常×× 2015年5月8日						
执法机构意见	（如监督所内设执法科，由执法科在此处填写意见） 签名： 年 月 日						
法制机构意见	（如监督所内设法制科，由法制科在此处填写意见） 签名： 年 月 日						
执法机关意见	同意。 签名：任×× 2015年5月8日						

送 达 回 证

案　　由	涉嫌盗掘已被依法处理的动物案				
受送达人	王××				
送达单位	××市××区动物卫生监督所				
送达文书及文号	送达地点	送达人	送达方式	收到日期	收件人签名
《行政处罚事先告知书》（××动监告〔2015〕3号）	××市××区××镇××村××社××组	张××	直接送达	2015年5月3日	王××
/	/	/	/	/	/
备注					

送 达 回 证

案　　由	盗掘已被依法处理的动物案					
受送达人	王××					
送达单位	××市××区动物卫生监督所					
送达文书及文号	送达地点	送达人	送达方式	收到日期	收件人签名	
《行政处罚决定书》（××动监罚〔2015〕3号）	××市××区××镇××村××社××组	张××	直接送达	2015年5月9日	王××	
/	/	/	/	/	/	
备注						

票据粘贴页

××银行现金存款凭证

行政处罚结案报告

案　　由	盗掘已被依法处理的动物案		
当 事 人	王××		
立案时间	2015 年 5 月 2 日	处罚决定送达时间	2015 年 5 月 9 日

处罚决定：
　　罚款人民币 1000.00 元。
执行情况：
　　1．执行方式：自动履行。
　　2．执行时间：2015 年 5 月 10 日。

执法人员签名：张××　常××
年　　月　　日

执法 机构 意见	（如监督所内设执法科，由执法科在此处填写意见） 签名： 　　　　　　　　　　　年　　月　　日
执法 机关 意见	同意结案。 签名：任×× 2015 年 5 月 15 日

备 考 表

本案卷包括使用的执法文书、收集的证据及罚没收据存根，共计 18 页。

立卷人：常 ××

2015 年 5 月 15 日

本案卷执法文书及相关证据归档完整，符合要求。

审查人：于 ××

2015 年 5 月 15 日

卷二十二 关于崔××未按规定及时对动物运载工具进行清洗、消毒案

一、案情简介

2014 年 4 月 18 日上午 10 时，某县动物卫生监督所执法人员郑××、宋×× 在 ×× 县生猪定点屠宰厂检查时发现，崔×× 驾驶车牌号为 ×××××× 的货车在 ×× 县生猪定点屠宰厂卸载完 9 头生猪后，未按规定及时对运载工具进行清洗、消毒，当日，执法人员依法下达《当场处罚决定书》，给予警告，责令崔×× 立即改正违法行为。崔×× 接到警告后扔不对运载工具实施清洗、消毒。该所于当日依法进行立案调查，执法人员询问了崔××，制作了《询问笔录》《现场检查笔录》，收集了相关证据。

2014 年 4 月 19 日，县动物卫生监督所下达了《行政处罚事先告知书》，4 月 25 日，下达了《行政处罚决定书》，罚款人民币 200.00 元。

二、处罚依据

违反条款：《中华人民共和国动物防疫法》第四十四条第二款。

处罚条款：《中华人民共和国动物防疫法》第七十三条第三项。

三、本类型案件办理的注意事项及难点

本类型案件的行政处罚有一定的阶段性：

一是警告。动物卫生监督机构在执行监督检查任务时，发现有此类违法行为，应当以行政命令的方式责令当事人改正，并给予警告的行政处罚。

二是代作处理。在规定的期限内，违法行为人未按要求进行改正的，由动物卫生监督机构依法代作处理，所需费用由违法行为人承担。

三是罚款。本类型案件的罚款不是必须实施的行政处罚，违法行为人如果及时改正了违法行为，则不应再对其罚款；违法行为人拒不改正的，可以罚款，也可以不罚款。

××县动物卫生监督所
案　　卷

××动监罚〔2014〕3号					
题　名	关于崔××未按规定及时对动物运载工具进行清洗、消毒案				
案件承办人			**当　事　人**		
郑××　宋××			崔××		
立案日期	2014年4月18日	**结案日期**	2014年4月27日	**立卷人**	宋××
执行结果	当事人已依法履行完毕。				
归档日期	2014年5月11日	**档案编号**		201403	
保存期限	长期	卷内共21页			
备注					

卷 内 目 录

序号	文书编号	文书日期	题名	页号	备注
1	××动监罚〔2014〕3号	2014年4月25日	行政处罚决定书		
2		2014年4月18日	现场检查笔录		
3		2014年4月18日	询问笔录		
4	××动监简罚〔2014〕2号	2014年4月18日	当场处罚决定书		
5	××动监立〔2014〕3号	2014年4月18日	行政处罚立案审批表		
6		2014年4月18日	当事人身份证明		复印件
7		2014年4月18日	现场检查笔录		
8		2014年4月18日	询问笔录		
9		2014年4月18日	证据材料登记表（现场检查照片）		
10		2014年4月18日	证据材料登记表（现场检查照片）		
11		2014年4月18日	案件处理意见书		
12	××动监告〔2014〕3号	2014年4月19日	行政处罚事先告知书		
13		2014年4月24日	行政处罚决定审批表		
14		2014年4月19日	送达回证		
15		2014年4月25日	送达回证		
16		2014年4月27日	缴纳罚款银行回执		
17		2014年4月27日	行政处罚结案报告		
18		2014年5月11日	备考表		

××县动物卫生监督所
行政处罚决定书

××动监罚〔2014〕3号

姓名：崔××　　　**性别：**男　　年龄：43岁

住址：××县××街××委××组　　**联系方式：**××××××

当事人未按规定及时对动物运载工具进行清洗、消毒一案，经本机关依法调查，现查明：

2014年4月18日上午10时，崔××驾驶车牌号为××××××的货车在××县生猪定点屠宰厂卸载完9头生猪后，未按规定及时对运载工具进行清洗、消毒，当日，本机关依法下达《当场处罚决定书》，给予警告，责令崔××立即改正违法行为。崔××接到警告后拒不对运载工具实施清洗、消毒。经请示，立案调查。执法人员对当事人崔××进行了询问，收集了相关证据，由本机关代替当事人对运载工具进行了清洗消毒。当事人存在未对动物运载工具及时进行清洗、消毒的违法事实。

以上事实查证属实，有下列证据为证：

1. 《现场检查笔录》（2014年4月18日10时）1份，证明当事人卸载生猪后未及时对运载工具进行清洗、消毒。

2. 《询问笔录》（2014年4月18日11时）1份，证明当事人卸载生猪后未及时对运载工具进行清洗、消毒。

3. 《当场处罚决定书》1份，证明当事人卸载生猪后未及时对运载工具进行清洗、消毒，给予当事人警告，责令其立即改正违法行为。

4. 《现场检查笔录》（2014年4月18日12时）1份，证明当事人在接到《当场处罚决定书》后，仍拒绝对运载工具实施清洗、消毒。

5. 《询问笔录》（2014年4月18日13时）1份，证明当事人在接到《当场处罚决定书》后，仍拒绝对运载工具实施清洗、消毒的事实。

6. 2014年4月18日10时拍摄的照片1张，证明当事人卸载生猪后未及时对运载工具进行清洗、消毒。

7. 2014年4月18日12时拍摄的照片1张，证明本机关对崔××卸载生猪后未进行及时清洗、消毒的车辆代作处理。

8. 当事人身份证复印件1份，证明崔××身份及违法主体的适格性。

本机关认为：当事人未按规定及时对动物运载工具进行清洗、消毒，事实清楚、证据确凿，其行为违反了《中华人民共和国动物防疫法》第四十四条第二款之规定："运载工具在装载前和卸载后应当及时清洗、消毒"。本机关于2014年4月18日向当事人送达了《行政处罚事先告知书》，当事人在法定期限内未进行陈述申辩。按照《×××省畜牧业行政处罚自由裁量权标准》（具体条款略）之规定，对当事人处以（××××××—×××××）幅度内的处罚，足以起到惩戒作用。

依据《中华人民共和国动物防疫法》第七十三条之规定："违反本法规定，有下列行为之一的，由动物卫生监督机构责令改正，给予警告；拒不改正的，由动物卫生监督机构代作处理，所需处理费用由违法行为人承担，可以处一千元以下罚款：（三）动物、动物产品的运载工具在装载前和卸载后没有及时清洗、消毒的"。本机关责令你立即改正违法行为，并作出如下处罚决定：

罚款人民币 200.00 元。

当事人必须在收到本决定书之日起 15 日内持本决定书到 ×× 银行缴纳罚没款。逾期不按规定缴纳罚款的，每日按罚款数额的 3% 加处罚款。

当事人对本处罚决定不服的，可以在收到本处罚决定书之日起 60 日内向 ×× 县畜牧业管理局申请行政复议，或在三个月内向 ×× 县人民法院提起诉讼。行政复议和行政诉讼期间，本处罚决定不停止执行。

当事人逾期不申请行政复议或提起行政诉讼，也不履行本行政处罚决定的，本机关将依法申请人民法院强制执行。

×× 县动物卫生监督所

2014 年 4 月 25 日

现场检查笔录

时间： <u>2014</u> 年 <u>4</u> 月 <u>18</u> 日 <u>10</u> 时 <u>10</u> 分至 <u>10</u> 时 <u>35</u> 分

检查地点： <u>×× 县 ×× 路 ×× 号（×× 县生猪定点屠宰厂）</u>

当事人： <u>崔 ××</u>

检查机关： <u>×× 县动物卫生监督所</u>

检查人员： <u>郑 ××</u>　　**执法证件号：** <u>××××××</u>

　　　　　　<u>宋 ××</u>　　　　　　　　　<u>××××××</u>

记录人： <u>宋 ××</u>

现场检查情况： <u>2014 年 4 月 18 日，当事人崔 ×× 驾驶车牌号为 ×××××× 的货车在 ×× 县生猪定点屠宰厂卸载完 9 头生猪后，未按规定及时对运载工具进行清洗、消毒，本机关执法人员向其出示执法证件，检查情况如下：该场出入口处有消毒池，场区东侧为待宰圈，南侧为屠宰车间，待宰圈与屠宰车间拐角处为消毒场地。当事人运载生猪车辆停放在屠宰厂的大门外，车牌号为 ××××××，车厢由铁栏杆焊接而成，车厢内有大量的垫料及猪的排泄物，执法人员对现场及相关物品进行了拍照取证。</u>

当事人签名：崔 ××　　　　　　　　　　　　（见证人签名或盖章：　　　　　　　）

执法人员签名：郑 ××　宋 ××

（第 1 页共 1 页）

询 问 笔 录

询问时间： 2014 年 4 月 18 日 11 时 5 分至 11 时 35 分

询问地点： ××县××路××号（××县生猪定点屠宰厂办公室）

询问机关： ××县动物卫生监督所

询问人： 郑××　　　**执法证件号：** ××××××××

　　　　　宋××　　　　　　　　　　××××××××

记录人： 宋××

被询问人： 姓名：崔××　　性别：男　　年龄：43

　　　　　身份证号：×××××　　联系电话：×××××

　　　　　工作单位：　/　　　职务：　/

　　　　　住址：××县××街××委××组

问： 我们是××县动物卫生监督所执法人员（出示执法证件），现依法向你进行询问调查。你应当如实回答我们的询问并协助调查，作伪证要承担法律责任，你听清楚了吗？

答： 知道了。

问： 请把你的个人情况讲下。

答： 我叫崔××，43 岁，现住××县××街××委××组，联系电话×××××。

问： 请出示你的身份证，调查结束后我们要复印你的身份证，同时你要在身份证复印件上签名并标明日期。

答： 好的，你看一下。

问： 你是从事什么职业的？

答： 我是搞生猪贩运的。

问： 你今天运载生猪到××县屠宰厂，卸载后是否对运载工具进行了清洗、消毒？

答： 没有。

问： 为什么没有进行清洗、消毒？

答： 我觉得麻烦，也没有必要。

问： 以上情况是否属实？

答： 以上内容我已看过，属实。

被询问人签名：崔××

执法人员签名：郑××　宋××

（第 1 页共 1 页）

××县动物卫生监督所
当场处罚决定书

××动监简罚〔2014〕2号

当事人	个人	姓名		崔××		电话	××××××
		性别	男	年龄	43	身份证号	××××××
		住址		××县××街××委××组			
	单位	名称		/		法定代表人	/
		地址		/		电话	/
违法事实		2014年4月18日，××县动物卫生监督所执法人员郑××、宋××检查时，发现崔××驾驶车牌号为××××××的货车在××县生猪定点屠宰厂卸载完9头生猪后，未按规定及时对运载工具进行清洗、消毒。					
处罚依据及内容		当事人崔××未按规定及时对动物运载工具进行清洗、消毒，其行为违反了《中华人民共和国动物防疫法》第四十四条第二款之规定："运载工具在装载前和卸载后应当及时清洗、消毒"。 　　依据《中华人民共和国动物防疫法》第七十三条之规定："违反本法规定，有下列行为之一的，由动物卫生监督机构责令改正，给予警告；拒不改正的，由动物卫生监督机构代作处理，所需处理费用由违法行为人承担，可以处一千元以下罚款：（三）动物、动物产品的运载工具在装载前和卸载后没有及时清洗、消毒的"。本机关作出如下处罚：警告。					
告知事项		1. 当事人应当对违法行为立即予以纠正； 2. 当事人必须在收到处罚决定书之日起15日内持本决定书到　××银行　缴纳罚款。逾期不缴纳的，每日按罚款数额的3%加处罚款； 3. 对本处罚决定不服的，可以在收到本处罚决定书之日起60日内向××县畜牧业管理局申请行政复议；或者三个月内向××县人民法院提起行政诉讼。					
执法人员基本情况	姓名	郑××		宋××		××县动物卫生监督所 2014年4月18日	
	执法证件号	××××××		××××××			
当事人签收		崔××		是否当场执行		是	

行政处罚立案审批表

×× 动监立〔2014〕3 号

案件来源	检查发现			受案时间	2014 年 4 月 18 日	
案　　由	涉嫌未按规定及时对动物运载工具进行清洗、消毒案					
当事人	个人	姓名	崔 ××		电话	××××××
		性别	男	年龄　43	身份证号	××××××
		住址	×× 县 ×× 街 ×× 委 ×× 组			
	单位	名称	/	法定代表人（负责人）		/
		地址	/		电话	/
简要案情	2014 年 4 月 18 日上午 10 时，崔 ×× 驾驶车牌号为 ×××××× 的货车在 ×× 县 ×× 生猪定点屠宰厂卸载完 9 头生猪后，未按规定对运载工具进行清洗、消毒，本机关依法下达《当场处罚决定书》，给予警告，责令崔 ×× 立即改正违法行为。崔 ×× 接到警告后仍拒绝对运载工具进行清洗、消毒。其行为涉嫌违反了《中华人民共和国动物防疫法》第四十四条第二款之规定，建议立案调查。 　　　　　　　　　　　　　　　　受案人签名：郑 ××　宋 ×× 　　　　　　　　　　　　　　　　　　　　　2014 年 4 月 18 日					
执法机构意见	（如监督所内设执法科，由执法科在此处填写意见） 　　　　　　　　　　　　　　　签名： 　　　　　　　　　　　　　　　　年　　月　　日					
法制机构意见	（如监督所内设法制科，由法制科在此处填写意见） 　　　　　　　　　　　　　　　签名： 　　　　　　　　　　　　　　　　年　　月　　日					
执法机关意见	同意立案调查。由郑 ××、宋 ×× 承办。 　　　　　　　　　　　　　　　签名：杨 ×× 　　　　　　　　　　　　　　　2014 年 4 月 18 日					
备注						

证据材料登记表

此复印件与原件相符

当事人签名：崔××

2014 年 4 月 18 日

证据制作说明：

1. 收　集　人：郑××、宋××

2. 提　供　人：崔××

3. 收集时间：2014 年 4 月 18 日

4. 收集地点：××县生猪定点屠宰厂

5. 收集方式：复印

6. 证据内容：崔××身份证

现场检查笔录

时间： 2014 年 4 月 18 日 12 时 10 分至 12 时 35 分

检查地点： ××县××路××号

当事人： 崔××

检查机关： ××县动物卫生监督所

检查人员： 郑××　　　**执法证件号：** ×××××××××

　　　　　　宋××　　　　　　　　　××××××××

记录人： 宋××

现场检查情况： 2014 年 4 月 18 日，当事人崔××驾驶车牌号为××××××的货车在××县生猪定点屠宰厂卸载完 9 头生猪后，未按规定及时对运载工具进行清洗、消毒，本机关执法人员郑××、宋××在给予警告后拒不改正的情况下，当事人崔××在场，向其出示执法证件，检查情况如下：该场出入口处有消毒池，场区东侧为待宰圈，南侧为屠宰车间，待宰圈与屠宰车间拐角处为消毒场地。当事人运载生猪车辆停放在屠宰厂的大门外，车牌号为××××××，车厢由铁栏杆焊接而成，车厢内有大量的垫料及猪的排泄物，执法人员对现场及相关物品进行了拍照取证。

当事人签名或盖章：崔××　　　　　　　　　　　　（见证人签字或盖章：　　　　　　　　）

执法人员签名或盖章：郑××　宋××

（第 1 页共 1 页）

询 问 笔 录

询问时间： 2014 年 4 月 18 日 13 时 25 分至 14 时 05 分

询问地点： ×× 县 ×× 路 ×× 号

询问机关： ×× 县动物卫生监督所

询问人： 郑 ××　　**执法证件号：** ××××××××

　　　　　宋 ××　　　　　　××××××××

记录人： 宋 ××

被询问人：姓名： 崔 ××　　**性别：** 男　　**年龄：** 43

　　　　　身份证号： ××××××　　**联系电话：** ××××××

　　　　　工作单位： ／　　　**职务：** ／

　　　　　住址： ×× 县 ×× 街 ×× 委 ×× 组

问： 我们是 ×× 县动物卫生监督所执法人员（出示执法证件），现依法向你进行询问调查。你应当如实回答我们的询问并协助调查，作伪证要承担法律责任，你听清楚了吗？

答： 知道了。

问： 请说下你的自然情况。

答： 我叫崔 ××，43 岁，现住 ×× 县 ×× 街 ×× 委 ×× 组，联系电话 ××××××。

问： 你是从事什么职业的？

答： 我是从事生猪贩运的。

问： 你今天运载生猪到 ×× 县屠宰厂，卸载后是否对运载工具进行了清洗、消毒？

答： 没有。

问： 为什么没有进行清洗、消毒？

答： 我觉得麻烦，也没有必要。

被询问人签名或盖章：崔 ××

执法机关人员签名或盖章：宋 ××　郑 ××

（第 1 页共 2 页）

问：我们下达了《当场处罚决定书》后，你是否对运载工具进行了清洗、消毒？

答：没有。

问：为什么仍不清洗、消毒？

答：我今天早上到××镇购买了9头肥猪运来屠宰厂出售，刚刚卸载完后，我就接到××镇的农户给我打来电话说他有3头猪要卖。我着急，就想马上走，心想一次不清洗、消毒也没问题，就想强行出去。

问：以上情况是否属实？

答：以上内容我已看过，属实。

被询问人签名：崔××

执法人员签名：郑××　宋××

（第2页共2页）

证据材料登记表

证据制作说明：

1. 收 集 人：郑××、宋××

2. 提 供 人：

3. 收集时间：2014 年 4 月 18 日 10 时

4. 收集地点：××县生猪定点屠宰厂

5. 收集方式：拍照

6. 证据内容：现场检查照片

证据材料登记表

证据制作说明：

1. 收 集 人：郑××、宋××

2. 提 供 人：

3. 收集时间：2014 年 4 月 18 日 12 时

4. 收集地点：×× 县生猪定点屠宰厂

5. 收集方式：拍照

6. 证据内容：现场检查照片

案件处理意见书

案由			涉嫌未按规定及时对动物运载工具进行清洗、消毒案				
当事人	个人	姓名	崔××				
		性别	男	年龄	43 岁	电话	×××××
		住址	××县××街××委××组				
	单位	名称	/		法定代表人（负责人）		/
		地址	/		电话		/
案件调查经过			2014年4月18日上午11时30分，崔××驾驶车牌号为××××××的货车在××县生猪定点屠宰厂卸载完9头生猪后，未按规定对运载工具进行清洗、消毒，本机关依法下达《当场处罚决定书》（××动监简罚〔2014〕2号），给予警告，责令崔××立即改正违法行为。崔××接到警告后仍拒不对运载工具实施清洗、消毒。经请示，立案调查，执法人员制作了《现场检查笔录》，对检查现场及相关物品进行了拍照。同日，对当事人进行了询问，并收集了相关证据。由于当事人拒绝对运载工具进行清洗、消毒，由××县动物卫生监督机构代作处理完毕。				
所附证据材料			1.《现场检查笔录》1份； 2.《询问笔录》1份； 3. 身份证复印件1份； 4. 照片2张。				
调查结论及处理意见			经调查，当事人崔××未按规定及时对动物运载工具进行清洗、消毒，事实清楚、证据确凿，其行为违反了《中华人民共和国动物防疫法》第四十四条第二款的规定，依据《中华人民共和国动物防疫法》第七十三条第三项之规定，按照《××省畜牧业行政处罚自由裁量权标准》（具体条款略）之规定，对当事人处以（××××××—××××××）幅度内的处罚。建议责令当事人立即改正违法行为，并作出如下处罚决定： 　　罚款人民币200.00元。 　　　　　　　　　　　　　　执法人员签名：郑××　宋×× 　　　　　　　　　　　　　　2014 年 4 月 18 日				

执法机构意见	（如监督所内设执法科，由执法科在此处填写意见） 签名： 　　　年　　月　　日
法制机构意见	（如监督所内设法制科，由法制科在此处填写意见） 签名： 　　　年　　月　　日
执法机关意见	同意。 签名：杨×× 2014 年 4 月 18 日

××县动物卫生监督所
行政处罚事先告知书

××动监告〔2014〕3号

崔××：

　　经调查，2014年4月18日上午11时30分，你驾驶车牌号为××××××的货车在××县生猪定点屠宰厂卸载完9头生猪后，未按规定及时对运载工具进行清洗、消毒，本机关依法下达《当场处罚决定书》，责令改正，给予警告，当事人仍拒不对运载工具进行清洗、消毒。有《现场检查笔录》《询问笔录》和《当场处罚决定书》等为证。

　　你违反了《中华人民共和国动物防疫法》第四十四条第二款之规定："运载工具在装载前和卸载后应当及时清洗、消毒"。按照《××省畜牧业行政处罚自由裁量权标准》（具体条款略）之规定，对当事人处以（××××××—××××××）幅度内的处罚，足以起到惩戒作用。

　　依据《中华人民共和国动物防疫法》第七十三条第三项之规定："违反本法规定，有下列行为之一的，由动物卫生监督机构责令改正，给予警告；拒不改正的，由动物卫生监督机构代作处理，所需处理费用由违法行为人承担，可以处一千元以下罚款：（三）动物、动物产品的运载工具在装载前和卸载后没有及时清洗、消毒的"。本机关拟作出如下处罚决定：

　　罚款人民币200.00元。

　　根据《中华人民共和国行政处罚法》第三十一条、第三十二条和第四十二条之规定，你可在收到本告知书之日起三日内向本机关进行陈述申辩，逾期不陈述申辩的，视为你放弃上述权利。

××县动物卫生监督所
2014年4月19日

　　××县动物卫生监督所地址：××县××路××号

　　联系人：郑××　宋××　　电话：××××××

605

行政处罚决定审批表

案由			未按规定及时对动物运载工具进行清洗、消毒案				
当事人	个人	姓名	崔××				
		性别	男	年龄	43	电话	××××××
		住址	××县××街××委××组				
	单位	名称	/		法定代表人		/
		地址	/		电话		/
陈述申辩或听证情况		当事人在法定期限内未进行陈述申辩。					
处理意见		建议维持《行政处罚事先告知书》拟作出的处理处罚意见。 执法人员签名：郑×× 宋×× 2014 年 4 月 24 日					
执法机构意见		（如监督所内设执法科，由执法科在此处填写意见） 签名： 年 月 日					
法制机构意见		（如监督所内设法制科，由法制科在此处填写意见） 签名： 年 月 日					
执法机关意见		同意。 签名：杨×× 2014 年 4 月 24 日					

送 达 回 证

案　　由	涉嫌未按规定及时对动物运载工具进行清洗、消毒案				
受送达人	崔××				
送达单位	××县动物卫生监督所				
送达文书及文号	送达地点	送达人	送达方式	收到日期	收件人签名
《行政处罚事先告知书》（××动监告〔2014〕3号）	××县××路××号（××县生猪定点屠宰厂）	郑××宋××	直接送达	2014年4月19日	崔××
/	/	/	/	/	/
备注					

送 达 回 证

案　　由	未按规定及时对动物运载工具进行清洗、消毒案				
受送达人	崔××				
送达单位	××县动物卫生监督所				
送达文书及文号	**送达地点**	**送达人**	**送达方式**	**收到日期**	**收件人签名**
《行政处罚决定书》（××动监罚〔2014〕3号）	××县××路××号（××县生猪定点屠宰厂）	郑××宋××	直接送达	2014年4月25日	崔××
/	/	/	/	/	/
备注					

票据粘贴页

（罚没收据存根清单）

行政处罚结案报告

案　　由	未按规定及时对动物运载工具进行清洗、消毒案		
当 事 人	崔××		
立案时间	2014 年 4 月 18 日	处罚决定 送达时间	2014 年 4 月 25 日

处罚决定：

　　罚款人民币 200.00 元

执行情况：

　　1. 执行方式：自动履行。

　　××县动物卫生监督所对未按规定及时清洗、消毒车辆代作处理。

　　2. 执行时间：2014 年 4 月 25 日。

执法人员签名：郑×× 宋××

2014 年 4 月 27 日

执法 机构 意见	（如监督所内设执法科，由执法科在此处填写意见） 签名： 　　　年　　月　　日
执法 机关 意见	同意。 签名：杨×× 2014 年 4 月 27 日

备 考 表

本案卷包括使用的执法文书、收集的证据及罚没收据存根，共计 21 页。

立卷人：宋 × ×

2014 年 5 月 11 日

本案卷执法文书及相关证据归档完整，符合要求。

审查人：杨 × ×

2014 年 5 月 11 日

卷二十三　关于王××从省外输入动物产品未向公路动物卫生监督检查站报验案

一、案情简介

2013年1月17日，某市动物卫生监督所执法人员郭××、李××在××街××号××冷库西侧冷藏车间的7号库房进行检查时发现，该库房内有牛产品50箱，100千克/箱，共计5000千克，产品外包装完好无损，贴有A省动物卫生监督所监制的检疫标志。货主王××现场出示了该批动物产品的检疫证明，检疫证明为A省动物卫生监督所出具，编号为No.××××××，检疫证明出证时间为2012年12月18日，但检疫证明上无B省××公路动物卫生监督检查站签章。该所于当日依法进行立案调查，执法人员询问了王××，制作了《询问笔录》《现场检查笔录》，收集了相关证据。2013年1月17日经集体讨论通过后，该动物卫生监督所下达了《行政处罚事先告知书》，2013年1月22日，下达了《行政处罚决定书》，罚款人民币3000.00元。

二、处罚依据

违反条款：《B省无规定动物疫病区建设管理条例》第三十六条第二款。

处罚条款：《B省无规定动物疫病区建设管理条例》第六十二条第一款。

三、本类型案件办理的注意事项及难点

本类型案件是无规定动物疫病区建设中指定通道制度的具体应用，按照农业部《无规定动物疫病区管理技术规范》的要求，在无疫区内应设立指定通道。对不经指定通道输入动物和动物产品的、接收未经指定道口检查并取得道口检查签章的动物和动物产品的违法行为，都要承担法律责任。

××市动物卫生监督所

案　卷

××动监罚〔2013〕5号					
题　名	关于王××从省外输入动物产品未向公路动物卫生监督检查站报验案				
案件承办人			当　事　人		
郭×× 李××			王××		
立案日期	2013年1月17日	结案日期	2013年1月23日	立卷人	李××
执行结果	当事人已依法履行完毕。				
归档日期	2013年1月23日	档案编号		201305	
保存期限	长期	卷内共20页			
备注					

卷 内 目 录

序号	文书编号	文书日期	题名	页号	备注
1	××动监罚〔2013〕5号	2013年1月22日	行政处罚决定书		
2	××动监立〔2013〕5号	2013年1月17日	行政处罚立案审批表		
3		2013年1月17日	当事人身份证明		复印件
4		2013年1月17日	现场检查笔录		
5		2013年1月17日	询问笔录		
6		2013年1月17日	证据材料登记表（检疫证明）		复印件
7		2013年1月17日	证据材料登记表（现场检查照片）		
8		2013年1月17日	证据材料登记表（现场检查照片）		复印件
9		2013年1月17日	重大案件集体讨论记录		
10		2013年1月17日	案件处理意见书		
11	××动监告〔2013〕5号	2013年1月18日	行政处罚事先告知书		
12		2013年1月22日	行政处罚决定审批表		
13		2013年1月18日	送达回证		
14		2013年1月22日	送达回证		
15		2013年1月22日	缴纳罚款银行回执		
16		2013年1月23日	行政处罚结案报告		
17		2013年1月23日	备考表		

××市动物卫生监督所
行政处罚决定书

××动监罚〔2013〕5号

姓名：王×× **性别：**男 **年龄：**52

住址：××市××镇××村××队××组 **联系方式：**××××××

当事人从省外输入动物产品未向公路动物卫生监督检查站报验一案，经本机关依法调查，现查明：

2013年1月17日我所执法人员郭××、李××在××市××街××号××冷库西侧冷藏车间的7号库房检查时，发现贮藏了牛产品50箱（100千克/箱），共计5000千克，产品外包装完好无损，贴有A省动物卫生监督所监制的动物产品检疫合格标志。当事人现场出具了该批牛产品的检疫合格证明，检疫证明为A省动物卫生监督所出具，编号为No.××××××，检疫证明出证时间为2012年12月18日，检疫证明上无B省动物卫生监督检查站签章。经请示，立案调查。对王××进行了询问，并收集了相关证据。王××存在从省外输入动物产品未向公路动物卫生监督检查站报验的违法事实。

以上事实查证属实，有下列证据为证：

1. 当事人身份证复印件1份，证明当事人身份及违法主体的适格性；

2. 《现场检查笔录》《询问笔录》和《动物检疫合格证明》（复印件）各1份，共同证明当事人购买的5000千克牛产品经过检疫，但未向B省公路动物卫生监督检查站报验的事实，与证据3相互印证；

3. 现场检查照片2张，证明牛产品数量及检疫证明无公路动物卫生监督检查站签章的事实，与证据2相互印证。

本机关认为：当事人未向公路动物卫生监督检查站报验从省外输入动物产品的违法行为，事实清楚、证据确凿，其行为已经违反了《B省无规定动物疫病区建设管理条例》第三十六条第二款中"通过公路从省外输入动物、动物产品的，货主或者承运人应当向输入地省人民政府设置在指定通道的公路动物卫生监督检查站报验"之规定。当事人收到《行政处罚事先告知书》后，在法定期限内未进行陈述申辩，也未申请听证。按照《B省畜牧业行政处罚自由裁量权标准》（具体条款略）之规定，对当事人处以（××××××—××××××）幅度内的处罚，足以起到惩戒作用。

依照《B省无规定动物疫病区建设管理条例》第六十二条第一款之规定："违反本条例第三十六条第二款规定的，由动物卫生监督机构责令其到最近的动物卫生监督机构报验，可以处三千元以上一万元以下罚款"。本机关责令你立即改正违法行为，到××市动物卫生监督所报验；并作出如下处罚决定：

罚款人民币3000.00元。

当事人必须在收到本决定书之日起15日内持本决定书到××银行缴纳罚没款。逾期不按规定缴纳罚款的，每日按罚款数额的3%加处罚款。

当事人对本处罚决定不服的，可以在收到本处罚决定书之日起60日内向××市畜牧业管理局申请行政复议，或在三个月内向××市××区人民法院提起诉讼。行政复议和行政诉讼期间，本处罚决定不停止执行。

当事人逾期不申请行政复议或提起行政诉讼，也不履行本行政处罚决定的，本机关将依法申请人民法院强制执行。

××市动物卫生监督所

2013 年 1 月 22 日

行政处罚立案审批表

××动监立〔2013〕5号

案件来源			检查发现			受案时间	2013年1月17日	
案 由			涉嫌从省外输入动物产品未向公路动物卫生监督检查站报验案					
当事人	个人	姓名	王××			电话	××××××	
		性别	男	年龄	52	身份证号	××××××	
		住址	××市××镇××村××队××组					
	单位	名称	/			法定代表人	/	
		地址	/			电话	/	
简要案情			2013年1月17日上午，××市动物卫生监督所执法人员郭××、李××对××市××冷库进行监督检查时，发现当事人王××贮藏于××冷库的5000千克牛产品，其提供的A省动物卫生监督所开具的检疫证明上无B省动物卫生监督检查站签章。当事人的行为涉嫌违反了《B省无规定动物疫病区建设管理条例》第三十六条第二款之规定，建议立案调查。 受案人签名：郭×× 李×× 2013年1月17日					
执法机构意见			（如监督所内设执法科，由执法科在此处填写意见） 签名： 年 月 日					
法制机构意见			（如监督所内设法制科，由法制科在此处填写意见） 签名： 年 月 日					
执法机关意见			同意立案调查。由郭××、李××承办。 签名：崔×× 2013年1月17日					
备注								

证据材料登记表

此复印件与原件相符

当事人签字：王××

2013 年 1 月 17 日

证据制作说明：

1. 收 集 人：郭××、李××

2. 提 供 人：王××

3. 收集时间：2013 年 1 月 17 日

4. 收集地点：××市动物卫生监督所

5. 收集方式：复印

6. 证据内容：王××身份证

现场检查笔录

时间： 2013 年 1 月 17 日 10 时 30 分至 11 时 30 分

检查地点： ×× 市 ×× 街 ×× 号

当事人： 王 ××

检查机关： ×× 市动物卫生监督所

检查人员： 郭 ××　　　**执法证件号：** ××××××

李 ××　　　　　　　　　××××××

记录人： 李 ××

现场检查情况： ×× 市动物卫生监督所执法人员郭 ××、李 ×× 在 ×× 街 ×× 号 ×× 冷库西侧冷藏车间的 7 号库房进行现场检查，当事人王 ×× 在场，向其出示执法证件，检查情况如下：库房内有牛产品 50 箱，100 千克 / 箱，共计 5000 千克，产品外包装完好无损，贴有 A 省动物卫生监督所监制的检疫标志。当事人王 ×× 于现场出示了该批动物产品的检疫证明，检疫证明为 A 省动物卫生监督所出具，编号为 No.××××××，检疫证明出证时间为 2012 年 12 月 18 日，检疫证明上无 B 省 ×× 公路动物卫生监督检查站签章。执法人员郭 ××、李 ×× 对检查过程和冷库内该批动物产品进行了拍照，并对检疫证明进行复印。

当事人签名或盖章：王 ××　　　　　　　　　　　　　（见证人签名或盖章：　　　　　　　　　）

执法人员签名或盖章：郭 ××　　李 ××

询 问 笔 录

询问时间： 2013 年 1 月 17 日 13 时 30 分至 14 时 30 分

询问地点： ×× 市 ×× 区 ×× 路 ×× 号

询问机关： ×× 市动物卫生监督所

询问人： 郭 ××　　**执法证件号：** ×××××××

　　　　　李 ××　　　　　　　　×××××××

记录人： 李 ××

被询问人： 姓名：王 ××　　性别：男　　年龄：52

　　　　　身份证号：××××××　　联系电话：××××××

　　　　　工作单位：无　　职务：无

　　　　　住址：×× 市 ×× 镇 ×× 村 ×× 队 ×× 组

问： 我们是 ×× 市动物卫生监督所 执法人员（出示执法证件），现依法向你进行询问调查。你应当如实回答我们的询问并协助调查，作伪证要承担法律责任，你听清楚了吗？

答： 知道了。

问： 请叙述一下你的自然情况。

答： 我叫王 ××，今年 52 岁，住在 ×× 市 ×× 镇 ×× 村 ×× 队 ×× 组，手机号码是 ××××××。

问： 请出示你的身份证。

答： 这是我的身份证，您看一下。

问： 调查结束后，我们需要将你的身份证复印，需要你确认签字并标明时间。

答： 好的。

问： 你是从事什么工作的？

答： 我专门给本市的大型超市供应牛肉。

问： 贮藏于 ×× 冷库的牛产品是你的么？

答： 是我的，是我从 A 省 ×× 食品股份有限公司购买的。

问： 什么时间购买的？

答： 2012 年 12 月 18 日从 A 省买的，12 月 20 日走公路拉到 ×× 市 ×× 冷库。

问： 这批货重量多少？

答： 一共 5000 千克。

被询问人签名：王 ××

（第 1 页共 2 页）

问：有购货发票吗？

答：有，这是这批货的发票。

问：这批动物产品是否经过检疫？

答：经过检疫的。有 A 省动物卫生监督所开的动物检疫合格证明，号码是 No.××××××。

问：这批货是从省外购入，你是否到指定通道的 ×× 公路动物卫生监督检查站报验了？

答：回来时着急，没去 ×× 检查站报检。

问：以上情况是否属实？

答：我看过了，情况属实。

被询问人签名：王 ××

执法人员签名：郭 ××　李 ××

（第 2 页共 2 页）

证据材料登记表

此复印件与原件相符

当事人签字：王 ××

2013 年 1 月 17 日

证据制作说明：

1. 收 集 人：郭 ××、李 ××

2. 提 供 人：王 ××

3. 收集时间：2013 年 1 月 17 日

4. 收集地点：×× 市 ×× 街 ×× 号 ×× 冷库

5. 收集方式：复印

6. 证据内容：检疫证明

证据材料登记表

证据制作说明：

1. 收 集 人：郭××、李××

2. 提 供 人：

3. 收集时间：2013 年 1 月 17 日

4. 收集地点：××市××街××号××冷库

5. 收集方式：拍照

6. 证据内容：现场检查照片

证据材料登记表

证据制作说明：

1. 收 集 人：郭××、李××

2. 提 供 人：

3. 收集时间：2013 年 1 月 17 日

4. 收集地点：××市××街××号××冷库

5. 收集方式：拍照

6. 证据内容：现场检查照片

重大案件集体讨论记录

案由： 涉嫌从省外输入动物产品未向公路动物卫生监督检查站报验案

时间： 2013 年 1 月 17 日

地点： ×× 市 ×× 区 ×× 路 ×× 号（×× 市动物卫生监督所会议室）

主持人： 崔 ××　　**记录人：** 张 ××

出席人员姓名及职务： 崔 ××（副所长）、郭 ××（副所长）、王 ××（副所长）

主持人崔 ××：今天就当事人王 ×× 涉嫌从省外输入动物产品未向公路动物卫生监督检查站报验案进行集体讨论，下面由办案人郭 ×× 介绍简要案情和调查取证经过。

郭 ××：2013 年 1 月 17 日我所执法人员在 ×× 街 ×× 号 ×× 冷库西侧冷藏车间的 7 号库房内检查时，发现该库贮藏的牛产品 50 箱（100 千克 / 箱），共计 5000 千克，产品外包装完好无损，贴有 A 省动物卫生监督所监制的动物产品检疫合格标志。当事人于现场出具了该批动物产品的检疫证明，检疫证明为 A 省动物卫生监督所出具，编号为 No.××××××，检疫证明出证时间为 2012 年 12 月 18 日，检疫合格证明上无 B 省 ×× 检查站检疫合格验讫印章。经调查该批牛产品为 2012 年 12 月 18 日从 A 省购回，在 2012 年 12 月 20 日进入 B 省时，未按规定向指定通道 ×××× 公路动物卫生监督检查站报验。

王 ×× 涉嫌未向指定通道公路动物卫生监督检查站报验从省外输入动物产品的行为，事实清楚、证据确凿，其行为涉嫌违反了《B 省无规定动物疫病区建设管理条例》第三十六条第二款。

依照《B 省无规定动物疫病区建设管理条例》第六十二条第一款和《B 省畜牧业行政处罚自由裁量权标准》之规定，责令其立即改正违法行为，建议罚款人民币 3000.00 元。

讨论记录：

郭 ××：我认为该案件调查取证过程符合《行政处罚法》的规定，程序合法。

王 ××：我认为该案件证据链完整，能够证实当事人的违法事实。

郭 ××：我认为本案适用法律条款准确，处罚幅度符合《B 省畜牧业行政处罚自由裁量权标准》的规定。

崔 ××：我同意以上二位同志及办案人员的意见，我认为本案事实清楚、证据确凿、程序合法、定性准确、适用法律条款正确、自由裁量合理，本人同意办案人员意见，罚款人民币 3000.00 元，请大家举手表决。

讨论决定： 经讨论，王 ×× 涉嫌从省外输入动物产品未向公路动物卫生监督检查站报验案，事实清楚、证据确凿，其行为违反了《B 省无规定动物疫病区建设管理条例》第三十六条第二款，依据《B 省无规定动物疫病区建设管理条例》第六十二条第一款规定，责令王 ×× 改正违法行为，处王 ×× 罚款人民币 3000.00 元整的行政处罚，全体表决通过。

出席人员签字：崔 ××　王 ××　郭 ××　张 ××

（第 1 页共 1 页）

案件处理意见书

案由		涉嫌从省外输入动物产品未向公路动物卫生监督检查站报验案					
当事人	个人	姓名	王××				
		性别	男	年龄	52	电话	××××××
		住址	××市××镇××村××队××组				
	单位	名称	/		法定代表人（负责人）		/
		地址	/		电话		/
案件调查经过		2013年1月17日我所执法人员郭××、李××在××市××街××号××冷库西侧冷藏车间的7号库房检查时，发现贮藏了牛产品50箱（100千克/箱），共计5000千克，产品外包装完好无损，贴有A省动物卫生监督所监制的动物产品检疫合格标志。当事人现场出具了该批牛产品的检疫合格证明，检疫证明为A省动物卫生监督所出具，编号为No.××××××，检疫证明出证时间为2012年12月18日，检疫证明上无B省动物卫生监督检查站签章。经请示，立案调查。对王××进行了询问，并收集了相关证据。					
所附证据材料		1. 当事人身份证复印件1份； 2.《现场检查笔录》1份； 3.《询问笔录》1份； 4.《动物检疫合格证明》（复印件）1份； 5. 现场检查照片2张。					
调查结论及处理意见		经集体讨论，本机关认为当事人王××从省外购进动物产品，未按规定向公路动物卫生监督检查站报验的违法行为，事实清楚、证据确凿。其行为违反了《B省无规定动物疫病区建设管理条例》第三十六条第二款之规定："通过公路从省外输入动物、动物产品的，货主或者承运人应当向输入地省人民政府设置在指定通道的公路动物卫生监督检查站报验。"按照《B省畜牧业行政处罚自由裁量权标准》（具体条款略）之规定，对当事人处以（××××××—××××××）幅度内的处罚，足以起到惩戒作用。 　　依据《B省无规定动物疫病区建设管理条例》第六十二条第一款之规定："违反本条例第三十六条第二款规定的，由动物卫生监督机构责令其到最近的动物卫生监督机构报验，可以处三千元以上一万元以下罚款。"建议作出如下处罚： 　　罚款人民币3000.00元。 　　鉴于当事人违法行为未引起严重后果，建议责令当事人到××市动物卫生监督所对该批动物产品进行报验。 　　　　　　　　　　　　　执法人员签名：郭×× 李×× 　　　　　　　　　　　　　　　　　　　2013年1月17日					

执法 机构 意见	（如监督所内设执法科，由执法科在此处填写意见） 签名： 年 月 日
法制 机构 意见	（如监督所内设法制科，由法制科在此处填写意见） 签名： 年 月 日
执法 机关 意见	同意。 签名：崔×× 2013 年 1 月 17 日

627

××市动物卫生监督所
行政处罚事先告知书

×× 动监告〔2013〕5 号

王××：

经调查，你于 2012 年 12 月 18 日从 A 省购买 5000 千克牛产品，在进入 B 省时，未按规定向指定通道公路动物卫生监督检查站报验，有《现场检查笔录》《询问笔录》、检疫证明等为证。

你涉嫌从省外输入动物产品未向公路动物卫生监督检查站报验的行为，违反了《B 省无规定动物疫病区建设管理条例》第三十六条第二款："通过公路从省外输入动物、动物产品的，货主或者承运人应当向输入地省人民政府设置在指定通道的公路动物卫生监督检查站报验"之规定。按照《B 省畜牧业行政处罚自由裁量权标准》（具体条款略）之规定，对当事人处以（××××××—××××××）幅度内的处罚，足以起到惩戒作用。

依据《B 省无规定动物疫病区建设管理条例》第六十二条第一款："违反本条例第三十六条第二款规定的，由动物卫生监督机构责令其到最近的动物卫生监督机构报验，可以处三千元以上一万元以下罚款。"本机关拟作出如下处罚决定：

罚款人民币 3000.00 元。

根据《中华人民共和国行政处罚法》第三十一条、第三十二条和第四十二条之规定，你可在收到本告知书之日起三日内向本机关进行陈述申辩、申请听证，逾期不陈述申辩、申请听证的，视为你放弃上述权利。

××市动物卫生监督所

2013 年 1 月 18 日

××市动物卫生监督所地址：××市××区××路××号

联系人：郭×× 李×× 电话：××××××

行政处罚决定审批表

案由	从省外输入动物产品未向公路动物卫生监督检查站报验案						
当事人	个人	姓名	王××				
		性别	男	年龄	52	电话	××××××
		住址	××市××镇××村××队××组				
	单位	名称	/		法定代表人（负责人）		/
		地址	/		电话		/
陈述申辩或听证情况	当事人王××在收到《行政处罚事先告知书》后，未在法定期限内进行陈述申辩，也未申请听证。						
处理意见	建议维持《行政处罚事先告知书》拟作出处理处罚决定。 执法人员签名：郭××　李×× 2013年1月22日						
执法机构意见	（如监督所内设执法科，由执法科在此处填写意见） 签名： 　　　年　月　日						
法制机构意见	（如监督所内设法制科，由法制科在此处填写意见） 签名： 　　　年　月　日						
执法机关意见	同意。 签名：崔×× 2013年1月22日						

送 达 回 证

案　　由	涉嫌从省外输入动物产品未向公路动物卫生监督检查站报验案					
受送达人	王××					
送达单位	××市动物卫生监督所					
送达文书及文号	送达地点	送达人	送达方式	收到日期	收件人签名	
《行政处罚事先告书》（××动监告〔2013〕5号）	××市××镇××村××队××组	郭××李××	直接送达	2013年1月18日	王××	
/	/	/	/	/	/	
备注						

送 达 回 证

案　　由	从省外输入动物产品未向公路动物卫生监督检查站报验案				
受送达人	王××				
送达单位	××市动物卫生监督所				
送达文书及文号	送达地点	送达人	送达方式	收到日期	收件人签名
《行政处罚决定书》（××动监罚〔2013〕5号）	××市××镇××村××队××组	郭××李××	直接送达	2013年1月22日	王××
/	/	/	/	/	/
备注					

票据粘贴页

（罚没收据存根清单）

行政处罚结案报告

案　由	从省外输入动物产品未向公路动物卫生监督检查站报验案		
当事人	王××		
立案时间	2013 年 1 月 17 日	处罚决定 送达时间	2013 年 1 月 22 日

处罚决定：
　　1. 罚款人民币 3000.00 元
执行情况：
　　1. 执行方式：自动履行。
　　2. 执行时间：2013 年 1 月 22 日。

执法人员签名：郭××　李××

2013 年 1 月 23 日

执法 机构 意见	（如监督所内设执法科，由执法科在此处填写意见） 　　　　　　　　　　　　签名： 　　　　　　　　　　　　　　年　　月　　日
执法 机关 意见	同意结案。 　　　　　　　　　　　　签名：崔×× 　　　　　　　　　　　　2013 年 1 月 23 日

备 考 表

本案卷包括使用的执法文书、收集的证据及罚没收据存根，共计 20 页。

立卷人：李 × ×

2013 年 1 月 23 日

本案卷执法文书及相关证据归档完整，符合要求。

审查人：崔 × ×

2013 年 1 月 23 日

第九章　附　录

第一节　法律（及配套条例）

中华人民共和国动物防疫法

（1997 年 7 月 3 日第八届全国人民代表大会常务委员会第二十六次会议通过，2007 年 8 月 30 日第十届全国人民代表大会常务委员会第二十九次会议修订，2013 年 6 月 29 日第十二届全国人民代表大会常务委员会第三次会议《关于修改〈中华人民共和国文物保护法〉等十二部法律的决定》修正）

目　录

第一章　总　则

第一条　为了加强对动物防疫活动的管理，预防、控制和扑灭动物疫病，促进养殖业发展，保护人体健康，维护公共卫生安全，制定本法。

第二条　本法适用于在中华人民共和国领域内的动物防疫及其监督管理活动。

进出境动物、动物产品的检疫，适用《中华人民共和国进出境动植物检疫法》。

第三条　本法所称动物，是指家畜家禽和人工饲养、合法捕获的其他动物。

本法所称动物产品，是指动物的肉、生皮、原毛、绒、脏器、脂、血液、精液、卵、胚胎、骨、蹄、头、角、筋以及可能传播动物疫病的奶、蛋等。

本法所称动物疫病，是指动物传染病、寄生虫病。

本法所称动物防疫，是指动物疫病的预防、控制、扑灭和动物、动物产品的检疫。

第四条　根据动物疫病对养殖业生产和人体健康的危害程度，本法规定管理的动物疫病分为下列三类：

（一）一类疫病，是指对人与动物危害严重，需要采取紧急、严厉的强制预防、控制、扑灭等措施的；

（二）二类疫病，是指可能造成重大经济损失，需要采取严格控制、扑灭等措施，防止扩散的；

（三）三类疫病，是指常见多发、可能造成重大经济损失，需要控制和净化的。

前款一、二、三类动物疫病具体病种名录由国务院兽医主管部门制定并公布。

第五条　国家对动物疫病实行预防为主的方针。

第六条　县级以上人民政府应当加强对动物防疫工作的统一领导，加强基层动物防疫队伍建设，建立健全动物防疫体系，制定并组织实施动物疫病防治规划。

乡级人民政府、城市街道办事处应当组织群众协助做好本管辖区域内的动物疫病预防与控制工作。

第七条　国务院兽医主管部门主管全国的动物防疫工作。

县级以上地方人民政府兽医主管部门主管本行政区域内的动物防疫工作。

县级以上人民政府其他部门在各自的职责范围内做好动物防疫工作。

军队和武装警察部队动物卫生监督职能部门分别负责军队和武装警察部队现役动物及饲养自用动物的防疫工作。

第八条　县级以上地方人民政府设立的动物卫生监督机构依照本法规定，负责动物、动物产品的检疫工作和其他有关动物防疫的监督管理执法工作。

第九条　县级以上人民政府按照国务院的规定，根据统筹规划、合理布局、综合设置的原则建立动物疫病预防控制机构，承担动物疫病的监测、检测、诊断、流行病学调查、疫情报告以及其他预防、控制等技术工作。

第十条　国家支持和鼓励开展动物疫病的科学研究以及国际合作与交流，推广先进适用的科学研究成果，普及动物防疫科学知识，提高动物疫病防治的科学技术水平。

第十一条　对在动物防疫工作、动物防疫科学研究中做出成绩和贡献的单位和个人，各级人民政府及有关部门给予奖励。

第二章　动物疫病的预防

第十二条　国务院兽医主管部门对动物疫病状况进行风险评估，根据评估结果制定相应的动物疫病预防、控制措施。

国务院兽医主管部门根据国内外动物疫情和保护养殖业生产及人体健康的需要，及时制定并公布动物疫病预防、控制技术规范。

第十三条　国家对严重危害养殖业生产和人体健康的动物疫病实施强制免疫。国务院兽医主管部门确定强制免疫的动物疫病病种和区域，并会同国务院有关部门制定国家动物疫病强制免疫计划。

省、自治区、直辖市人民政府兽医主管部门根据国家动物疫病强制免疫计划，制订本行政区域的强制免疫计划；并可以根据本行政区域内动物疫病流行情况增加实施强制免疫的动物疫病病种和区域，报本级人民政府批准后执行，并报国务院兽医主管部门备案。

第十四条 县级以上地方人民政府兽医主管部门组织实施动物疫病强制免疫计划。乡级人民政府、城市街道办事处应当组织本管辖区域内饲养动物的单位和个人做好强制免疫工作。

饲养动物的单位和个人应当依法履行动物疫病强制免疫义务，按照兽医主管部门的要求做好强制免疫工作。

经强制免疫的动物，应当按照国务院兽医主管部门的规定建立免疫档案，加施畜禽标识，实施可追溯管理。

第十五条 县级以上人民政府应当建立健全动物疫情监测网络，加强动物疫情监测。

国务院兽医主管部门应当制定国家动物疫病监测计划。省、自治区、直辖市人民政府兽医主管部门应当根据国家动物疫病监测计划，制定本行政区域的动物疫病监测计划。

动物疫病预防控制机构应当按照国务院兽医主管部门的规定，对动物疫病的发生、流行等情况进行监测；从事动物饲养、屠宰、经营、隔离、运输以及动物产品生产、经营、加工、贮藏等活动的单位和个人不得拒绝或者阻碍。

第十六条 国务院兽医主管部门和省、自治区、直辖市人民政府兽医主管部门应当根据对动物疫病发生、流行趋势的预测，及时发出动物疫情预警。地方各级人民政府接到动物疫情预警后，应当采取相应的预防、控制措施。

第十七条 从事动物饲养、屠宰、经营、隔离、运输以及动物产品生产、经营、加工、贮藏等活动的单位和个人，应当依照本法和国务院兽医主管部门的规定，做好免疫、消毒等动物疫病预防工作。

第十八条 种用、乳用动物和宠物应当符合国务院兽医主管部门规定的健康标准。

种用、乳用动物应当接受动物疫病预防控制机构的定期检测；检测不合格的，应当按照国务院兽医主管部门的规定予以处理。

第十九条 动物饲养场（养殖小区）和隔离场所，动物屠宰加工场所，以及动物和动物产品无害化处理场所，应当符合下列动物防疫条件：

（一）场所的位置与居民生活区、生活饮用水源地、学校、医院等公共场所的距离符合国务院兽医主管部门规定的标准；

（二）生产区封闭隔离，工程设计和工艺流程符合动物防疫要求；

（三）有相应的污水、污物、病死动物、染疫动物产品的无害化处理设施设备和清洗消毒设施设备；

（四）有为其服务的动物防疫技术人员；

（五）有完善的动物防疫制度；

（六）具备国务院兽医主管部门规定的其他动物防疫条件。

第二十条 兴办动物饲养场（养殖小区）和隔离场所，动物屠宰加工场所，以及动物和动物产品无害化处理场所，应当向县级以上地方人民政府兽医主管部门提出申请，并附具相关材料。受理申请的兽医主管部门应当依照本法和《中华人民共和国行政许可法》的规定进行审查。经审查合格的，发给动物防疫条件合格证；不合格的，应当通知申请人并说明理由。

动物防疫条件合格证应当载明申请人的名称、场（厂）址等事项。

经营动物、动物产品的集贸市场应当具备国务院兽医主管部门规定的动物防疫条件，并接受动物卫生监督机构的监督检查。

第二十一条　动物、动物产品的运载工具、垫料、包装物、容器等应当符合国务院兽医主管部门规定的动物防疫要求。

染疫动物及其排泄物、染疫动物产品，病死或者死因不明的动物尸体，运载工具中的动物排泄物以及垫料、包装物、容器等污染物，应当按照国务院兽医主管部门的规定处理，不得随意处置。

第二十二条　采集、保存、运输动物病料或者病原微生物以及从事病原微生物研究、教学、检测、诊断等活动，应当遵守国家有关病原微生物实验室管理的规定。

第二十三条　患有人畜共患传染病的人员不得直接从事动物诊疗以及易感染动物的饲养、屠宰、经营、隔离、运输等活动。

人畜共患传染病名录由国务院兽医主管部门会同国务院卫生主管部门制定并公布。

第二十四条　国家对动物疫病实行区域化管理，逐步建立无规定动物疫病区。无规定动物疫病区应当符合国务院兽医主管部门规定的标准，经国务院兽医主管部门验收合格予以公布。

本法所称无规定动物疫病区，是指具有天然屏障或者采取人工措施，在一定期限内没有发生规定的一种或者几种动物疫病，并经验收合格的区域。

第二十五条　禁止屠宰、经营、运输下列动物和生产、经营、加工、贮藏、运输下列动物产品：

（一）封锁疫区内与所发生动物疫病有关的；

（二）疫区内易感染的；

（三）依法应当检疫而未经检疫或者检疫不合格的；

（四）染疫或者疑似染疫的；

（五）病死或者死因不明的；

（六）其他不符合国务院兽医主管部门有关动物防疫规定的。

第三章　动物疫情的报告、通报和公布

第二十六条　从事动物疫情监测、检验检疫、疫病研究与诊疗以及动物饲养、屠宰、经营、隔离、运输等活动的单位和个人，发现动物染疫或者疑似染疫的，应当立即向当地兽医主管部门、动物卫生监督机构或者动物疫病预防控制机构报告，并采取隔离等控制措施，防止动物疫情扩散。其他单位和个人发现动物染疫或者疑似染疫的，应当及时报告。

接到动物疫情报告的单位，应当及时采取必要的控制处理措施，并按照国家规定的程序上报。

第二十七条　动物疫情由县级以上人民政府兽医主管部门认定；其中重大动物疫情由省、自治区、直辖市人民政府兽医主管部门认定，必要时报国务院兽医主管部门认定。

第二十八条　国务院兽医主管部门应当及时向国务院有关部门和军队有关部门以及省、自治区、直辖市人民政府兽医主管部门通报重大动物疫情的发生和处理情况；发生人畜共患传染病的，县级以上人

民政府兽医主管部门与同级卫生主管部门应当及时相互通报。

国务院兽医主管部门应当依照我国缔结或者参加的条约、协定，及时向有关国际组织或者贸易方通报重大动物疫情的发生和处理情况。

第二十九条 国务院兽医主管部门负责向社会及时公布全国动物疫情，也可以根据需要授权省、自治区、直辖市人民政府兽医主管部门公布本行政区域内的动物疫情。其他单位和个人不得发布动物疫情。

第三十条 任何单位和个人不得瞒报、谎报、迟报、漏报动物疫情，不得授意他人瞒报、谎报、迟报动物疫情，不得阻碍他人报告动物疫情。

第四章 动物疫病的控制和扑灭

第三十一条 发生一类动物疫病时，应当采取下列控制和扑灭措施：

（一）当地县级以上地方人民政府兽医主管部门应当立即派人到现场，划定疫点、疫区、受威胁区，调查疫源，及时报请本级人民政府对疫区实行封锁。疫区范围涉及两个以上行政区域的，由有关行政区域共同的上一级人民政府对疫区实行封锁，或者由各有关行政区域的上一级人民政府共同对疫区实行封锁。必要时，上级人民政府可以责成下级人民政府对疫区实行封锁。

（二）县级以上地方人民政府应当立即组织有关部门和单位采取封锁、隔离、扑杀、销毁、消毒、无害化处理、紧急免疫接种等强制性措施，迅速扑灭疫病。

（三）在封锁期间，禁止染疫、疑似染疫和易感染的动物、动物产品流出疫区，禁止非疫区的易感染动物进入疫区，并根据扑灭动物疫病的需要对出入疫区的人员、运输工具及有关物品采取消毒和其他限制性措施。

第三十二条 发生二类动物疫病时，应当采取下列控制和扑灭措施：

（一）当地县级以上地方人民政府兽医主管部门应当划定疫点、疫区、受威胁区。

（二）县级以上地方人民政府根据需要组织有关部门和单位采取隔离、扑杀、销毁、消毒、无害化处理、紧急免疫接种、限制易感染的动物和动物产品及有关物品出入等控制、扑灭措施。

第三十三条 疫点、疫区、受威胁区的撤销和疫区封锁的解除，按照国务院兽医主管部门规定的标准和程序评估后，由原决定机关决定并宣布。

第三十四条 发生三类动物疫病时，当地县级、乡级人民政府应当按照国务院兽医主管部门的规定组织防治和净化。

第三十五条 二、三类动物疫病呈暴发性流行时，按照一类动物疫病处理。

第三十六条 为控制、扑灭动物疫病，动物卫生监督机构应当派人在当地依法设立的现有检查站执行监督检查任务；必要时，经省、自治区、直辖市人民政府批准，可以设立临时性的动物卫生监督检查站，执行监督检查任务。

第三十七条 发生人畜共患传染病时，卫生主管部门应当组织对疫区易感染的人群进行监测，并采取相应的预防、控制措施。

第三十八条 疫区内有关单位和个人，应当遵守县级以上人民政府及其兽医主管部门依法作出的有关控制、扑灭动物疫病的规定。

任何单位和个人不得藏匿、转移、盗掘已被依法隔离、封存、处理的动物和动物产品。

第三十九条　发生动物疫情时，航空、铁路、公路、水路等运输部门应当优先组织运送控制、扑灭疫病的人员和有关物资。

第四十条　一、二、三类动物疫病突然发生，迅速传播，给养殖业生产安全造成严重威胁、危害，以及可能对公众身体健康与生命安全造成危害，构成重大动物疫情的，依照法律和国务院的规定采取应急处理措施。

第五章　动物和动物产品的检疫

第四十一条　动物卫生监督机构依照本法和国务院兽医主管部门的规定对动物、动物产品实施检疫。

动物卫生监督机构的官方兽医具体实施动物、动物产品检疫。官方兽医应当具备规定的资格条件，取得国务院兽医主管部门颁发的资格证书，具体办法由国务院兽医主管部门会同国务院人事行政部门制定。

本法所称官方兽医，是指具备规定的资格条件并经兽医主管部门任命的，负责出具检疫等证明的国家兽医工作人员。

第四十二条　屠宰、出售或者运输动物以及出售或者运输动物产品前，货主应当按照国务院兽医主管部门的规定向当地动物卫生监督机构申报检疫。

动物卫生监督机构接到检疫申报后，应当及时指派官方兽医对动物、动物产品实施现场检疫；检疫合格的，出具检疫证明、加施检疫标志。实施现场检疫的官方兽医应当在检疫证明、检疫标志上签字或者盖章，并对检疫结论负责。

第四十三条　屠宰、经营、运输以及参加展览、演出和比赛的动物，应当附有检疫证明；经营和运输的动物产品，应当附有检疫证明、检疫标志。

对前款规定的动物、动物产品，动物卫生监督机构可以查验检疫证明、检疫标志，进行监督抽查，但不得重复检疫收费。

第四十四条　经铁路、公路、水路、航空运输动物和动物产品的，托运人托运时应当提供检疫证明；没有检疫证明的，承运人不得承运。

运载工具在装载前和卸载后应当及时清洗、消毒。

第四十五条　输入到无规定动物疫病区的动物、动物产品，货主应当按照国务院兽医主管部门的规定向无规定动物疫病区所在地动物卫生监督机构申报检疫，经检疫合格的，方可进入；检疫所需费用纳入无规定动物疫病区所在地地方人民政府财政预算。

第四十六条　跨省、自治区、直辖市引进乳用动物、种用动物及其精液、胚胎、种蛋的，应当向输入地省、自治区、直辖市动物卫生监督机构申请办理审批手续，并依照本法第四十二条的规定取得检疫证明。

跨省、自治区、直辖市引进的乳用动物、种用动物到达输入地后，货主应当按照国务院兽医主管部门的规定对引进的乳用动物、种用动物进行隔离观察。

第四十七条　人工捕获的可能传播动物疫病的野生动物，应当报经捕获地动物卫生监督机构检疫，经检疫合格的，方可饲养、经营和运输。

第四十八条　经检疫不合格的动物、动物产品，货主应当在动物卫生监督机构监督下按照国务院兽医主管部门的规定处理，处理费用由货主承担。

第四十九条　依法进行检疫需要收取费用的，其项目和标准由国务院财政部门、物价主管部门规定。

第六章　动物诊疗

第五十条　从事动物诊疗活动的机构，应当具备下列条件：

（一）有与动物诊疗活动相适应并符合动物防疫条件的场所；

（二）有与动物诊疗活动相适应的执业兽医；

（三）有与动物诊疗活动相适应的兽医器械和设备；

（四）有完善的管理制度。

第五十一条　设立从事动物诊疗活动的机构，应当向县级以上地方人民政府兽医主管部门申请动物诊疗许可证。受理申请的兽医主管部门应当依照本法和《中华人民共和国行政许可法》的规定进行审查。经审查合格的，发给动物诊疗许可证；不合格的，应当通知申请人并说明理由。

第五十二条　动物诊疗许可证应当载明诊疗机构名称、诊疗活动范围、从业地点和法定代表人（负责人）等事项。

动物诊疗许可证载明事项变更的，应当申请变更或者换发动物诊疗许可证。

第五十三条　动物诊疗机构应当按照国务院兽医主管部门的规定，做好诊疗活动中的卫生安全防护、消毒、隔离和诊疗废弃物处置等工作。

第五十四条　国家实行执业兽医资格考试制度。具有兽医相关专业大学专科以上学历的，可以申请参加执业兽医资格考试；考试合格的，由省、自治区、直辖市人民政府兽医主管部门颁发执业兽医资格证书；从事动物诊疗的，还应当向当地县级人民政府兽医主管部门申请注册。执业兽医资格考试和注册办法由国务院兽医主管部门商国务院人事行政部门制定。

本法所称执业兽医，是指从事动物诊疗和动物保健等经营活动的兽医。

第五十五条　经注册的执业兽医，方可从事动物诊疗、开具兽药处方等活动。但是，本法第五十七条对乡村兽医服务人员另有规定的，从其规定。

执业兽医、乡村兽医服务人员应当按照当地人民政府或者兽医主管部门的要求，参加预防、控制和扑灭动物疫病的活动。

第五十六条　从事动物诊疗活动，应当遵守有关动物诊疗的操作技术规范，使用符合国家规定的兽药和兽医器械。

第五十七条　乡村兽医服务人员可以在乡村从事动物诊疗服务活动，具体管理办法由国务院兽医主管部门制定。

第七章　监督管理

第五十八条　动物卫生监督机构依照本法规定，对动物饲养、屠宰、经营、隔离、运输以及动物产品生产、经营、加工、贮藏、运输等活动中的动物防疫实施监督管理。

第五十九条　动物卫生监督机构执行监督检查任务，可以采取下列措施，有关单位和个人不得拒绝或者阻碍：

（一）对动物、动物产品按照规定采样、留验、抽检；

（二）对染疫或者疑似染疫的动物、动物产品及相关物品进行隔离、查封、扣押和处理；

（三）对依法应当检疫而未经检疫的动物实施补检；

（四）对依法应当检疫而未经检疫的动物产品，具备补检条件的实施补检，不具备补检条件的予以没收销毁；

（五）查验检疫证明、检疫标志和畜禽标识；

（六）进入有关场所调查取证，查阅、复制与动物防疫有关的资料。

动物卫生监督机构根据动物疫病预防、控制需要，经当地县级以上地方人民政府批准，可以在车站、港口、机场等相关场所派驻官方兽医。

第六十条　官方兽医执行动物防疫监督检查任务，应当出示行政执法证件，佩带统一标志。

动物卫生监督机构及其工作人员不得从事与动物防疫有关的经营性活动，进行监督检查不得收取任何费用。

第六十一条　禁止转让、伪造或者变造检疫证明、检疫标志或者畜禽标识。

检疫证明、检疫标志的管理办法，由国务院兽医主管部门制定。

第八章　保障措施

第六十二条　县级以上人民政府应当将动物防疫纳入本级国民经济和社会发展规划及年度计划。

第六十三条　县级人民政府和乡级人民政府应当采取有效措施，加强村级防疫员队伍建设。

县级人民政府兽医主管部门可以根据动物防疫工作需要，向乡、镇或者特定区域派驻兽医机构。

第六十四条　县级以上人民政府按照本级政府职责，将动物疫病预防、控制、扑灭、检疫和监督管理所需经费纳入本级财政预算。

第六十五条　县级以上人民政府应当储备动物疫情应急处理工作所需的防疫物资。

第六十六条　对在动物疫病预防和控制、扑灭过程中强制扑杀的动物、销毁的动物产品和相关物品，县级以上人民政府应当给予补偿。具体补偿标准和办法由国务院财政部门会同有关部门制定。

因依法实施强制免疫造成动物应激死亡的，给予补偿。具体补偿标准和办法由国务院财政部门会同有关部门制定。

第六十七条　对从事动物疫病预防、检疫、监督检查、现场处理疫情以及在工作中接触动物疫病病原体的人员，有关单位应当按照国家规定采取有效的卫生防护措施和医疗保健措施。

第九章　法律责任

第六十八条　地方各级人民政府及其工作人员未依照本法规定履行职责的，对直接负责的主管人员和其他直接责任人员依法给予处分。

第六十九条　县级以上人民政府兽医主管部门及其工作人员违反本法规定，有下列行为之一的，由本级人民政府责令改正，通报批评；对直接负责的主管人员和其他直接责任人员依法给予处分：

（一）未及时采取预防、控制、扑灭等措施的；

（二）对不符合条件的颁发动物防疫条件合格证、动物诊疗许可证，或者对符合条件的拒不颁发动物防疫条件合格证、动物诊疗许可证的；

（三）其他未依照本法规定履行职责的行为。

第七十条　动物卫生监督机构及其工作人员违反本法规定，有下列行为之一的，由本级人民政府或者兽医主管部门责令改正，通报批评；对直接负责的主管人员和其他直接责任人员依法给予处分：

（一）对未经现场检疫或者检疫不合格的动物、动物产品出具检疫证明、加施检疫标志，或者对检疫合格的动物、动物产品拒不出具检疫证明、加施检疫标志的；

（二）对附有检疫证明、检疫标志的动物、动物产品重复检疫的；

（三）从事与动物防疫有关的经营性活动，或者在国务院财政部门、物价主管部门规定外加收费用、重复收费的；

（四）其他未依照本法规定履行职责的行为。

第七十一条　动物疫病预防控制机构及其工作人员违反本法规定，有下列行为之一的，由本级人民政府或者兽医主管部门责令改正，通报批评；对直接负责的主管人员和其他直接责任人员依法给予处分：

（一）未履行动物疫病监测、检测职责或者伪造监测、检测结果的；

（二）发生动物疫情时未及时进行诊断、调查的；

（三）其他未依照本法规定履行职责的行为。

第七十二条　地方各级人民政府、有关部门及其工作人员瞒报、谎报、迟报、漏报或者授意他人瞒报、谎报、迟报动物疫情，或者阻碍他人报告动物疫情的，由上级人民政府或者有关部门责令改正，通报批评；对直接负责的主管人员和其他直接责任人员依法给予处分。

第七十三条　违反本法规定，有下列行为之一的，由动物卫生监督机构责令改正，给予警告；拒不改正的，由动物卫生监督机构代作处理，所需处理费用由违法行为人承担，可以处一千元以下罚款：

（一）对饲养的动物不按照动物疫病强制免疫计划进行免疫接种的；

（二）种用、乳用动物未经检测或者经检测不合格而不按照规定处理的；

（三）动物、动物产品的运载工具在装载前和卸载后没有及时清洗、消毒的。

第七十四条　违反本法规定，对经强制免疫的动物未按照国务院兽医主管部门规定建立免疫档案、加施畜禽标识的，依照《中华人民共和国畜牧法》的有关规定处罚。

第七十五条　违反本法规定，不按照国务院兽医主管部门规定处置染疫动物及其排泄物，染疫动物产品，病死或者死因不明的动物尸体，运载工具中的动物排泄物以及垫料、包装物、容器等污染物以及其他经检疫不合格的动物、动物产品的，由动物卫生监督机构责令无害化处理，所需处理费用由违法行为人承担，可以处三千元以下罚款。

第七十六条 违反本法第二十五条规定，屠宰、经营、运输动物或者生产、经营、加工、贮藏、运输动物产品的，由动物卫生监督机构责令改正、采取补救措施，没收违法所得和动物、动物产品，并处同类检疫合格动物、动物产品货值金额一倍以上五倍以下罚款；其中依法应当检疫而未检疫的，依照本法第七十八条的规定处罚。

第七十七条 违反本法规定，有下列行为之一的，由动物卫生监督机构责令改正，处一千元以上一万元以下罚款；情节严重的，处一万元以上十万元以下罚款：

（一）兴办动物饲养场（养殖小区）和隔离场所，动物屠宰加工场所，以及动物和动物产品无害化处理场所，未取得动物防疫条件合格证的；

（二）未办理审批手续，跨省、自治区、直辖市引进乳用动物、种用动物及其精液、胚胎、种蛋的；

（三）未经检疫，向无规定动物疫病区输入动物、动物产品的。

第七十八条 违反本法规定，屠宰、经营、运输的动物未附有检疫证明，经营和运输的动物产品未附有检疫证明、检疫标志的，由动物卫生监督机构责令改正，处同类检疫合格动物、动物产品货值金额百分之十以上百分之五十以下罚款；对货主以外的承运人处运输费用一倍以上三倍以下罚款。

违反本法规定，参加展览、演出和比赛的动物未附有检疫证明的，由动物卫生监督机构责令改正，处一千元以上三千元以下罚款。

第七十九条 违反本法规定，转让、伪造或者变造检疫证明、检疫标志或者畜禽标识的，由动物卫生监督机构没收违法所得，收缴检疫证明、检疫标志或者畜禽标识，并处三千元以上三万元以下罚款。

第八十条 违反本法规定，有下列行为之一的，由动物卫生监督机构责令改正，处一千元以上一万元以下罚款：

（一）不遵守县级以上人民政府及其兽医主管部门依法作出的有关控制、扑灭动物疫病规定的；

（二）藏匿、转移、盗掘已被依法隔离、封存、处理的动物和动物产品的；

（三）发布动物疫情的。

第八十一条 违反本法规定，未取得动物诊疗许可证从事动物诊疗活动的，由动物卫生监督机构责令停止诊疗活动，没收违法所得；违法所得在三万元以上的，并处违法所得一倍以上三倍以下罚款；没有违法所得或者违法所得不足三万元的，并处三千元以上三万元以下罚款。

动物诊疗机构违反本法规定，造成动物疫病扩散的，由动物卫生监督机构责令改正，处一万元以上五万元以下罚款；情节严重的，由发证机关吊销动物诊疗许可证。

第八十二条 违反本法规定，未经兽医执业注册从事动物诊疗活动的，由动物卫生监督机构责令停止动物诊疗活动，没收违法所得，并处一千元以上一万元以下罚款。

执业兽医有下列行为之一的，由动物卫生监督机构给予警告，责令暂停六个月以上一年以下动物诊疗活动；情节严重的，由发证机关吊销注册证书：

（一）违反有关动物诊疗的操作技术规范，造成或者可能造成动物疫病传播、流行的；

（二）使用不符合国家规定的兽药和兽医器械的；

（三）不按照当地人民政府或者兽医主管部门要求参加动物疫病预防、控制和扑灭活动的。

第八十三条　违反本法规定，从事动物疫病研究与诊疗和动物饲养、屠宰、经营、隔离、运输，以及动物产品生产、经营、加工、贮藏等活动的单位和个人，有下列行为之一的，由动物卫生监督机构责令改正；拒不改正的，对违法行为单位处一千元以上一万元以下罚款，对违法行为个人可以处五百元以下罚款：

（一）不履行动物疫情报告义务的；

（二）不如实提供与动物防疫活动有关资料的；

（三）拒绝动物卫生监督机构进行监督检查的；

（四）拒绝动物疫病预防控制机构进行动物疫病监测、检测的。

第八十四条　违反本法规定，构成犯罪的，依法追究刑事责任。

违反本法规定，导致动物疫病传播、流行等，给他人人身、财产造成损害的，依法承担民事责任。

第十章　附　则

第八十五条　本法自 2008 年 1 月 1 日起施行。

中华人民共和国农产品质量安全法

（2006 年 4 月 29 日第十届全国人民代表大会常务委员会第二十一次会议通过）

第一章　总　　则

第一条　为保障农产品质量安全，维护公众健康，促进农业和农村经济发展，制定本法。

第二条　本法所称农产品，是指来源于农业的初级产品，即在农业活动中获得的植物、动物、微生物及其产品。

本法所称农产品质量安全，是指农产品质量符合保障人的健康、安全的要求。

第三条　县级以上人民政府农业行政主管部门负责农产品质量安全的监督管理工作；县级以上人民政府有关部门按照职责分工，负责农产品质量安全的有关工作。

第四条　县级以上人民政府应当将农产品质量安全管理工作纳入本级国民经济和社会发展规划，并安排农产品质量安全经费，用于开展农产品质量安全工作。

第五条　县级以上地方人民政府统一领导、协调本行政区域内的农产品质量安全工作，并采取措施，建立健全农产品质量安全服务体系，提高农产品质量安全水平。

第六条　国务院农业行政主管部门应当设立由有关方面专家组成的农产品质量安全风险评估专家委员会，对可能影响农产品质量安全的潜在危害进行风险分析和评估。

国务院农业行政主管部门应当根据农产品质量安全风险评估结果采取相应的管理措施，并将农产品质量安全风险评估结果及时通报国务院有关部门。

第七条　国务院农业行政主管部门和省、自治区、直辖市人民政府农业行政主管部门应当按照职责权限，发布有关农产品质量安全状况信息。

第八条　国家引导、推广农产品标准化生产，鼓励和支持生产优质农产品，禁止生产、销售不符合国家规定的农产品质量安全标准的农产品。

第九条　国家支持农产品质量安全科学技术研究，推行科学的质量安全管理方法，推广先进安全的生产技术。

第十条　各级人民政府及有关部门应当加强农产品质量安全知识的宣传，提高公众的农产品质量安全意识，引导农产品生产者、销售者加强质量安全管理，保障农产品消费安全。

第二章　农产品质量安全标准

第十一条　国家建立健全农产品质量安全标准体系。农产品质量安全标准是强制性的技术规范。

农产品质量安全标准的制定和发布，依照有关法律、行政法规的规定执行。

第十二条　制定农产品质量安全标准应当充分考虑农产品质量安全风险评估结果，并听取农产品生产者、销售者和消费者的意见，保障消费安全。

第十三条　农产品质量安全标准应当根据科学技术发展水平以及农产品质量安全的需要，及时修订。

第十四条　农产品质量安全标准由农业行政主管部门商有关部门组织实施。

第三章　农产品产地

第十五条　县级以上地方人民政府农业行政主管部门按照保障农产品质量安全的要求，根据农产品品种特性和生产区域大气、土壤、水体中有毒有害物质状况等因素，认为不适宜特定农产品生产的，提出禁止生产的区域，报本级人民政府批准后公布。具体办法由国务院农业行政主管部门商国务院环境保护行政主管部门制定。

农产品禁止生产区域的调整，依照前款规定的程序办理。

第十六条　县级以上人民政府应当采取措施，加强农产品基地建设，改善农产品的生产条件。

县级以上人民政府农业行政主管部门应当采取措施，推进保障农产品质量安全的标准化生产综合示范区、示范农场、养殖小区和无规定动植物疫病区的建设。

第十七条　禁止在有毒有害物质超过规定标准的区域生产、捕捞、采集食用农产品和建立农产品生产基地。

第十八条　禁止违反法律、法规的规定向农产品产地排放或者倾倒废水、废气、固体废物或者其他有毒有害物质。

农业生产用水和用作肥料的固体废物，应当符合国家规定的标准。

第十九条　农产品生产者应当合理使用化肥、农药、兽药、农用薄膜等化工产品，防止对农产品产地造成污染。

第四章　农产品生产

第二十条　国务院农业行政主管部门和省、自治区、直辖市人民政府农业行政主管部门应当制定保障农产品质量安全的生产技术要求和操作规程。县级以上人民政府农业行政主管部门应当加强对农产品生产的指导。

第二十一条 对可能影响农产品质量安全的农药、兽药、饲料和饲料添加剂、肥料、兽医器械，依照有关法律、行政法规的规定实行许可制度。

国务院农业行政主管部门和省、自治区、直辖市人民政府农业行政主管部门应当定期对可能危及农产品质量安全的农药、兽药、饲料和饲料添加剂、肥料等农业投入品进行监督抽查，并公布抽查结果。

第二十二条 县级以上人民政府农业行政主管部门应当加强对农业投入品使用的管理和指导，建立健全农业投入品的安全使用制度。

第二十三条 农业科研教育机构和农业技术推广机构应当加强对农产品生产者质量安全知识和技能的培训。

第二十四条 农产品生产企业和农民专业合作经济组织应当建立农产品生产记录，如实记载下列事项：

（一）使用农业投入品的名称、来源、用法、用量和使用、停用的日期；

（二）动物疫病、植物病虫草害的发生和防治情况；

（三）收获、屠宰或者捕捞的日期。

农产品生产记录应当保存二年。禁止伪造农产品生产记录。

国家鼓励其他农产品生产者建立农产品生产记录。

第二十五条 农产品生产者应当按照法律、行政法规和国务院农业行政主管部门的规定，合理使用农业投入品，严格执行农业投入品使用安全间隔期或者休药期的规定，防止危及农产品质量安全。

禁止在农产品生产过程中使用国家明令禁止使用的农业投入品。

第二十六条 农产品生产企业和农民专业合作经济组织，应当自行或者委托检测机构对农产品质量安全状况进行检测；经检测不符合农产品质量安全标准的农产品，不得销售。

第二十七条 农民专业合作经济组织和农产品行业协会对其成员应当及时提供生产技术服务，建立农产品质量安全管理制度，健全农产品质量安全控制体系，加强自律管理。

第五章　农产品包装和标识

第二十八条 农产品生产企业、农民专业合作经济组织以及从事农产品收购的单位或者个人销售的农产品，按照规定应当包装或者附加标识的，须经包装或者附加标识后方可销售。包装物或者标识上应当按照规定标明产品的品名、产地、生产者、生产日期、保质期、产品质量等级等内容；使用添加剂的，还应当按照规定标明添加剂的名称。具体办法由国务院农业行政主管部门制定。

第二十九条 农产品在包装、保鲜、贮存、运输中所使用的保鲜剂、防腐剂、添加剂等材料，应当符合国家有关强制性的技术规范。

第三十条 属于农业转基因生物的农产品，应当按照农业转基因生物安全管理的有关规定进行标识。

第三十一条 依法需要实施检疫的动植物及其产品，应当附具检疫合格标志、检疫合格证明。

第三十二条 销售的农产品必须符合农产品质量安全标准，生产者可以申请使用无公害农产品标志。农产品质量符合国家规定的有关优质农产品标准的，生产者可以申请使用相应的农产品质量标志。

禁止冒用前款规定的农产品质量标志。

第六章　监督检查

第三十三条　有下列情形之一的农产品，不得销售：

（一）含有国家禁止使用的农药、兽药或者其他化学物质的；

（二）农药、兽药等化学物质残留或者含有的重金属等有毒有害物质不符合农产品质量安全标准的；

（三）含有的致病性寄生虫、微生物或者生物毒素不符合农产品质量安全标准的；

（四）使用的保鲜剂、防腐剂、添加剂等材料不符合国家有关强制性的技术规范的；

（五）其他不符合农产品质量安全标准的。

第三十四条　国家建立农产品质量安全监测制度。县级以上人民政府农业行政主管部门应当按照保障农产品质量安全的要求，制定并组织实施农产品质量安全监测计划，对生产中或者市场上销售的农产品进行监督抽查。监督抽查结果由国务院农业行政主管部门或者省、自治区、直辖市人民政府农业行政主管部门按照权限予以公布。

监督抽查检测应当委托符合本法第三十五条规定条件的农产品质量安全检测机构进行，不得向被抽查人收取费用，抽取的样品不得超过国务院农业行政主管部门规定的数量。上级农业行政主管部门监督抽查的农产品，下级农业行政主管部门不得另行重复抽查。

第三十五条　农产品质量安全检测应当充分利用现有的符合条件的检测机构。

从事农产品质量安全检测的机构，必须具备相应的检测条件和能力，由省级以上人民政府农业行政主管部门或者其授权的部门考核合格。具体办法由国务院农业行政主管部门制定。

农产品质量安全检测机构应当依法经计量认证合格。

第三十六条　农产品生产者、销售者对监督抽查检测结果有异议的，可以自收到检测结果之日起五日内，向组织实施农产品质量安全监督抽查的农业行政主管部门或者其上级农业行政主管部门申请复检。

采用国务院农业行政主管部门会同有关部门认定的快速检测方法进行农产品质量安全监督抽查检测，被抽查人对检测结果有异议的，可以自收到检测结果时起四小时内申请复检。复检不得采用快速检测方法。

因检测结果错误给当事人造成损害的，依法承担赔偿责任。

第三十七条　农产品批发市场应当设立或者委托农产品质量安全检测机构，对进场销售的农产品质量安全状况进行抽查检测；发现不符合农产品质量安全标准的，应当要求销售者立即停止销售，并向农业行政主管部门报告。

农产品销售企业对其销售的农产品，应当建立健全进货检查验收制度；经查验不符合农产品质量安全标准的，不得销售。

第三十八条　国家鼓励单位和个人对农产品质量安全进行社会监督。任何单位和个人都有权对违反本法的行为进行检举、揭发和控告。有关部门收到相关的检举、揭发和控告后，应当及时处理。

第三十九条　县级以上人民政府农业行政主管部门在农产品质量安全监督检查中，可以对生产、销售的农产品进行现场检查，调查了解农产品质量安全的有关情况，查阅、复制与农产品质量安全有关的记录和其他资料；对经检测不符合农产品质量安全标准的农产品，有权查封、扣押。

第四十条 发生农产品质量安全事故时，有关单位和个人应当采取控制措施，及时向所在地乡级人民政府和县级人民政府农业行政主管部门报告；收到报告的机关应当及时处理并报上一级人民政府和有关部门。发生重大农产品质量安全事故时，农业行政主管部门应当及时通报同级食品药品监督管理部门。

第四十一条 县级以上人民政府农业行政主管部门在农产品质量安全监督管理中，发现有本法第三十三条所列情形之一的农产品，应当按照农产品质量安全责任追究制度的要求，查明责任人，依法予以处理或者提出处理建议。

第四十二条 进口的农产品必须按照国家规定的农产品质量安全标准进行检验；尚未制定有关农产品质量安全标准的，应当依法及时制定，未制定之前，可以参照国家有关部门指定的国外有关标准进行检验。

第七章　法律责任

第四十三条 农产品质量安全监督管理人员不依法履行监督职责，或者滥用职权的，依法给予行政处分。

第四十四条 农产品质量安全检测机构伪造检测结果的，责令改正，没收违法所得，并处五万元以上十万元以下罚款，对直接负责的主管人员和其他直接责任人员处一万元以上五万元以下罚款；情节严重的，撤销其检测资格；造成损害的，依法承担赔偿责任。

农产品质量安全检测机构出具检测结果不实，造成损害的，依法承担赔偿责任；造成重大损害的，并撤销其检测资格。

第四十五条 违反法律、法规规定，向农产品产地排放或者倾倒废水、废气、固体废物或者其他有毒有害物质的，依照有关环境保护法律、法规的规定处罚；造成损害的，依法承担赔偿责任。

第四十六条 使用农业投入品违反法律、行政法规和国务院农业行政主管部门的规定的，依照有关法律、行政法规的规定处罚。

第四十七条 农产品生产企业、农民专业合作经济组织未建立或者未按照规定保存农产品生产记录的，或者伪造农产品生产记录的，责令限期改正；逾期不改正的，可以处二千元以下罚款。

第四十八条 违反本法第二十八条规定，销售的农产品未按照规定进行包装、标识的，责令限期改正；逾期不改正的，可以处二千元以下罚款。

第四十九条 有本法第三十三条第四项规定情形，使用的保鲜剂、防腐剂、添加剂等材料不符合国家有关强制性的技术规范的，责令停止销售，对被污染的农产品进行无害化处理，对不能进行无害化处理的予以监督销毁；没收违法所得，并处二千元以上二万元以下罚款。

第五十条 农产品生产企业、农民专业合作经济组织销售的农产品有本法第三十三条第一项至第三项或者第五项所列情形之一的，责令停止销售，追回已经销售的农产品，对违法销售的农产品进行无害化处理或者予以监督销毁；没收违法所得，并处二千元以上二万元以下罚款。

农产品销售企业销售的农产品有前款所列情形的，依照前款规定处理、处罚。

农产品批发市场中销售的农产品有第一款所列情形的，对违法销售的农产品依照第一款规定处理，对农产品销售者依照第一款规定处罚。

农产品批发市场违反本法第三十七条第一款规定的，责令改正，处二千元以上二万元以下罚款。

第五十一条　违反本法第三十二条规定，冒用农产品质量标志的，责令改正，没收违法所得，并处二千元以上二万元以下罚款。

第五十二条　本法第四十四条、第四十七条至第四十九条、第五十条第一款、第四款和第五十一条规定的处理、处罚，由县级以上人民政府农业行政主管部门决定；第五十条第二款、第三款规定的处理、处罚，由工商行政管理部门决定。

法律对行政处罚及处罚机关有其他规定的，从其规定。但是，对同一违法行为不得重复处罚。

第五十三条　违反本法规定，构成犯罪的，依法追究刑事责任。

第五十四条　生产、销售本法第三十三条所列农产品，给消费者造成损害的，依法承担赔偿责任。

农产品批发市场中销售的农产品有前款规定情形的，消费者可以向农产品批发市场要求赔偿；属于生产者、销售者责任的，农产品批发市场有权追偿。消费者也可以直接向农产品生产者、销售者要求赔偿。

第八章　附　　则

第五十五条　生猪屠宰的管理按照国家有关规定执行。

第五十六条　本法自 2006 年 11 月 1 日起施行。

中华人民共和国畜牧法

（2005 年 12 月 29 日第十届全国人民代表大会常务委员会第十九次会议通过）

第一章　总　　则

第一条　为了规范畜牧业生产经营行为，保障畜禽产品质量安全，保护和合理利用畜禽遗传资源，维护畜牧业生产经营者的合法权益，促进畜牧业持续健康发展，制定本法。

第二条　在中华人民共和国境内从事畜禽的遗传资源保护利用、繁育、饲养、经营、运输等活动，适用本法。

本法所称畜禽，是指列入依照本法第十一条规定公布的畜禽遗传资源目录的畜禽。

蜂、蚕的资源保护利用和生产经营，适用本法有关规定。

第三条　国家支持畜牧业发展，发挥畜牧业在发展农业、农村经济和增加农民收入中的作用。县级以上人民政府应当采取措施，加强畜牧业基础设施建设，鼓励和扶持发展规模化养殖，推进畜牧产业化经营，提高畜牧业综合生产能力，发展优质、高效、生态、安全的畜牧业。

国家帮助和扶持少数民族地区、贫困地区畜牧业的发展，保护和合理利用草原，改善畜牧业生产条件。

第四条　国家采取措施，培养畜牧兽医专业人才，发展畜牧兽医科学技术研究和推广事业，开展畜牧兽医科学技术知识的教育宣传工作和畜牧兽医信息服务，推进畜牧业科技进步。

第五条　畜牧业生产经营者可以依法自愿成立行业协会，为成员提供信息、技术、营销、培训等服务，加强行业自律，维护成员和行业利益。

第六条　畜牧业生产经营者应当依法履行动物防疫和环境保护义务，接受有关主管部门依法实施的监督检查。

第七条　国务院畜牧兽医行政主管部门负责全国畜牧业的监督管理工作。县级以上地方人民政府畜牧兽医行政主管部门负责本行政区域内的畜牧业监督管理工作。

县级以上人民政府有关主管部门在各自的职责范围内，负责有关促进畜牧业发展的工作。

第八条　国务院畜牧兽医行政主管部门应当指导畜牧业生产经营者改善畜禽繁育、饲养、运输的条件和环境。

第二章　畜禽遗传资源保护

第九条　国家建立畜禽遗传资源保护制度。各级人民政府应当采取措施，加强畜禽遗传资源保护，畜禽遗传资源保护经费列入财政预算。

畜禽遗传资源保护以国家为主，鼓励和支持有关单位、个人依法发展畜禽遗传资源保护事业。

第十条　国务院畜牧兽医行政主管部门设立由专业人员组成的国家畜禽遗传资源委员会，负责畜禽遗传资源的鉴定、评估和畜禽新品种、配套系的审定，承担畜禽遗传资源保护和利用规划论证及有关畜禽遗传资源保护的咨询工作。

第十一条　国务院畜牧兽医行政主管部门负责组织畜禽遗传资源的调查工作，发布国家畜禽遗传资源状况报告，公布经国务院批准的畜禽遗传资源目录。

第十二条　国务院畜牧兽医行政主管部门根据畜禽遗传资源分布状况，制定全国畜禽遗传资源保护和利用规划，制定并公布国家级畜禽遗传资源保护名录，对原产我国的珍贵、稀有、濒危的畜禽遗传资源实行重点保护。

省级人民政府畜牧兽医行政主管部门根据全国畜禽遗传资源保护和利用规划及本行政区域内畜禽遗传资源状况，制定和公布省级畜禽遗传资源保护名录，并报国务院畜牧兽医行政主管部门备案。

第十三条　国务院畜牧兽医行政主管部门根据全国畜禽遗传资源保护和利用规划及国家级畜禽遗传资源保护名录，省级人民政府畜牧兽医行政主管部门根据省级畜禽遗传资源保护名录，分别建立或者确定畜禽遗传资源保种场、保护区和基因库，承担畜禽遗传资源保护任务。

享受中央和省级财政资金支持的畜禽遗传资源保种场、保护区和基因库，未经国务院畜牧兽医行政主管部门或者省级人民政府畜牧兽医行政主管部门批准，不得擅自处理受保护的畜禽遗传资源。

畜禽遗传资源基因库应当按照国务院畜牧兽医行政主管部门或者省级人民政府畜牧兽医行政主管部门的规定，定期采集和更新畜禽遗传材料。有关单位、个人应当配合畜禽遗传资源基因库采集畜禽遗传材料，并有权获得适当的经济补偿。

畜禽遗传资源保种场、保护区和基因库的管理办法由国务院畜牧兽医行政主管部门制定。

第十四条　新发现的畜禽遗传资源在国家畜禽遗传资源委员会鉴定前，省级人民政府畜牧兽医行政主管部门应当制定保护方案，采取临时保护措施，并报国务院畜牧兽医行政主管部门备案。

第十五条　从境外引进畜禽遗传资源的，应当向省级人民政府畜牧兽医行政主管部门提出申请；受理申请的畜牧兽医行政主管部门经审核，报国务院畜牧兽医行政主管部门经评估论证后批准。经批准的，依照《中华人民共和国进出境动植物检疫法》的规定办理相关手续并实施检疫。

从境外引进的畜禽遗传资源被发现对境内畜禽遗传资源、生态环境有危害或者可能产生危害的，国务院畜牧兽医行政主管部门应当商有关主管部门，采取相应的安全控制措施。

第十六条　向境外输出或者在境内与境外机构、个人合作研究利用列入保护名录的畜禽遗传资源的，应当向省级人民政府畜牧兽医行政主管部门提出申请，同时提出国家共享惠益的方案；受理申请的畜牧兽医行政主管部门经审核，报国务院畜牧兽医行政主管部门批准。

向境外输出畜禽遗传资源的，还应当依照《中华人民共和国进出境动植物检疫法》的规定办理相关手续并实施检疫。

新发现的畜禽遗传资源在国家畜禽遗传资源委员会鉴定前，不得向境外输出，不得与境外机构、个人合作研究利用。

第十七条 畜禽遗传资源的进出境和对外合作研究利用的审批办法由国务院规定。

第三章　种畜禽品种选育与生产经营

第十八条 国家扶持畜禽品种的选育和优良品种的推广使用，支持企业、院校、科研机构和技术推广单位开展联合育种，建立畜禽良种繁育体系。

第十九条 培育的畜禽新品种、配套系和新发现的畜禽遗传资源在推广前，应当通过国家畜禽遗传资源委员会审定或者鉴定，并由国务院畜牧兽医行政主管部门公告。畜禽新品种、配套系的审定办法和畜禽遗传资源的鉴定办法，由国务院畜牧兽医行政主管部门制定。审定或者鉴定所需的试验、检测等费用由申请者承担，收费办法由国务院财政、价格部门会同国务院畜牧兽医行政主管部门制定。

培育新的畜禽品种、配套系进行中间试验，应当经试验所在地省级人民政府畜牧兽医行政主管部门批准。

畜禽新品种、配套系培育者的合法权益受法律保护。

第二十条 转基因畜禽品种的培育、试验、审定和推广，应当符合国家有关农业转基因生物管理的规定。

第二十一条 省级以上畜牧兽医技术推广机构可以组织开展种畜优良个体登记，向社会推荐优良种畜。优良种畜登记规则由国务院畜牧兽医行政主管部门制定。

第二十二条 从事种畜禽生产经营或者生产商品代仔畜、雏禽的单位、个人，应当取得种畜禽生产经营许可证。申请人持种畜禽生产经营许可证依法办理工商登记，取得营业执照后，方可从事生产经营活动。

申请取得种畜禽生产经营许可证，应当具备下列条件：

（一）生产经营的种畜禽必须是通过国家畜禽遗传资源委员会审定或者鉴定的品种、配套系，或者是经批准引进的境外品种、配套系；

（二）有与生产经营规模相适应的畜牧兽医技术人员；

（三）有与生产经营规模相适应的繁育设施设备；

（四）具备法律、行政法规和国务院畜牧兽医行政主管部门规定的种畜禽防疫条件；

（五）有完善的质量管理和育种记录制度；

（六）具备法律、行政法规规定的其他条件。

第二十三条 申请取得生产家畜卵子、冷冻精液、胚胎等遗传材料的生产经营许可证，除应当符合本法第二十二条第二款规定的条件外，还应当具备下列条件：

（一）符合国务院畜牧兽医行政主管部门规定的实验室、保存和运输条件；

（二）符合国务院畜牧兽医行政主管部门规定的种畜数量和质量要求；

（三）体外授精取得的胚胎、使用的卵子来源明确，供体畜符合国家规定的种畜健康标准和质量要求；

（四）符合国务院畜牧兽医行政主管部门规定的其他技术要求。

第二十四条　申请取得生产家畜卵子、冷冻精液、胚胎等遗传材料的生产经营许可证，应当向省级人民政府畜牧兽医行政主管部门提出申请。受理申请的畜牧兽医行政主管部门应当自收到申请之日起三十个工作日内完成审核，并报国务院畜牧兽医行政主管部门审批；国务院畜牧兽医行政主管部门应当自收到申请之日起六十个工作日内依法决定是否发给生产经营许可证。

其他种畜禽的生产经营许可证由县级以上地方人民政府畜牧兽医行政主管部门审核发放，具体审核发放办法由省级人民政府规定。

种畜禽生产经营许可证样式由国务院畜牧兽医行政主管部门制定，许可证有效期为三年。发放种畜禽生产经营许可证可以收取工本费，具体收费管理办法由国务院财政、价格部门制定。

第二十五条　种畜禽生产经营许可证应当注明生产经营者名称、场（厂）址、生产经营范围及许可证有效期的起止日期等。

禁止任何单位、个人无种畜禽生产经营许可证或者违反种畜禽生产经营许可证的规定生产经营种畜禽。禁止伪造、变造、转让、租借种畜禽生产经营许可证。

第二十六条　农户饲养的种畜禽用于自繁自养和有少量剩余仔畜、雏禽出售的，农户饲养种公畜进行互助配种的，不需要办理种畜禽生产经营许可证。

第二十七条　专门从事家畜人工授精、胚胎移植等繁殖工作的人员，应当取得相应的国家职业资格证书。

第二十八条　发布种畜禽广告的，广告主应当提供种畜禽生产经营许可证和营业执照。广告内容应当符合有关法律、行政法规的规定，并注明种畜禽品种、配套系的审定或者鉴定名称；对主要性状的描述应当符合该品种、配套系的标准。

第二十九条　销售的种畜禽和家畜配种站（点）使用的种公畜，必须符合种用标准。销售种畜禽时，应当附具种畜禽场出具的种畜禽合格证明、动物防疫监督机构出具的检疫合格证明，销售的种畜还应当附具种畜禽场出具的家畜系谱。

生产家畜卵子、冷冻精液、胚胎等遗传材料，应当有完整的采集、销售、移植等记录，记录应当保存二年。

第三十条　销售种畜禽，不得有下列行为：

（一）以其他畜禽品种、配套系冒充所销售的种畜禽品种、配套系；

（二）以低代别种畜禽冒充高代别种畜禽；

（三）以不符合种用标准的畜禽冒充种畜禽；

（四）销售未经批准进口的种畜禽；

（五）销售未附具本法第二十九条规定的种畜禽合格证明、检疫合格证明的种畜禽或者未附具家畜系谱的种畜；

（六）销售未经审定或者鉴定的种畜禽品种、配套系。

第三十一条 申请进口种畜禽的，应当持有种畜禽生产经营许可证。进口种畜禽的批准文件有效期为六个月。

进口的种畜禽应当符合国务院畜牧兽医行政主管部门规定的技术要求。首次进口的种畜禽还应当由国家畜禽遗传资源委员会进行种用性能的评估。

种畜禽的进出口管理除适用前两款的规定外，还适用本法第十五条和第十六条的相关规定。

国家鼓励畜禽养殖者对进口的畜禽进行新品种、配套系的选育；选育的新品种、配套系在推广前，应当经国家畜禽遗传资源委员会审定。

第三十二条 种畜禽场和孵化场（厂）销售商品代仔畜、雏禽的，应当向购买者提供其销售的商品代仔畜、雏禽的主要生产性能指标、免疫情况、饲养技术要求和有关咨询服务，并附具动物防疫监督机构出具的检疫合格证明。

销售种畜禽和商品代仔畜、雏禽，因质量问题给畜禽养殖者造成损失的，应当依法赔偿损失。

第三十三条 县级以上人民政府畜牧兽医行政主管部门负责种畜禽质量安全的监督管理工作。种畜禽质量安全的监督检验应当委托具有法定资质的种畜禽质量检验机构进行；所需检验费用按照国务院规定列支，不得向被检验人收取。

第三十四条 蚕种的资源保护、新品种选育、生产经营和推广适用本法有关规定，具体管理办法由国务院农业行政主管部门制定。

第四章 畜禽养殖

第三十五条 县级以上人民政府畜牧兽医行政主管部门应当根据畜牧业发展规划和市场需求，引导和支持畜牧业结构调整，发展优势畜禽生产，提高畜禽产品市场竞争力。

国家支持草原牧区开展草原围栏、草原水利、草原改良、饲草饲料基地等草原基本建设，优化畜群结构，改良牲畜品种，转变生产方式，发展舍饲圈养、划区轮牧，逐步实现畜草平衡，改善草原生态环境。

第三十六条 国务院和省级人民政府应当在其财政预算内安排支持畜牧业发展的良种补贴、贴息补助等资金，并鼓励有关金融机构通过提供贷款、保险服务等形式，支持畜禽养殖者购买优良畜禽、繁育良种、改善生产设施、扩大养殖规模，提高养殖效益。

第三十七条 国家支持农村集体经济组织、农民和畜牧业合作经济组织建立畜禽养殖场、养殖小区，发展规模化、标准化养殖。乡（镇）土地利用总体规划应当根据本地实际情况安排畜禽养殖用地。农村集体经济组织、农民、畜牧业合作经济组织按照乡（镇）土地利用总体规划建立的畜禽养殖场、养殖小区用地按农业用地管理。畜禽养殖场、养殖小区用地使用权期限届满，需要恢复为原用途的，由畜禽养殖场、养殖小区土地使用权人负责恢复。在畜禽养殖场、养殖小区用地范围内需要兴建永久性建（构）筑物，涉及农用地转用的，依照《中华人民共和国土地管理法》的规定办理。

第三十八条　国家设立的畜牧兽医技术推广机构，应当向农民提供畜禽养殖技术培训、良种推广、疫病防治等服务。县级以上人民政府应当保障国家设立的畜牧兽医技术推广机构从事公益性技术服务的工作经费。

国家鼓励畜禽产品加工企业和其他相关生产经营者为畜禽养殖者提供所需的服务。

第三十九条　畜禽养殖场、养殖小区应当具备下列条件：

（一）有与其饲养规模相适应的生产场所和配套的生产设施；

（二）有为其服务的畜牧兽医技术人员；

（三）具备法律、行政法规和国务院畜牧兽医行政主管部门规定的防疫条件；

（四）有对畜禽粪便、废水和其他固体废弃物进行综合利用的沼气池等设施或者其他无害化处理设施；

（五）具备法律、行政法规规定的其他条件。

养殖场、养殖小区兴办者应当将养殖场、养殖小区的名称、养殖地址、畜禽品种和养殖规模，向养殖场、养殖小区所在地县级人民政府畜牧兽医行政主管部门备案，取得畜禽标识代码。

省级人民政府根据本行政区域畜牧业发展状况制定畜禽养殖场、养殖小区的规模标准和备案程序。

第四十条　禁止在下列区域内建设畜禽养殖场、养殖小区：

（一）生活饮用水的水源保护区，风景名胜区，以及自然保护区的核心区和缓冲区；

（二）城镇居民区、文化教育科学研究区等人口集中区域；

（三）法律、法规规定的其他禁养区域。

第四十一条　畜禽养殖场应当建立养殖档案，载明以下内容：

（一）畜禽的品种、数量、繁殖记录、标识情况、来源和进出场日期；

（二）饲料、饲料添加剂、兽药等投入品的来源、名称、使用对象、时间和用量；

（三）检疫、免疫、消毒情况；

（四）畜禽发病、死亡和无害化处理情况；

（五）国务院畜牧兽医行政主管部门规定的其他内容。

第四十二条　畜禽养殖场应当为其饲养的畜禽提供适当的繁殖条件和生存、生长环境。

第四十三条　从事畜禽养殖，不得有下列行为：

（一）违反法律、行政法规的规定和国家技术规范的强制性要求使用饲料、饲料添加剂、兽药；

（二）使用未经高温处理的餐馆、食堂的泔水饲喂家畜；

（三）在垃圾场或者使用垃圾场中的物质饲养畜禽；

（四）法律、行政法规和国务院畜牧兽医行政主管部门规定的危害人和畜禽健康的其他行为。

第四十四条　从事畜禽养殖，应当依照《中华人民共和国动物防疫法》的规定，做好畜禽疫病的防治工作。

第四十五条　畜禽养殖者应当按照国家关于畜禽标识管理的规定，在应当加施标识的畜禽的指定部位加施标识。畜牧兽医行政主管部门提供标识不得收费，所需费用列入省级人民政府财政预算。

畜禽标识不得重复使用。

第四十六条 畜禽养殖场、养殖小区应当保证畜禽粪便、废水及其他固体废弃物综合利用或者无害化处理设施的正常运转，保证污染物达标排放，防止污染环境。

畜禽养殖场、养殖小区违法排放畜禽粪便、废水及其他固体废弃物，造成环境污染危害的，应当排除危害，依法赔偿损失。

国家支持畜禽养殖场、养殖小区建设畜禽粪便、废水及其他固体废弃物的综合利用设施。

第四十七条 国家鼓励发展养蜂业，维护养蜂生产者的合法权益。

有关部门应当积极宣传和推广蜜蜂授粉农艺措施。

第四十八条 养蜂生产者在生产过程中，不得使用危害蜂产品质量安全的药品和容器，确保蜂产品质量。养蜂器具应当符合国家技术规范的强制性要求。

第四十九条 养蜂生产者在转地放蜂时，当地公安、交通运输、畜牧兽医等有关部门应当为其提供必要的便利。

养蜂生产者在国内转地放蜂，凭国务院畜牧兽医行政主管部门统一格式印制的检疫合格证明运输蜂群，在检疫合格证明有效期内不得重复检疫。

第五章　畜禽交易与运输

第五十条 县级以上人民政府应当促进开放统一、竞争有序的畜禽交易市场建设。

县级以上人民政府畜牧兽医行政主管部门和其他有关主管部门应当组织搜集、整理、发布畜禽产销信息，为生产者提供信息服务。

第五十一条 县级以上地方人民政府根据农产品批发市场发展规划，对在畜禽集散地建立畜禽批发市场给予扶持。

畜禽批发市场选址，应当符合法律、行政法规和国务院畜牧兽医行政主管部门规定的动物防疫条件，并距离种畜禽场和大型畜禽养殖场三千米以外。

第五十二条 进行交易的畜禽必须符合国家技术规范的强制性要求。

国务院畜牧兽医行政主管部门规定应当加施标识而没有标识的畜禽，不得销售和收购。

第五十三条 运输畜禽，必须符合法律、行政法规和国务院畜牧兽医行政主管部门规定的动物防疫条件，采取措施保护畜禽安全，并为运输的畜禽提供必要的空间和饲喂饮水条件。

有关部门对运输中的畜禽进行检查，应当有法律、行政法规的依据。

第六章　质量安全保障

第五十四条 县级以上人民政府应当组织畜牧兽医行政主管部门和其他有关主管部门，依照本法和有关法律、行政法规的规定，加强对畜禽饲养环境、种畜禽质量、饲料和兽药等投入品的使用以及畜禽交易与运输的监督管理。

第五十五条 国务院畜牧兽医行政主管部门应当制定畜禽标识和养殖档案管理办法，采取措施落实畜禽产品质量责任追究制度。

第五十六条　县级以上人民政府畜牧兽医行政主管部门应当制定畜禽质量安全监督检查计划，按计划开展监督抽查工作。

第五十七条　省级以上人民政府畜牧兽医行政主管部门应当组织制定畜禽生产规范，指导畜禽的安全生产。

第七章　法律责任

第五十八条　违反本法第十三条第二款规定，擅自处理受保护的畜禽遗传资源，造成畜禽遗传资源损失的，由省级以上人民政府畜牧兽医行政主管部门处五万元以上五十万元以下罚款。

第五十九条　违反本法有关规定，有下列行为之一的，由省级以上人民政府畜牧兽医行政主管部门责令停止违法行为，没收畜禽遗传资源和违法所得，并处一万元以上五万元以下罚款：

（一）未经审核批准，从境外引进畜禽遗传资源的；

（二）未经审核批准，在境内与境外机构、个人合作研究利用列入保护名录的畜禽遗传资源的；

（三）在境内与境外机构、个人合作研究利用未经国家畜禽遗传资源委员会鉴定的新发现的畜禽遗传资源的。

第六十条　未经国务院畜牧兽医行政主管部门批准，向境外输出畜禽遗传资源的，依照《中华人民共和国海关法》的有关规定追究法律责任。海关应当将扣留的畜禽遗传资源移送省级人民政府畜牧兽医行政主管部门处理。

第六十一条　违反本法有关规定，销售、推广未经审定或者鉴定的畜禽品种的，由县级以上人民政府畜牧兽医行政主管部门责令停止违法行为，没收畜禽和违法所得；违法所得在五万元以上的，并处违法所得一倍以上三倍以下罚款；没有违法所得或者违法所得不足五万元的，并处五千元以上五万元以下罚款。

第六十二条　违反本法有关规定，无种畜禽生产经营许可证或者违反种畜禽生产经营许可证的规定生产经营种畜禽的，转让、租借种畜禽生产经营许可证的，由县级以上人民政府畜牧兽医行政主管部门责令停止违法行为，没收违法所得；违法所得在三万元以上的，并处违法所得一倍以上三倍以下罚款；没有违法所得或者违法所得不足三万元的，并处三千元以上三万元以下罚款。违反种畜禽生产经营许可证的规定生产经营种畜禽或者转让、租借种畜禽生产经营许可证，情节严重的，并处吊销种畜禽生产经营许可证。

第六十三条　违反本法第二十八条规定的，依照《中华人民共和国广告法》的有关规定追究法律责任。

第六十四条　违反本法有关规定，使用的种畜禽不符合种用标准的，由县级以上地方人民政府畜牧兽医行政主管部门责令停止违法行为，没收违法所得；违法所得在五千元以上的，并处违法所得一倍以上二倍以下罚款；没有违法所得或者违法所得不足五千元的，并处一千元以上五千元以下罚款。

第六十五条　销售种畜禽有本法第三十条第一项至第四项违法行为之一的，由县级以上人民政府畜牧牧兽医行政主管部门或者工商行政管理部门责令停止销售，没收违法销售的畜禽和违法所得；违法所得在五万元以上的，并处违法所得一倍以上五倍以下罚款；没有违法所得或者违法所得不足五万元的，并处五千元以上五万元以下罚款；情节严重的，并处吊销种畜禽生产经营许可证或者营业执照。

第六十六条 违反本法第四十一条规定，畜禽养殖场未建立养殖档案的，或者未按照规定保存养殖档案的，由县级以上人民政府畜牧兽医行政主管部门责令限期改正，可以处一万元以下罚款。

第六十七条 违反本法第四十三条规定养殖畜禽的，依照有关法律、行政法规的规定处罚。

第六十八条 违反本法有关规定，销售的种畜禽未附具种畜禽合格证明、检疫合格证明、家畜系谱的，销售、收购国务院畜牧兽医行政主管部门规定应当加施标识而没有标识的畜禽的，或者重复使用畜禽标识的，由县级以上地方人民政府畜牧兽医行政主管部门或者工商行政管理部门责令改正，可以处二千元以下罚款。

违反本法有关规定，使用伪造、变造的畜禽标识的，由县级以上人民政府畜牧兽医行政主管部门没收伪造、变造的畜禽标识和违法所得，并处三千元以上三万元以下罚款。

第六十九条 销售不符合国家技术规范的强制性要求的畜禽的，由县级以上地方人民政府畜牧兽医行政主管部门或者工商行政管理部门责令停止违法行为，没收违法销售的畜禽和违法所得，并处违法所得一倍以上三倍以下罚款；情节严重的，由工商行政管理部门并处吊销营业执照。

第七十条 畜牧兽医行政主管部门的工作人员利用职务上的便利，收受他人财物或者谋取其他利益，对不符合法定条件的单位、个人核发许可证或者有关批准文件，不履行监督职责，或者发现违法行为不予查处的，依法给予行政处分。

第七十一条 种畜禽生产经营者被吊销种畜禽生产经营许可证的，由畜牧兽医行政主管部门自吊销许可证之日起十日内通知工商行政管理部门。种畜禽生产经营者应当依法到工商行政管理部门办理变更登记或者注销登记。

第七十二条 违反本法规定，构成犯罪的，依法追究刑事责任。

第八章 附 则

第七十三条 本法所称畜禽遗传资源，是指畜禽及其卵子（蛋）、胚胎、精液、基因物质等遗传材料。

本法所称种畜禽，是指经过选育、具有种用价值、适于繁殖后代的畜禽及其卵子（蛋）、胚胎、精液等。

第七十四条 本法自 2006 年 7 月 1 日起施行。

中华人民共和国食品安全法

（2009 年 2 月 28 日第十一届全国人民代表大会常务委员会第七次会议通过 2015 年 4 月 24 日第十二届全国人民代表大会常务委员会第十四次会议修订）

第一章　总　　则

第一条　为了保证食品安全，保障公众身体健康和生命安全，制定本法。

第二条　在中华人民共和国境内从事下列活动，应当遵守本法：

（一）食品生产和加工（以下称食品生产），食品销售和餐饮服务（以下称食品经营）；

（二）食品添加剂的生产经营；

（三）用于食品的包装材料、容器、洗涤剂、消毒剂和用于食品生产经营的工具、设备（以下称食品相关产品）的生产经营；

（四）食品生产经营者使用食品添加剂、食品相关产品；

（五）食品的贮存和运输；

（六）对食品、食品添加剂、食品相关产品的安全管理。

供食用的源于农业的初级产品（以下称食用农产品）的质量安全管理，遵守《中华人民共和国农产品质量安全法》的规定。但是，食用农产品的市场销售、有关质量安全标准的制定、有关安全信息的公布和本法对农业投入品作出规定的，应当遵守本法的规定。

第三条 食品安全工作实行预防为主、风险管理、全程控制、社会共治，建立科学、严格的监督管理制度。

第四条 食品生产经营者对其生产经营食品的安全负责。

食品生产经营者应当依照法律、法规和食品安全标准从事生产经营活动，保证食品安全，诚信自律，对社会和公众负责，接受社会监督，承担社会责任。

第五条 国务院设立食品安全委员会，其职责由国务院规定。

国务院食品药品监督管理部门依照本法和国务院规定的职责，对食品生产经营活动实施监督管理。

国务院卫生行政部门依照本法和国务院规定的职责，组织开展食品安全风险监测和风险评估，会同国务院食品药品监督管理部门制定并公布食品安全国家标准。

国务院其他有关部门依照本法和国务院规定的职责，承担有关食品安全工作。

第六条 县级以上地方人民政府对本行政区域的食品安全监督管理工作负责，统一领导、组织、协调本行政区域的食品安全监督管理工作以及食品安全突发事件应对工作，建立健全食品安全全程监督管理工作机制和信息共享机制。

县级以上地方人民政府依照本法和国务院的规定，确定本级食品药品监督管理、卫生行政部门和其他有关部门的职责。有关部门在各自职责范围内负责本行政区域的食品安全监督管理工作。

县级人民政府食品药品监督管理部门可以在乡镇或者特定区域设立派出机构。

第七条 县级以上地方人民政府实行食品安全监督管理责任制。上级人民政府负责对下一级人民政府的食品安全监督管理工作进行评议、考核。县级以上地方人民政府负责对本级食品药品监督管理部门和其他有关部门的食品安全监督管理工作进行评议、考核。

第八条 县级以上人民政府应当将食品安全工作纳入本级国民经济和社会发展规划，将食品安全工作经费列入本级政府财政预算，加强食品安全监督管理能力建设，为食品安全工作提供保障。

县级以上人民政府食品药品监督管理部门和其他有关部门应当加强沟通、密切配合，按照各自职责分工，依法行使职权，承担责任。

第九条 食品行业协会应当加强行业自律，按照章程建立健全行业规范和奖惩机制，提供食品安全信息、技术等服务，引导和督促食品生产经营者依法生产经营，推动行业诚信建设，宣传、普及食品安全知识。

消费者协会和其他消费者组织对违反本法规定，损害消费者合法权益的行为，依法进行社会监督。

第十条 各级人民政府应当加强食品安全的宣传教育，普及食品安全知识，鼓励社会组织、基层群众性自治组织、食品生产经营者开展食品安全法律、法规以及食品安全标准和知识的普及工作，倡导健康的饮食方式，增强消费者食品安全意识和自我保护能力。

新闻媒体应当开展食品安全法律、法规以及食品安全标准和知识的公益宣传，并对食品安全违法行为进行舆论监督。有关食品安全的宣传报道应当真实、公正。

第十一条 国家鼓励和支持开展与食品安全有关的基础研究、应用研究，鼓励和支持食品生产经营者为提高食品安全水平采用先进技术和先进管理规范。

国家对农药的使用实行严格的管理制度，加快淘汰剧毒、高毒、高残留农药，推动替代产品的研发和应用，鼓励使用高效低毒低残留农药。

第十二条 任何组织或者个人有权举报食品安全违法行为，依法向有关部门了解食品安全信息，对食品安全监督管理工作提出意见和建议。

第十三条 对在食品安全工作中做出突出贡献的单位和个人，按照国家有关规定给予表彰、奖励。

第二章　食品安全风险监测和评估

第十四条 国家建立食品安全风险监测制度，对食源性疾病、食品污染以及食品中的有害因素进行监测。

国务院卫生行政部门会同国务院食品药品监督管理、质量监督等部门，制定、实施国家食品安全风险监测计划。

国务院食品药品监督管理部门和其他有关部门获知有关食品安全风险信息后，应当立即核实并向国务院卫生行政部门通报。对有关部门通报的食品安全风险信息以及医疗机构报告的食源性疾病等有关疾病信息，国务院卫生行政部门应当会同国务院有关部门分析研究，认为必要的，及时调整国家食品安全风险监测计划。

省、自治区、直辖市人民政府卫生行政部门会同同级食品药品监督管理、质量监督等部门，根据国家食品安全风险监测计划，结合本行政区域的具体情况，制定、调整本行政区域的食品安全风险监测方案，报国务院卫生行政部门备案并实施。

第十五条 承担食品安全风险监测工作的技术机构应当根据食品安全风险监测计划和监测方案开展监测工作，保证监测数据真实、准确，并按照食品安全风险监测计划和监测方案的要求报送监测数据和分析结果。

食品安全风险监测工作人员有权进入相关食用农产品种植养殖、食品生产经营场所采集样品、收集相关数据。采集样品应当按照市场价格支付费用。

第十六条 食品安全风险监测结果表明可能存在食品安全隐患的，县级以上人民政府卫生行政部门应当及时将相关信息通报同级食品药品监督管理等部门，并报告本级人民政府和上级人民政府卫生行政部门。食品药品监督管理等部门应当组织开展进一步调查。

第十七条 国家建立食品安全风险评估制度，运用科学方法，根据食品安全风险监测信息、科学数据以及有关信息，对食品、食品添加剂、食品相关产品中生物性、化学性和物理性危害因素进行风险评估。

国务院卫生行政部门负责组织食品安全风险评估工作，成立由医学、农业、食品、营养、生物、环境等方面的专家组成的食品安全风险评估专家委员会进行食品安全风险评估。食品安全风险评估结果由国务院卫生行政部门公布。

对农药、肥料、兽药、饲料和饲料添加剂等的安全性评估，应当有食品安全风险评估专家委员会的专家参加。

食品安全风险评估不得向生产经营者收取费用，采集样品应当按照市场价格支付费用。

第十八条 有下列情形之一的，应当进行食品安全风险评估：

（一）通过食品安全风险监测或者接到举报发现食品、食品添加剂、食品相关产品可能存在安全隐患的；

（二）为制定或者修订食品安全国家标准提供科学依据需要进行风险评估的；

（三）为确定监督管理的重点领域、重点品种需要进行风险评估的；

（四）发现新的可能危害食品安全因素的；

（五）需要判断某一因素是否构成食品安全隐患的；

（六）国务院卫生行政部门认为需要进行风险评估的其他情形。

第十九条 国务院食品药品监督管理、质量监督、农业行政等部门在监督管理工作中发现需要进行食品安全风险评估的，应当向国务院卫生行政部门提出食品安全风险评估的建议，并提供风险来源、相关检验数据和结论等信息、资料。属于本法第十八条规定情形的，国务院卫生行政部门应当及时进行食品安全风险评估，并向国务院有关部门通报评估结果。

第二十条 省级以上人民政府卫生行政、农业行政部门应当及时相互通报食品、食用农产品安全风险监测信息。

国务院卫生行政、农业行政部门应当及时相互通报食品、食用农产品安全风险评估结果等信息。

第二十一条 食品安全风险评估结果是制定、修订食品安全标准和实施食品安全监督管理的科学依据。

经食品安全风险评估，得出食品、食品添加剂、食品相关产品不安全结论的，国务院食品药品监督管理、质量监督等部门应当依据各自职责立即向社会公告，告知消费者停止食用或者使用，并采取相应措施，确保该食品、食品添加剂、食品相关产品停止生产经营；需要制定、修订相关食品安全国家标准的，国务院卫生行政部门应当会同国务院食品药品监督管理部门立即制定、修订。

第二十二条 国务院食品药品监督管理部门应当会同国务院有关部门，根据食品安全风险评估结果、食品安全监督管理信息，对食品安全状况进行综合分析。对经综合分析表明可能具有较高程度安全风险的食品，国务院食品药品监督管理部门应当及时提出食品安全风险警示，并向社会公布。

第二十三条 县级以上人民政府食品药品监督管理部门和其他有关部门、食品安全风险评估专家委员会及其技术机构，应当按照科学、客观、及时、公开的原则，组织食品生产经营者、食品检验机构、认证机构、食品行业协会、消费者协会以及新闻媒体等，就食品安全风险评估信息和食品安全监督管理信息进行交流沟通。

第三章 食品安全标准

第二十四条 制定食品安全标准，应当以保障公众身体健康为宗旨，做到科学合理、安全可靠。

第二十五条 食品安全标准是强制执行的标准。除食品安全标准外，不得制定其他食品强制性标准。

第二十六条 食品安全标准应当包括下列内容：

（一）食品、食品添加剂、食品相关产品中的致病性微生物，农药残留、兽药残留、生物毒素、重金属等污染物质以及其他危害人体健康物质的限量规定；

（二）食品添加剂的品种、使用范围、用量；

（三）专供婴幼儿和其他特定人群的主辅食品的营养成分要求；

（四）对与卫生、营养等食品安全要求有关的标签、标志、说明书的要求；

（五）食品生产经营过程的卫生要求；

（六）与食品安全有关的质量要求；

（七）与食品安全有关的食品检验方法与规程；

（八）其他需要制定为食品安全标准的内容。

第二十七条　食品安全国家标准由国务院卫生行政部门会同国务院食品药品监督管理部门制定、公布，国务院标准化行政部门提供国家标准编号。

食品中农药残留、兽药残留的限量规定及其检验方法与规程由国务院卫生行政部门、国务院农业行政部门会同国务院食品药品监督管理部门制定。

屠宰畜、禽的检验规程由国务院农业行政部门会同国务院卫生行政部门制定。

第二十八条　制定食品安全国家标准，应当依据食品安全风险评估结果并充分考虑食用农产品安全风险评估结果，参照相关的国际标准和国际食品安全风险评估结果，并将食品安全国家标准草案向社会公布，广泛听取食品生产经营者、消费者、有关部门等方面的意见。

食品安全国家标准应当经国务院卫生行政部门组织的食品安全国家标准审评委员会审查通过。食品安全国家标准审评委员会由医学、农业、食品、营养、生物、环境等方面的专家以及国务院有关部门、食品行业协会、消费者协会的代表组成，对食品安全国家标准草案的科学性和实用性等进行审查。

第二十九条　对地方特色食品，没有食品安全国家标准的，省、自治区、直辖市人民政府卫生行政部门可以制定并公布食品安全地方标准，报国务院卫生行政部门备案。食品安全国家标准制定后，该地方标准即行废止。

第三十条　国家鼓励食品生产企业制定严于食品安全国家标准或者地方标准的企业标准，在本企业适用，并报省、自治区、直辖市人民政府卫生行政部门备案。

第三十一条　省级以上人民政府卫生行政部门应当在其网站上公布制定和备案的食品安全国家标准、地方标准和企业标准，供公众免费查阅、下载。

对食品安全标准执行过程中的问题，县级以上人民政府卫生行政部门应当会同有关部门及时给予指导、解答。

第三十二条　省级以上人民政府卫生行政部门应当会同同级食品药品监督管理、质量监督、农业行政等部门，分别对食品安全国家标准和地方标准的执行情况进行跟踪评价，并根据评价结果及时修订食品安全标准。

省级以上人民政府食品药品监督管理、质量监督、农业行政等部门应当对食品安全标准执行中存在的问题进行收集、汇总，并及时向同级卫生行政部门通报。

食品生产经营者、食品行业协会发现食品安全标准在执行中存在问题的，应当立即向卫生行政部门报告。

第四章 食品生产经营

第一节 一般规定

第三十三条 食品生产经营应当符合食品安全标准，并符合下列要求：

（一）具有与生产经营的食品品种、数量相适应的食品原料处理和食品加工、包装、贮存等场所，保持该场所环境整洁，并与有毒、有害场所以及其他污染源保持规定的距离；

（二）具有与生产经营的食品品种、数量相适应的生产经营设备或者设施，有相应的消毒、更衣、盥洗、采光、照明、通风、防腐、防尘、防蝇、防鼠、防虫、洗涤以及处理废水、存放垃圾和废弃物的设备或者设施；

（三）有专职或者兼职的食品安全专业技术人员、食品安全管理人员和保证食品安全的规章制度；

（四）具有合理的设备布局和工艺流程，防止待加工食品与直接入口食品、原料与成品交叉污染，避免食品接触有毒物、不洁物；

（五）餐具、饮具和盛放直接入口食品的容器，使用前应当洗净、消毒，炊具、用具用后应当洗净，保持清洁；

（六）贮存、运输和装卸食品的容器、工具和设备应当安全、无害，保持清洁，防止食品污染，并符合保证食品安全所需的温度、湿度等特殊要求，不得将食品与有毒、有害物品一同贮存、运输；

（七）直接入口的食品应当使用无毒、清洁的包装材料、餐具、饮具和容器；

（八）食品生产经营人员应当保持个人卫生，生产经营食品时，应当将手洗净，穿戴清洁的工作衣、帽等；销售无包装的直接入口食品时，应当使用无毒、清洁的容器、售货工具和设备；

（九）用水应当符合国家规定的生活饮用水卫生标准；

（十）使用的洗涤剂、消毒剂应当对人体安全、无害；

（十一）法律、法规规定的其他要求。

非食品生产经营者从事食品贮存、运输和装卸的，应当符合前款第六项的规定。

第三十四条 禁止生产经营下列食品、食品添加剂、食品相关产品：

（一）用非食品原料生产的食品或者添加食品添加剂以外的化学物质和其他可能危害人体健康物质的食品，或者用回收食品作为原料生产的食品；

（二）致病性微生物，农药残留、兽药残留、生物毒素、重金属等污染物质以及其他危害人体健康的物质含量超过食品安全标准限量的食品、食品添加剂、食品相关产品；

（三）用超过保质期的食品原料、食品添加剂生产的食品、食品添加剂；

（四）超范围、超限量使用食品添加剂的食品；

（五）营养成分不符合食品安全标准的专供婴幼儿和其他特定人群的主辅食品；

（六）腐败变质、油脂酸败、霉变生虫、污秽不洁、混有异物、掺假掺杂或者感官性状异常的食品、食品添加剂；

（七）病死、毒死或者死因不明的禽、畜、兽、水产动物肉类及其制品；

（八）未按规定进行检疫或者检疫不合格的肉类，或者未经检验或者检验不合格的肉类制品；

（九）被包装材料、容器、运输工具等污染的食品、食品添加剂；

（十）标注虚假生产日期、保质期或者超过保质期的食品、食品添加剂；

（十一）无标签的预包装食品、食品添加剂；

（十二）国家为防病等特殊需要明令禁止生产经营的食品；

（十三）其他不符合法律、法规或者食品安全标准的食品、食品添加剂、食品相关产品。

第三十五条　国家对食品生产经营实行许可制度。从事食品生产、食品销售、餐饮服务，应当依法取得许可。但是，销售食用农产品，不需要取得许可。

县级以上地方人民政府食品药品监督管理部门应当依照《中华人民共和国行政许可法》的规定，审核申请人提交的本法第三十三条第一款第一项至第四项规定要求的相关资料，必要时对申请人的生产经营场所进行现场核查；对符合规定条件的，准予许可；对不符合规定条件的，不予许可并书面说明理由。

第三十六条　食品生产加工小作坊和食品摊贩等从事食品生产经营活动，应当符合本法规定的与其生产经营规模、条件相适应的食品安全要求，保证所生产经营的食品卫生、无毒、无害，食品药品监督管理部门应当对其加强监督管理。

县级以上地方人民政府应当对食品生产加工小作坊、食品摊贩等进行综合治理，加强服务和统一规划，改善其生产经营环境，鼓励和支持其改进生产经营条件，进入集中交易市场、店铺等固定场所经营，或者在指定的临时经营区域、时段经营。

食品生产加工小作坊和食品摊贩等的具体管理办法由省、自治区、直辖市制定。

第三十七条　利用新的食品原料生产食品，或者生产食品添加剂新品种、食品相关产品新品种，应当向国务院卫生行政部门提交相关产品的安全性评估材料。国务院卫生行政部门应当自收到申请之日起六十日内组织审查；对符合食品安全要求的，准予许可并公布；对不符合食品安全要求的，不予许可并书面说明理由。

第三十八条　生产经营的食品中不得添加药品，但是可以添加按照传统既是食品又是中药材的物质。按照传统既是食品又是中药材的物质目录由国务院卫生行政部门会同国务院食品药品监督管理部门制定、公布。

第三十九条　国家对食品添加剂生产实行许可制度。从事食品添加剂生产，应当具有与所生产食品添加剂品种相适应的场所、生产设备或者设施、专业技术人员和管理制度，并依照本法第三十五条第二款规定的程序，取得食品添加剂生产许可。

生产食品添加剂应当符合法律、法规和食品安全国家标准。

第四十条　食品添加剂应当在技术上确有必要且经过风险评估证明安全可靠，方可列入允许使用的范围；有关食品安全国家标准应当根据技术必要性和食品安全风险评估结果及时修订。

食品生产经营者应当按照食品安全国家标准使用食品添加剂。

第四十一条　生产食品相关产品应当符合法律、法规和食品安全国家标准。对直接接触食品的包装材料等具有较高风险的食品相关产品，按照国家有关工业产品生产许可证管理的规定实施生产许可。质量监督部门应当加强对食品相关产品生产活动的监督管理。

第四十二条　国家建立食品安全全程追溯制度。

食品生产经营者应当依照本法的规定，建立食品安全追溯体系，保证食品可追溯。国家鼓励食品生产经营者采用信息化手段采集、留存生产经营信息，建立食品安全追溯体系。

国务院食品药品监督管理部门会同国务院农业行政等有关部门建立食品安全全程追溯协作机制。

第四十三条　地方各级人民政府应当采取措施鼓励食品规模化生产和连锁经营、配送。

国家鼓励食品生产经营企业参加食品安全责任保险。

第二节　生产经营过程控制

第四十四条　食品生产经营企业应当建立健全食品安全管理制度，对职工进行食品安全知识培训，加强食品检验工作，依法从事生产经营活动。

食品生产经营企业的主要负责人应当落实企业食品安全管理制度，对本企业的食品安全工作全面负责。

食品生产经营企业应当配备食品安全管理人员，加强对其培训和考核。经考核不具备食品安全管理能力的，不得上岗。食品药品监督管理部门应当对企业食品安全管理人员随机进行监督抽查考核并公布考核情况。监督抽查考核不得收取费用。

第四十五条　食品生产经营者应当建立并执行从业人员健康管理制度。患有国务院卫生行政部门规定的有碍食品安全疾病的人员，不得从事接触直接入口食品的工作。

从事接触直接入口食品工作的食品生产经营人员应当每年进行健康检查，取得健康证明后方可上岗工作。

第四十六条　食品生产企业应当就下列事项制定并实施控制要求，保证所生产的食品符合食品安全标准：

（一）原料采购、原料验收、投料等原料控制；

（二）生产工序、设备、贮存、包装等生产关键环节控制；

（三）原料检验、半成品检验、成品出厂检验等检验控制；

（四）运输和交付控制。

第四十七条　食品生产经营者应当建立食品安全自查制度，定期对食品安全状况进行检查评价。生产经营条件发生变化，不再符合食品安全要求的，食品生产经营者应当立即采取整改措施；有发生食品安全事故潜在风险的，应当立即停止食品生产经营活动，并向所在地县级人民政府食品药品监督管理部门报告。

第四十八条　国家鼓励食品生产经营企业符合良好生产规范要求，实施危害分析与关键控制点体系，提高食品安全管理水平。

对通过良好生产规范、危害分析与关键控制点体系认证的食品生产经营企业，认证机构应当依法实施跟踪调查；对不再符合认证要求的企业，应当依法撤销认证，及时向县级以上人民政府食品药品监督管理部门通报，并向社会公布。认证机构实施跟踪调查不得收取费用。

第四十九条　食用农产品生产者应当按照食品安全标准和国家有关规定使用农药、肥料、兽药、饲料和饲料添加剂等农业投入品，严格执行农业投入品使用安全间隔期或者休药期的规定，不得使用国家明令禁止的农业投入品。禁止将剧毒、高毒农药用于蔬菜、瓜果、茶叶和中草药材等国家规定的农作物。

食用农产品的生产企业和农民专业合作经济组织应当建立农业投入品使用记录制度。

县级以上人民政府农业行政部门应当加强对农业投入品使用的监督管理和指导，建立健全农业投入品安全使用制度。

第五十条 食品生产者采购食品原料、食品添加剂、食品相关产品，应当查验供货者的许可证和产品合格证明；对无法提供合格证明的食品原料，应当按照食品安全标准进行检验；不得采购或者使用不符合食品安全标准的食品原料、食品添加剂、食品相关产品。

食品生产企业应当建立食品原料、食品添加剂、食品相关产品进货查验记录制度，如实记录食品原料、食品添加剂、食品相关产品的名称、规格、数量、生产日期或者生产批号、保质期、进货日期以及供货者名称、地址、联系方式等内容，并保存相关凭证。记录和凭证保存期限不得少于产品保质期满后六个月；没有明确保质期的，保存期限不得少于二年。

第五十一条 食品生产企业应当建立食品出厂检验记录制度，查验出厂食品的检验合格证和安全状况，如实记录食品的名称、规格、数量、生产日期或者生产批号、保质期、检验合格证号、销售日期以及购货者名称、地址、联系方式等内容，并保存相关凭证。记录和凭证保存期限应当符合本法第五十条第二款的规定。

第五十二条 食品、食品添加剂、食品相关产品的生产者，应当按照食品安全标准对所生产的食品、食品添加剂、食品相关产品进行检验，检验合格后方可出厂或者销售。

第五十三条 食品经营者采购食品，应当查验供货者的许可证和食品出厂检验合格证或者其他合格证明（以下称合格证明文件）。

食品经营企业应当建立食品进货查验记录制度，如实记录食品的名称、规格、数量、生产日期或者生产批号、保质期、进货日期以及供货者名称、地址、联系方式等内容，并保存相关凭证。记录和凭证保存期限应当符合本法第五十条第二款的规定。

实行统一配送经营方式的食品经营企业，可以由企业总部统一查验供货者的许可证和食品合格证明文件，进行食品进货查验记录。

从事食品批发业务的经营企业应当建立食品销售记录制度，如实记录批发食品的名称、规格、数量、生产日期或者生产批号、保质期、销售日期以及购货者名称、地址、联系方式等内容，并保存相关凭证。记录和凭证保存期限应当符合本法第五十条第二款的规定。

第五十四条 食品经营者应当按照保证食品安全的要求贮存食品，定期检查库存食品，及时清理变质或者超过保质期的食品。

食品经营者贮存散装食品，应当在贮存位置标明食品的名称、生产日期或者生产批号、保质期、生产者名称及联系方式等内容。

第五十五条 餐饮服务提供者应当制定并实施原料控制要求，不得采购不符合食品安全标准的食品原料。倡导餐饮服务提供者公开加工过程，公示食品原料及其来源等信息。

餐饮服务提供者在加工过程中应当检查待加工的食品及原料，发现有本法第三十四条第六项规定情形的，不得加工或者使用。

第五十六条 餐饮服务提供者应当定期维护食品加工、贮存、陈列等设施、设备；定期清洗、校验保温设施及冷藏、冷冻设施。

餐饮服务提供者应当按照要求对餐具、饮具进行清洗消毒，不得使用未经清洗消毒的餐具、饮具；餐饮服务提供者委托清洗消毒餐具、饮具的，应当委托符合本法规定条件的餐具、饮具集中消毒服务单位。

第五十七条 学校、托幼机构、养老机构、建筑工地等集中用餐单位的食堂应当严格遵守法律、法规和食品安全标准；从供餐单位订餐的，应当从取得食品生产经营许可的企业订购，并按照要求对订购的食品进行查验。供餐单位应当严格遵守法律、法规和食品安全标准，当餐加工，确保食品安全。

学校、托幼机构、养老机构、建筑工地等集中用餐单位的主管部门应当加强对集中用餐单位的食品安全教育和日常管理，降低食品安全风险，及时消除食品安全隐患。

第五十八条 餐具、饮具集中消毒服务单位应当具备相应的作业场所、清洗消毒设备或者设施，用水和使用的洗涤剂、消毒剂应当符合相关食品安全国家标准和其他国家标准、卫生规范。

餐具、饮具集中消毒服务单位应当对消毒餐具、饮具进行逐批检验，检验合格后方可出厂，并应当随附消毒合格证明。消毒后的餐具、饮具应当在独立包装上标注单位名称、地址、联系方式、消毒日期以及使用期限等内容。

第五十九条 食品添加剂生产者应当建立食品添加剂出厂检验记录制度，查验出厂产品的检验合格证和安全状况，如实记录食品添加剂的名称、规格、数量、生产日期或者生产批号、保质期、检验合格证号、销售日期以及购货者名称、地址、联系方式等相关内容，并保存相关凭证。记录和凭证保存期限应当符合本法第五十条第二款的规定。

第六十条 食品添加剂经营者采购食品添加剂，应当依法查验供货者的许可证和产品合格证明文件，如实记录食品添加剂的名称、规格、数量、生产日期或者生产批号、保质期、进货日期以及供货者名称、地址、联系方式等内容，并保存相关凭证。记录和凭证保存期限应当符合本法第五十条第二款的规定。

第六十一条 集中交易市场的开办者、柜台出租者和展销会举办者，应当依法审查入场食品经营者的许可证，明确其食品安全管理责任，定期对其经营环境和条件进行检查，发现其有违反本法规定行为的，应当及时制止并立即报告所在地县级人民政府食品药品监督管理部门。

第六十二条 网络食品交易第三方平台提供者应当对入网食品经营者进行实名登记，明确其食品安全管理责任；依法应当取得许可证的，还应当审查其许可证。

网络食品交易第三方平台提供者发现入网食品经营者有违反本法规定行为的，应当及时制止并立即报告所在地县级人民政府食品药品监督管理部门；发现严重违法行为的，应当立即停止提供网络交易平台服务。

第六十三条 国家建立食品召回制度。食品生产者发现其生产的食品不符合食品安全标准或者有证据证明可能危害人体健康的，应当立即停止生产，召回已经上市销售的食品，通知相关生产经营者和消费者，并记录召回和通知情况。

食品经营者发现其经营的食品有前款规定情形的，应当立即停止经营，通知相关生产经营者和消费者，并记录停止经营和通知情况。食品生产者认为应当召回的，应当立即召回。由于食品经营者的原因造成其经营的食品有前款规定情形的，食品经营者应当召回。

食品生产经营者应当对召回的食品采取无害化处理、销毁等措施，防止其再次流入市场。但是，对因标签、标志或者说明书不符合食品安全标准而被召回的食品，食品生产者在采取补救措施且能保证食品安全的情况下可以继续销售；销售时应当向消费者明示补救措施。

食品生产经营者应当将食品召回和处理情况向所在地县级人民政府食品药品监督管理部门报告；需要对召回的食品进行无害化处理、销毁的，应当提前报告时间、地点。食品药品监督管理部门认为必要的，可以实施现场监督。

食品生产经营者未依照本条规定召回或者停止经营的，县级以上人民政府食品药品监督管理部门可以责令其召回或者停止经营。

第六十四条 食用农产品批发市场应当配备检验设备和检验人员或者委托符合本法规定的食品检验机构，对进入该批发市场销售的食用农产品进行抽样检验；发现不符合食品安全标准的，应当要求销售者立即停止销售，并向食品药品监督管理部门报告。

第六十五条 食用农产品销售者应当建立食用农产品进货查验记录制度，如实记录食用农产品的名称、数量、进货日期以及供货者名称、地址、联系方式等内容，并保存相关凭证。记录和凭证保存期限不得少于六个月。

第六十六条 进入市场销售的食用农产品在包装、保鲜、贮存、运输中使用保鲜剂、防腐剂等食品添加剂和包装材料等食品相关产品，应当符合食品安全国家标准。

第三节 标签、说明书和广告

第六十七条 预包装食品的包装上应当有标签。标签应当标明下列事项：

（一）名称、规格、净含量、生产日期；

（二）成分或者配料表；

（三）生产者的名称、地址、联系方式；

（四）保质期；

（五）产品标准代号；

（六）贮存条件；

（七）所使用的食品添加剂在国家标准中的通用名称；

（八）生产许可证编号；

（九）法律、法规或者食品安全标准规定应当标明的其他事项。

专供婴幼儿和其他特定人群的主辅食品，其标签还应当标明主要营养成分及其含量。

食品安全国家标准对标签标注事项另有规定的，从其规定。

第六十八条 食品经营者销售散装食品，应当在散装食品的容器、外包装上标明食品的名称、生产日期或者生产批号、保质期以及生产经营者名称、地址、联系方式等内容。

第六十九条 生产经营转基因食品应当按照规定显著标示。

第七十条 食品添加剂应当有标签、说明书和包装。标签、说明书应当载明本法第六十七条第一款第一项至第六项、第八项、第九项规定的事项，以及食品添加剂的使用范围、用量、使用方法，并在标签上载明"食品添加剂"字样。

第七十一条　食品和食品添加剂的标签、说明书，不得含有虚假内容，不得涉及疾病预防、治疗功能。生产经营者对其提供的标签、说明书的内容负责。

食品和食品添加剂的标签、说明书应当清楚、明显，生产日期、保质期等事项应当显著标注，容易辨识。

食品和食品添加剂与其标签、说明书的内容不符的，不得上市销售。

第七十二条　食品经营者应当按照食品标签标示的警示标志、警示说明或者注意事项的要求销售食品。

第七十三条　食品广告的内容应当真实合法，不得含有虚假内容，不得涉及疾病预防、治疗功能。食品生产经营者对食品广告内容的真实性、合法性负责。

县级以上人民政府食品药品监督管理部门和其他有关部门以及食品检验机构、食品行业协会不得以广告或者其他形式向消费者推荐食品。消费者组织不得以收取费用或者其他牟取利益的方式向消费者推荐食品。

第四节　特殊食品

第七十四条　国家对保健食品、特殊医学用途配方食品和婴幼儿配方食品等特殊食品实行严格监督管理。

第七十五条　保健食品声称保健功能，应当具有科学依据，不得对人体产生急性、亚急性或者慢性危害。

保健食品原料目录和允许保健食品声称的保健功能目录，由国务院食品药品监督管理部门会同国务院卫生行政部门、国家中医药管理部门制定、调整并公布。

保健食品原料目录应当包括原料名称、用量及其对应的功效；列入保健食品原料目录的原料只能用于保健食品生产，不得用于其他食品生产。

第七十六条　使用保健食品原料目录以外原料的保健食品和首次进口的保健食品应当经国务院食品药品监督管理部门注册。但是，首次进口的保健食品中属于补充维生素、矿物质等营养物质的，应当报国务院食品药品监督管理部门备案。其他保健食品应当报省、自治区、直辖市人民政府食品药品监督管理部门备案。

进口的保健食品应当是出口国（地区）主管部门准许上市销售的产品。

第七十七条　依法应当注册的保健食品，注册时应当提交保健食品的研发报告、产品配方、生产工艺、安全性和保健功能评价、标签、说明书等材料及样品，并提供相关证明文件。国务院食品药品监督管理部门经组织技术审评，对符合安全和功能声称要求的，准予注册；对不符合要求的，不予注册并书面说明理由。对使用保健食品原料目录以外原料的保健食品作出准予注册决定的，应当及时将该原料纳入保健食品原料目录。

依法应当备案的保健食品，备案时应当提交产品配方、生产工艺、标签、说明书以及表明产品安全性和保健功能的材料。

第七十八条　保健食品的标签、说明书不得涉及疾病预防、治疗功能，内容应当真实，与注册或者备案的内容相一致，载明适宜人群、不适宜人群、功效成分或者标志性成分及其含量等，并声明"本品不能代替药物"。保健食品的功能和成分应当与标签、说明书相一致。

第七十九条　保健食品广告除应当符合本法第七十三条第一款的规定外，还应当声明"本品不能代替药物"；其内容应当经生产企业所在地省、自治区、直辖市人民政府食品药品监督管理部门审查批准，取得保健食品广告批准文件。省、自治区、直辖市人民政府食品药品监督管理部门应当公布并及时更新已经批准的保健食品广告目录以及批准的广告内容。

第八十条　特殊医学用途配方食品应当经国务院食品药品监督管理部门注册。注册时，应当提交产品配方、生产工艺、标签、说明书以及表明产品安全性、营养充足性和特殊医学用途临床效果的材料。

特殊医学用途配方食品广告适用《中华人民共和国广告法》和其他法律、行政法规关于药品广告管理的规定。

第八十一条　婴幼儿配方食品生产企业应当实施从原料进厂到成品出厂的全过程质量控制，对出厂的婴幼儿配方食品实施逐批检验，保证食品安全。

生产婴幼儿配方食品使用的生鲜乳、辅料等食品原料、食品添加剂等，应当符合法律、行政法规的规定和食品安全国家标准，保证婴幼儿生长发育所需的营养成分。

婴幼儿配方食品生产企业应当将食品原料、食品添加剂、产品配方及标签等事项向省、自治区、直辖市人民政府食品药品监督管理部门备案。

婴幼儿配方乳粉的产品配方应当经国务院食品药品监督管理部门注册。注册时，应当提交配方研发报告和其他表明配方科学性、安全性的材料。

不得以分装方式生产婴幼儿配方乳粉，同一企业不得用同一配方生产不同品牌的婴幼儿配方乳粉。

第八十二条　保健食品、特殊医学用途配方食品、婴幼儿配方乳粉的注册人或者备案人应当对其提交材料的真实性负责。

省级以上人民政府食品药品监督管理部门应当及时公布注册或者备案的保健食品、特殊医学用途配方食品、婴幼儿配方乳粉目录，并对注册或者备案中获知的企业商业秘密予以保密。

保健食品、特殊医学用途配方食品、婴幼儿配方乳粉生产企业应当按照注册或者备案的产品配方、生产工艺等技术要求组织生产。

第八十三条　生产保健食品，特殊医学用途配方食品、婴幼儿配方食品和其他专供特定人群的主辅食品的企业，应当按照良好生产规范的要求建立与所生产食品相适应的生产质量管理体系，定期对该体系的运行情况进行自查，保证其有效运行，并向所在地县级人民政府食品药品监督管理部门提交自查报告。

第五章　食品检验

第八十四条　食品检验机构按照国家有关认证认可的规定取得资质认定后，方可从事食品检验活动。但是，法律另有规定的除外。

食品检验机构的资质认定条件和检验规范，由国务院食品药品监督管理部门规定。

符合本法规定的食品检验机构出具的检验报告具有同等效力。

县级以上人民政府应当整合食品检验资源，实现资源共享。

第八十五条　食品检验由食品检验机构指定的检验人独立进行。

检验人应当依照有关法律、法规的规定，并按照食品安全标准和检验规范对食品进行检验，尊重科学，恪守职业道德，保证出具的检验数据和结论客观、公正，不得出具虚假检验报告。

第八十六条　食品检验实行食品检验机构与检验人负责制。食品检验报告应当加盖食品检验机构公章，并有检验人的签名或者盖章。食品检验机构和检验人对出具的食品检验报告负责。

第八十七条　县级以上人民政府食品药品监督管理部门应当对食品进行定期或者不定期的抽样检验，并依据有关规定公布检验结果，不得免检。进行抽样检验，应当购买抽取的样品，委托符合本法规定的食品检验机构进行检验，并支付相关费用；不得向食品生产经营者收取检验费和其他费用。

第八十八条　对依照本法规定实施的检验结论有异议的，食品生产经营者可以自收到检验结论之日起七个工作日内向实施抽样检验的食品药品监督管理部门或者其上一级食品药品监督管理部门提出复检申请，由受理复检申请的食品药品监督管理部门在公布的复检机构名录中随机确定复检机构进行复检。复检机构出具的复检结论为最终检验结论。复检机构与初检机构不得为同一机构。复检机构名录由国务院认证认可监督管理、食品药品监督管理、卫生行政、农业行政等部门共同公布。

采用国家规定的快速检测方法对食用农产品进行抽查检测，被抽查人对检测结果有异议的，可以自收到检测结果时起四小时内申请复检。复检不得采用快速检测方法。

第八十九条　食品生产企业可以自行对所生产的食品进行检验，也可以委托符合本法规定的食品检验机构进行检验。

食品行业协会和消费者协会等组织、消费者需要委托食品检验机构对食品进行检验的，应当委托符合本法规定的食品检验机构进行。

第九十条　食品添加剂的检验，适用本法有关食品检验的规定。

第六章　食品进出口

第九十一条　国家出入境检验检疫部门对进出口食品安全实施监督管理。

第九十二条　进口的食品、食品添加剂、食品相关产品应当符合我国食品安全国家标准。

进口的食品、食品添加剂应当经出入境检验检疫机构依照进出口商品检验相关法律、行政法规的规定检验合格。

进口的食品、食品添加剂应当按照国家出入境检验检疫部门的要求随附合格证明材料。

第九十三条　进口尚无食品安全国家标准的食品，由境外出口商、境外生产企业或者其委托的进口商向国务院卫生行政部门提交所执行的相关国家（地区）标准或者国际标准。国务院卫生行政部门对相关标准进行审查，认为符合食品安全要求的，决定暂予适用，并及时制定相应的食品安全国家标准。进口利用新的食品原料生产的食品或者进口食品添加剂新品种、食品相关产品新品种，依照本法第三十七条的规定办理。

出入境检验检疫机构按照国务院卫生行政部门的要求，对前款规定的食品、食品添加剂、食品相关产品进行检验。检验结果应当公开。

第九十四条 境外出口商、境外生产企业应当保证向我国出口的食品、食品添加剂、食品相关产品符合本法以及我国其他有关法律、行政法规的规定和食品安全国家标准的要求，并对标签、说明书的内容负责。

进口商应当建立境外出口商、境外生产企业审核制度，重点审核前款规定的内容；审核不合格的，不得进口。

发现进口食品不符合我国食品安全国家标准或者有证据证明可能危害人体健康的，进口商应当立即停止进口，并依照本法第六十三条的规定召回。

第九十五条 境外发生的食品安全事件可能对我国境内造成影响，或者在进口食品、食品添加剂、食品相关产品中发现严重食品安全问题的，国家出入境检验检疫部门应当及时采取风险预警或者控制措施，并向国务院食品药品监督管理、卫生行政、农业行政部门通报。接到通报的部门应当及时采取相应措施。

县级以上人民政府食品药品监督管理部门对国内市场上销售的进口食品、食品添加剂实施监督管理。发现存在严重食品安全问题的，国务院食品药品监督管理部门应当及时向国家出入境检验检疫部门通报。国家出入境检验检疫部门应当及时采取相应措施。

第九十六条 向我国境内出口食品的境外出口商或者代理商、进口食品的进口商应当向国家出入境检验检疫部门备案。向我国境内出口食品的境外食品生产企业应当经国家出入境检验检疫部门注册。已经注册的境外食品生产企业提供虚假材料，或者因其自身的原因致使进口食品发生重大食品安全事故的，国家出入境检验检疫部门应当撤销注册并公告。

国家出入境检验检疫部门应当定期公布已经备案的境外出口商、代理商、进口商和已经注册的境外食品生产企业名单。

第九十七条 进口的预包装食品、食品添加剂应当有中文标签；依法应当有说明书的，还应当有中文说明书。标签、说明书应当符合本法以及我国其他有关法律、行政法规的规定和食品安全国家标准的要求，并载明食品的原产地以及境内代理商的名称、地址、联系方式。预包装食品没有中文标签、中文说明书或者标签、说明书不符合本条规定的，不得进口。

第九十八条 进口商应当建立食品、食品添加剂进口和销售记录制度，如实记录食品、食品添加剂的名称、规格、数量、生产日期、生产或者进口批号、保质期、境外出口商和购货者名称、地址及联系方式、交货日期等内容，并保存相关凭证。记录和凭证保存期限应当符合本法第五十条第二款的规定。

第九十九条 出口食品生产企业应当保证其出口食品符合进口国（地区）的标准或者合同要求。

出口食品生产企业和出口食品原料种植、养殖场应当向国家出入境检验检疫部门备案。

第一百条 国家出入境检验检疫部门应当收集、汇总下列进出口食品安全信息，并及时通报相关部门、机构和企业：

（一）出入境检验检疫机构对进出口食品实施检验检疫发现的食品安全信息；

（二）食品行业协会和消费者协会等组织、消费者反映的进口食品安全信息；

（三）国际组织、境外政府机构发布的风险预警信息及其他食品安全信息，以及境外食品行业协会等组织、消费者反映的食品安全信息；

（四）其他食品安全信息。

国家出入境检验检疫部门应当对进出口食品的进口商、出口商和出口食品生产企业实施信用管理，建立信用记录，并依法向社会公布。对有不良记录的进口商、出口商和出口食品生产企业，应当加强对其进出口食品的检验检疫。

第一百零一条 国家出入境检验检疫部门可以对向我国境内出口食品的国家（地区）的食品安全管理体系和食品安全状况进行评估和审查，并根据评估和审查结果，确定相应检验检疫要求。

第七章　食品安全事故处置

第一百零二条 国务院组织制定国家食品安全事故应急预案。

县级以上地方人民政府应当根据有关法律、法规的规定和上级人民政府的食品安全事故应急预案以及本行政区域的实际情况，制定本行政区域的食品安全事故应急预案，并报上一级人民政府备案。

食品安全事故应急预案应当对食品安全事故分级、事故处置组织指挥体系与职责、预防预警机制、处置程序、应急保障措施等作出规定。

食品生产经营企业应当制定食品安全事故处置方案，定期检查本企业各项食品安全防范措施的落实情况，及时消除事故隐患。

第一百零三条 发生食品安全事故的单位应当立即采取措施，防止事故扩大。事故单位和接收病人进行治疗的单位应当及时向事故发生地县级人民政府食品药品监督管理、卫生行政部门报告。

县级以上人民政府质量监督、农业行政等部门在日常监督管理中发现食品安全事故或者接到事故举报，应当立即向同级食品药品监督管理部门通报。

发生食品安全事故，接到报告的县级人民政府食品药品监督管理部门应当按照应急预案的规定向本级人民政府和上级人民政府食品药品监督管理部门报告。县级人民政府和上级人民政府食品药品监督管理部门应当按照应急预案的规定上报。

任何单位和个人不得对食品安全事故隐瞒、谎报、缓报，不得隐匿、伪造、毁灭有关证据。

第一百零四条 医疗机构发现其接收的病人属于食源性疾病病人或者疑似病人的，应当按照规定及时将相关信息向所在地县级人民政府卫生行政部门报告。县级人民政府卫生行政部门认为与食品安全有关的，应当及时通报同级食品药品监督管理部门。

县级以上人民政府卫生行政部门在调查处理传染病或者其他突发公共卫生事件中发现与食品安全相关的信息，应当及时通报同级食品药品监督管理部门。

第一百零五条 县级以上人民政府食品药品监督管理部门接到食品安全事故的报告后，应当立即会同同级卫生行政、质量监督、农业行政等部门进行调查处理，并采取下列措施，防止或者减轻社会危害：

（一）开展应急救援工作，组织救治因食品安全事故导致人身伤害的人员；

（二）封存可能导致食品安全事故的食品及其原料，并立即进行检验；对确认属于被污染的食品及其原料，责令食品生产经营者依照本法第六十三条的规定召回或者停止经营；

（三）封存被污染的食品相关产品，并责令进行清洗消毒；

（四）做好信息发布工作，依法对食品安全事故及其处理情况进行发布，并对可能产生的危害加以解释、说明。

发生食品安全事故需要启动应急预案的，县级以上人民政府应当立即成立事故处置指挥机构，启动应急预案，依照前款和应急预案的规定进行处置。

发生食品安全事故，县级以上疾病预防控制机构应当对事故现场进行卫生处理，并对与事故有关的因素开展流行病学调查，有关部门应当予以协助。县级以上疾病预防控制机构应当向同级食品药品监督管理、卫生行政部门提交流行病学调查报告。

第一百零六条 发生食品安全事故，设区的市级以上人民政府食品药品监督管理部门应当立即会同有关部门进行事故责任调查，督促有关部门履行职责，向本级人民政府和上一级人民政府食品药品监督管理部门提出事故责任调查处理报告。

涉及两个以上省、自治区、直辖市的重大食品安全事故由国务院食品药品监督管理部门依照前款规定组织事故责任调查。

第一百零七条 调查食品安全事故，应当坚持实事求是、尊重科学的原则，及时、准确查清事故性质和原因，认定事故责任，提出整改措施。

调查食品安全事故，除了查明事故单位的责任，还应当查明有关监督管理部门、食品检验机构、认证机构及其工作人员的责任。

第一百零八条 食品安全事故调查部门有权向有关单位和个人了解与事故有关的情况，并要求提供相关资料和样品。有关单位和个人应当予以配合，按照要求提供相关资料和样品，不得拒绝。

任何单位和个人不得阻挠、干涉食品安全事故的调查处理。

第八章 监督管理

第一百零九条 县级以上人民政府食品药品监督管理、质量监督部门根据食品安全风险监测、风险评估结果和食品安全状况等，确定监督管理的重点、方式和频次，实施风险分级管理。

县级以上地方人民政府组织本级食品药品监督管理、质量监督、农业行政等部门制定本行政区域的食品安全年度监督管理计划，向社会公布并组织实施。

食品安全年度监督管理计划应当将下列事项作为监督管理的重点：

（一）专供婴幼儿和其他特定人群的主辅食品；

（二）保健食品生产过程中的添加行为和按照注册或者备案的技术要求组织生产的情况，保健食品标签、说明书以及宣传材料中有关功能宣传的情况；

（三）发生食品安全事故风险较高的食品生产经营者；

（四）食品安全风险监测结果表明可能存在食品安全隐患的事项。

第一百一十条 县级以上人民政府食品药品监督管理、质量监督部门履行各自食品安全监督管理职责，有权采取下列措施，对生产经营者遵守本法的情况进行监督检查：

（一）进入生产经营场所实施现场检查；

（二）对生产经营的食品、食品添加剂、食品相关产品进行抽样检验；

（三）查阅、复制有关合同、票据、账簿以及其他有关资料；

（四）查封、扣押有证据证明不符合食品安全标准或者有证据证明存在安全隐患以及用于违法生产经营的食品、食品添加剂、食品相关产品；

（五）查封违法从事生产经营活动的场所。

第一百一十一条　对食品安全风险评估结果证明食品存在安全隐患，需要制定、修订食品安全标准的，在制定、修订食品安全标准前，国务院卫生行政部门应当及时会同国务院有关部门规定食品中有害物质的临时限量值和临时检验方法，作为生产经营和监督管理的依据。

第一百一十二条　县级以上人民政府食品药品监督管理部门在食品安全监督管理工作中可以采用国家规定的快速检测方法对食品进行抽查检测。

对抽查检测结果表明可能不符合食品安全标准的食品，应当依照本法第八十七条的规定进行检验。抽查检测结果确定有关食品不符合食品安全标准的，可以作为行政处罚的依据。

第一百一十三条　县级以上人民政府食品药品监督管理部门应当建立食品生产经营者食品安全信用档案，记录许可颁发、日常监督检查结果、违法行为查处等情况，依法向社会公布并实时更新；对有不良信用记录的食品生产经营者增加监督检查频次，对违法行为情节严重的食品生产经营者，可以通报投资主管部门、证券监督管理机构和有关的金融机构。

第一百一十四条　食品生产经营过程中存在食品安全隐患，未及时采取措施消除的，县级以上人民政府食品药品监督管理部门可以对食品生产经营者的法定代表人或者主要负责人进行责任约谈。食品生产经营者应当立即采取措施，进行整改，消除隐患。责任约谈情况和整改情况应当纳入食品生产经营者食品安全信用档案。

第一百一十五条　县级以上人民政府食品药品监督管理、质量监督等部门应当公布本部门的电子邮件地址或者电话，接受咨询、投诉、举报。接到咨询、投诉、举报，对属于本部门职责的，应当受理并在法定期限内及时答复、核实、处理；对不属于本部门职责的，应当移交有权处理的部门并书面通知咨询、投诉、举报人。有权处理的部门应当在法定期限内及时处理，不得推诿。对查证属实的举报，给予举报人奖励。

有关部门应当对举报人的信息予以保密，保护举报人的合法权益。举报人举报所在企业的，该企业不得以解除、变更劳动合同或者其他方式对举报人进行打击报复。

第一百一十六条　县级以上人民政府食品药品监督管理、质量监督等部门应当加强对执法人员食品安全法律、法规、标准和专业知识与执法能力等的培训，并组织考核。不具备相应知识和能力的，不得从事食品安全执法工作。

食品生产经营者、食品行业协会、消费者协会等发现食品安全执法人员在执法过程中有违反法律、法规规定的行为以及不规范执法行为的，可以向本级或者上级人民政府食品药品监督管理、质量监督等部门或者监察机关投诉、举报。接到投诉、举报的部门或者机关应当进行核实，并将经核实的情况向食品安全执法人员所在部门通报；涉嫌违法违纪的，按照本法和有关规定处理。

第一百一十七条 县级以上人民政府食品药品监督管理等部门未及时发现食品安全系统性风险，未及时消除监督管理区域内的食品安全隐患的，本级人民政府可以对其主要负责人进行责任约谈。

地方人民政府未履行食品安全职责，未及时消除区域性重大食品安全隐患的，上级人民政府可以对其主要负责人进行责任约谈。

被约谈的食品药品监督管理等部门、地方人民政府应当立即采取措施，对食品安全监督管理工作进行整改。

责任约谈情况和整改情况应当纳入地方人民政府和有关部门食品安全监督管理工作评议、考核记录。

第一百一十八条 国家建立统一的食品安全信息平台，实行食品安全信息统一公布制度。国家食品安全总体情况、食品安全风险警示信息、重大食品安全事故及其调查处理信息和国务院确定需要统一公布的其他信息由国务院食品药品监督管理部门统一公布。食品安全风险警示信息和重大食品安全事故及其调查处理信息的影响限于特定区域的，也可以由有关省、自治区、直辖市人民政府食品药品监督管理部门公布。未经授权不得发布上述信息。

县级以上人民政府食品药品监督管理、质量监督、农业行政部门依据各自职责公布食品安全日常监督管理信息。

公布食品安全信息，应当做到准确、及时，并进行必要的解释说明，避免误导消费者和社会舆论。

第一百一十九条 县级以上地方人民政府食品药品监督管理、卫生行政、质量监督、农业行政部门获知本法规定需要统一公布的信息，应当向上级主管部门报告，由上级主管部门立即报告国务院食品药品监督管理部门；必要时，可以直接向国务院食品药品监督管理部门报告。

县级以上人民政府食品药品监督管理、卫生行政、质量监督、农业行政部门应当相互通报获知的食品安全信息。

第一百二十条 任何单位和个人不得编造、散布虚假食品安全信息。

县级以上人民政府食品药品监督管理部门发现可能误导消费者和社会舆论的食品安全信息，应当立即组织有关部门、专业机构、相关食品生产经营者等进行核实、分析，并及时公布结果。

第一百二十一条 县级以上人民政府食品药品监督管理、质量监督等部门发现涉嫌食品安全犯罪的，应当按照有关规定及时将案件移送公安机关。对移送的案件，公安机关应当及时审查；认为有犯罪事实需要追究刑事责任的，应当立案侦查。

公安机关在食品安全犯罪案件侦查过程中认为没有犯罪事实，或者犯罪事实显著轻微，不需要追究刑事责任，但依法应当追究行政责任的，应当及时将案件移送食品药品监督管理、质量监督等部门和监察机关，有关部门应当依法处理。

公安机关商请食品药品监督管理、质量监督、环境保护等部门提供检验结论、认定意见以及对涉案物品进行无害化处理等协助的，有关部门应当及时提供，予以协助。

第九章　法律责任

第一百二十二条 违反本法规定，未取得食品生产经营许可从事食品生产经营活动，或者未取得食品添加剂生产许可从事食品添加剂生产活动的，由县级以上人民政府食品药品监督管理部门没收违法所得和违法生产经营的食品、食品添加剂以及用于违法生产经营的工具、设备、原料等物品；违法生产经营的食品、食品添加剂货值金额不足一万元的，并处五万元以上十万元以下罚款；货值金额一万元以上的，并处货值金额十倍以上二十倍以下罚款。

明知从事前款规定的违法行为，仍为其提供生产经营场所或者其他条件的，由县级以上人民政府食品药品监督管理部门责令停止违法行为，没收违法所得，并处五万元以上十万元以下罚款；使消费者的合法权益受到损害的，应当与食品、食品添加剂生产经营者承担连带责任。

第一百二十三条 违反本法规定，有下列情形之一，尚不构成犯罪的，由县级以上人民政府食品药品监督管理部门没收违法所得和违法生产经营的食品，并可以没收用于违法生产经营的工具、设备、原料等物品；违法生产经营的食品货值金额不足一万元的，并处十万元以上十五万元以下罚款；货值金额一万元以上的，并处货值金额十五倍以上三十倍以下罚款；情节严重的，吊销许可证，并可以由公安机关对其直接负责的主管人员和其他直接责任人员处五日以上十五日以下拘留：

（一）用非食品原料生产食品、在食品中添加食品添加剂以外的化学物质和其他可能危害人体健康的物质，或者用回收食品作为原料生产食品，或者经营上述食品；

（二）生产经营营养成分不符合食品安全标准的专供婴幼儿和其他特定人群的主辅食品；

（三）经营病死、毒死或者死因不明的禽、畜、兽、水产动物肉类，或者生产经营其制品；

（四）经营未按规定进行检疫或者检疫不合格的肉类，或者生产经营未经检验或者检验不合格的肉类制品；

（五）生产经营国家为防病等特殊需要明令禁止生产经营的食品；

（六）生产经营添加药品的食品。

明知从事前款规定的违法行为，仍为其提供生产经营场所或者其他条件的，由县级以上人民政府食品药品监督管理部门责令停止违法行为，没收违法所得，并处十万元以上二十万元以下罚款；使消费者的合法权益受到损害的，应当与食品生产经营者承担连带责任。

违法使用剧毒、高毒农药的，除依照有关法律、法规规定给予处罚外，可以由公安机关依照第一款规定给予拘留。

第一百二十四条 违反本法规定，有下列情形之一，尚不构成犯罪的，由县级以上人民政府食品药品监督管理部门没收违法所得和违法生产经营的食品、食品添加剂，并可以没收用于违法生产经营的工具、设备、原料等物品；违法生产经营的食品、食品添加剂货值金额不足一万元的，并处五万元以上十万元以下罚款；货值金额一万元以上的，并处货值金额十倍以上二十倍以下罚款；情节严重的，吊销许可证：

（一）生产经营致病性微生物，农药残留、兽药残留、生物毒素、重金属等污染物质以及其他危害人体健康的物质含量超过食品安全标准限量的食品、食品添加剂；

（二）用超过保质期的食品原料、食品添加剂生产食品、食品添加剂，或者经营上述食品、食品添加剂；

（三）生产经营超范围、超限量使用食品添加剂的食品；

（四）生产经营腐败变质、油脂酸败、霉变生虫、污秽不洁、混有异物、掺假掺杂或者感官性状异常的食品、食品添加剂；

（五）生产经营标注虚假生产日期、保质期或者超过保质期的食品、食品添加剂；

（六）生产经营未按规定注册的保健食品、特殊医学用途配方食品、婴幼儿配方乳粉，或者未按注册的产品配方、生产工艺等技术要求组织生产；

（七）以分装方式生产婴幼儿配方乳粉，或者同一企业以同一配方生产不同品牌的婴幼儿配方乳粉；

（八）利用新的食品原料生产食品，或者生产食品添加剂新品种，未通过安全性评估；

（九）食品生产经营者在食品药品监督管理部门责令其召回或者停止经营后，仍拒不召回或者停止经营。

除前款和本法第一百二十三条、第一百二十五条规定的情形外，生产经营不符合法律、法规或者食品安全标准的食品、食品添加剂的，依照前款规定给予处罚。

生产食品相关产品新品种，未通过安全性评估，或者生产不符合食品安全标准的食品相关产品的，由县级以上人民政府质量监督部门依照第一款规定给予处罚。

第一百二十五条　违反本法规定，有下列情形之一的，由县级以上人民政府食品药品监督管理部门没收违法所得和违法生产经营的食品、食品添加剂，并可以没收用于违法生产经营的工具、设备、原料等物品；违法生产经营的食品、食品添加剂货值金额不足一万元的，并处五千元以上五万元以下罚款；货值金额一万元以上的，并处货值金额五倍以上十倍以下罚款；情节严重的，责令停产停业，直至吊销许可证：

（一）生产经营被包装材料、容器、运输工具等污染的食品、食品添加剂；

（二）生产经营无标签的预包装食品、食品添加剂或者标签、说明书不符合本法规定的食品、食品添加剂；

（三）生产经营转基因食品未按规定进行标示；

（四）食品生产经营者采购或者使用不符合食品安全标准的食品原料、食品添加剂、食品相关产品。

生产经营的食品、食品添加剂的标签、说明书存在瑕疵但不影响食品安全且不会对消费者造成误导的，由县级以上人民政府食品药品监督管理部门责令改正；拒不改正的，处二千元以下罚款。

第一百二十六条　违反本法规定，有下列情形之一的，由县级以上人民政府食品药品监督管理部门责令改正，给予警告；拒不改正的，处五千元以上五万元以下罚款；情节严重的，责令停产停业，直至吊销许可证：

（一）食品、食品添加剂生产者未按规定对采购的食品原料和生产的食品、食品添加剂进行检验；

（二）食品生产经营企业未按规定建立食品安全管理制度，或者未按规定配备或者培训、考核食品安全管理人员；

（三）食品、食品添加剂生产经营者进货时未查验许可证和相关证明文件，或者未按规定建立并遵守进货查验记录、出厂检验记录和销售记录制度；

（四）食品生产经营企业未制定食品安全事故处置方案；

（五）餐具、饮具和盛放直接入口食品的容器，使用前未经洗净、消毒或者清洗消毒不合格，或者餐饮服务设施、设备未按规定定期维护、清洗、校验；

（六）食品生产经营者安排未取得健康证明或者患有国务院卫生行政部门规定的有碍食品安全疾病的人员从事接触直接入口食品的工作；

（七）食品经营者未按规定要求销售食品；

（八）保健食品生产企业未按规定向食品药品监督管理部门备案，或者未按备案的产品配方、生产工艺等技术要求组织生产；

（九）婴幼儿配方食品生产企业未将食品原料、食品添加剂、产品配方、标签等向食品药品监督管理部门备案；

（十）特殊食品生产企业未按规定建立生产质量管理体系并有效运行，或者未定期提交自查报告；

（十一）食品生产经营者未定期对食品安全状况进行检查评价，或者生产经营条件发生变化，未按规定处理；

（十二）学校、托幼机构、养老机构、建筑工地等集中用餐单位未按规定履行食品安全管理责任；

（十三）食品生产企业、餐饮服务提供者未按规定制定、实施生产经营过程控制要求。

餐具、饮具集中消毒服务单位违反本法规定用水，使用洗涤剂、消毒剂，或者出厂的餐具、饮具未按规定检验合格并随附消毒合格证明，或者未按规定在独立包装上标注相关内容的，由县级以上人民政府卫生行政部门依照前款规定给予处罚。

食品相关产品生产者未按规定对生产的食品相关产品进行检验的，由县级以上人民政府质量监督部门依照第一款规定给予处罚。

食用农产品销售者违反本法第六十五条规定的，由县级以上人民政府食品药品监督管理部门依照第一款规定给予处罚。

第一百二十七条 对食品生产加工小作坊、食品摊贩等的违法行为的处罚，依照省、自治区、直辖市制定的具体管理办法执行。

第一百二十八条 违反本法规定，事故单位在发生食品安全事故后未进行处置、报告的，由有关主管部门按照各自职责分工责令改正，给予警告；隐匿、伪造、毁灭有关证据的，责令停产停业，没收违法所得，并处十万元以上五十万元以下罚款；造成严重后果的，吊销许可证。

第一百二十九条 违反本法规定，有下列情形之一的，由出入境检验检疫机构依照本法第一百二十四条的规定给予处罚：

（一）提供虚假材料，进口不符合我国食品安全国家标准的食品、食品添加剂、食品相关产品；

（二）进口尚无食品安全国家标准的食品，未提交所执行的标准并经国务院卫生行政部门审查，或者进口利用新的食品原料生产的食品或者进口食品添加剂新品种、食品相关产品新品种，未通过安全性评估；

（三）未遵守本法的规定出口食品；

（四）进口商在有关主管部门责令其依照本法规定召回进口的食品后，仍拒不召回。

违反本法规定，进口商未建立并遵守食品、食品添加剂进口和销售记录制度、境外出口商或者生产企业审核制度的，由出入境检验检疫机构依照本法第一百二十六条的规定给予处罚。

第一百三十条 违反本法规定，集中交易市场的开办者、柜台出租者、展销会的举办者允许未依法取得许可的食品经营者进入市场销售食品，或者未履行检查、报告等义务的，由县级以上人民政府食品药品监督管理部门责令改正，没收违法所得，并处五万元以上二十万元以下罚款；造成严重后果的，责令停业，直至由原发证部门吊销许可证；使消费者的合法权益受到损害的，应当与食品经营者承担连带责任。

食用农产品批发市场违反本法第六十四条规定的，依照前款规定承担责任。

第一百三十一条 违反本法规定，网络食品交易第三方平台提供者未对入网食品经营者进行实名登记、审查许可证，或者未履行报告、停止提供网络交易平台服务等义务的，由县级以上人民政府食品药品监督管理部门责令改正，没收违法所得，并处五万元以上二十万元以下罚款；造成严重后果的，责令停业，直至由原发证部门吊销许可证；使消费者的合法权益受到损害的，应当与食品经营者承担连带责任。

消费者通过网络食品交易第三方平台购买食品，其合法权益受到损害的，可以向入网食品经营者或者食品生产者要求赔偿。网络食品交易第三方平台提供者不能提供入网食品经营者的真实名称、地址和有效联系方式的，由网络食品交易第三方平台提供者赔偿。网络食品交易第三方平台提供者赔偿后，有权向入网食品经营者或者食品生产者追偿。网络食品交易第三方平台提供者作出更有利于消费者承诺的，应当履行其承诺。

第一百三十二条 违反本法规定，未按要求进行食品贮存、运输和装卸的，由县级以上人民政府食品药品监督管理等部门按照各自职责分工责令改正，给予警告；拒不改正的，责令停产停业，并处一万元以上五万元以下罚款；情节严重的，吊销许可证。

第一百三十三条 违反本法规定，拒绝、阻挠、干涉有关部门、机构及其工作人员依法开展食品安全监督检查、事故调查处理、风险监测和风险评估的，由有关主管部门按照各自职责分工责令停产停业，并处二千元以上五万元以下罚款；情节严重的，吊销许可证；构成违反治安管理行为的，由公安机关依法给予治安管理处罚。

违反本法规定，对举报人以解除、变更劳动合同或者其他方式打击报复的，应当依照有关法律的规定承担责任。

第一百三十四条 食品生产经营者在一年内累计三次因违反本法规定受到责令停产停业、吊销许可证以外处罚的，由食品药品监督管理部门责令停产停业，直至吊销许可证。

第一百三十五条 被吊销许可证的食品生产经营者及其法定代表人、直接负责的主管人员和其他直接责任人员自处罚决定作出之日起五年内不得申请食品生产经营许可，或者从事食品生产经营管理工作、担任食品生产经营企业食品安全管理人员。

因食品安全犯罪被判处有期徒刑以上刑罚的，终身不得从事食品生产经营管理工作，也不得担任食品生产经营企业食品安全管理人员。

食品生产经营者聘用人员违反前两款规定的，由县级以上人民政府食品药品监督管理部门吊销许可证。

第一百三十六条 食品经营者履行了本法规定的进货查验等义务，有充分证据证明其不知道所采购的食品不符合食品安全标准，并能如实说明其进货来源的，可以免予处罚，但应当依法没收其不符合食品安全标准的食品；造成人身、财产或者其他损害的，依法承担赔偿责任。

第一百三十七条 违反本法规定，承担食品安全风险监测、风险评估工作的技术机构、技术人员提供虚假监测、评估信息的，依法对技术机构直接负责的主管人员和技术人员给予撤职、开除处分；有执业资格的，由授予其资格的主管部门吊销执业证书。

第一百三十八条 违反本法规定，食品检验机构、食品检验人员出具虚假检验报告的，由授予其资质的主管部门或者机构撤销该食品检验机构的检验资质，没收所收取的检验费用，并处检验费用五倍以上十倍以下罚款，检验费用不足一万元的，并处五万元以上十万元以下罚款；依法对食品检验机构直接负责的主管人员和食品检验人员给予撤职或者开除处分；导致发生重大食品安全事故的，对直接负责的主管人员和食品检验人员给予开除处分。

违反本法规定，受到开除处分的食品检验机构人员，自处分决定作出之日起十年内不得从事食品检验工作；因食品安全违法行为受到刑事处罚或者因出具虚假检验报告导致发生重大食品安全事故受到开除处分的食品检验机构人员，终身不得从事食品检验工作。食品检验机构聘用不得从事食品检验工作的人员的，由授予其资质的主管部门或者机构撤销该食品检验机构的检验资质。

食品检验机构出具虚假检验报告，使消费者的合法权益受到损害的，应当与食品生产经营者承担连带责任。

第一百三十九条 违反本法规定，认证机构出具虚假认证结论，由认证认可监督管理部门没收所收取的认证费用，并处认证费用五倍以上十倍以下罚款，认证费用不足一万元的，并处五万元以上十万元以下罚款；情节严重的，责令停业，直至撤销认证机构批准文件，并向社会公布；对直接负责的主管人员和负有直接责任的认证人员，撤销其执业资格。

认证机构出具虚假认证结论，使消费者的合法权益受到损害的，应当与食品生产经营者承担连带责任。

第一百四十条 违反本法规定，在广告中对食品作虚假宣传，欺骗消费者，或者发布未取得批准文件、广告内容与批准文件不一致的保健食品广告的，依照《中华人民共和国广告法》的规定给予处罚。

广告经营者、发布者设计、制作、发布虚假食品广告，使消费者的合法权益受到损害的，应当与食品生产经营者承担连带责任。

社会团体或者其他组织、个人在虚假广告或者其他虚假宣传中向消费者推荐食品，使消费者的合法权益受到损害的，应当与食品生产经营者承担连带责任。

违反本法规定，食品药品监督管理等部门、食品检验机构、食品行业协会以广告或者其他形式向消费者推荐食品，消费者组织以收取费用或者其他牟取利益的方式向消费者推荐食品的，由有关主管部门没收违法所得，依法对直接负责的主管人员和其他直接责任人员给予记大过、降级或者撤职处分；情节严重的，给予开除处分。

对食品作虚假宣传且情节严重的，由省级以上人民政府食品药品监督管理部门决定暂停销售该食品，并向社会公布；仍然销售该食品的，由县级以上人民政府食品药品监督管理部门没收违法所得和违法销售的食品，并处二万元以上五万元以下罚款。

第一百四十一条 违反本法规定，编造、散布虚假食品安全信息，构成违反治安管理行为的，由公安机关依法给予治安管理处罚。

媒体编造、散布虚假食品安全信息的，由有关主管部门依法给予处罚，并对直接负责的主管人员和其他直接责任人员给予处分；使公民、法人或者其他组织的合法权益受到损害的，依法承担消除影响、恢复名誉、赔偿损失、赔礼道歉等民事责任。

第一百四十二条　违反本法规定，县级以上地方人民政府有下列行为之一的，对直接负责的主管人员和其他直接责任人员给予记大过处分；情节较重的，给予降级或者撤职处分；情节严重的，给予开除处分；造成严重后果的，其主要负责人还应当引咎辞职：

（一）对发生在本行政区域内的食品安全事故，未及时组织协调有关部门开展有效处置，造成不良影响或者损失；

（二）对本行政区域内涉及多环节的区域性食品安全问题，未及时组织整治，造成不良影响或者损失；

（三）隐瞒、谎报、缓报食品安全事故；

（四）本行政区域内发生特别重大食品安全事故，或者连续发生重大食品安全事故。

第一百四十三条　违反本法规定，县级以上地方人民政府有下列行为之一的，对直接负责的主管人员和其他直接责任人员给予警告、记过或者记大过处分；造成严重后果的，给予降级或者撤职处分：

（一）未确定有关部门的食品安全监督管理职责，未建立健全食品安全全程监督管理工作机制和信息共享机制，未落实食品安全监督管理责任制；

（二）未制定本行政区域的食品安全事故应急预案，或者发生食品安全事故后未按规定立即成立事故处置指挥机构、启动应急预案。

第一百四十四条　违反本法规定，县级以上人民政府食品药品监督管理、卫生行政、质量监督、农业行政等部门有下列行为之一的，对直接负责的主管人员和其他直接责任人员给予记大过处分；情节较重的，给予降级或者撤职处分；情节严重的，给予开除处分；造成严重后果的，其主要负责人还应当引咎辞职：

（一）隐瞒、谎报、缓报食品安全事故；

（二）未按规定查处食品安全事故，或者接到食品安全事故报告未及时处理，造成事故扩大或者蔓延；

（三）经食品安全风险评估得出食品、食品添加剂、食品相关产品不安全结论后，未及时采取相应措施，造成食品安全事故或者不良社会影响；

（四）对不符合条件的申请人准予许可，或者超越法定职权准予许可；

（五）不履行食品安全监督管理职责，导致发生食品安全事故。

第一百四十五条　违反本法规定，县级以上人民政府食品药品监督管理、卫生行政、质量监督、农业行政等部门有下列行为之一，造成不良后果的，对直接负责的主管人员和其他直接责任人员给予警告、记过或者记大过处分；情节较重的，给予降级或者撤职处分；情节严重的，给予开除处分：

（一）在获知有关食品安全信息后，未按规定向上级主管部门和本级人民政府报告，或者未按规定相互通报；

（二）未按规定公布食品安全信息；

（三）不履行法定职责，对查处食品安全违法行为不配合，或者滥用职权、玩忽职守、徇私舞弊。

第一百四十六条 食品药品监督管理、质量监督等部门在履行食品安全监督管理职责过程中，违法实施检查、强制等执法措施，给生产经营者造成损失的，应当依法予以赔偿，对直接负责的主管人员和其他直接责任人员依法给予处分。

第一百四十七条 违反本法规定，造成人身、财产或者其他损害的，依法承担赔偿责任。生产经营者财产不足以同时承担民事赔偿责任和缴纳罚款、罚金时，先承担民事赔偿责任。

第一百四十八条 消费者因不符合食品安全标准的食品受到损害的，可以向经营者要求赔偿损失，也可以向生产者要求赔偿损失。接到消费者赔偿要求的生产经营者，应当实行首负责任制，先行赔付，不得推诿；属于生产者责任的，经营者赔偿后有权向生产者追偿；属于经营者责任的，生产者赔偿后有权向经营者追偿。

生产不符合食品安全标准的食品或者经营明知是不符合食品安全标准的食品，消费者除要求赔偿损失外，还可以向生产者或者经营者要求支付价款十倍或者损失三倍的赔偿金；增加赔偿的金额不足一千元的，为一千元。但是，食品的标签、说明书存在不影响食品安全且不会对消费者造成误导的瑕疵的除外。

第一百四十九条 违反本法规定，构成犯罪的，依法追究刑事责任。

第十章 附 则

第一百五十条 本法下列用语的含义：

食品，指各种供人食用或者饮用的成品和原料以及按照传统既是食品又是中药材的物品，但是不包括以治疗为目的的物品。

食品安全，指食品无毒、无害，符合应当有的营养要求，对人体健康不造成任何急性、亚急性或者慢性危害。

预包装食品，指预先定量包装或者制作在包装材料、容器中的食品。

食品添加剂，指为改善食品品质和色、香、味以及为防腐、保鲜和加工工艺的需要而加入食品中的人工合成或者天然物质，包括营养强化剂。

用于食品的包装材料和容器，指包装、盛放食品或者食品添加剂用的纸、竹、木、金属、搪瓷、陶瓷、塑料、橡胶、天然纤维、化学纤维、玻璃等制品和直接接触食品或者食品添加剂的涂料。

用于食品生产经营的工具、设备，指在食品或者食品添加剂生产、销售、使用过程中直接接触食品或者食品添加剂的机械、管道、传送带、容器、用具、餐具等。

用于食品的洗涤剂、消毒剂，指直接用于洗涤或者消毒食品、餐具、饮具以及直接接触食品的工具、设备或者食品包装材料和容器的物质。

食品保质期，指食品在标明的贮存条件下保持品质的期限。

食源性疾病，指食品中致病因素进入人体引起的感染性、中毒性等疾病，包括食物中毒。

食品安全事故，指食源性疾病、食品污染等源于食品，对人体健康有危害或者可能有危害的事故。

第一百五十一条 转基因食品和食盐的食品安全管理，本法未作规定的，适用其他法律、行政法规的规定。

第一百五十二条 铁路、民航运营中食品安全的管理办法由国务院食品药品监督管理部门会同国务院有关部门依照本法制定。

保健食品的具体管理办法由国务院食品药品监督管理部门依照本法制定。

食品相关产品生产活动的具体管理办法由国务院质量监督部门依照本法制定。

国境口岸食品的监督管理由出入境检验检疫机构依照本法以及有关法律、行政法规的规定实施。

军队专用食品和自供食品的食品安全管理办法由中央军事委员会依照本法制定。

第一百五十三条 国务院根据实际需要，可以对食品安全监督管理体制作出调整。

第一百五十四条 本法自 2015 年 10 月 1 日起施行。

中华人民共和国食品安全法实施条例

（国务院令第 557 号，2009 年 7 月 8 日国务院第 73 次常务会议通过）

第一章 总 则

第一条 根据《中华人民共和国食品安全法》（以下简称食品安全法），制定本条例。

第二条 县级以上地方人民政府应当履行食品安全法规定的职责；加强食品安全监督管理能力建设，为食品安全监督管理工作提供保障；建立健全食品安全监督管理部门的协调配合机制，整合、完善食品安全信息网络，实现食品安全信息共享和食品检验等技术资源的共享。

第三条 食品生产经营者应当依照法律、法规和食品安全标准从事生产经营活动，建立健全食品安全管理制度，采取有效管理措施，保证食品安全。

食品生产经营者对其生产经营的食品安全负责，对社会和公众负责，承担社会责任。

第四条 食品安全监督管理部门应当依照食品安全法和本条例的规定公布食品安全信息，为公众咨询、投诉、举报提供方便；任何组织和个人有权向有关部门了解食品安全信息。

第二章 食品安全风险监测和评估

第五条 食品安全法第十一条规定的国家食品安全风险监测计划，由国务院卫生行政部门会同国务院质量监督、工商行政管理和国家食品药品监督管理以及国务院商务、工业和信息化等部门，根据食品安全风险评估、食品安全标准制定与修订、食品安全监督管理等工作的需要制定。

第六条 省、自治区、直辖市人民政府卫生行政部门应当组织同级质量监督、工商行政管理、食品药品监督管理、商务、工业和信息化等部门，依照食品安全法第十一条的规定，制定本行政区域的食品安全风险监测方案，报国务院卫生行政部门备案。

国务院卫生行政部门应当将备案情况向国务院质量监督、工商行政管理和国家食品药品监督管理以及国务院商务、工业和信息化等部门通报。

第七条 国务院卫生行政部门会同有关部门除依照食品安全法第十二条的规定对国家食品安全风险监测计划作出调整外，必要时，还应当依据医疗机构报告的有关疾病信息调整国家食品安全风险监测计划。

国家食品安全风险监测计划作出调整后，省、自治区、直辖市人民政府卫生行政部门应当结合本行政区域的具体情况，对本行政区域的食品安全风险监测方案作出相应调整。

第八条 医疗机构发现其接收的病人属于食源性疾病病人、食物中毒病人，或者疑似食源性疾病病人、疑似食物中毒病人的，应当及时向所在地县级人民政府卫生行政部门报告有关疾病信息。

接到报告的卫生行政部门应当汇总、分析有关疾病信息，及时向本级人民政府报告，同时报告上级卫生行政部门；必要时，可以直接向国务院卫生行政部门报告，同时报告本级人民政府和上级卫生行政部门。

第九条 食品安全风险监测工作由省级以上人民政府卫生行政部门会同同级质量监督、工商行政管理、食品药品监督管理等部门确定的技术机构承担。

承担食品安全风险监测工作的技术机构应当根据食品安全风险监测计划和监测方案开展监测工作，保证监测数据真实、准确，并按照食品安全风险监测计划和监测方案的要求，将监测数据和分析结果报送省级以上人民政府卫生行政部门和下达监测任务的部门。

食品安全风险监测工作人员采集样品、收集相关数据，可以进入相关食用农产品种植养殖、食品生产、食品流通或者餐饮服务场所。采集样品，应当按照市场价格支付费用。

第十条 食品安全风险监测分析结果表明可能存在食品安全隐患的，省、自治区、直辖市人民政府卫生行政部门应当及时将相关信息通报本行政区域设区的市级和县级人民政府及其卫生行政部门。

第十一条 国务院卫生行政部门应当收集、汇总食品安全风险监测数据和分析结果，并向国务院质量监督、工商行政管理和国家食品药品监督管理以及国务院商务、工业和信息化等部门通报。

第十二条 有下列情形之一的，国务院卫生行政部门应当组织食品安全风险评估工作：

（一）为制定或者修订食品安全国家标准提供科学依据需要进行风险评估的；

（二）为确定监督管理的重点领域、重点品种需要进行风险评估的；

（三）发现新的可能危害食品安全的因素的；

（四）需要判断某一因素是否构成食品安全隐患的；

（五）国务院卫生行政部门认为需要进行风险评估的其他情形。

第十三条 国务院农业行政、质量监督、工商行政管理和国家食品药品监督管理等有关部门依照食品安全法第十五条规定向国务院卫生行政部门提出食品安全风险评估建议，应当提供下列信息和资料：

（一）风险的来源和性质；

（二）相关检验数据和结论；

（三）风险涉及范围；

（四）其他有关信息和资料。

县级以上地方农业行政、质量监督、工商行政管理、食品药品监督管理等有关部门应当协助收集前款规定的食品安全风险评估信息和资料。

第十四条 省级以上人民政府卫生行政、农业行政部门应当及时相互通报食品安全风险监测和食用农产品质量安全风险监测的相关信息。

国务院卫生行政、农业行政部门应当及时相互通报食品安全风险评估结果和食用农产品质量安全风险评估结果等相关信息。

第三章 食品安全标准

第十五条 国务院卫生行政部门会同国务院农业行政、质量监督、工商行政管理和国家食品药品监督管理以及国务院商务、工业和信息化等部门制定食品安全国家标准规划及其实施计划。制定食品安全国家标准规划及其实施计划，应当公开征求意见。

第十六条 国务院卫生行政部门应当选择具备相应技术能力的单位起草食品安全国家标准草案。提倡由研究机构、教育机构、学术团体、行业协会等单位，共同起草食品安全国家标准草案。

国务院卫生行政部门应当将食品安全国家标准草案向社会公布，公开征求意见。

第十七条 食品安全法第二十三条规定的食品安全国家标准审评委员会由国务院卫生行政部门负责组织。

食品安全国家标准审评委员会负责审查食品安全国家标准草案的科学性和实用性等内容。

第十八条 省、自治区、直辖市人民政府卫生行政部门应当将企业依照食品安全法第二十五条规定报送备案的企业标准，向同级农业行政、质量监督、工商行政管理、食品药品监督管理、商务、工业和信息化等部门通报。

第十九条 国务院卫生行政部门和省、自治区、直辖市人民政府卫生行政部门应当会同同级农业行政、质量监督、工商行政管理、食品药品监督管理、商务、工业和信息化等部门，对食品安全国家标准和食品安全地方标准的执行情况分别进行跟踪评价，并应当根据评价结果适时组织修订食品安全标准。

国务院和省、自治区、直辖市人民政府的农业行政、质量监督、工商行政管理、食品药品监督管理、商务、工业和信息化等部门应当收集、汇总食品安全标准在执行过程中存在的问题，并及时向同级卫生行政部门通报。

食品生产经营者、食品行业协会发现食品安全标准在执行过程中存在问题的，应当立即向食品安全监督管理部门报告。

第四章　食品生产经营

第二十条 设立食品生产企业，应当预先核准企业名称，依照食品安全法的规定取得食品生产许可后，办理工商登记。县级以上质量监督管理部门依照有关法律、行政法规规定审核相关资料、核查生产场所、检验相关产品；对相关资料、场所符合规定要求以及相关产品符合食品安全标准或者要求的，应当作出准予许可的决定。

其他食品生产经营者应当在依法取得相应的食品生产许可、食品流通许可、餐饮服务许可后，办理工商登记。法律、法规对食品生产加工小作坊和食品摊贩另有规定的，依照其规定。

食品生产许可、食品流通许可和餐饮服务许可的有效期为3年。

第二十一条 食品生产经营者的生产经营条件发生变化，不符合食品生产经营要求的，食品生产经营者应当立即采取整改措施；有发生食品安全事故的潜在风险的，应当立即停止食品生产经营活动，并向所在地县级质量监督、工商行政管理或者食品药品监督管理部门报告；需要重新办理许可手续的，应当依法办理。

县级以上质量监督、工商行政管理、食品药品监督管理部门应当加强对食品生产经营者生产经营活动的日常监督检查；发现不符合食品生产经营要求情形的，应当责令立即纠正，并依法予以处理；不再符合生产经营许可条件的，应当依法撤销相关许可。

第二十二条　食品生产经营企业应当依照食品安全法第三十二条的规定组织职工参加食品安全知识培训，学习食品安全法律、法规、规章、标准和其他食品安全知识，并建立培训档案。

第二十三条　食品生产经营者应当依照食品安全法第三十四条的规定建立并执行从业人员健康检查制度和健康档案制度。从事接触直接入口食品工作的人员患有痢疾、伤寒、甲型病毒性肝炎、戊型病毒性肝炎等消化道传染病，以及患有活动性肺结核、化脓性或者渗出性皮肤病等有碍食品安全的疾病的，食品生产经营者应当将其调整到其他不影响食品安全的工作岗位。

食品生产经营人员依照食品安全法第三十四条第二款规定进行健康检查，其检查项目等事项应当符合所在地省、自治区、直辖市的规定。

第二十四条　食品生产经营企业应当依照食品安全法第三十六条第二款、第三十七条第一款、第三十九条第二款的规定建立进货查验记录制度、食品出厂检验记录制度，如实记录法律规定记录的事项，或者保留载有相关信息的进货或者销售票据。记录、票据的保存期限不得少于 2 年。

第二十五条　实行集中统一采购原料的集团性食品生产企业，可以由企业总部统一查验供货者的许可证和产品合格证明文件，进行进货查验记录；对无法提供合格证明文件的食品原料，应当依照食品安全标准进行检验。

第二十六条　食品生产企业应当建立并执行原料验收、生产过程安全管理、贮存管理、设备管理、不合格产品管理等食品安全管理制度，不断完善食品安全保障体系，保证食品安全。

第二十七条　食品生产企业应当就下列事项制定并实施控制要求，保证出厂的食品符合食品安全标准：

（一）原料采购、原料验收、投料等原料控制；

（二）生产工序、设备、贮存、包装等生产关键环节控制；

（三）原料检验、半成品检验、成品出厂检验等检验控制；

（四）运输、交付控制。

食品生产过程中有不符合控制要求情形的，食品生产企业应当立即查明原因并采取整改措施。

第二十八条　食品生产企业除依照食品安全法第三十六条、第三十七条规定进行进货查验记录和食品出厂检验记录外，还应当如实记录食品生产过程的安全管理情况。记录的保存期限不得少于 2 年。

第二十九条　从事食品批发业务的经营企业销售食品，应当如实记录批发食品的名称、规格、数量、生产批号、保质期、购货者名称及联系方式、销售日期等内容，或者保留载有相关信息的销售票据。记录、票据的保存期限不得少于 2 年。

第三十条　国家鼓励食品生产经营者采用先进技术手段，记录食品安全法和本条例要求记录的事项。

第三十一条　餐饮服务提供者应当制定并实施原料采购控制要求，确保所购原料符合食品安全标准。

餐饮服务提供者在制作加工过程中应当检查待加工的食品及原料，发现有腐败变质或者其他感官性状异常的，不得加工或者使用。

第三十二条　餐饮服务提供企业应当定期维护食品加工、贮存、陈列等设施、设备；定期清洗、校验保温设施及冷藏、冷冻设施。

餐饮服务提供者应当按照要求对餐具、饮具进行清洗、消毒，不得使用未经清洗和消毒的餐具、饮具。

第三十三条 对依照食品安全法第五十三条规定被召回的食品，食品生产者应当进行无害化处理或者予以销毁，防止其再次流入市场。对因标签、标识或者说明书不符合食品安全标准而被召回的食品，食品生产者在采取补救措施且能保证食品安全的情况下可以继续销售；销售时应当向消费者明示补救措施。

县级以上质量监督、工商行政管理、食品药品监督管理部门应当将食品生产者召回不符合食品安全标准的食品的情况，以及食品经营者停止经营不符合食品安全标准的食品的情况，记入食品生产经营者食品安全信用档案。

第五章　食品检验

第三十四条 申请人依照食品安全法第六十条第三款规定向承担复检工作的食品检验机构（以下称复检机构）申请复检，应当说明理由。

复检机构名录由国务院认证认可监督管理、卫生行政、农业行政等部门共同公布。复检机构出具的复检结论为最终检验结论。

复检机构由复检申请人自行选择。复检机构与初检机构不得为同一机构。

第三十五条 食品生产经营者对依照食品安全法第六十条规定进行的抽样检验结论有异议申请复检，复检结论表明食品合格的，复检费用由抽样检验的部门承担；复检结论表明食品不合格的，复检费用由食品生产经营者承担。

第六章　食品进出口

第三十六条 进口食品的进口商应当持合同、发票、装箱单、提单等必要的凭证和相关批准文件，向海关报关地的出入境检验检疫机构报检。进口食品应当经出入境检验检疫机构检验合格。海关凭出入境检验检疫机构签发的通关证明放行。

第三十七条 进口尚无食品安全国家标准的食品，或者首次进口食品添加剂新品种、食品相关产品新品种，进口商应当向出入境检验检疫机构提交依照食品安全法第六十三条规定取得的许可证明文件，出入境检验检疫机构应当按照国务院卫生行政部门的要求进行检验。

第三十八条 国家出入境检验检疫部门在进口食品中发现食品安全国家标准未规定且可能危害人体健康的物质，应当按照食品安全法第十二条的规定向国务院卫生行政部门通报。

第三十九条 向我国境内出口食品的境外食品生产企业依照食品安全法第六十五条规定进行注册，其注册有效期为4年。已经注册的境外食品生产企业提供虚假材料，或者因境外食品生产企业的原因致使相关进口食品发生重大食品安全事故的，国家出入境检验检疫部门应当撤销注册，并予以公告。

第四十条 进口的食品添加剂应当有中文标签、中文说明书。标签、说明书应当符合食品安全法和我国其他有关法律、行政法规的规定以及食品安全国家标准的要求，载明食品添加剂的原产地和境内代理商的名称、地址、联系方式。食品添加剂没有中文标签、中文说明书或者标签、说明书不符合本条规定的，不得进口。

第四十一条　出入境检验检疫机构依照食品安全法第六十二条规定对进口食品实施检验，依照食品安全法第六十八条规定对出口食品实施监督、抽检，具体办法由国家出入境检验检疫部门制定。

第四十二条　国家出入境检验检疫部门应当建立信息收集网络，依照食品安全法第六十九条的规定，收集、汇总、通报下列信息：

（一）出入境检验检疫机构对进出口食品实施检验检疫发现的食品安全信息；

（二）行业协会、消费者反映的进口食品安全信息；

（三）国际组织、境外政府机构发布的食品安全信息、风险预警信息，以及境外行业协会等组织、消费者反映的食品安全信息；

（四）其他食品安全信息。

接到通报的部门必要时应当采取相应处理措施。

食品安全监督管理部门应当及时将获知的涉及进出口食品安全的信息向国家出入境检验检疫部门通报。

第七章　食品安全事故处置

第四十三条　发生食品安全事故的单位对导致或者可能导致食品安全事故的食品及原料、工具、设备等，应当立即采取封存等控制措施，并自事故发生之时起2小时内向所在地县级人民政府卫生行政部门报告。

第四十四条　调查食品安全事故，应当坚持实事求是、尊重科学的原则，及时、准确查清事故性质和原因，认定事故责任，提出整改措施。

参与食品安全事故调查的部门应当在卫生行政部门的统一组织协调下分工协作、相互配合，提高事故调查处理的工作效率。

食品安全事故的调查处理办法由国务院卫生行政部门会同国务院有关部门制定。

第四十五条　参与食品安全事故调查的部门有权向有关单位和个人了解与事故有关的情况，并要求提供相关资料和样品。

有关单位和个人应当配合食品安全事故调查处理工作，按照要求提供相关资料和样品，不得拒绝。

第四十六条　任何单位或者个人不得阻挠、干涉食品安全事故的调查处理。

第八章　监督管理

第四十七条　县级以上地方人民政府依照食品安全法第七十六条规定制定的食品安全年度监督管理计划，应当包含食品抽样检验的内容。对专供婴幼儿、老年人、病人等特定人群的主辅食品，应当重点加强抽样检验。

县级以上农业行政、质量监督、工商行政管理、食品药品监督管理部门应当按照食品安全年度监督管理计划进行抽样检验。抽样检验购买样品所需费用和检验费等，由同级财政列支。

第四十八条 县级人民政府应当统一组织、协调本级卫生行政、农业行政、质量监督、工商行政管理、食品药品监督管理部门，依法对本行政区域内的食品生产经营者进行监督管理；对发生食品安全事故风险较高的食品生产经营者，应当重点加强监督管理。

在国务院卫生行政部门公布食品安全风险警示信息，或者接到所在地省、自治区、直辖市人民政府卫生行政部门依照本条例第十条规定通报的食品安全风险监测信息后，设区的市级和县级人民政府应当立即组织本级卫生行政、农业行政、质量监督、工商行政管理、食品药品监督管理部门采取有针对性的措施，防止发生食品安全事故。

第四十九条 国务院卫生行政部门应当根据疾病信息和监督管理信息等，对发现的添加或者可能添加到食品中的非食品用化学物质和其他可能危害人体健康的物质的名录及检测方法予以公布；国务院质量监督、工商行政管理和国家食品药品监督管理部门应当采取相应的监督管理措施。

第五十条 质量监督、工商行政管理、食品药品监督管理部门在食品安全监督管理工作中可以采用国务院质量监督、工商行政管理和国家食品药品监督管理部门认定的快速检测方法对食品进行初步筛查；对初步筛查结果表明可能不符合食品安全标准的食品，应当依照食品安全法第六十条第三款的规定进行检验。初步筛查结果不得作为执法依据。

第五十一条 食品安全法第八十二条第二款规定的食品安全日常监督管理信息包括：

（一）依照食品安全法实施行政许可的情况；

（二）责令停止生产经营的食品、食品添加剂、食品相关产品的名录；

（三）查处食品生产经营违法行为的情况；

（四）专项检查整治工作情况；

（五）法律、行政法规规定的其他食品安全日常监督管理信息。

前款规定的信息涉及两个以上食品安全监督管理部门职责的，由相关部门联合公布。

第五十二条 食品安全监督管理部门依照食品安全法第八十二条规定公布信息，应当同时对有关食品可能产生的危害进行解释、说明。

第五十三条 卫生行政、农业行政、质量监督、工商行政管理、食品药品监督管理等部门应当公布本单位的电子邮件地址或者电话，接受咨询、投诉、举报；对接到的咨询、投诉、举报，应当依照食品安全法第八十条的规定进行答复、核实、处理，并对咨询、投诉、举报和答复、核实、处理的情况予以记录、保存。

第五十四条 国务院工业和信息化、商务等部门依据职责制定食品行业的发展规划和产业政策，采取措施推进产业结构优化，加强对食品行业诚信体系建设的指导，促进食品行业健康发展。

第九章 法律责任

第五十五条 食品生产经营者的生产经营条件发生变化，未依照本条例第二十一条规定处理的，由有关主管部门责令改正，给予警告；造成严重后果的，依照食品安全法第八十五条的规定给予处罚。

第五十六条　餐饮服务提供者未依照本条例第三十一条第一款规定制定、实施原料采购控制要求的，依照食品安全法第八十六条的规定给予处罚。

餐饮服务提供者未依照本条例第三十一条第二款规定检查待加工的食品及原料，或者发现有腐败变质或者其他感官性状异常仍加工、使用的，依照食品安全法第八十五条的规定给予处罚。

第五十七条　有下列情形之一的，依照食品安全法第八十七条的规定给予处罚：

（一）食品生产企业未依照本条例第二十六条规定建立、执行食品安全管理制度的；

（二）食品生产企业未依照本条例第二十七条规定制定、实施生产过程控制要求，或者食品生产过程中有不符合控制要求的情形未依照规定采取整改措施的；

（三）食品生产企业未依照本条例第二十八条规定记录食品生产过程的安全管理情况并保存相关记录的；

（四）从事食品批发业务的经营企业未依照本条例第二十九条规定记录、保存销售信息或者保留销售票据的；

（五）餐饮服务提供企业未依照本条例第三十二条第一款规定定期维护、清洗、校验设施、设备的；

（六）餐饮服务提供者未依照本条例第三十二条第二款规定对餐具、饮具进行清洗、消毒，或者使用未经清洗和消毒的餐具、饮具的。

第五十八条　进口不符合本条例第四十条规定的食品添加剂的，由出入境检验检疫机构没收违法进口的食品添加剂；违法进口的食品添加剂货值金额不足 1 万元的，并处 2000 元以上 5 万元以下罚款；货值金额 1 万元以上的，并处货值金额 2 倍以上 5 倍以下罚款。

第五十九条　医疗机构未依照本条例第八条规定报告有关疾病信息的，由卫生行政部门责令改正，给予警告。

第六十条　发生食品安全事故的单位未依照本条例第四十三条规定采取措施并报告的，依照食品安全法第八十八条的规定给予处罚。

第六十一条　县级以上地方人民政府不履行食品安全监督管理法定职责，本行政区域出现重大食品安全事故、造成严重社会影响的，依法对直接负责的主管人员和其他直接责任人员给予记大过、降级、撤职或者开除的处分。

县级以上卫生行政、农业行政、质量监督、工商行政管理、食品药品监督管理部门或者其他有关行政部门不履行食品安全监督管理法定职责、日常监督检查不到位或者滥用职权、玩忽职守、徇私舞弊的，依法对直接负责的主管人员和其他直接责任人员给予记大过或者降级的处分；造成严重后果的，给予撤职或者开除的处分；其主要负责人应当引咎辞职。

第十章　附　　则

第六十二条　本条例下列用语的含义：

食品安全风险评估，指对食品、食品添加剂中生物性、化学性和物理性危害对人体健康可能造成的不良影响所进行的科学评估，包括危害识别、危害特征描述、暴露评估、风险特征描述等。

餐饮服务，指通过即时制作加工、商业销售和服务性劳动等，向消费者提供食品和消费场所及设施的服务活动。

第六十三条 食用农产品质量安全风险监测和风险评估由县级以上人民政府农业行政部门依照《中华人民共和国农产品质量安全法》的规定进行。

国境口岸食品的监督管理由出入境检验检疫机构依照食品安全法和本条例以及有关法律、行政法规的规定实施。

食品药品监督管理部门对声称具有特定保健功能的食品实行严格监管，具体办法由国务院另行制定。

第六十四条 本条例自公布之日起施行。

中华人民共和国进出境动植物检疫法

（根据 2009 年中华人民共和国第十一届全国人民代表大会常务委员会第十次会议《全国人民代表大会常务委员会关于修改部分法律的决定》进行修正）

第一章　总　　则

第一条　为防止动物传染病、寄生虫病和植物危险性病、虫、杂草以及其他有害生物（以下简称病虫害）传入、传出国境，保护农、林、牧、渔业生产和人体健康，促进对外经济贸易的发展，制定本法。

第二条　进出境的动植物、动植物产品和其他检疫物，装载动植物、动植物产品和其他检疫物的装载容器、包装物，以及来自动植物疫区的运输工具，依照本法规定实施检疫。

第三条　国务院设立动植物检疫机关（以下简称国家动植物检疫机关），统一管理全国进出境动植物检疫工作。国家动植物检疫机关在对外开放的口岸和进出境动植物检疫业务集中的地点设立的口岸动植物检疫机关，依照本法规定实施进出境动植物检疫。

贸易性动物产品出境的检疫机关，由国务院根据情况规定。

国务院农业行政主管部门主管全国进出境动植物检疫工作。

第四条　口岸动植物检疫机关在实施检疫时可以行使下列职权：

（一）依照本法规定登船、登车、登机实施检疫；

（二）进入港口、机场、车站、邮局以及检疫物的存放、加工、养殖、种植场所实施检疫，并依照规定采样；

（三）根据检疫需要，进入有关生产、仓库等场所，进行疫情监测、调查和检疫监督管理；

（四）查阅、复制、摘录与检疫物有关的运行日志、货运单、合同、发票及其他单证。

第五条　国家禁止下列各物进境：

（一）动植物病原体（包括菌种、毒种等）、害虫及其他有害生物；

（二）动植物疫情流行的国家和地区的有关动植物、动植物产品和其他检疫物；

（三）动物尸体；

（四）土壤。

口岸动植物检疫机关发现有前款规定的禁止进境物的，作退回或者销毁处理。

因科学研究等特殊需要引进本条第一款规定的禁止进境物的，必须事先提出申请，经国家动植物检疫机关批准。

本条第一款第二项规定的禁止进境物的名录，由国务院农业行政主管部门制定并公布。

第六条 国外发生重大动植物疫情并可能传入中国时，国务院应当采取紧急预防措施，必要时可以下令禁止来自动植物疫区的运输工具进境或者封锁有关口岸；受动植物疫情威胁地区的地方人民政府和有关口岸动植物检疫机关，应当立即采取紧急措施，同时向上级人民政府和国家动植物检疫机关报告。

邮电、运输部门对重大动植物疫情报告和送检材料应当优先传送。

第七条 国家动植物检疫机关和口岸动植物检疫机关对进出境动植物、动植物产品的生产、加工、存放过程，实行检疫监督制度。

第八条 口岸动植物检疫机关在港口、机场、车站、邮局执行检疫任务时，海关、交通、民航、铁路、邮电等有关部门应当配合。

第九条 动植物检疫机关检疫人员必须忠于职守，秉公执法。

动植物检疫机关检疫人员依法执行公务，任何单位和个人不得阻挠。

第二章 进境检疫

第十条 输入动物、动物产品、植物种子、种苗及其他繁殖材料的，必须事先提出申请，办理检疫审批手续。

第十一条 通过贸易、科技合作、交换、赠送、援助等方式输入动植物、动植物产品和其他检疫物的，应当在合同或者协议中订明中国法定的检疫要求，并订明必须附有输出国家或者地区政府动植物检疫机关出具的检疫证书。

第十二条 货主或者其代理人应当在动植物、动植物产品和其他检疫物进境前或者进境时持输出国家或者地区的检疫证书、贸易合同等单证，向进境口岸动植物检疫机关报检。

第十三条 装载动物的运输工具抵达口岸时，口岸动植物检疫机关应当采取现场预防措施，对上下运输工具或者接近动物的人员、装载动物的运输工具和被污染的场地作防疫消毒处理。

第十四条 输入动植物、动植物产品和其他检疫物，应当在进境口岸实施检疫。未经口岸动植物检疫机关同意，不得卸离运输工具。

输入动植物，需隔离检疫的，在口岸动植物检疫机关指定的隔离场所检疫。

因口岸条件限制等原因，可以由国家动植物检疫机关决定将动植物、动植物产品和其他检疫物运往指定地点检疫。在运输、装卸过程中，货主或者其代理人应当采取防疫措施。指定的存放、加工和隔离饲养或者隔离种植的场所，应当符合动植物检疫和防疫的规定。

第十五条　输入动植物、动植物产品和其他检疫物，经检疫合格的，准予进境；海关凭口岸动植物检疫机关签发的检疫单证或者在报关单上加盖的印章验放。

输入动植物、动植物产品和其他检疫物，需调离海关监管区检疫的，海关凭口岸动植物检疫机关签发的《检疫调离通知单》验放。

第十六条　输入动物，经检疫不合格的，由口岸动植物检疫机关签发《检疫处理通知单》，通知货主或者其代理人作如下处理：

（一）检出一类传染病、寄生虫病的动物，连同其同群动物全群退回或者全群扑杀并销毁尸体；

（二）检出二类传染病、寄生虫病的动物，退回或者扑杀，同群其他动物在隔离场或者其他指定地点隔离观察。

输入动物产品和其他检疫物经检疫不合格的，由口岸动植物检疫机关签发《检疫处理通知单》，通知货主或者其代理人作除害、退回或者销毁处理。经除害处理合格的，准予进境。

第十七条　输入植物、植物产品和其他检疫物，经检疫发现有植物危险性病、虫、杂草的，由口岸动植物检疫机关签发《检疫处理通知单》，通知货主或者其代理人作除害、退回或者销毁处理。经除害处理合格的，准予进境。

第十八条　本法第十六条第一款第一项、第二项所称一类、二类动物传染病、寄生虫病的名录和本法第十七条所称植物危险性病、虫、杂草的名录，由国务院农业行政主管部门制定并公布。

第十九条　输入动植物、动植物产品和其他检疫物，经检疫发现有本法第十八条规定的名录之外，对农、林、牧、渔业有严重危害的其他病虫害的，由口岸动植物检疫机关依照国务院农业行政主管部门的规定，通知货主或者其代理人作除害、退回或者销毁处理。经除害处理合格的，准予进境。

第三章　出境检疫

第二十条　货主或者其代理人在动植物、动植物产品和其他检疫物出境前，向口岸动植物检疫机关报检。

出境前需经隔离检疫的动物，在口岸动植物检疫机关指定的隔离场所检疫。

第二十一条　输出动植物、动植物产品和其他检疫物，由口岸动植物检疫机关实施检疫，经检疫合格或者经除害处理合格的，准予出境；海关凭口岸动植物检疫机关签发的检疫证书或者在报关单上加盖的印章验放。检疫不合格又无有效方法作除害处理的，不准出境。

第二十二条　经检疫合格的动植物、动植物产品和其他检疫物，有下列情形之一的，货主或者其代理人应当重新报检：

（一）更改输入国家或者地区，更改后的输入国家或者地区又有不同检疫要求的；

（二）改换包装或者原未拼装后来拼装的；

（三）超过检疫规定有效期限的。

第四章　过境检疫

第二十三条　要求运输动物过境的，必须事先商得中国国家动植物检疫机关同意，并按照指定的口岸和路线过境。

装载过境动物的运输工具、装载容器、饲料和铺垫材料，必须符合中国动植物检疫的规定。

第二十四条　运输动植物、动植物产品和其他检疫物过境的，由承运人或者押运人持货运单和输出国家或者地区政府动植物检疫机关出具的检疫证书，在进境时向口岸动植物检疫机关报检，出境口岸不再检疫。

第二十五条　过境的动物经检疫合格的，准予过境；发现有本法第十八条规定的名录所列的动物传染病、寄生虫病的，全群动物不准过境。

过境动物的饲料受病虫害污染的，作除害、不准过境或者销毁处理。

过境的动物的尸体、排泄物、铺垫材料及其他废弃物，必须按照动植物检疫机关的规定处理，不得擅自抛弃。

第二十六条　对过境植物、动植物产品和其他检疫物，口岸动植物检疫机关检查运输工具或者包装，经检疫合格的，准予过境；发现有本法第十八条规定的名录所列的病虫害的，作除害处理或者不准过境。

第二十七条　动植物、动植物产品和其他检疫物过境期间，未经动植物检疫机关批准，不得开拆包装或者卸离运输工具。

第五章　携带、邮寄物检疫

第二十八条　携带、邮寄植物种子、种苗及其他繁殖材料进境的，必须事先提出申请，办理检疫审批手续。

第二十九条　禁止携带、邮寄进境的动植物、动植物产品和其他检疫物的名录，由国务院农业行政主管部门制定并公布。

携带、邮寄前款规定的名录所列的动植物、动植物产品和其他检疫物进境的，作退回或者销毁处理。

第三十条　携带本法第二十九条规定的名录以外的动植物、动植物产品和其他检疫物进境的，在进境时向海关申报并接受口岸动植物检疫机关检疫。

携带动物进境的，必须持有输出国家或者地区的检疫证书等证件。

第三十一条　邮寄本法第二十九条规定的名录以外的动植物、动植物产品和其他检疫物进境的，由口岸动植物检疫机关在国际邮件互换局实施检疫，必要时可以取回口岸动植物检疫机关检疫；未经检疫不得运递。

第三十二条　邮寄进境的动植物、动植物产品和其他检疫物，经检疫或者除害处理合格后放行；经检疫不合格又无有效方法作除害处理的，作退回或者销毁处理，并签发《检疫处理通知单》。

第三十三条　携带、邮寄出境的动植物、动植物产品和其他检疫物，物主有检疫要求的，由口岸动植物检疫机关实施检疫。

第六章 运输工具检疫

第三十四条 来自动植物疫区的船舶、飞机、火车抵达口岸时，由口岸动植物检疫机关实施检疫。发现有本法第十八条规定的名录所列的病虫害的，作不准带离运输工具、除害、封存或者销毁处理。

第三十五条 进境的车辆，由口岸动植物检疫机关作防疫消毒处理。

第三十六条 进出境运输工具上的泔水、动植物性废弃物，依照口岸动植物检疫机关的规定处理，不得擅自抛弃。

第三十七条 装载出境的动植物、动植物产品和其他检疫物的运输工具，应当符合动植物检疫和防疫的规定。

第三十八条 进境供拆船用的废旧船舶，由口岸动植物检疫机关实施检疫，发现有本法第十八条规定的名录所列的病虫害的，作除害处理。

第七章 法律责任

第三十九条 违反本法规定，有下列行为之一的，由口岸动植物检疫机关处以罚款：

（一）未报检或者未依法办理检疫审批手续的；

（二）未经口岸动植物检疫机关许可擅自将进境动植物、动植物产品或者其他检疫物卸离运输工具或者运递的；

（三）擅自调离或者处理在口岸动植物检疫机关指定的隔离场所中隔离检疫的动植物的。

第四十条 报检的动植物、动植物产品或者其他检疫物与实际不符的，由口岸动植物检疫机关处以罚款；已取得检疫单证的，予以吊销。

第四十一条 违反本法规定，擅自开拆过境动植物、动植物产品或者其他检疫物的包装的，擅自将过境动植物、动植物产品或者其他检疫物卸离运输工具的，擅自抛弃过境动物的尸体、排泄物、铺垫材料或者其他废弃物的，由动植物检疫机关处以罚款。

第四十二条 违反本法规定，引起重大动植物疫情的，依照刑法有关规定追究刑事责任。

第四十三条 伪造、变造检疫单证、印章、标志、封识，依照刑法有关规定追究刑事责任。

第四十四条 当事人对动植物检疫机关的处罚决定不服的，可以在接到处罚通知之日起十五日内向作出处罚决定的机关的上一级机关申请复议；当事人也可以在接到处罚通知之日起十五日内直接向人民法院起诉。

复议机关应当在接到复议申请之日起六十日内作出复议决定。当事人对复议决定不服的，可以在接到复议决定之日起十五日内向人民法院起诉。复议机关逾期不作出复议决定的，当事人可以在复议期满之日起十五日内向人民法院起诉。

当事人逾期不申请复议也不向人民法院起诉、又不履行处罚决定的，作出处罚决定的机关可以申请人民法院强制执行。

第四十五条 动植物检疫机关检疫人员滥用职权，徇私舞弊，伪造检疫结果，或者玩忽职守，延误检疫出证，构成犯罪的，依法追究刑事责任；不构成犯罪的，给予行政处分。

第八章　附　则

第四十六条　本法下列用语的含义是：

（一）"动物"是指饲养、野生的活动物，如畜、禽、兽、蛇、龟、鱼、虾、蟹、贝、蚕、蜂等；

（二）"动物产品"是指来源于动物未经加工或者虽经加工但仍有可能传播疫病的产品，如生皮张、毛类、肉类、脏器、油脂、动物水产品、奶制品、蛋类、血液、精液、胚胎、骨、蹄、角等；

（三）"植物"是指栽培植物、野生植物及其种子、种苗及其他繁殖材料等；

（四）"植物产品"是指来源于植物未经加工或者虽经加工但仍有可能传播病虫害的产品，如粮食、豆、棉花、油、麻、烟草、籽仁、干果、鲜果、蔬菜、生药材、木材、饲料等；

（五）"其他检疫物"是指动物疫苗、血清、诊断液、动植物性废弃物等。

第四十七条　中华人民共和国缔结或者参加的有关动植物检疫的国际条约与本法有不同规定的，适用该国际条约的规定。但是，中华人民共和国声明保留的条款除外。

第四十八条　口岸动植物检疫机关实施检疫依照规定收费。收费办法由国务院农业行政主管部门会同国务院物价等有关主管部门制定。

第四十九条　国务院根据本法制定实施条例。

第五十条　本法自一九九二年四月一日起施行。一九八二年六月四日国务院发布的《中华人民共和国进出口动植物检疫条例》同时废止。

中华人民共和国进出境动植物检疫法实施条例

（1996 年 12 月 2 日中华人民共和国国务院令第 206 号公布 自 1997 年 1 月 1 日起施行）

第一章 总 则

第一条 根据《中华人民共和国进出境动植物检疫法》（以下简称进出境动植物检疫法）的规定，制定本条例。

第二条 下列各物，依照进出境动植物检疫法和本条例的规定实施检疫：

（一）进境、出境、过境的动植物、动植物产品和其他检疫物；

（二）装载动植物、动植物产品和其他检疫物的装载容器、包装物、铺垫材料；

（三）来自动植物疫区的运输工具；

（四）进境拆解的废旧船舶；

（五）有关法律、行政法规、国际条约规定或者贸易合同约定应当实施进出境动植物检疫的其他货物、物品。

第三条 国务院农业行政主管部门主管全国进出境动植物检疫工作。

中华人民共和国动植物检疫局（以下简称国家动植物检疫局）统一管理全国进出境动植物检疫工作，收集国内外重大动植物疫情，负责国际间进出境动植物检疫的合作与交流。

国家动植物检疫局在对外开放的口岸和进出境动植物检疫业务集中的地点设立的口岸动植物检疫机关，依照进出境动植物检疫法和本条例的规定，实施进出境动植物检疫。

第四条 国（境）外发生重大动植物疫情并可能传入中国时，根据情况采取下列紧急预防措施：

（一）国务院可以对相关边境区域采取控制措施，必要时下令禁止来自动植物疫区的运输工具进境或者封锁有关口岸；

（二）国务院农业行政主管部门可以公布禁止从动植物疫情流行的国家和地区进境的动植物、动植物产品和其他检疫物的名录；

（三）有关口岸动植物检疫机关可以对可能受病虫害污染的本条例第二条所列进境各物采取紧急检疫处理措施；

（四）受动植物疫情威胁地区的地方人民政府可以立即组织有关部门制定并实施应急方案，同时向上级人民政府和国家动植物检疫局报告。

邮电、运输部门对重大动植物疫情报告和送检材料应当优先传送。

第五条 享有外交、领事特权与豁免的外国机构和人员公用或者自用的动植物、动植物产品和其他检疫物进境，应当依照进出境动植物检疫法和本条例的规定实施检疫；口岸动植物检疫机关查验时，应当遵守有关法律的规定。

第六条 海关依法配合口岸动植物检疫机关，对进出境动植物、动植物产品和其他检疫物实行监管。

具体办法由国务院农业行政主管部门会同海关总署制定。

第七条 进出境动植物检疫法所称动植物疫区和动植物疫情流行的国家与地区的名录，由国务院农业行政主管部门确定并公布。

第八条 对贯彻执行进出境动植物检疫法和本条例做出显著成绩的单位和个人，给予奖励。

第二章 检疫审批

第九条 输入动物、动物产品和进出境动植物检疫法第五条第一款所列禁止进境物的检疫审批，由国家动植物检疫局或者其授权的口岸动植物检疫机关负责。

输入植物种子、种苗及其他繁殖材料的检疫审批，由植物检疫条例规定的机关负责。

第十条 符合下列条件的，方可办理进境检疫审批手续：

（一）输出国家或者地区无重大动植物疫情；

（二）符合中国有关动植物检疫法律、法规、规章的规定；

（三）符合中国与输出国家或者地区签订的有关双边检疫协定（含检疫协议、备忘录等，下同）。

第十一条 检疫审批手续应当在贸易合同或者协议签订前办妥。

第十二条 携带、邮寄植物种子、种苗及其他繁殖材料进境的，必须事先提出申请，办理检疫审批手续；因特殊情况无法事先办理的，携带人或者邮寄人应当在口岸补办检疫审批手续，经审批机关同意并经检疫合格后方准进境。

第十三条 要求运输动物过境的，货主或者其代理人必须事先向国家动植物检疫局提出书面申请，提交输出国家或者地区政府动植物检疫机关出具的疫情证明、输入国家或者地区政府动植物检疫机关出具的准许该动物进境的证件，并说明拟过境的路线，国家动植物检疫局审查同意后，签发《动物过境许可证》。

第十四条 因科学研究等特殊需要，引进进出境动植物检疫法第五条第一款所列禁止进境物的，办理禁止进境物特许检疫审批手续时，货主、物主或者其代理人必须提交书面申请，说明其数量、用途、引进方式、进境后的防疫措施，并附具有关口岸动植物检疫机关签署的意见。

第十五条 办理进境检疫审批手续后，有下列情况之一的，货主、物主或者其代理人应当重新申请办理检疫审批手续：

（一）变更进境物的品种或者数量的；

（二）变更输出国家或者地区的；

（三）变更进境口岸的；

（四）超过检疫审批有效期的。

第三章 进境检疫

第十六条 进出境动植物检疫法第十一条所称中国法定的检疫要求，是指中国的法律、行政法规和国务院农业行政主管部门规定的动植物检疫要求。

第十七条　国家对向中国输出动植物产品的国外生产、加工、存放单位，实行注册登记制度。具体办法由国务院农业行政主管部门制定。

第十八条　输入动植物、动植物产品和其他检疫物的，货主或者其代理人应当在进境前或者进境时向进境口岸动植物检疫机关报检。属于调离海关监管区检疫的，运达指定地点时，货主或者其代理人应当通知有关口岸动植物检疫机关。属于转关货物的，货主或者其代理人应当在进境时向进境口岸动植物检疫机关申报；到达指运地时，应当向指运地口岸动植物检疫机关报检。

输入种畜禽及其精液、胚胎的，应当在进境前 30 日报检；输入其他动物的，应当在进境前 15 日报检；输入植物种子、种苗及其他繁殖材料的，应当在进境前 7 日报检。

动植物性包装物、铺垫材料进境时，货主或者其代理人应当及时向口岸动植物检疫机关申报；动植物检疫机关可以根据具体情况对申报物实施检疫。

前款所称动植物性包装物、铺垫材料，是指直接用作包装物、铺垫材料的动物产品和植物、植物产品。

第十九条　向口岸动植物检疫机关报检时，应当填写报检单，并提交输出国家或者地区政府动植物检疫机关出具的检疫证书、产地证书和贸易合同、信用证、发票等单证；依法应当办理检疫审批手续的，还应当提交检疫审批单。无输出国家或者地区政府动植物检疫机关出具的有效检疫证书，或者未依法办理检疫审批手续的，口岸动植物检疫机关可以根据具体情况，作退回或者销毁处理。

第二十条　输入的动植物、动植物产品和其他检疫物运达口岸时，检疫人员可以到运输工具上和货物现场实施检疫，核对货、证是否相符，并可以按照规定采取样品。承运人、货主或者其代理人应当向检疫人员提供装载清单和有关资料。

第二十一条　装载动物的运输工具抵达口岸时，上下运输工具或者接近动物的人员，应当接受口岸动植物检疫机关实施的防疫消毒，并执行其采取的其他现场预防措施。

第二十二条　检疫人员应当按照下列规定实施现场检疫：

（一）动物：检查有无疫病的临床症状。发现疑似感染传染病或者已死亡的动物时，在货主或者押运人的配合下查明情况，立即处理。动物的铺垫材料、剩余饲料和排泄物等，由货主或者其代理人在检疫人员的监督下，作除害处理。

（二）动物产品：检查有无腐败变质现象，容器、包装是否完好。符合要求的，允许卸离运输工具。发现散包、容器破裂的，由货主或者其代理人负责整理完好，方可卸离运输工具。根据情况，对运输工具的有关部位及装载动物产品的容器、外表包装、铺垫材料、被污染场地等进行消毒处理。需要实施实验室检疫的，按照规定采取样品。对易滋生植物害虫或者混藏杂草种子的动物产品，同时实施植物检疫。

（三）植物、植物产品：检查货物和包装物有无病虫害，并按照规定采取样品。发现病虫害并有扩散可能时，及时对该批货物、运输工具和装卸现场采取必要的防疫措施。对来自动物传染病疫区或者易带动物传染病和寄生虫病病原体并用作动物饲料的植物产品，同时实施动物检疫。

（四）动植物性包装物、铺垫材料：检查是否携带病虫害、混藏杂草种子、沾带土壤，并按照规定采取样品。

（五）其他检疫物：检查包装是否完好及是否被病虫害污染。发现破损或者被病虫害污染时，作除害处理。

第二十三条 对船舶、火车装运的大宗动植物产品，应当就地分层检查；限于港口、车站的存放条件，不能就地检查的，经口岸动植物检疫机关同意，也可以边卸载边疏运，将动植物产品运往指定的地点存放。在卸货过程中经检疫发现疫情时，应当立即停止卸货，由货主或者其代理人按照口岸动植物检疫机关的要求，对已卸和未卸货物作除害处理，并采取防止疫情扩散的措施；对被病虫害污染的装卸工具和场地，也应当作除害处理。

第二十四条 输入种用大中家畜的，应当在国家动植物检疫局设立的动物隔离检疫场所隔离检疫45日；输入其他动物的，应当在口岸动植物检疫机关指定的动物隔离检疫场所隔离检疫30日。动物隔离检疫场所管理办法，由国务院农业行政主管部门制定。

第二十五条 进境的同一批动植物产品分港卸货时，口岸动植物检疫机关只对本港卸下的货物进行检疫，先期卸货港的口岸动植物检疫机关应当将检疫及处理情况及时通知其他分卸港的口岸动植物检疫机关；需要对外出证的，由卸毕港的口岸动植物检疫机关汇总后统一出具检疫证书。

在分卸港实施检疫中发现疫情并必须进行船上熏蒸、消毒时，由该分卸港的口岸动植物检疫机关统一出具检疫证书，并及时通知其他分卸港的口岸动植物检疫机关。

第二十六条 对输入的动植物、动植物产品和其他检疫物，按照中国的国家标准、行业标准以及国家动植物检疫局的有关规定实施检疫。

第二十七条 输入动植物、动植物产品和其他检疫物，经检疫合格的，由口岸动植物检疫机关在报关单上加盖印章或者签发《检疫放行通知单》；需要调离进境口岸海关监管区检疫的，由进境口岸动植物检疫机关签发《检疫调离通知单》。货主或者其代理人凭口岸动植物检疫机关在报关单上加盖的印章或者签发的《检疫放行通知单》、《检疫调离通知单》办理报关、运递手续。海关对输入的动植物、动植物产品和其他检疫物，凭口岸动植物检疫机关在报关单上加盖的印章或者签发的《检疫放行通知单》、《检疫调离通知单》验放。运输、邮电部门凭单运递，运递期间国内其他检疫机关不再检疫。

第二十八条 输入动植物、动植物产品和其他检疫物，经检疫不合格的，由口岸动植物检疫机关签发《检疫处理通知单》，通知货主或者其代理人在口岸动植物检疫机关的监督和技术指导下，作除害处理；需要对外索赔的，由口岸动植物检疫机关出具检疫证书。

第二十九条 国家动植物检疫局根据检疫需要，并商输出动植物、动植物产品国家或者地区政府有关机关同意，可以派检疫人员进行预检、监装或者产地疫情调查。

第三十条 海关、边防等部门截获的非法进境的动植物、动植物产品和其他检疫物，应当就近交由口岸动植物检疫机关检疫。

第四章 出境检疫

第三十一条 货主或者其代理人依法办理动植物、动植物产品和其他检疫物的出境报检手续时，应当提供贸易合同或者协议。

第三十二条 对输入国要求中国对向其输出的动植物、动植物产品和其他检疫物的生产、加工、存放单位注册登记的，口岸动植物检疫机关可以实行注册登记，并报国家动植物检疫局备案。

第三十三条 输出动物，出境前需经隔离检疫的，在口岸动植物检疫机关指定的隔离场所检疫。输出植物、动植物产品和其他检疫物的，在仓库或者货场实施检疫；根据需要，也可以在生产、加工过程中实施检疫。

待检出境植物、动植物产品和其他检疫物，应当数量齐全、包装完好、堆放整齐、唛头标记明显。

第三十四条 输出动植物、动植物产品和其他检疫物的检疫依据：

（一）输入国家或者地区和中国有关动植物检疫规定；

（二）双边检疫协定；

（三）贸易合同中订明的检疫要求。

第三十五条 经启运地口岸动植物检疫机关检疫合格的动植物、动植物产品和其他检疫物，运达出境口岸时，按照下列规定办理：

（一）动物应当经出境口岸动植物检疫机关临床检疫或者复检；

（二）植物、动植物产品和其他检疫物从启运地随原运输工具出境的，由出境口岸动植物检疫机关验证放行；改换运输工具出境的，换证放行；

（三）植物、动植物产品和其他检疫物到达出境口岸后拼装的，因变更输入国家或者地区而有不同检疫要求的，或者超过规定的检疫有效期的，应当重新报检。

第三十六条 输出动植物、动植物产品和其他检疫物，经启运地口岸动植物检疫机关检疫合格的，运达出境口岸时，运输、邮电部门凭启运地口岸动植物检疫机关签发的检疫单证运递，国内其他检疫机关不再检疫。

第五章　过境检疫

第三十七条 运输动植物、动植物产品和其他检疫物过境（含转运，下同）的，承运人或者押运人应当持货运单和输出国家或者地区政府动植物检疫机关出具的证书，向进境口岸动植物检疫机关报检；运输动物过境的，还应当同时提交国家动植物检疫局签发的《动物过境许可证》。

第三十八条 过境动物运达进境口岸时，由进境口岸动植物检疫机关对运输工具、容器的外表进行消毒并对动物进行临床检疫，经检疫合格的，准予过境。进境口岸动植物检疫机关可以派检疫人员监运至出境口岸，出境口岸动植物检疫机关不再检疫。

第三十九条 装载过境植物、动植物产品和其他检疫物的运输工具和包装物、装载容器必须完好。经口岸动植物检疫机关检查，发现运输工具或者包装物、装载容器有可能造成途中散漏的，承运人或者押运人应当按照口岸动植物检疫机关的要求，采取密封措施；无法采取密封措施的，不准过境。

第六章　携带、邮寄物检疫

第四十条 携带、邮寄植物种子、种苗及其他繁殖材料进境，未依法办理检疫审批手续的，由口岸动植物检疫机关作退回或者销毁处理。邮件作退回处理的，由口岸动植物检疫机关在邮件及发递单上批注退回原因；邮件作销毁处理的，由口岸动植物检疫机关签发通知单，通知寄件人。

第四十一条 携带动植物、动植物产品和其他检疫物进境的，进境时必须向海关申报并接受口岸动植物检疫机关检疫。海关应当将申报或者查获的动植物、动植物产品和其他检疫物及时交由口岸动植物检疫机关检疫。未经检疫的，不得携带进境。

第四十二条 口岸动植物检疫机关可以在港口、机场、车站的旅客通道、行李提取处等现场进行检查，对可能携带动植物、动植物产品和其他检疫物而未申报的，可以进行查询并抽检其物品，必要时可以开包（箱）检查。

旅客进出境检查现场应当设立动植物检疫台位和标志。

第四十三条 携带动物进境的，必须持有输出动物的国家或者地区政府动植物检疫机关出具的检疫证书，经检疫合格后放行；携带犬、猫等宠物进境的，还必须持有疫苗接种证书。没有检疫证书、疫苗接种证书的，由口岸动植物检疫机关作限期退回或者没收销毁处理。作限期退回处理的，携带人必须在规定的时间内持口岸动植物检疫机关签发的截留凭证，领取并携带出境；逾期不领取的，作自动放弃处理。

携带植物、动植物产品和其他检疫物进境，经现场检疫合格的，当场放行；需要作实验室检疫或者隔离检疫的，由口岸动植物检疫机关签发截留凭证。截留检疫合格的，携带人持截留凭证向口岸动植物检疫机关领回；逾期不领回的，作自动放弃处理。

禁止携带、邮寄进出境动植物检疫法第二十九条规定的名录所列动植物、动植物产品和其他检疫物进境。

第四十四条 邮寄进境的动植物、动植物产品和其他检疫物，由口岸动植物检疫机关在国际邮件互换局（含国际邮件快递公司及其他经营国际邮件的单位，以下简称邮局）实施检疫。邮局应当提供必要的工作条件。

经现场检疫合格的，由口岸动植物检疫机关加盖检疫放行章，交邮局运递。需要作实验室检疫或者隔离检疫的，口岸动植物检疫机关应当向邮局办理交接手续；检疫合格的，加盖检疫放行章，交邮局运递。

第四十五条 携带、邮寄进境的动植物、动植物产品和其他检疫物，经检疫不合格又无有效方法作除害处理的，作退回或者销毁处理，并签发《检疫处理通知单》交携带人、寄件人。

第七章　运输工具检疫

第四十六条 口岸动植物检疫机关对来自动植物疫区的船舶、飞机、火车，可以登船、登机、登车实施现场检疫。有关运输工具负责人应当接受检疫人员的询问并在询问记录上签字，提供运行日志和装载货物的情况，开启舱室接受检疫。

口岸动植物检疫机关应当对前款运输工具可能隐藏病虫害的餐车、配餐间、厨房、储藏室、食品舱等动植物产品存放、使用场所和泔水、动植物性废弃物的存放场所以及集装箱箱体等区域或者部位，实施检疫；必要时，作防疫消毒处理。

第四十七条 来自动植物疫区的船舶、飞机、火车，经检疫发现有进出境动植物检疫法第十八条规定的名录所列病虫害的，必须作熏蒸、消毒或者其他除害处理。发现有禁止进境的动植物、动植物产品和其他检疫物的，必须作封存或者销毁处理；作封存处理的，在中国境内停留或者运行期间，未经口岸动植物检疫机关许可，不得启封动用。对运输工具上的泔水、动植物性废弃物及其存放场所、容器，应当在口岸动植物检疫机关的监督下作除害处理。

第四十八条 来自动植物疫区的进境车辆，由口岸动植物检疫机关作防疫消毒处理。装载进境动植物、动植物产品和其他检疫物的车辆，经检疫发现病虫害的，连同货物一并作除害处理。装运供应香港、澳门地区的动物的回空车辆，实施整车防疫消毒。

第四十九条 进境拆解的废旧船舶，由口岸动植物检疫机关实施检疫。发现病虫害的，在口岸动植物检疫机关监督下作除害处理。发现有禁止进境的动植物、动植物产品和其他检疫物的，在口岸动植物检疫机关的监督下作销毁处理。

第五十条 来自动植物疫区的进境运输工具经检疫或者经消毒处理合格后，运输工具负责人或者其代理人要求出证的，由口岸动植物检疫机关签发《运输工具检疫证书》或者《运输工具消毒证书》。

第五十一条 进境、过境运输工具在中国境内停留期间，交通员工和其他人员不得将所装载的动植物、动植物产品和其他检疫物带离运输工具；需要带离时，应当向口岸动植物检疫机关报检。

第五十二条 装载动物出境的运输工具，装载前应当在口岸动植物检疫机关监督下进行消毒处理。

装载植物、动植物产品和其他检疫物出境的运输工具，应当符合国家有关动植物防疫和检疫的规定。发现危险性病虫害或者超过规定标准的一般性病虫害的，作除害处理后方可装运。

第八章 检疫监督

第五十三条 国家动植物检疫局和口岸动植物检疫机关对进出境动植物、动植物产品的生产、加工、存放过程，实行检疫监督制度。具体办法由国务院农业行政主管部门制定。

第五十四条 进出境动物和植物种子、种苗及其他繁殖材料，需要隔离饲养、隔离种植的，在隔离期间，应当接受口岸动植物检疫机关的检疫监督。

第五十五条 从事进出境动植物检疫熏蒸、消毒处理业务的单位和人员，必须经口岸动植物检疫机关考核合格。

口岸动植物检疫机关对熏蒸、消毒工作进行监督、指导，并负责出具熏蒸、消毒证书。

第五十六条 口岸动植物检疫机关可以根据需要，在机场、港口、车站、仓库、加工厂、农场等生产、加工、存放进出境动植物、动植物产品和其他检疫物的场所实施动植物疫情监测，有关单位应当配合。

未经口岸动植物检疫机关许可，不得移动或者损坏动植物疫情监测器具。

第五十七条 口岸动植物检疫机关根据需要，可以对运载进出境动植物、动植物产品和其他检疫物的运输工具、装载容器加施动植物检疫封识或者标志；未经口岸动植物检疫机关许可，不得开拆或者损毁检疫封识、标志。

动植物检疫封识和标志由国家动植物检疫局统一制发。

第五十八条 进境动植物、动植物产品和其他检疫物，装载动植物、动植物产品和其他检疫物的装载容器、包装物，运往保税区（含保税工厂、保税仓库等）的，在进境口岸依法实施检疫；口岸动植物检疫机关可以根据具体情况实施检疫监督；经加工复运出境的，依照进出境动植物检疫法和本条例有关出境检疫的规定办理。

第九章　法律责任

第五十九条　有下列违法行为之一的，由口岸动植物检疫机关处 5000 元以下的罚款：

（一）未报检或者未依法办理检疫审批手续或者未按检疫审批的规定执行的；

（二）报检的动植物、动植物产品和其他检疫物与实际不符的。

有前款第（二）项所列行为，已取得检疫单证的，予以吊销。

第六十条　有下列违法行为之一的，由口岸动植物检疫机关处 3000 元以上 3 万元以下的罚款：

（一）未经口岸动植物检疫机关许可擅自将进境、过境动植物、动植物产品和其他检疫物卸离运输工具或者运递的；

（二）擅自调离或者处理在口岸动植物检疫机关指定的隔离场所中隔离检疫的动植物的；

（三）擅自开拆过境动植物、动植物产品和其他检疫的包装，或者擅自开拆、损毁动植物检疫封识或者标志的；

（四）擅自抛弃过境动物的尸体、排泄物、铺垫材料或者其他废弃物，或者未按规定处理运输工具上的泔水、动植物性废弃物的。

第六十一条　依照本法第十七条、第三十二条的规定注册登记的生产、加工、存放动植物、动植物产品和其他检疫物的单位，进出境的上述物品经检疫不合格的，除依照本法有关规定作退回、销毁或者除害处理外，情节严重的，由口岸动植物检疫机关注销注册登记。

第六十二条　有下列违法行为之一的，依法追究刑事责任；尚不构成犯罪或者犯罪情节显著轻微依法不需要判处刑罚的，由口岸动植物检疫机关处 2 万元以上 5 万元以下的罚款：

（一）引起重大动植物疫情的；

（二）伪造、变造动植物检疫单证、印章、标志、封识的。

第六十三条　从事进出境动植物检疫熏蒸、消毒处理业务的单位和人员，不按照规定进行熏蒸和消毒处理的，口岸动植物检疫机关可以视情节取消其熏蒸、消毒资格。

第十章　附　　则

第六十四条　进出境动植物检疫法和本条例下列用语的含义：

（一）"植物种子、种苗及其他繁殖材料"，是指栽培、野生的可供繁殖的植物全株或者部分，如植株、苗木（含试管苗）、果实、种子、砧木、接穗、插条、叶片、芽体、块根、块茎、鳞茎、球茎、花粉、细胞培养材料等；

（二）"装载容器"，是指可以多次使用、易受病虫害污染并用于装载进出境货物的容器，如笼、箱、桶、筐等；

（三）"其他有害生物"，是指动物传染病、寄生虫病和植物危险性病、虫、杂草以外的各种为害动植物的生物有机体、病原微生物，以及软体类、啮齿类、螨类、多足虫类动物和危险性病虫的中间寄主、媒介生物等；

（四）"检疫证书"，是指动植物检疫机关出具的关于动植物、动植物产品和其他检疫物健康或者卫生状况的具有法律效力的文件，如《动物检疫证书》、《植物检疫证书》、《动物健康证书》、《兽医卫生证书》、《薰蒸／消毒证书》等。

第六十五条 对进出境动植物、动植物产品和其他检疫物因实施检疫或者按照规定作薰蒸、消毒、退回、销毁等处理所需费用或者招致的损失，由货主、物主或者其代理人承担。

第六十六条 口岸动植物检疫机关依法实施检疫，需要采取样品时，应当出具采样凭单；验余的样品，货主、物主或者其代理人应当在规定的期限内领回；逾期不领回的，由口岸动植物检疫机关按照规定处理。

第六十七条 贸易性动物产品出境的检疫机关，由国务院根据情况规定。

第六十八条 本条例自 1997 年 1 月 1 日起施行。

中华人民共和国行政许可法

（2003 年 8 月 27 日第十届全国人民代表大会常务委员会第四次会议通过）

第一章　总　　则

第一条　为了规范行政许可的设定和实施，保护公民、法人和其他组织的合法权益，维护公共利益和社会秩序，保障和监督行政机关有效实施行政管理，根据宪法，制定本法。

第二条　本法所称行政许可，是指行政机关根据公民、法人或者其他组织的申请，经依法审查，准予其从事特定活动的行为。

第三条　行政许可的设定和实施，适用本法。

有关行政机关对其他机关或者对其直接管理的事业单位的人事、财务、外事等事项的审批，不适用本法。

第四条　设定和实施行政许可，应当依照法定的权限、范围、条件和程序。

第五条　设定和实施行政许可，应当遵循公开、公平、公正的原则。

有关行政许可的规定应当公布；未经公布的，不得作为实施行政许可的依据。行政许可的实施和结果，除涉及国家秘密、商业秘密或者个人隐私的外，应当公开。

符合法定条件、标准的，申请人有依法取得行政许可的平等权利，行政机关不得歧视。

第六条　实施行政许可，应当遵循便民的原则，提高办事效率，提供优质服务。

第七条 公民、法人或者其他组织对行政机关实施行政许可,享有陈述权、申辩权;有权依法申请行政复议或者提起行政诉讼;其合法权益因行政机关违法实施行政许可受到损害的,有权依法要求赔偿。

第八条 公民、法人或者其他组织依法取得的行政许可受法律保护,行政机关不得擅自改变已经生效的行政许可。

行政许可所依据的法律、法规、规章修改或者废止,或者准予行政许可所依据的客观情况发生重大变化的,为了公共利益的需要,行政机关可以依法变更或者撤回已经生效的行政许可。由此给公民、法人或者其他组织造成财产损失的,行政机关应当依法给予补偿。

第九条 依法取得的行政许可,除法律、法规规定依照法定条件和程序可以转让的外,不得转让。

第十条 县级以上人民政府应当建立健全对行政机关实施行政许可的监督制度,加强对行政机关实施行政许可的监督检查。

行政机关应当对公民、法人或者其他组织从事行政许可事项的活动实施有效监督。

第二章 行政许可的设定

第十一条 设定行政许可,应当遵循经济和社会发展规律,有利于发挥公民、法人或者其他组织的积极性、主动性,维护公共利益和社会秩序,促进经济、社会和生态环境协调发展。

第十二条 下列事项可以设定行政许可:

(一)直接涉及国家安全、公共安全、经济宏观调控、生态环境保护以及直接关系人身健康、生命财产安全等特定活动,需要按照法定条件予以批准的事项;

(二)有限自然资源开发利用、公共资源配置以及直接关系公共利益的特定行业的市场准入等,需要赋予特定权利的事项;

(三)提供公众服务并且直接关系公共利益的职业、行业,需要确定具备特殊信誉、特殊条件或者特殊技能等资格、资质的事项;

(四)直接关系公共安全、人身健康、生命财产安全的重要设备、设施、产品、物品,需要按照技术标准、技术规范,通过检验、检测、检疫等方式进行审定的事项;

(五)企业或者其他组织的设立等,需要确定主体资格的事项;

(六)法律、行政法规规定可以设定行政许可的其他事项。

第十三条 本法第十二条所列事项,通过下列方式能够予以规范的,可以不设行政许可:

(一)公民、法人或者其他组织能够自主决定的;

(二)市场竞争机制能够有效调节的;

(三)行业组织或者中介机构能够自律管理的;

(四)行政机关采用事后监督等其他行政管理方式能够解决的。

第十四条 本法第十二条所列事项,法律可以设定行政许可。尚未制定法律的,行政法规可以设定行政许可。

必要时,国务院可以采用发布决定的方式设定行政许可。实施后,除临时性行政许可事项外,国务院应当及时提请全国人民代表大会及其常务委员会制定法律，或者自行制定行政法规。

第十五条 本法第十二条所列事项，尚未制定法律、行政法规的，地方性法规可以设定行政许可；尚未制定法律、行政法规和地方性法规的，因行政管理的需要，确需立即实施行政许可的，省、自治区、直辖市人民政府规章可以设定临时性的行政许可。临时性的行政许可实施满一年需要继续实施的，应当提请本级人民代表大会及其常务委员会制定地方性法规。

地方性法规和省、自治区、直辖市人民政府规章，不得设定应当由国家统一确定的公民、法人或者其他组织的资格、资质的行政许可；不得设定企业或者其他组织的设立登记及其前置性行政许可。其设定的行政许可，不得限制其他地区的个人或者企业到本地区从事生产经营和提供服务，不得限制其他地区的商品进入本地区市场。

第十六条 行政法规可以在法律设定的行政许可事项范围内，对实施该行政许可作出具体规定。

地方性法规可以在法律、行政法规设定的行政许可事项范围内，对实施该行政许可作出具体规定。

规章可以在上位法设定的行政许可事项范围内，对实施该行政许可作出具体规定。

法规、规章对实施上位法设定的行政许可作出的具体规定，不得增设行政许可；对行政许可条件作出的具体规定，不得增设违反上位法的其他条件。

第十七条 除本法第十四条、第十五条规定的外，其他规范性文件一律不得设定行政许可。

第十八条 设定行政许可，应当规定行政许可的实施机关、条件、程序、期限。

第十九条 起草法律草案、法规草案和省、自治区、直辖市人民政府规章草案，拟设定行政许可的，起草单位应当采取听证会、论证会等形式听取意见，并向制定机关说明设定该行政许可的必要性、对经济和社会可能产生的影响以及听取和采纳意见的情况。

第二十条 行政许可的设定机关应当定期对其设定的行政许可进行评价；对已设定的行政许可，认为通过本法第十三条所列方式能够解决的，应当对设定该行政许可的规定及时予以修改或者废止。

行政许可的实施机关可以对已设定的行政许可的实施情况及存在的必要性适时进行评价，并将意见报告该行政许可的设定机关。

公民、法人或者其他组织可以向行政许可的设定机关和实施机关就行政许可的设定和实施提出意见和建议。

第二十一条 省、自治区、直辖市人民政府对行政法规设定的有关经济事务的行政许可，根据本行政区域经济和社会发展情况，认为通过本法第十三条所列方式能够解决的，报国务院批准后，可以在本行政区域内停止实施该行政许可。

第三章　行政许可的实施机关

第二十二条 行政许可由具有行政许可权的行政机关在其法定职权范围内实施。

第二十三条 法律、法规授权的具有管理公共事务职能的组织，在法定授权范围内，以自己的名义实施行政许可。被授权的组织适用本法有关行政机关的规定。

第二十四条 行政机关在其法定职权范围内，依照法律、法规、规章的规定，可以委托其他行政机关实施行政许可。委托机关应当将受委托行政机关和受委托实施行政许可的内容予以公告。

委托行政机关对受委托行政机关实施行政许可的行为应当负责监督，并对该行为的后果承担法律责任。

受委托行政机关在委托范围内，以委托行政机关名义实施行政许可；不得再委托其他组织或者个人实施行政许可。

第二十五条　经国务院批准，省、自治区、直辖市人民政府根据精简、统一、效能的原则，可以决定一个行政机关行使有关行政机关的行政许可权。

第二十六条　行政许可需要行政机关内设的多个机构办理的，该行政机关应当确定一个机构统一受理行政许可申请，统一送达行政许可决定。

行政许可依法由地方人民政府两个以上部门分别实施的，本级人民政府可以确定一个部门受理行政许可申请并转告有关部门分别提出意见后统一办理，或者组织有关部门联合办理、集中办理。

第二十七条　行政机关实施行政许可，不得向申请人提出购买指定商品、接受有偿服务等不正当要求。

行政机关工作人员办理行政许可，不得索取或者收受申请人的财物，不得谋取其他利益。

第二十八条　对直接关系公共安全、人身健康、生命财产安全的设备、设施、产品、物品的检验、检测、检疫，除法律、行政法规规定由行政机关实施的外，应当逐步由符合法定条件的专业技术组织实施。专业技术组织及其有关人员对所实施的检验、检测、检疫结论承担法律责任。

第四章　行政许可的实施程序

第一节　申请与受理

第二十九条　公民、法人或者其他组织从事特定活动，依法需要取得行政许可的，应当向行政机关提出申请。申请书需要采用格式文本的，行政机关应当向申请人提供行政许可申请书格式文本。申请书格式文本中不得包含与申请行政许可事项没有直接关系的内容。

申请人可以委托代理人提出行政许可申请。但是，依法应当由申请人到行政机关办公场所提出行政许可申请的除外。

行政许可申请可以通过信函、电报、电传、传真、电子数据交换和电子邮件等方式提出。

第三十条　行政机关应当将法律、法规、规章规定的有关行政许可的事项、依据、条件、数量、程序、期限以及需要提交的全部材料的目录和申请书示范文本等在办公场所公示。

申请人要求行政机关对公示内容予以说明、解释的，行政机关应当说明、解释，提供准确、可靠的信息。

第三十一条　申请人申请行政许可，应当如实向行政机关提交有关材料和反映真实情况，并对其申请材料实质内容的真实性负责。行政机关不得要求申请人提交与其申请的行政许可事项无关的技术资料和其他材料。

第三十二条　行政机关对申请人提出的行政许可申请，应当根据下列情况分别作出处理：

（一）申请事项依法不需要取得行政许可的，应当即时告知申请人不受理；

（二）申请事项依法不属于本行政机关职权范围的，应当即时作出不予受理的决定，并告知申请人向有关行政机关申请；

（三）申请材料存在可以当场更正的错误的，应当允许申请人当场更正；

（四）申请材料不齐全或者不符合法定形式的，应当当场或者在五日内一次告知申请人需要补正的全部内容，逾期不告知的，自收到申请材料之日起即为受理；

（五）申请事项属于本行政机关职权范围，申请材料齐全、符合法定形式，或者申请人按照本行政机关的要求提交全部补正申请材料的，应当受理行政许可申请。

行政机关受理或者不予受理行政许可申请，应当出具加盖本行政机关专用印章和注明日期的书面凭证。

第三十三条 行政机关应当建立和完善有关制度，推行电子政务，在行政机关的网站上公布行政许可事项，方便申请人采取数据电文等方式提出行政许可申请；应当与其他行政机关共享有关行政许可信息，提高办事效率。

第二节　审查与决定

第三十四条 行政机关应当对申请人提交的申请材料进行审查。

申请人提交的申请材料齐全、符合法定形式，行政机关能够当场作出决定的，应当当场作出书面的行政许可决定。

根据法定条件和程序，需要对申请材料的实质内容进行核实的，行政机关应当指派两名以上工作人员进行核查。

第三十五条 依法应当先经下级行政机关审查后报上级行政机关决定的行政许可，下级行政机关应当在法定期限内将初步审查意见和全部申请材料直接报送上级行政机关。上级行政机关不得要求申请人重复提供申请材料。

第三十六条 行政机关对行政许可申请进行审查时，发现行政许可事项直接关系他人重大利益的，应当告知该利害关系人。申请人、利害关系人有权进行陈述和申辩。行政机关应当听取申请人、利害关系人的意见。

第三十七条 行政机关对行政许可申请进行审查后，除当场作出行政许可决定的外，应当在法定期限内按照规定程序作出行政许可决定。

第三十八条 申请人的申请符合法定条件、标准的，行政机关应当依法作出准予行政许可的书面决定。

行政机关依法作出不予行政许可的书面决定的，应当说明理由，并告知申请人享有依法申请行政复议或者提起行政诉讼的权利。

第三十九条 行政机关作出准予行政许可的决定，需要颁发行政许可证件的，应当向申请人颁发加盖本行政机关印章的下列行政许可证件：

（一）许可证、执照或者其他许可证书；

（二）资格证、资质证或者其他合格证书；

（三）行政机关的批准文件或者证明文件；

（四）法律、法规规定的其他行政许可证件。

行政机关实施检验、检测、检疫的，可以在检验、检测、检疫合格的设备、设施、产品、物品上加贴标签或者加盖检验、检测、检疫印章。

第四十条 行政机关作出的准予行政许可决定，应当予以公开，公众有权查阅。

第四十一条 法律、行政法规设定的行政许可，其适用范围没有地域限制的，申请人取得的行政许可在全国范围内有效。

第三节 期 限

第四十二条 除可以当场作出行政许可决定的外，行政机关应当自受理行政许可申请之日起二十日内作出行政许可决定。二十日内不能作出决定的，经本行政机关负责人批准，可以延长十日，并应当将延长期限的理由告知申请人。但是，法律、法规另有规定的，依照其规定。

依照本法第二十六条的规定，行政许可采取统一办理或者联合办理、集中办理的，办理的时间不得超过四十五日；四十五日内不能办结的，经本级人民政府负责人批准，可以延长十五日，并应当将延长期限的理由告知申请人。

第四十三条 依法应当先经下级行政机关审查后报上级行政机关决定的行政许可，下级行政机关应当自其受理行政许可申请之日起二十日内审查完毕。但是，法律、法规另有规定的，依照其规定。

第四十四条 行政机关作出准予行政许可的决定，应当自作出决定之日起十日内向申请人颁发、送达行政许可证件，或者加贴标签、加盖检验、检测、检疫印章。

第四十五条 行政机关作出行政许可决定，依法需要听证、招标、拍卖、检验、检测、检疫、鉴定和专家评审的，所需时间不计算在本节规定的期限内。行政机关应当将所需时间书面告知申请人。

第四节 听 证

第四十六条 法律、法规、规章规定实施行政许可应当听证的事项，或者行政机关认为需要听证的其他涉及公共利益的重大行政许可事项，行政机关应当向社会公告，并举行听证。

第四十七条 行政许可直接涉及申请人与他人之间重大利益关系的，行政机关在作出行政许可决定前，应当告知申请人、利害关系人享有要求听证的权利；申请人、利害关系人在被告知听证权利之日起五日内提出听证申请的，行政机关应当在二十日内组织听证。

申请人、利害关系人不承担行政机关组织听证的费用。

第四十八条 听证按照下列程序进行：

（一）行政机关应当于举行听证的七日前将举行听证的时间、地点通知申请人、利害关系人，必要时予以公告；

（二）听证应当公开举行；

（三）行政机关应当指定审查该行政许可申请的工作人员以外的人员为听证主持人，申请人、利害

717

关系人认为主持人与该行政许可事项有直接利害关系的，有权申请回避；

（四）举行听证时，审查该行政许可申请的工作人员应当提供审查意见的证据、理由，申请人、利害关系人可以提出证据，并进行申辩和质证；

（五）听证应当制作笔录，听证笔录应当交听证参加人确认无误后签字或者盖章。

行政机关应当根据听证笔录，作出行政许可决定。

第五节　变更与延续

第四十九条　被许可人要求变更行政许可事项的，应当向作出行政许可决定的行政机关提出申请；符合法定条件、标准的，行政机关应当依法办理变更手续。

第五十条　被许可人需要延续依法取得的行政许可的有效期的，应当在该行政许可有效期届满三十日前向作出行政许可决定的行政机关提出申请。但是，法律、法规、规章另有规定的，依照其规定。

行政机关应当根据被许可人的申请，在该行政许可有效期届满前作出是否准予延续的决定；逾期未作决定的，视为准予延续。

第六节　特别规定

第五十一条　实施行政许可的程序，本节有规定的，适用本节规定；本节没有规定的，适用本章其他有关规定。

第五十二条　国务院实施行政许可的程序，适用有关法律、行政法规的规定。

第五十三条　实施本法第十二条第二项所列事项的行政许可的，行政机关应当通过招标、拍卖等公平竞争的方式作出决定。但是，法律、行政法规另有规定的，依照其规定。

行政机关通过招标、拍卖等方式作出行政许可决定的具体程序，依照有关法律、行政法规的规定。

行政机关按照招标、拍卖程序确定中标人、买受人后，应当作出准予行政许可的决定，并依法向中标人、买受人颁发行政许可证件。

行政机关违反本条规定，不采用招标、拍卖方式，或者违反招标、拍卖程序，损害申请人合法权益的，申请人可以依法申请行政复议或者提起行政诉讼。

第五十四条　实施本法第十二条第三项所列事项的行政许可，赋予公民特定资格，依法应当举行国家考试的，行政机关根据考试成绩和其他法定条件作出行政许可决定；赋予法人或者其他组织特定的资格、资质的，行政机关根据申请人的专业人员构成、技术条件、经营业绩和管理水平等的考核结果作出行政许可决定。但是，法律、行政法规另有规定的，依照其规定。

公民特定资格的考试依法由行政机关或者行业组织实施，公开举行。行政机关或者行业组织应当事先公布资格考试的报名条件、报考办法、考试科目以及考试大纲。但是，不得组织强制性的资格考试的考前培训，不得指定教材或者其他助考材料。

第五十五条　实施本法第十二条第四项所列事项的行政许可的，应当按照技术标准、技术规范依法进行检验、检测、检疫，行政机关根据检验、检测、检疫的结果作出行政许可决定。

行政机关实施检验、检测、检疫，应当自受理申请之日起五日内指派两名以上工作人员按照技术标准、技术规范进行检验、检测、检疫。不需要对检验、检测、检疫结果作进一步技术分析即可认定设备、设施、产品、物品是否符合技术标准、技术规范的，行政机关应当当场作出行政许可决定。

行政机关根据检验、检测、检疫结果，作出不予行政许可决定的，应当书面说明不予行政许可所依据的技术标准、技术规范。

第五十六条 实施本法第十二条第五项所列事项的行政许可，申请人提交的申请材料齐全、符合法定形式的，行政机关应当当场予以登记。需要对申请材料的实质内容进行核实的，行政机关依照本法第三十四条第三款的规定办理。

第五十七条 有数量限制的行政许可，两个或者两个以上申请人的申请均符合法定条件、标准的，行政机关应当根据受理行政许可申请的先后顺序作出准予行政许可的决定。但是，法律、行政法规另有规定的，依照其规定。

第五章　行政许可的费用

第五十八条 行政机关实施行政许可和对行政许可事项进行监督检查，不得收取任何费用。但是，法律、行政法规另有规定的，依照其规定。

行政机关提供行政许可申请书格式文本，不得收费。

行政机关实施行政许可所需经费应当列入本行政机关的预算，由本级财政予以保障，按照批准的预算予以核拨。

第五十九条 行政机关实施行政许可，依照法律、行政法规收取费用的，应当按照公布的法定项目和标准收费；所收取的费用必须全部上缴国库，任何机关或者个人不得以任何形式截留、挪用、私分或者变相私分。财政部门不得以任何形式向行政机关返还或者变相返还实施行政许可所收取的费用。

第六章　监督检查

第六十条 上级行政机关应当加强对下级行政机关实施行政许可的监督检查，及时纠正行政许可实施中的违法行为。

第六十一条 行政机关应当建立健全监督制度，通过核查反映被许可人从事行政许可事项活动情况的有关材料，履行监督责任。

行政机关依法对被许可人从事行政许可事项的活动进行监督检查时，应当将监督检查的情况和处理结果予以记录，由监督检查人员签字后归档。公众有权查阅行政机关监督检查记录。

行政机关应当创造条件，实现与被许可人、其他有关行政机关的计算机档案系统互联，核查被许可人从事行政许可事项活动情况。

第六十二条 行政机关可以对被许可人生产经营的产品依法进行抽样检查、检验、检测，对其生产经营场所依法进行实地检查。检查时，行政机关可以依法查阅或者要求被许可人报送有关材料；被许可人应当如实提供有关情况和材料。

行政机关根据法律、行政法规的规定，对直接关系公共安全、人身健康、生命财产安全的重要设备、设施进行定期检验。对检验合格的，行政机关应当发给相应的证明文件。

第六十三条　行政机关实施监督检查，不得妨碍被许可人正常的生产经营活动，不得索取或者收受被许可人的财物，不得谋取其他利益。

第六十四条　被许可人在作出行政许可决定的行政机关管辖区域外违法从事行政许可事项活动的，违法行为发生地的行政机关应当依法将被许可人的违法事实、处理结果抄告作出行政许可决定的行政机关。

第六十五条　个人和组织发现违法从事行政许可事项的活动，有权向行政机关举报，行政机关应当及时核实、处理。

第六十六条　被许可人未依法履行开发利用自然资源义务或者未依法履行利用公共资源义务的，行政机关应当责令限期改正；被许可人在规定期限内不改正的，行政机关应当依照有关法律、行政法规的规定予以处理。

第六十七条　取得直接关系公共利益的特定行业的市场准入行政许可的被许可人，应当按照国家规定的服务标准、资费标准和行政机关依法规定的条件，向用户提供安全、方便、稳定和价格合理的服务，并履行普遍服务的义务；未经作出行政许可决定的行政机关批准，不得擅自停业、歇业。

被许可人不履行前款规定的义务的，行政机关应当责令限期改正，或者依法采取有效措施督促其履行义务。

第六十八条　对直接关系公共安全、人身健康、生命财产安全的重要设备、设施，行政机关应当督促设计、建造、安装和使用单位建立相应的自检制度。

行政机关在监督检查时，发现直接关系公共安全、人身健康、生命财产安全的重要设备、设施存在安全隐患的，应当责令停止建造、安装和使用，并责令设计、建造、安装和使用单位立即改正。

第六十九条　有下列情形之一的，作出行政许可决定的行政机关或者其上级行政机关，根据利害关系人的请求或者依据职权，可以撤销行政许可：

（一）行政机关工作人员滥用职权、玩忽职守作出准予行政许可决定的；

（二）超越法定职权作出准予行政许可决定的；

（三）违反法定程序作出准予行政许可决定的；

（四）对不具备申请资格或者不符合法定条件的申请人准予行政许可的；

（五）依法可以撤销行政许可的其他情形。

被许可人以欺骗、贿赂等不正当手段取得行政许可的，应当予以撤销。

依照前两款的规定撤销行政许可，可能对公共利益造成重大损害的，不予撤销。

依照本条第一款的规定撤销行政许可，被许可人的合法权益受到损害的，行政机关应当依法给予赔偿。依照本条第二款的规定撤销行政许可的，被许可人基于行政许可取得的利益不受保护。

第七十条　有下列情形之一的，行政机关应当依法办理有关行政许可的注销手续：

（一）行政许可有效期届满未延续的；

（二）赋予公民特定资格的行政许可，该公民死亡或者丧失行为能力的；

（三）法人或者其他组织依法终止的；

（四）行政许可依法被撤销、撤回，或者行政许可证件依法被吊销的；

（五）因不可抗力导致行政许可事项无法实施的；

（六）法律、法规规定的应当注销行政许可的其他情形。

第七章 法律责任

第七十一条 违反本法第十七条规定设定的行政许可，有关机关应当责令设定该行政许可的机关改正，或者依法予以撤销。

第七十二条 行政机关及其工作人员违反本法的规定，有下列情形之一的，由其上级行政机关或者监察机关责令改正；情节严重的，对直接负责的主管人员和其他直接责任人员依法给予行政处分：

（一）对符合法定条件的行政许可申请不予受理的；

（二）不在办公场所公示依法应当公示的材料的；

（三）在受理、审查、决定行政许可过程中，未向申请人、利害关系人履行法定告知义务的；

（四）申请人提交的申请材料不齐全、不符合法定形式，不一次告知申请人必须补正的全部内容的；

（五）未依法说明不受理行政许可申请或者不予行政许可的理由的；

（六）依法应当举行听证而不举行听证的。

第七十三条 行政机关工作人员办理行政许可、实施监督检查，索取或者收受他人财物或者谋取其他利益，构成犯罪的，依法追究刑事责任；尚不构成犯罪的，依法给予行政处分。

第七十四条 行政机关实施行政许可，有下列情形之一的，由其上级行政机关或者监察机关责令改正，对直接负责的主管人员和其他直接责任人员依法给予行政处分；构成犯罪的，依法追究刑事责任：

（一）对不符合法定条件的申请人准予行政许可或者超越法定职权作出准予行政许可决定的；

（二）对符合法定条件的申请人不予行政许可或者不在法定期限内作出准予行政许可决定的；

（三）依法应当根据招标、拍卖结果或者考试成绩择优作出准予行政许可决定，未经招标、拍卖或者考试，或者不根据招标、拍卖结果或者考试成绩择优作出准予行政许可决定的。

第七十五条 行政机关实施行政许可，擅自收费或者不按照法定项目和标准收费的，由其上级行政机关或者监察机关责令退还非法收取的费用；对直接负责的主管人员和其他直接责任人员依法给予行政处分。

截留、挪用、私分或者变相私分实施行政许可依法收取的费用的，予以追缴；对直接负责的主管人员和其他直接责任人员依法给予行政处分；构成犯罪的，依法追究刑事责任。

第七十六条 行政机关违法实施行政许可，给当事人的合法权益造成损害的，应当依照国家赔偿法的规定给予赔偿。

第七十七条 行政机关不依法履行监督职责或者监督不力，造成严重后果的，由其上级行政机关或者监察机关责令改正，对直接负责的主管人员和其他直接责任人员依法给予行政处分；构成犯罪的，依法追究刑事责任。

第七十八条　行政许可申请人隐瞒有关情况或者提供虚假材料申请行政许可的，行政机关不予受理或者不予行政许可，并给予警告；行政许可申请属于直接关系公共安全、人身健康、生命财产安全事项的，申请人在一年内不得再次申请该行政许可。

第七十九条　被许可人以欺骗、贿赂等不正当手段取得行政许可的，行政机关应当依法给予行政处罚；取得的行政许可属于直接关系公共安全、人身健康、生命财产安全事项的，申请人在三年内不得再次申请该行政许可；构成犯罪的，依法追究刑事责任。

第八十条　被许可人有下列行为之一的，行政机关应当依法给予行政处罚；构成犯罪的，依法追究刑事责任：

（一）涂改、倒卖、出租、出借行政许可证件，或者以其他形式非法转让行政许可的；

（二）超越行政许可范围进行活动的；

（三）向负责监督检查的行政机关隐瞒有关情况、提供虚假材料或者拒绝提供反映其活动情况的真实材料的；

（四）法律、法规、规章规定的其他违法行为。

第八十一条　公民、法人或者其他组织未经行政许可，擅自从事依法应当取得行政许可的活动的，行政机关应当依法采取措施予以制止，并依法给予行政处罚；构成犯罪的，依法追究刑事责任。

第八章　附　　则

第八十二条　本法规定的行政机关实施行政许可的期限以工作日计算，不含法定节假日。

第八十三条　本法自 2004 年 7 月 1 日起施行。

本法施行前有关行政许可的规定，制定机关应当依照本法规定予以清理；不符合本法规定的，自本法施行之日起停止执行。

中华人民共和国行政处罚法

（2009 年 8 月 27 日第十一届全国人民代表大会常务委员会第十次会议修改，于 2009 年 8 月 27 日起施行）

目 录

第一章 总 则

第一条 为了规范行政处罚的设定和实施，保障和监督行政机关有效实施行政管理，维护公共利益和社会秩序，保护公民、法人或者其他组织的合法权益，根据宪法，制定本法。

第二条 行政处罚的设定和实施，适用本法。

第三条 公民、法人或者其他组织违反行政管理秩序的行为，应当给予行政处罚的，依照本法由法律、法规或者规章规定，并由行政机关依照本法规定的程序实施。

没有法定依据或者不遵守法定程序的，行政处罚无效。

第四条 行政处罚遵循公正、公开的原则。

设定和实施行政处罚必须以事实为依据，与违法行为的事实、性质、情节以及社会危害程度相当。

对违法行为给予行政处罚的规定必须公布；未经公布的，不得作为行政处罚的依据。

第五条 实施行政处罚，纠正违法行为，应当坚持处罚与教育相结合，教育公民、法人或者其他组织自觉守法。

第六条 公民、法人或者其他组织对行政机关所给予的行政处罚，享有陈述权、申辩权；对行政处罚不服的，有权依法申请行政复议或者提起行政诉讼。

公民、法人或者其他组织因行政机关违法给予行政处罚受到损害的，有权依法提出赔偿要求。

第七条 公民、法人或者其他组织因违法受到行政处罚，其违法行为对他人造成损害的，应当依法承担民事责任。

第二章　行政处罚的种类和设定

第八条　行政处罚的种类：

（一）警告；

（二）罚款；

（三）没收违法所得、没收非法财物；

（四）责令停产停业；

（五）暂扣或者吊销许可证、暂扣或者吊销执照；

（六）行政拘留；

（七）法律、行政法规规定的其他行政处罚。

第九条　法律可以设定各种行政处罚。

限制人身自由的行政处罚，只能由法律设定。

第十条　行政法规可以设定除限制人身自由以外的行政处罚。

法律对违法行为已经作出行政处罚规定，行政法规需要作出具体规定的，必须在法律规定的给予行政处罚的行为、种类和幅度的范围内规定。

第十一条　地方性法规可以设定除限制人身自由、吊销企业营业执照以外的行政处罚。

法律、行政法规对违法行为已经作出行政处罚规定，地方性法规需要作出具体规定的，必须在法律、行政法规规定的给予行政处罚的行为、种类和幅度的范围内规定。

第十二条　国务院部、委员会制定的规章可以在法律、行政法规规定的给予行政处罚的行为、种类和幅度的范围内作出具体规定。

尚未制定法律、行政法规的，前款规定的国务院部、委员会制定的规章对违反行政管理秩序的行为，可以设定警告或者一定数量罚款的行政处罚。罚款的限额由国务院规定。

国务院可以授权具有行政处罚权的直属机构依照本条第一款、第二款的规定，规定行政处罚。

第十三条　省、自治区、直辖市人民政府和省、自治区人民政府所在地的市人民政府以及经国务院批准的较大的市人民政府制定的规章可以在法律、法规规定的给予行政处罚的行为、种类和幅度的范围内作出具体规定。

尚未制定法律、法规的，前款规定的人民政府制定的规章对违反行政管理秩序的行为，可以设定警告或者一定数量罚款的行政处罚。罚款的限额由省、自治区、直辖市人民代表大会常务委员会规定。

第十四条　除本法第九条、第十条、第十一条、第十二条以及第十三条的规定外，其他规范性文件不得设定行政处罚。

第三章　行政处罚的实施机关

第十五条　行政处罚由具有行政处罚权的行政机关在法定职权范围内实施。

第十六条　国务院或者经国务院授权的省、自治区、直辖市人民政府可以决定一个行政机关行使有关行政机关的行政处罚权，但限制人身自由的行政处罚权只能由公安机关行使。

第十七条 法律、法规授权的具有管理公共事务职能的组织可以在法定授权范围内实施行政处罚。

第十八条 行政机关依照法律、法规或者规章的规定，可以在其法定权限内委托符合本法第十九条规定条件的组织实施行政处罚。行政机关不得委托其他组织或者个人实施行政处罚。

委托行政机关对受委托的组织实施行政处罚的行为应当负责监督，并对该行为的后果承担法律责任。

受委托组织在委托范围内，以委托行政机关名义实施行政处罚；不得再委托其他任何组织或者个人实施行政处罚。

第十九条 受委托组织必须符合以下条件：

（一）依法成立的管理公共事务的事业组织；

（二）具有熟悉有关法律、法规、规章和业务的工作人员；

（三）对违法行为需要进行技术检查或者技术鉴定的，应当有条件组织进行相应的技术检查或者技术鉴定。

第四章　行政处罚的管辖和适用

第二十条 行政处罚由违法行为发生地的县级以上地方人民政府具有行政处罚权的行政机关管辖。法律、行政法规另有规定的除外。

第二十一条 对管辖发生争议的，报请共同的上一级行政机关指定管辖。

第二十二条 违法行为构成犯罪的，行政机关必须将案件移送司法机关，依法追究刑事责任。

第二十三条 行政机关实施行政处罚时，应当责令当事人改正或者限期改正违法行为。

第二十四条 对当事人的同一个违法行为，不得给予两次以上罚款的行政处罚。

第二十五条 不满十四周岁的人有违法行为的，不予行政处罚，责令监护人加以管教；已满十四周岁不满十八周岁的人有违法行为的，从轻或者减轻行政处罚。

第二十六条 精神病人在不能辨认或者不能控制自己行为时有违法行为的，不予行政处罚，但应当责令其监护人严加看管和治疗。间歇性精神病人在精神正常时有违法行为的，应当给予行政处罚。

第二十七条 当事人有下列情形之一的，应当依法从轻或者减轻行政处罚：

（一）主动消除或者减轻违法行为危害后果的；

（二）受他人胁迫有违法行为的；

（三）配合行政机关查处违法行为有立功表现的；

（四）其他依法从轻或者减轻行政处罚的。

违法行为轻微并及时纠正，没有造成危害后果的，不予行政处罚。

第二十八条 违法行为构成犯罪，人民法院判处拘役或者有期徒刑时，行政机关已经给予当事人行政拘留的，应当依法折抵相应刑期。

违法行为构成犯罪，人民法院判处罚金时，行政机关已经给予当事人罚款的，应当折抵相应罚金。

第二十九条 违法行为在二年内未被发现的，不再给予行政处罚。法律另有规定的除外。

第五章　行政处罚的决定

第三十条　公民、法人或者其他组织违反行政管理秩序的行为，依法应当给予行政处罚的，行政机关必须查明事实；违法事实不清的，不得给予行政处罚。

第三十一条　行政机关在作出行政处罚决定之前，应当告知当事人作出行政处罚决定的事实、理由及依据，并告知当事人依法享有的权利。

第三十二条　当事人有权进行陈述和申辩。行政机关必须充分听取当事人的意见，对当事人提出的事实、理由和证据，应当进行复核；当事人提出的事实、理由或者证据成立的，行政机关应当采纳。

行政机关不得因当事人申辩而加重处罚。

第一节　简易程序

第三十三条　违法事实确凿并有法定依据，对公民处以五十元以下、对法人或者其他组织处以一千元以下罚款或者警告的行政处罚的，可以当场作出行政处罚决定。当事人应当依照本法第四十六条、第四十七条、第四十八条的规定履行行政处罚决定。

第三十四条　执法人员当场作出行政处罚决定的，应当向当事人出示执法身份证件，填写预定格式、编有号码的行政处罚决定书。行政处罚决定书应当当场交付当事人。

前款规定的行政处罚决定书应当载明当事人的违法行为、行政处罚依据、罚款数额、时间、地点以及行政机关名称，并由执法人员签名或者盖章。

执法人员当场作出的行政处罚决定，必须报所属行政机关备案。

第三十五条　当事人对当场作出的行政处罚决定不服的，可以依法申请行政复议或者提起行政诉讼。

第二节　一般程序

第三十六条　除本法第三十三条规定的可以当场作出的行政处罚外，行政机关发现公民、法人或者其他组织有依法应当给予行政处罚的行为的，必须全面、客观、公正地调查，收集有关证据；必要时，依照法律、法规的规定，可以进行检查。

第三十七条　行政机关在调查或者进行检查时，执法人员不得少于两人，并应当向当事人或者有关人员出示证件。当事人或者有关人员应当如实回答询问，并协助调查或者检查，不得阻挠。询问或者检查应当制作笔录。

行政机关在收集证据时，可以采取抽样取证的方法；在证据可能灭失或者以后难以取得的情况下，经行政机关负责人批准，可以先行登记保存，并应当在七日内及时作出处理决定，在此期间，当事人或者有关人员不得销毁或者转移证据。

执法人员与当事人有直接利害关系的，应当回避。

第三十八条　调查终结，行政机关负责人应当对调查结果进行审查，根据不同情况，分别作出如下决定：

（一）确有应受行政处罚的违法行为的，根据情节轻重及具体情况，作出行政处罚决定；

（二）违法行为轻微，依法可以不予行政处罚的，不予行政处罚；

（三）违法事实不能成立的，不得给予行政处罚；

（四）违法行为已构成犯罪的，移送司法机关。

对情节复杂或者重大违法行为给予较重的行政处罚，行政机关的负责人应当集体讨论决定。

第三十九条　行政机关依照本法第三十八条的规定给予行政处罚，应当制作行政处罚决定书。行政处罚决定书应当载明下列事项：

（一）当事人的姓名或者名称、地址；

（二）违反法律、法规或者规章的事实和证据；

（三）行政处罚的种类和依据；

（四）行政处罚的履行方式和期限；

（五）不服行政处罚决定，申请行政复议或者提起行政诉讼的途径和期限；

（六）作出行政处罚决定的行政机关名称和作出决定的日期。

行政处罚决定书必须盖有作出行政处罚决定的行政机关的印章。

第四十条　行政处罚决定书应当在宣告后当场交付当事人；当事人不在场的，行政机关应当在七日内依照民事诉讼法的有关规定，将行政处罚决定书送达当事人。

第四十一条　行政机关及其执法人员在作出行政处罚决定之前，不依照本法第三十一条、第三十二条的规定向当事人告知给予行政处罚的事实、理由和依据，或者拒绝听取当事人的陈述、申辩，行政处罚决定不能成立；当事人放弃陈述或者申辩权利的除外。

第三节　听证程序

第四十二条　行政机关作出责令停产停业、吊销许可证或者执照、较大数额罚款等行政处罚决定之前，应当告知当事人有要求举行听证的权利；当事人要求听证的，行政机关应当组织听证。当事人不承担行政机关组织听证的费用。听证依照以下程序组织：

（一）当事人要求听证的，应当在行政机关告知后三日内提出；

（二）行政机关应当在听证的七日前，通知当事人举行听证的时间、地点；

（三）除涉及国家秘密、商业秘密或者个人隐私外，听证公开举行；

（四）听证由行政机关指定的非本案调查人员主持；当事人认为主持人与本案有直接利害关系的，有权申请回避；

（五）当事人可以亲自参加听证，也可以委托一至二人代理；

（六）举行听证时，调查人员提出当事人违法的事实、证据和行政处罚建议；当事人进行申辩和质证；

（七）听证应当制作笔录；笔录应当交当事人审核无误后签字或者盖章。

当事人对限制人身自由的行政处罚有异议的，依照治安管理处罚法有关规定执行。

第四十三条　听证结束后，行政机关依照本法第三十八条的规定，作出决定。

第六章　行政处罚的执行

第四十四条　行政处罚决定依法作出后，当事人应当在行政处罚决定的期限内，予以履行。

第四十五条　当事人对行政处罚决定不服申请行政复议或者提起行政诉讼的，行政处罚不停止执行，法律另有规定的除外。

第四十六条　作出罚款决定的行政机关应当与收缴罚款的机构分离。

除依照本法第四十七条、第四十八条的规定当场收缴的罚款外，作出行政处罚决定的行政机关及其执法人员不得自行收缴罚款。

当事人应当自收到行政处罚决定书之日起十五日内，到指定的银行缴纳罚款。银行应当收受罚款，并将罚款直接上缴国库。

第四十七条　依照本法第三十三条的规定当场作出行政处罚决定，有下列情形之一的，执法人员可以当场收缴罚款：

（一）依法给予二十元以下的罚款的；

（二）不当场收缴事后难以执行的。

第四十八条　在边远、水上、交通不便地区，行政机关及其执法人员依照本法第三十三条、第三十八条的规定作出罚款决定后，当事人向指定的银行缴纳罚款确有困难，经当事人提出，行政机关及其执法人员可以当场收缴罚款。

第四十九条　行政机关及其执法人员当场收缴罚款的，必须向当事人出具省、自治区、直辖市财政部门统一制发的罚款收据；不出具财政部门统一制发的罚款收缴的，当事人有权拒绝缴纳罚款。

第五十条　执法人员当场收缴的罚款，应当自收缴罚款之日起二日内，交至行政机关；在水上当场收缴的罚款，应当自抵岸之日起二日内交至行政机关；行政机关应当在二日内将罚款缴付指定的银行。

第五十一条　当事人逾期不履行行政处罚决定的，作出行政处罚决定的行政机关可以采取下列措施：

（一）到期不缴纳罚款的，每日按罚款数额的百分之三加处罚款；

（二）根据法律规定，将查封、扣押的财物拍卖或者将冻结的存款划拨抵缴罚款；

（三）申请人民法院强制执行。

第五十二条　当事人确有经济困难，需要延期或者分期缴纳罚款的，经当事人申请和行政机关批准，可以暂缓或者分期缴纳。

第五十三条　除依法应当予以销毁的物品外，依法没收的非法财物必须按照国家规定公开拍卖或者按照国家有关规定处理。

罚款、没收违法所得或者没收非法财物拍卖的款项，必须全部上缴国库，任何行政机关或者个人不得以任何形式截留、私分或者变相私分；财政部门不得以任何形式向作出行政处罚决定的行政机关返还罚款、没收的违法所得或者返还没收非法财物的拍卖款项。

第五十四条　行政机关应当建立健全对行政处罚的监督制度。县级以上人民政府应当加强对行政处罚的监督检查。

第七章　法律责任

第五十五条　行政机关实施行政处罚，有下列情形之一的，由上级行政机关或者有关部门责令改正，可以对直接负责的主管人员和其他直接责任人员依法给予行政处分：

（一）没有法定的行政处罚依据的；

（二）擅自改变行政处罚种类、幅度的；

（三）违反法定的行政处罚程序的；

（四）违反本法第十八条关于委托处罚的规定的。

第五十六条　行政机关对当事人进行处罚不使用罚款、没收财物单据或者使用非法定部门制发的罚款、没收财物单据的，当事人有权拒绝处罚，并有权予以检举。上级行政机关或者有关部门对使用的非法单据予以收缴销毁，对直接负责的主管人员和其他直接责任人员依法给予行政处分。

第五十七条　行政机关违反本法第四十六条的规定自行收缴罚款的，财政部门违反本法第五十三条的规定向行政机关返还罚款或者拍卖款项的，由上级行政机关或者有关部门责令改正，对直接负责的主管人员和其他直接责任人员依法给予行政处分。

第五十八条　行政机关将罚款、没收的违法所得或者财物截留、私分或者变相私分的，由财政部门或者有关部门予以追缴，对直接负责的主管人员和其他直接责任人员依法给予行政处分；情节严重构成犯罪的，依法追究刑事责任。

执法人员利用职务上的便利，索取或者收受他人财物、收缴罚款据为己有，构成犯罪的，依法追究刑事责任；情节轻微不构成犯罪的，依法给予行政处分。

第五十九条　行政机关使用或者损毁扣押的财物，对当事人造成损失的，应当依法予以赔偿，对直接负责的主管人员和其他直接责任人员依法给予行政处分。

第六十条　行政机关违法实行检查措施或者执行措施，给公民人身或者财产造成损害、给法人或者其他组织造成损失的，应当依法予以赔偿，对直接负责的主管人员和其他直接责任人员依法给予行政处分；情节严重构成犯罪的，依法追究刑事责任。

第六十一条　行政机关为牟取本单位私利，对应当依法移交司法机关追究刑事责任的不移交，以行政处罚代替刑罚，由上级行政机关或者有关部门责令纠正；拒不纠正的，对直接负责的主管人员给予行政处分；徇私舞弊、包庇纵容违法行为的，依照刑法有关规定追究刑事责任。

第六十二条　执法人员玩忽职守，对应当予以制止和处罚的违法行为不予制止、处罚，致使公民、法人或者其他组织的合法权益、公共利益和社会秩序遭受损害的，对直接负责的主管人员和其他直接责任人员依法给予行政处分；情节严重构成犯罪的，依法追究刑事责任。

第八章　附　　则

第六十三条　本法第四十六条罚款决定与罚款收缴分离的规定，由国务院制定具体实施办法。

第六十四条　本法自 1996 年 10 月 1 日起施行。

本法公布前制定的法规和规章关于行政处罚的规定与本法不符合的，应当自本法公布之日起，依照本法规定予以修订，在 1997 年 12 月 31 日前修订完毕。

附：

刑法有关条文

第一百八十八条 司法工作人员徇私舞弊，对明知是无罪的人而使他受追诉、对明知是有罪的人而故意包庇不使他受追诉，或者故意颠倒黑白做枉法裁判的，处五年以下有期徒刑、拘役或者剥夺政治权利；情节特别严重的，处五年以上有期徒刑。

中华人民共和国行政诉讼法

（1989 年 4 月 4 日第七届全国人民代表大会第二次会议通过，自 1990 年 10 月 1 日起施行；2014 年 11 月 1 日第十二届全国人民代表大会常务委员会第十一次会议修正，自 2015 年 5 月 1 日起施行）

第一章　总　　则

第一条　为保证人民法院公正、及时审理行政案件，解决行政争议，保护公民、法人和其他组织的合法权益，监督行政机关依法行使行政职权，根据宪法，制定本法。

第二条　公民、法人或者其他组织认为行政机关和行政机关工作人员的行政行为侵犯其合法权益，有权依照本法向人民法院提起诉讼。

前款所称行政行为，包括法律、法规、规章授权的组织作出的行政行为。

第三条　人民法院应当保障公民、法人和其他组织的起诉权利，对应当受理的行政案件依法受理。

行政机关及其工作人员不得干预、阻碍人民法院受理行政案件。

被诉行政机关负责人应当出庭应诉。不能出庭的，应当委托行政机关相应的工作人员出庭。

第四条　人民法院依法对行政案件独立行使审判权，不受行政机关、社会团体和个人的干涉。

人民法院设行政审判庭，审理行政案件。

第五条　人民法院审理行政案件，以事实为根据，以法律为准绳。

第六条　人民法院审理行政案件，对行政行为是否合法进行审查。

第七条　人民法院审理行政案件，依法实行合议、回避、公开审判和两审终审制度。

第八条　当事人在行政诉讼中的法律地位平等。

第九条　各民族公民都有用本民族语言、文字进行行政诉讼的权利。

在少数民族聚居或者多民族共同居住的地区，人民法院应当用当地民族通用的语言、文字进行审理和发布法律文书。

人民法院应当对不通晓当地民族通用的语言、文字的诉讼参与人提供翻译。

第十条 当事人在行政诉讼中有权进行辩论。

第十一条 人民检察院有权对行政诉讼实行法律监督。

第二章 受案范围

第十二条 人民法院受理公民、法人或者其他组织提起的下列诉讼：

（一）对行政拘留、暂扣或者吊销许可证和执照、责令停产停业、没收违法所得、没收非法财物、罚款、警告等行政处罚不服的；

（二）对限制人身自由或者对财产的查封、扣押、冻结等行政强制措施和行政强制执行不服的；

（三）申请行政许可，行政机关拒绝或者在法定期限内不予答复，或者对行政机关作出的有关行政许可的其他决定不服的；

（四）对行政机关作出的关于确认土地、矿藏、水流、森林、山岭、草原、荒地、滩涂、海域等自然资源的所有权或者使用权的决定不服的；

（五）对征收、征用决定及其补偿决定不服的；

（六）申请行政机关履行保护人身权、财产权等合法权益的法定职责，行政机关拒绝履行或者不予答复的；

（七）认为行政机关侵犯其经营自主权或者农村土地承包经营权、农村土地经营权的；

（八）认为行政机关滥用行政权力排除或者限制竞争的；

（九）认为行政机关违法集资、摊派费用或者违法要求履行其他义务的；

（十）认为行政机关没有依法支付抚恤金、最低生活保障待遇或者社会保险待遇的；

（十一）认为行政机关不依法履行、未按照约定履行或者违法变更、解除政府特许经营协议、土地房屋征收补偿协议等协议的；

（十二）认为行政机关侵犯其他人身权、财产权等合法权益的。

除前款规定外，人民法院受理法律、法规规定可以提起诉讼的其他行政案件。

第十三条 人民法院不受理公民、法人或者其他组织对下列事项提起的诉讼：

（一）国防、外交等国家行为；

（二）行政法规、规章或者行政机关制定、发布的具有普遍约束力的决定、命令；

（三）行政机关对行政机关工作人员的奖惩、任免等决定；

（四）法律规定由行政机关最终裁决的行政行为。

第三章 管 辖

第十四条 基层人民法院管辖第一审行政案件。

第十五条 中级人民法院管辖下列第一审行政案件：

（一）对国务院部门或者县级以上地方人民政府所作的行政行为提起诉讼的案件；

（二）海关处理的案件；

（三）本辖区内重大、复杂的案件；

（四）其他法律规定由中级人民法院管辖的案件。

第十六条 高级人民法院管辖本辖区内重大、复杂的第一审行政案件。

第十七条 最高人民法院管辖全国范围内重大、复杂的第一审行政案件。

第十八条 行政案件由最初作出行政行为的行政机关所在地人民法院管辖。经复议的案件，也可以由复议机关所在地人民法院管辖。

经最高人民法院批准，高级人民法院可以根据审判工作的实际情况，确定若干人民法院跨行政区域管辖行政案件。

第十九条 对限制人身自由的行政强制措施不服提起的诉讼，由被告所在地或者原告所在地人民法院管辖。

第二十条 因不动产提起的行政诉讼，由不动产所在地人民法院管辖。

第二十一条 两个以上人民法院都有管辖权的案件，原告可以选择其中一个人民法院提起诉讼。原告向两个以上有管辖权的人民法院提起诉讼的，由最先立案的人民法院管辖。

第二十二条 人民法院发现受理的案件不属于本院管辖的，应当移送有管辖权的人民法院，受移送的人民法院应当受理。受移送的人民法院认为受移送的案件按照规定不属于本院管辖的，应当报请上级人民法院指定管辖，不得再自行移送。

第二十三条 有管辖权的人民法院由于特殊原因不能行使管辖权的，由上级人民法院指定管辖。

人民法院对管辖权发生争议，由争议双方协商解决。协商不成的，报它们的共同上级人民法院指定管辖。

第二十四条 上级人民法院有权审理下级人民法院管辖的第一审行政案件。

下级人民法院对其管辖的第一审行政案件，认为需要由上级人民法院审理或者指定管辖的，可以报请上级人民法院决定。

第四章　诉讼参加人

第二十五条 行政行为的相对人以及其他与行政行为有利害关系的公民、法人或者其他组织，有权提起诉讼。

有权提起诉讼的公民死亡，其近亲属可以提起诉讼。

有权提起诉讼的法人或者其他组织终止，承受其权利的法人或者其他组织可以提起诉讼。

第二十六条 公民、法人或者其他组织直接向人民法院提起诉讼的，作出行政行为的行政机关是被告。

经复议的案件，复议机关决定维持原行政行为的，作出原行政行为的行政机关和复议机关是共同被告；复议机关改变原行政行为的，复议机关是被告。

复议机关在法定期限内未作出复议决定，公民、法人或者其他组织起诉原行政行为的，作出原行政行为的行政机关是被告；起诉复议机关不作为的，复议机关是被告。

两个以上行政机关作出同一行政行为的，共同作出行政行为的行政机关是共同被告。

行政机关委托的组织所作的行政行为，委托的行政机关是被告。

行政机关被撤销或者职权变更的，继续行使其职权的行政机关是被告。

第二十七条 当事人一方或者双方为二人以上，因同一行政行为发生的行政案件，或者因同类行政行为发生的行政案件、人民法院认为可以合并审理并经当事人同意的，为共同诉讼。

第二十八条 当事人一方人数众多的共同诉讼，可以由当事人推选代表人进行诉讼。代表人的诉讼行为对其所代表的当事人发生效力，但代表人变更、放弃诉讼请求或者承认对方当事人的诉讼请求，应当经被代表的当事人同意。

第二十九条 公民、法人或者其他组织同被诉行政行为有利害关系但没有提起诉讼，或者同案件处理结果有利害关系的，可以作为第三人申请参加诉讼，或者由人民法院通知参加诉讼。

人民法院判决第三人承担义务或者减损第三人权益的，第三人有权依法提起上诉。

第三十条 没有诉讼行为能力的公民，由其法定代理人代为诉讼。法定代理人互相推诿代理责任的，由人民法院指定其中一人代为诉讼。

第三十一条 当事人、法定代理人，可以委托一至二人作为诉讼代理人。

下列人员可以被委托为诉讼代理人：

（一）律师、基层法律服务工作者；

（二）当事人的近亲属或者工作人员；

（三）当事人所在社区、单位以及有关社会团体推荐的公民。

第三十二条 代理诉讼的律师，有权按照规定查阅、复制本案有关材料，有权向有关组织和公民调查、收集与本案有关的证据。对涉及国家秘密、商业秘密和个人隐私的材料，应当依照法律规定保密。

当事人和其他诉讼代理人有权按照规定查阅、复制本案庭审材料，但涉及国家秘密、商业秘密和个人隐私的内容除外。

第五章 证 据

第三十三条 证据包括：

（一）书证；

（二）物证；

（三）视听资料；

（四）电子数据

（五）证人证言；

（六）当事人的陈述；

（七）鉴定意见；

（八）勘验笔录、现场笔录。

以上证据经法庭审查属实，才能作为认定案件事实的根据。

第三十四条 被告对作出的行政行为负有举证责任，应当提供作出该行政行为的证据和所依据的规范性文件。

被告不提供或者无正当理由逾期提供证据，视为没有相应证据。但是，被诉行政行为涉及第三人合法权益，第三人提供证据的除外。

第三十五条 在诉讼过程中，被告及其诉讼代理人不得自行向原告、第三人和证人收集证据。

第三十六条 被告在作出行政行为时已经收集了证据，但因不可抗力等正当事由不能提供的，经人民法院准许，可以延期提供。

原告或者第三人提出了其在行政处理程序中没有提出的理由或者证据的，经人民法院准许，被告可以补充证据。

第三十七条 原告可以提供证明行政行为违法的证据。原告提供的证据不成立的，不免除被告的举证责任。

第三十八条 在起诉被告不履行法定职责的案件中，原告应当提供其向被告提出申请的证据。但有下列情形之一的除外：

（一）被告应当依职权主动履行法定职责的；

（二）原告因正当理由不能提供证据的。

在行政赔偿、补偿的案件中，原告应当对行政行为造成的损害提供证据。因被告的原因导致原告无法举证的，由被告承担举证责任。

第三十九条 人民法院有权要求当事人提供或者补充证据。

第四十条 人民法院有权向有关行政机关以及其他组织、公民调取证据。但是，不得为证明行政行为的合法性调取被告作出行政行为时未收集的证据。

第四十一条 与本案有关的下列证据，原告或者第三人不能自行收集的，可以申请人民法院调取：

（一）由国家机关保存而须由人民法院调取的证据；

（二）涉及国家秘密、商业秘密和个人隐私的证据；

（三）确因客观原因不能自行收集的其他证据。

第四十二条 在证据可能灭失或者以后难以取得的情况下，诉讼参加人可以向人民法院申请保全证据，人民法院也可以主动采取保全措施。

第四十三条 证据应当在法庭上出示，并由当事人互相质证。对涉及国家秘密、商业秘密和个人隐私的证据，不得在公开开庭时出示。

人民法院应当按照法定程序，全面、客观地审查核实证据。对未采纳的证据应当在裁判文书中说明理由。

以非法手段取得的证据，不得作为认定案件事实的根据。

第六章　起诉和受理

第四十四条　对属于人民法院受案范围的行政案件，公民、法人或者其他组织可以先向行政机关申请复议，对复议决定不服的，再向人民法院提起诉讼；也可以直接向人民法院提起诉讼。

法律、法规规定应当先向行政机关申请复议，对复议决定不服再向人民法院提起诉讼的，依照法律、法规的规定。

第四十五条　公民、法人或者其他组织不服复议决定的，可以在收到复议决定书之日起十五日内向人民法院提起诉讼。复议机关逾期不作决定的，申请人可以在复议期满之日起十五日内向人民法院提起诉讼。法律另有规定的除外。

第四十六条　公民、法人或者其他组织直接向人民法院提起诉讼的，应当自知道或者应当知道作出行政行为之日起六个月内提出。法律另有规定的除外。

因不动产提起诉讼的案件自行政行为作出之日起超过二十年，其他案件自行政行为作出之日起超过五年提起诉讼的，人民法院不予受理。

第四十七条　公民、法人或者其他组织申请行政机关履行保护其人身权、财产权等合法权益的法定职责，行政机关在接到申请之日起两个月内不履行的，公民、法人或者其他组织可以向人民法院提起诉讼。法律、法规对行政机关履行职责的期限另有规定的，从其规定。

公民、法人或者其他组织在紧急情况下请求行政机关履行保护其人身权、财产权等合法权益的法定职责，行政机关不履行的，提起诉讼不受前款规定期限的限制。

第四十八条　公民、法人或者其他组织因不可抗力或者其他不属于自身的原因耽误起诉期限的，被耽误的时间不计算在起诉期限内。

公民、法人或者其他组织因前款规定以外的其他特殊情况耽误起诉期限的，在障碍消除后十日内，可以申请延长期限，是否准许由人民法院决定。

第四十九条　提起诉讼应当符合下列条件：

（一）原告是符合本法第二十五条规定的公民、法人或者其他组织；

（二）有明确的被告；

（三）有具体的诉讼请求和事实根据；

（四）属于人民法院受案范围和受诉人民法院管辖。

第五十条　起诉应当向人民法院递交起诉状，并按照被告人数提出副本。

书写起诉状确有困难的，可以口头起诉，由人民法院记入笔录，出具注明日期的书面凭证，并告知对方当事人。

第五十一条　人民法院在接到起诉状时对符合本法规定的起诉条件的，应当登记立案。

对当场不能判定是否符合本法规定的起诉条件的，应当接收起诉状，出具注明收到日期的书面凭证，并在七日内决定是否立案。不符合起诉条件的，作出不予立案的裁定。裁定书应当载明不予立案的理由。原告对裁定不服的，可以提起上诉。

起诉状内容欠缺或者有其他错误的，应当给予指导和释明，并一次性告知当事人需要补正的内容。

不得未经指导和释明即以起诉不符合条件为由不接收起诉状。

对于不接收起诉状、接收起诉状后不出具书面凭证，以及不一次性告知当事人需要补正的起诉状内容的，当事人可以向上级人民法院投诉，上级人民法院应当责令改正，并对直接负责的主管人员和其他直接责任人员依法给予处分。

第五十二条 人民法院既不立案，又不作出不予立案裁定的，当事人可以向上一级人民法院起诉。上一级人民法院认为符合起诉条件的，应当立案、审理，也可以指定其他下级人民法院立案、审理。

第五十三条 公民、法人或者其他组织认为行政行为所依据的国务院部门和地方人民政府及其部门制定的规范性文件不合法，在对行政行为提起诉讼时，可以一并请求对该规范性文件进行审查。

前款规定的规范性文件不含规章。

第七章 审理和判决

第一节 一般规定

第五十四条 人民法院公开审理行政案件，但涉及国家秘密、个人隐私和法律另有规定的除外。

涉及商业秘密的案件，当事人申请不公开审理的，可以不公开审理。

第五十五条 当事人认为审判人员与本案有利害关系或者有其他关系可能影响公正审判，有权申请审判人员回避。

审判人员认为自己与本案有利害关系或者有其他关系，应当申请回避。

前两款规定，适用于书记员、翻译人员、鉴定人、勘验人。

院长担任审判长时的回避，由审判委员会决定；审判人员的回避，由院长决定；其他人员的回避，由审判长决定。当事人对决定不服的，可以申请复议一次。

第五十六条 诉讼期间，不停止行政行为的执行。但有下列情形之一的，裁定停止执行：

（一）被告认为需要停止执行的；

（二）原告或者利害关系人申请停止执行，人民法院认为该行政行为的执行会造成难以弥补的损失，并且停止执行不损害国家利益、社会公共利益的；

（三）人民法院认为该行政行为的执行会给国家利益、社会公共利益造成重大损害的；

（四）法律、法规规定停止执行的。

当事人对停止执行或者不停止执行的裁定不服的，可以申请复议一次。

第五十七条 人民法院对起诉行政机关没有依法支付抚恤金、最低生活保障金和工伤、医疗社会保险金的案件，权利义务关系明确、不先予执行将严重影响原告生活的，可以根据原告的申请，裁定先予执行。

当事人对先予执行裁定不服的，可以申请复议一次。复议期间不停止裁定的执行。

第五十八条 经人民法院传票传唤，原告无正当理由拒不到庭，或者未经法庭许可中途退庭的，可以按照撤诉处理；被告无正当理由拒不到庭，或者未经法庭许可中途退庭的，可以缺席判决。

第五十九条 诉讼参与人或者其他人有下列行为之一的，人民法院可以根据情节轻重，予以训诫、责令具结悔过或者处一万元以下的罚款、十五日以下的拘留；构成犯罪的，依法追究刑事责任：

（一）有义务协助调查、执行的人，对人民法院的协助调查决定、协助执行通知书，无故推拖、拒绝或者妨碍调查、执行的；

（二）伪造、隐藏、毁灭证据或者提供虚假证明材料，妨碍人民法院审理案件的；

（三）指使、贿买、胁迫他人作伪证或者威胁、阻止证人作证的；

（四）隐藏、转移、变卖、毁损已被查封、扣押、冻结的财产的；

（五）以欺骗、胁迫等非法手段使原告撤诉的；

（六）以暴力、威胁或者其他方法阻碍人民法院工作人员执行职务，或者以哄闹、冲击法庭等方法扰乱人民法院工作秩序的；

（七）对人民法院审判人员或者其他工作人员、诉讼参与人、协助调查和执行的人员恐吓、侮辱、诽谤、诬陷、殴打、围攻或者打击报复的。

人民法院对有前款规定的行为之一的单位，可以对其主要负责人或者直接责任人员依照前款规定予以罚款、拘留；构成犯罪的，依法追究刑事责任。

罚款、拘留须经人民法院院长批准。当事人不服的，可以向上一级人民法院申请复议一次。复议期间不停止执行。

第六十条 人民法院审理行政案件，不适用调解。但是，行政赔偿、补偿以及行政机关行使法律、法规规定的自由裁量权的案件可以调解。

调解应当遵循自愿、合法原则，不得损害国家利益、社会公共利益和他人合法权益。

第六十一条 在涉及行政许可、登记、征收、征用和行政机关对民事争议所作的裁决的行政诉讼中，当事人申请一并解决相关民事争议的，人民法院可以一并审理。

在行政诉讼中，人民法院认为行政案件的审理需以民事诉讼的裁判为依据的，可以裁定中止行政诉讼。

第六十二条 人民法院对行政案件宣告判决或者裁定前，原告申请撤诉的，或者被告改变其所作的行政行为，原告同意并申请撤诉的，是否准许，由人民法院裁定。

第六十三条 人民法院审理行政案件，以法律和行政法规、地方性法规为依据。地方性法规适用于本行政区域内发生的行政案件。

人民法院审理民族自治地方的行政案件，并以该民族自治地方的自治条例和单行条例为依据。

人民法院审理行政案件，参照规章。

第六十四条 人民法院在审理行政案件中，经审查认为本法第五十三条规定的规范性文件不合法的，不作为认定行政行为合法的依据，并向制定机关提出处理建议。

第六十五条 人民法院应当公开发生法律效力的判决书、裁定书，供公众查阅，但涉及国家秘密、商业秘密和个人隐私的内容除外。

第六十六条 人民法院在审理行政案件中，认为行政机关的主管人员、直接责任人员违法违纪的，应当将有关材料移送监察机关、该行政机关或者其上一级行政机关；认为有犯罪行为的，应当将有关材料移送公安、检察机关。

人民法院对被告经传票传唤无正当理由拒不到庭，或者未经法庭许可中途退庭的，可以将被告拒不到庭或者中途退庭的情况予以公告，并可以向监察机关或者被告的上一级行政机关提出依法给予其主要负责人或者直接责任人员处分的司法建议。

第二节　第一审普通程序

第六十七条　人民法院应当在立案之日起五日内，将起诉状副本发送被告。被告应当在收到起诉状副本之日起十五日内向人民法院提交作出行政行为的证据和所依据的规范性文件，并提出答辩状。人民法院应当在收到答辩状之日起五日内，将答辩状副本发送原告。

被告不提出答辩状的，不影响人民法院审理。

第六十八条　人民法院审理行政案件，由审判员组成合议庭，或者由审判员、陪审员组成合议庭。合议庭的成员，应当是三人以上的单数。

第六十九条　行政行为证据确凿，适用法律、法规正确，符合法定程序的，或者原告申请被告履行法定职责或者给付义务理由不成立的，人民法院判决驳回原告的诉讼请求。

第七十条　行政行为有下列情形之一的，人民法院判决撤销或者部分撤销，并可以判决被告重新作出行政行为：

（一）主要证据不足的；

（二）适用法律、法规错误的；

（三）违反法定程序的；

（四）超越职权的；

（五）滥用职权的；

（六）明显不当的。

第七十一条　人民法院判决被告重新作出行政行为的，被告不得以同一的事实和理由作出与原行政行为基本相同的行政行为。

第七十二条　人民法院经过审理，查明被告不履行法定职责的，判决被告在一定期限内履行。

第七十三条　人民法院经过审理，查明被告依法负有给付义务的，判决被告履行给付义务。

第七十四条　行政行为有下列情形之一的，人民法院判决确认违法，但不撤销行政行为：

（一）行政行为依法应当撤销，但撤销会给国家利益、社会公共利益造成重大损害的；

（二）行政行为程序轻微违法，但对原告权利不产生实际影响的。

行政行为有下列情形之一，不需要撤销或者判决履行的，人民法院判决确认违法：

（一）行政行为违法，但不具有可撤销内容的；

（二）被告改变原违法行政行为，原告仍要求确认原行政行为违法的；

（三）被告不履行或者拖延履行法定职责，判决履行没有意义的。

第七十五条　行政行为有实施主体不具有行政主体资格或者没有依据等重大且明显违法情形，原告申请确认行政行为无效的，人民法院判决确认无效。

第七十六条 人民法院判决确认违法或者无效的，可以同时判决责令被告采取补救措施；给原告造成损失的，依法判决被告承担赔偿责任。

第七十七条 行政处罚明显不当，或者其他行政行为涉及对款额的确定、认定确有错误的，人民法院可以判决变更。

人民法院判决变更，不得加重原告的义务或者减损原告的权益。但利害关系人同为原告，且诉讼请求相反的除外。

第七十八条 被告不依法履行、未按照约定履行或者违法变更、解除本法第十二条第一款第十一项规定的协议的，人民法院判决被告承担继续履行、采取补救措施或者赔偿损失等责任。

被告变更、解除本法第十二条第一款第十一项规定的协议合法，但未依法给予补偿的，人民法院判决给予补偿。

第七十九条 复议机关与作出原行政行为的行政机关为共同被告的案件，人民法院应当对复议决定和原行政行为一并作出裁判。

第八十条 人民法院对公开审理和不公开审理的案件，一律公开宣告判决。

当庭宣判的，应当在十日内发送判决书；定期宣判的，宣判后立即发给判决书。

宣告判决时，必须告知当事人上诉权利、上诉期限和上诉的人民法院。

第八十一条 人民法院应当在立案之日起六个月内作出第一审判决。有特殊情况需要延长的，由高级人民法院批准，高级人民法院审理第一审案件需要延长的，由最高人民法院批准。

第三节　简易程序

第八十二条 人民法院审理下列第一审行政案件，认为事实清楚、权利义务关系明确、争议不大的，可以适用简易程序：

（一）被诉行政行为是依法当场作出的；

（二）案件涉及款额二千元以下的；

（三）属于政府信息公开案件的。

除前款规定以外的第一审行政案件，当事人各方同意适用简易程序的，可以适用简易程序。

发回重审、按照审判监督程序再审的案件不适用简易程序。

第八十三条 适用简易程序审理的行政案件，由审判员一人独任审理，并应当在立案之日起四十五日内审结。

第八十四条 人民法院在审理过程中，发现案件不宜适用简易程序的，裁定转为普通程序。

第四节　第二审程序

第八十五条 当事人不服人民法院第一审判决的，有权在判决书送达之日起十五日内向上一级人民法院提起上诉。当事人不服人民法院第一审裁定的，有权在裁定书送达之日起十日内向上一级人民法院提起上诉。逾期不提起上诉的，人民法院的第一审判决或者裁定发生法律效力。

第八十六条 人民法院对上诉案件，应当组成合议庭，开庭审理。经过阅卷、调查和询问当事人，对没有提出新的事实、证据或者理由，合议庭认为不需要开庭审理的，也可以不开庭审理。

第八十七条　人民法院审理上诉案件，应当对原审人民法院的判决、裁定和被诉行政行为进行全面审查。

第八十八条　人民法院审理上诉案件，应当在收到上诉状之日起三个月内作出终审判决。有特殊情况需要延长的，由高级人民法院批准，高级人民法院审理上诉案件需要延长的，由最高人民法院批准。

第八十九条　人民法院审上诉案件，按照下列情形，分别处理：

（一）原判决、裁定认定事实清楚，适用法律、法规正确的，判决或者裁定驳回上诉，维持原判决、裁定；

（二）原判决、裁定认定事实错误或者适用法律、法规错误的，依法改判、撤销或者变更；

（三）原判决认定基本事实不清、证据不足的，发回原审人民法院重审，或者查清事实后改判；

（四）原判决遗漏当事人或者违法缺席判决等严重违反法定程序的，裁定撤销原判决，发回原审人民法院重审。

原审人民法院对发回重审的案件作出判决后，当事人提起上诉的，第二审人民法院不得再次发回重审。

人民法院审理上诉案件，需要改变原审判决的，应当同时对被诉行政行为作出判决。

第五节　审判监督程序

第九十条　当事人对已经发生法律效力的判决、裁定，认为确有错误的，可以向上一级人民法院申请再审，但判决、裁定不停止执行。

第九十一条　当事人的申请符合下列情形之一的，人民法院应当再审：

（一）不予立案或者驳回起诉确有错误的；

（二）有新的证据，足以推翻原判决、裁定的；

（三）原判决、裁定认定事实的主要证据不足、未经质证或者系伪造的；

（四）原判决、裁定适用法律、法规确有错误的；

（五）违反法律规定的诉讼程序，可能影响公正审判的；

（六）原判决、裁定遗漏诉讼请求的；

（七）据以作出原判决、裁定的法律文书被撤销或者变更的；

（八）审判人员在审理该案件时有贪污受贿、徇私舞弊、枉法裁判行为的。

第九十二条　各级人民法院院长对本院已经发生法律效力的判决、裁定，发现有本法第九十一条规定情形之一，或者发现调解违反自愿原则或者调解书内容违法，认为需要再审的，应当提交审判委员会讨论决定。

最高人民法院对地方各级人民法院已经发生法律效力的判决、裁定，上级人民法院对下级人民法院已经发生法律效力的判决、裁定，发现有本法第九十一条规定情形之一，或者发现调解违反自愿原则或者调解书内容违法的，有权提审或者指令下级人民法院再审。

第九十三条　最高人民检察院对各级人民法院已经发生法律效力的判决、裁定，上级人民检察院对人民法院已经发生法律效力的判决、裁定，发现有本法第九十一条规定情形之一，或者发现调解书损害国家利益、社会公共利益的，应当提出抗诉。

地方各级人民检察院对同级人民法院已经发生法律效力的判决、裁定，发现有本法第九十一条规定情形之一，或者发现调解书损害国家利益、社会公共利益的，可以向同级人民法院提出检察建议，并报上级人民检察院备案；也可以提请上级人民检察院向同级人民法院提出抗诉。

各级人民检察院对审判监督程序以外的其他审判程序中审判人员的违法行为，有权向同级人民法院提出检察建议。

第八章 执 行

第九十四条 当事人必须履行人民法院发生法律效力的判决、裁定、调解书。

第九十五条 公民、法人或者其他组织拒绝履行判决、裁定、调解书的，行政机关或者第三人可以向第一审人民法院申请强制执行，或者由行政机关依法强制执行。

第九十六条 行政机关拒绝履行判决、裁定、调解书的，第一审人民法院可以采取下列措施：

（一）对应当归还的罚款或者应当给付的款额，通知银行从该行政机关的账户内划拨；

（二）在规定期限内不履行的，从期满之日起，对该行政机关负责人按日处五十元至一百元的罚款；

（三）将行政机关拒绝履行的情况予以公告；

（四）向监察机关或者该行政机关的上一级行政机关提出司法建议。接受司法建议的机关，根据有关规定进行处理，并将处理情况告知人民法院；

（五）拒不履行判决、裁定、调解书，社会影响恶劣的，可以对该行政机关直接负责的主管人员和其他直接责任人员予以拘留；情节严重，构成犯罪的，依法追究刑事责任。

第九十七条 公民、法人或者其他组织对行政行为在法定期间不提起诉讼又不履行的，行政机关可以申请人民法院强制执行，或者依法强制执行。

第九十八条 行政机关或者行政机关工作人员作出的行政行为侵犯公民、法人或者其他组织的合法权益造成损害的，由该行政机关或者该行政机关工作人员所在的行政机关负责赔偿。

行政机关赔偿损失后，应当责令有故意或者重大过失的行政机关工作人员承担部分或者全部赔偿费用。

第九章 涉外行政诉讼

第九十九条 外国人、无国籍人、外国组织在中华人民共和国进行行政诉讼，适用本法。法律另有规定的除外。

第一百条 外国人、无国籍人、外国组织在中华人民共和国进行行政诉讼，同中华人民共和国公民、组织有同等的诉讼权利和义务。

外国法院对中华人民共和国公民、组织的行政诉讼权利加以限制的，人民法院对该国公民、组织的行政诉讼权利，实行对等原则。

第一百零一条 人民法院审理行政案件，关于期间、送达、财产保全、开庭审理、调解、中止诉讼、终结诉讼、简易程序、执行等，以及人民检察院对行政案件受理、审理、裁判、执行的监督，本法没有规定的，适用《中华人民共和国民事诉讼法》的相关规定。

第一百零二条 外国人、无国籍人、外国组织在中华人民共和国进行行政诉讼，委托律师代理诉讼的，应当委托中华人民共和国律师机构的律师。

第十章 附 则

第一百零三条 人民法院审理行政案件，应当收取诉讼费用。诉讼费用由败诉方承担，双方都有责任的由双方分担。收取诉讼费用的具体办法另行规定。

第一百零四条 本法自 1990 年 10 月 1 日起施行。

第二节　法规（及配套条例）

重大动物疫情应急条例

（经 2005 年 11 月 16 日国务院第 113 次常务会议通过，国务院令第 450 号公布实施）

第一章　总　则

第一条　为了迅速控制、扑灭重大动物疫情，保障养殖业生产安全，保护公众身体健康与生命安全，维护正常的社会秩序，根据《中华人民共和国动物防疫法》，制定本条例。

第二条　本条例所称重大动物疫情，是指高致病性禽流感等发病率或者死亡率高的动物疫病突然发生，迅速传播，给养殖业生产安全造成严重威胁、危害，以及可能对公众身体健康与生命安全造成危害的情形，包括特别重大动物疫情。

第三条　重大动物疫情应急工作应当坚持加强领导、密切配合，依靠科学、依法防治，群防群控、果断处置的方针，及时发现，快速反应，严格处理，减少损失。

第四条　重大动物疫情应急工作按照属地管理的原则，实行政府统一领导、部门分工负责，逐级建立责任制。

县级以上人民政府兽医主管部门具体负责组织重大动物疫情的监测、调查、控制、扑灭等应急工作。

县级以上人民政府林业主管部门、兽医主管部门按照职责分工，加强对陆生野生动物疫源疫病的监测。

县级以上人民政府其他有关部门在各自的职责范围内，做好重大动物疫情的应急工作。

第五条　出入境检验检疫机关应当及时收集境外重大动物疫情信息，加强进出境动物及其产品的检验检疫工作，防止动物疫病传入和传出。兽医主管部门要及时向出入境检验检疫机关通报国内重大动物疫情。

第六条　国家鼓励、支持开展重大动物疫情监测、预防、应急处理等有关技术的科学研究和国际交流与合作。

第七条　县级以上人民政府应当对参加重大动物疫情应急处理的人员给予适当补助，对作出贡献的人员给予表彰和奖励。

第八条　对不履行或者不按照规定履行重大动物疫情应急处理职责的行为，任何单位和个人有权检举控告。

第二章　应急准备

第九条　国务院兽医主管部门应当制定全国重大动物疫情应急预案，报国务院批准，并按照不同动物疫病病种及其流行特点和危害程度，分别制定实施方案，报国务院备案。

县级以上地方人民政府根据本地区的实际情况，制定本行政区域的重大动物疫情应急预案，报上一级人民政府兽医主管部门备案。县级以上地方人民政府兽医主管部门，应当按照不同动物疫病病种及其流行特点和危害程度，分别制定实施方案。

重大动物疫情应急预案及其实施方案应当根据疫情的发展变化和实施情况，及时修改、完善。

第十条 重大动物疫情应急预案主要包括下列内容：

（一）应急指挥部的职责、组成以及成员单位的分工；

（二）重大动物疫情的监测、信息收集、报告和通报；

（三）动物疫病的确认、重大动物疫情的分级和相应的应急处理工作方案；

（四）重大动物疫情疫源的追踪和流行病学调查分析；

（五）预防、控制、扑灭重大动物疫情所需资金的来源、物资和技术的储备与调度；

（六）重大动物疫情应急处理设施和专业队伍建设。

第十一条 国务院有关部门和县级以上地方人民政府及其有关部门，应当根据重大动物疫情应急预案的要求，确保应急处理所需的疫苗、药品、设施设备和防护用品等物资的储备。

第十二条 县级以上人民政府应当建立和完善重大动物疫情监测网络和预防控制体系，加强动物防疫基础设施和乡镇动物防疫组织建设，并保证其正常运行，提高对重大动物疫情的应急处理能力。

第十三条 县级以上地方人民政府根据重大动物疫情应急需要，可以成立应急预备队，在重大动物疫情应急指挥部的指挥下，具体承担疫情的控制和扑灭任务。

应急预备队由当地兽医行政管理人员、动物防疫工作人员、有关专家、执业兽医等组成；必要时，可以组织动员社会上有一定专业知识的人员参加。公安机关、中国人民武装警察部队应当依法协助其执行任务。

应急预备队应当定期进行技术培训和应急演练。

第十四条 县级以上人民政府及其兽医主管部门应当加强对重大动物疫情应急知识和重大动物疫病科普知识的宣传，增强全社会的重大动物疫情防范意识。

第三章 监测、报告和公布

第十五条 动物防疫监督机构负责重大动物疫情的监测，饲养、经营动物和生产、经营动物产品的单位和个人应当配合，不得拒绝和阻碍。

第十六条 从事动物隔离、疫情监测、疫病研究与诊疗、检验检疫以及动物饲养、屠宰加工、运输、经营等活动的有关单位和个人，发现动物出现群体发病或者死亡的，应当立即向所在地的县（市）动物防疫监督机构报告。

第十七条 县（市）动物防疫监督机构接到报告后，应当立即赶赴现场调查核实。初步认为属于重大动物疫情的，应当在 2 小时内将情况逐级报省、自治区、直辖市动物防疫监督机构，并同时报所在地人民政府兽医主管部门；兽医主管部门应当及时通报同级卫生主管部门。

省、自治区、直辖市动物防疫监督机构应当在接到报告后 1 小时内，向省、自治区、直辖市人民政府兽医主管部门和国务院兽医主管部门所属的动物防疫监督机构报告。

省、自治区、直辖市人民政府兽医主管部门应当在接到报告后 1 小时内报本级人民政府和国务院兽医主管部门。

重大动物疫情发生后，省、自治区、直辖市人民政府和国务院兽医主管部门应当在 4 小时内向国务院报告。

第十八条 重大动物疫情报告包括下列内容：

（一）疫情发生的时间、地点；

（二）染疫、疑似染疫动物种类和数量、同群动物数量、免疫情况、死亡数量、临床症状、病理变化、诊断情况；

（三）流行病学和疫源追踪情况；

（四）已采取的控制措施；

（五）疫情报告的单位、负责人、报告人及联系方式。

第十九条 重大动物疫情由省、自治区、直辖市人民政府兽医主管部门认定；必要时，由国务院兽医主管部门认定。

第二十条 重大动物疫情由国务院兽医主管部门按照国家规定的程序，及时准确公布；其他任何单位和个人不得公布重大动物疫情。

第二十一条 重大动物疫病应当由动物防疫监督机构采集病料，未经国务院兽医主管部门或者省、自治区、直辖市人民政府兽医主管部门批准，其他单位和个人不得擅自采集病料。

从事重大动物疫病病原分离的，应当遵守国家有关生物安全管理规定，防止病原扩散。

第二十二条 国务院兽医主管部门应当及时向国务院有关部门和军队有关部门以及各省、自治区、直辖市人民政府兽医主管部门通报重大动物疫情的发生和处理情况。

第二十三条 发生重大动物疫情可能感染人群时，卫生主管部门应当对疫区内易受感染的人群进行监测，并采取相应的预防、控制措施。卫生主管部门和兽医主管部门应当及时相互通报情况。

第二十四条 有关单位和个人对重大动物疫情不得瞒报、谎报、迟报，不得授意他人瞒报、谎报、迟报，不得阻碍他人报告。

第二十五条 在重大动物疫情报告期间，有关动物防疫监督机构应当立即采取临时隔离控制措施；必要时，当地县级以上地方人民政府可以作出封锁决定并采取扑杀、销毁等措施。有关单位和个人应当执行。

第四章　应急处理

第二十六条 重大动物疫情发生后，国务院和有关地方人民政府设立的重大动物疫情应急指挥部统一领导、指挥重大动物疫情应急工作。

第二十七条 重大动物疫情发生后，县级以上地方人民政府兽医主管部门应当立即划定疫点、疫区和受威胁区，调查疫源，向本级人民政府提出启动重大动物疫情应急指挥系统、应急预案和对疫区实行封锁的建议，有关人民政府应当立即作出决定。

疫点、疫区和受威胁区的范围应当按照不同动物疫病病种及其流行特点和危害程度划定，具体划定标准由国务院兽医主管部门制定。

第二十八条　国家对重大动物疫情应急处理实行分级管理，按照应急预案确定的疫情等级，由有关人民政府采取相应的应急控制措施。

第二十九条　对疫点应当采取下列措施：

（一）扑杀并销毁染疫动物和易感染的动物及其产品；

（二）对病死的动物、动物排泄物、被污染饲料、垫料、污水进行无害化处理；

（三）对被污染的物品、用具、动物圈舍、场地进行严格消毒。

第三十条　对疫区应当采取下列措施：

（一）在疫区周围设置警示标志，在出入疫区的交通路口设置临时动物检疫消毒站，对出入的人员和车辆进行消毒；

（二）扑杀并销毁染疫和疑似染疫动物及其同群动物，销毁染疫和疑似染疫的动物产品，对其他易感染的动物实行圈养或者在指定地点放养，役用动物限制在疫区内使役；

（三）对易感染的动物进行监测，并按照国务院兽医主管部门的规定实施紧急免疫接种，必要时对易感染的动物进行扑杀；

（四）关闭动物及动物产品交易市场，禁止动物进出疫区和动物产品运出疫区；

（五）对动物圈舍、动物排泄物、垫料、污水和其他可能受污染的物品、场地，进行消毒或者无害化处理。

第三十一条　对受威胁区应当采取下列措施：

（一）对易感染的动物进行监测；

（二）对易感染的动物根据需要实施紧急免疫接种。

第三十二条　重大动物疫情应急处理中设置临时动物检疫消毒站以及采取隔离、扑杀、销毁、消毒、紧急免疫接种等控制、扑灭措施的，由有关重大动物疫情应急指挥部决定，有关单位和个人必须服从；拒不服从的，由公安机关协助执行。

第三十三条　国家对疫区、受威胁区内易感染的动物免费实施紧急免疫接种；对因采取扑杀、销毁等措施给当事人造成的已经证实的损失，给予合理补偿。紧急免疫接种和补偿所需费用，由中央财政和地方财政分担。

第三十四条　重大动物疫情应急指挥部根据应急处理需要，有权紧急调集人员、物资、运输工具以及相关设施、设备。

单位和个人的物资、运输工具以及相关设施、设备被征集使用的，有关人民政府应当及时归还并给予合理补偿。

第三十五条　重大动物疫情发生后，县级以上人民政府兽医主管部门应当及时提出疫点、疫区、受威胁区的处理方案，加强疫情监测、流行病学调查、疫源追踪工作，对染疫和疑似染疫动物及其同群动物和其他易感染动物的扑杀、销毁进行技术指导，并组织实施检验检疫、消毒、无害化处理和紧急免疫接种。

第三十六条 重大动物疫情应急处理中，县级以上人民政府有关部门应当在各自的职责范围内，做好重大动物疫情应急所需的物资紧急调度和运输、应急经费安排、疫区群众救济、人的疫病防治、肉食品供应、动物及其产品市场监管、出入境检验检疫和社会治安维护等工作。

中国人民解放军、中国人民武装警察部队应当支持配合驻地人民政府做好重大动物疫情的应急工作。

第三十七条 重大动物疫情应急处理中，乡镇人民政府、村民委员会、居民委员会应当组织力量，向村民、居民宣传动物疫病防治的相关知识，协助做好疫情信息的收集、报告和各项应急处理措施的落实工作。

第三十八条 重大动物疫情发生地的人民政府和毗邻地区的人民政府应当通力合作，相互配合，做好重大动物疫情的控制、扑灭工作。

第三十九条 有关人民政府及其有关部门对参加重大动物疫情应急处理的人员，应当采取必要的卫生防护和技术指导等措施。

第四十条 自疫区内最后一头（只）发病动物及其同群动物处理完毕起，经过一个潜伏期以上的监测，未出现新的病例的，彻底消毒后，经上一级动物防疫监督机构验收合格，由原发布封锁令的人民政府宣布解除封锁，撤销疫区；由原批准机关撤销在该疫区设立的临时动物检疫消毒站。

第四十一条 县级以上人民政府应当将重大动物疫情确认、疫区封锁、扑杀及其补偿、消毒、无害化处理、疫源追踪、疫情监测以及应急物资储备等应急经费列入本级财政预算。

第五章　法律责任

第四十二条 违反本条例规定，兽医主管部门及其所属的动物防疫监督机构有下列行为之一的，由本级人民政府或者上级人民政府有关部门责令立即改正、通报批评、给予警告；对主要负责人、负有责任的主管人员和其他责任人员，依法给予记大过、降级、撤职直至开除的行政处分；构成犯罪的，依法追究刑事责任：

（一）不履行疫情报告职责，瞒报、谎报、迟报或者授意他人瞒报、谎报、迟报，阻碍他人报告重大动物疫情的；

（二）在重大动物疫情报告期间，不采取临时隔离控制措施，导致动物疫情扩散的；

（三）不及时划定疫点、疫区和受威胁区，不及时向本级人民政府提出应急处理建议，或者不按照规定对疫点、疫区和受威胁区采取预防、控制、扑灭措施的；

（四）不向本级人民政府提出启动应急指挥系统、应急预案和对疫区的封锁建议的；

（五）对动物扑杀、销毁不进行技术指导或者指导不力，或者不组织实施检验检疫、消毒、无害化处理和紧急免疫接种的；

（六）其他不履行本条例规定的职责，导致动物疫病传播、流行，或者对养殖业生产安全和公众身体健康与生命安全造成严重危害的。

第四十三条 违反本条例规定，县级以上人民政府有关部门不履行应急处理职责，不执行对疫点、疫区和受威胁区采取的措施，或者对上级人民政府有关部门的疫情调查不予配合或者阻碍、拒绝的，由本级人民政府或者上级人民政府有关部门责令立即改正、通报批评、给予警告；对主要负责人、负有责任的主管人员和其他责任人员，依法给予记大过、降级、撤职直至开除的行政处分；构成犯罪的，依法追究刑事责任。

第四十四条 违反本条例规定，有关地方人民政府阻碍报告重大动物疫情，不履行应急处理职责，不按照规定对疫点、疫区和受威胁区采取预防、控制、扑灭措施，或者对上级人民政府有关部门的疫情调查不予配合或者阻碍、拒绝的，由上级人民政府责令立即改正、通报批评、给予警告；对政府主要领导人依法给予记大过、降级、撤职直至开除的行政处分；构成犯罪的，依法追究刑事责任。

第四十五条 截留、挪用重大动物疫情应急经费，或者侵占、挪用应急储备物资的，按照《财政违法行为处罚处分条例》的规定处理；构成犯罪的，依法追究刑事责任。

第四十六条 违反本条例规定，拒绝、阻碍动物防疫监督机构进行重大动物疫情监测，或者发现动物出现群体发病或者死亡，不向当地动物防疫监督机构报告的，由动物防疫监督机构给予警告，并处2000元以上5000元以下的罚款；构成犯罪的，依法追究刑事责任。

第四十七条 违反本条例规定，擅自采集重大动物疫病病料，或者在重大动物疫病病原分离时不遵守国家有关生物安全管理规定的，由动物防疫监督机构给予警告，并处5000元以下的罚款；构成犯罪的，依法追究刑事责任。

第四十八条 在重大动物疫情发生期间，哄抬物价、欺骗消费者，散布谣言、扰乱社会秩序和市场秩序的，由价格主管部门、工商行政管理部门或者公安机关依法给予行政处罚；构成犯罪的，依法追究刑事责任。

第六章 附 则

第四十九条 本条例自公布之日起施行。

病原微生物实验室生物安全管理条例

（经 2004 年 11 月 5 日国务院第 69 次常务会议通过，国务院令第 424 号公布实施）

第一章 总 则

第一条 为了加强病原微生物实验室（以下称实验室）生物安全管理，保护实验室工作人员和公众的健康，制定本条例。

第二条 对中华人民共和国境内的实验室及其从事实验活动的生物安全管理，适用本条例。

本条例所称病原微生物，是指能够使人或者动物致病的微生物。

本条例所称实验活动，是指实验室从事与病原微生物菌（毒）种、样本有关的研究、教学、检测、诊断等活动。

第三条 国务院卫生主管部门主管与人体健康有关的实验室及其实验活动的生物安全监督工作。

国务院兽医主管部门主管与动物有关的实验室及其实验活动的生物安全监督工作。

国务院其他有关部门在各自职责范围内负责实验室及其实验活动的生物安全管理工作。

县级以上地方人民政府及其有关部门在各自职责范围内负责实验室及其实验活动的生物安全管理工作。

第四条 国家对病原微生物实行分类管理，对实验室实行分级管理。

第五条 国家实行统一的实验室生物安全标准。实验室应当符合国家标准和要求。

第六条 实验室的设立单位及其主管部门负责实验室日常活动的管理，承担建立健全安全管理制度，检查、维护实验设施、设备，控制实验室感染的职责。

第二章 病原微生物的分类和管理

第七条 国家根据病原微生物的传染性、感染后对个体或者群体的危害程度，将病原微生物分为四类：

第一类病原微生物，是指能够引起人类或者动物非常严重疾病的微生物，以及我国尚未发现或者已经宣布消灭的微生物。

第二类病原微生物，是指能够引起人类或者动物严重疾病，比较容易直接或者间接在人与人、动物与人、动物与动物间传播的微生物。

第三类病原微生物，是指能够引起人类或者动物疾病，但一般情况下对人、动物或者环境不构成严重危害，传播风险有限，实验室感染后很少引起严重疾病，并且具备有效治疗和预防措施的微生物。

第四类病原微生物，是指在通常情况下不会引起人类或者动物疾病的微生物。

第一类、第二类病原微生物统称为高致病性病原微生物。

第八条　人间传染的病原微生物名录由国务院卫生主管部门商国务院有关部门后制定、调整并予以公布；动物间传染的病原微生物名录由国务院兽医主管部门商国务院有关部门后制定、调整并予以公布。

第九条　采集病原微生物样本应当具备下列条件：

（一）具有与采集病原微生物样本所需要的生物安全防护水平相适应的设备；

（二）具有掌握相关专业知识和操作技能的工作人员；

（三）具有有效的防止病原微生物扩散和感染的措施；

（四）具有保证病原微生物样本质量的技术方法和手段。

采集高致病性病原微生物样本的工作人员在采集过程中应当防止病原微生物扩散和感染，并对样本的来源、采集过程和方法等作详细记录。

第十条　运输高致病性病原微生物菌（毒）种或者样本，应当通过陆路运输；没有陆路通道，必须经水路运输的，可以通过水路运输；紧急情况下或者需要将高致病性病原微生物菌（毒）种或者样本运往国外的，可以通过民用航空运输。

第十一条　运输高致病性病原微生物菌（毒）种或者样本，应当具备下列条件：

（一）运输目的、高致病性病原微生物的用途和接收单位符合国务院卫生主管部门或者兽医主管部门的规定；

（二）高致病性病原微生物菌（毒）种或者样本的容器应当密封，容器或者包装材料还应当符合防水、防破损、防外泄、耐高（低）温、耐高压的要求；

（三）容器或者包装材料上应当印有国务院卫生主管部门或者兽医主管部门规定的生物危险标识、警告用语和提示用语。

运输高致病性病原微生物菌（毒）种或者样本，应当经省级以上人民政府卫生主管部门或者兽医主管部门批准。在省、自治区、直辖市行政区域内运输的，由省、自治区、直辖市人民政府卫生主管部门或者兽医主管部门批准；需要跨省、自治区、直辖市运输或者运往国外的，由出发地的省、自治区、直辖市人民政府卫生主管部门或者兽医主管部门进行初审后，分别报国务院卫生主管部门或者兽医主管部门批准。

出入境检验检疫机构在检验检疫过程中需要运输病原微生物样本的，由国务院出入境检验检疫部门批准，并同时向国务院卫生主管部门或者兽医主管部门通报。

通过民用航空运输高致病性病原微生物菌（毒）种或者样本的，除依照本条第二款、第三款规定取得批准外，还应当经国务院民用航空主管部门批准。

有关主管部门应当对申请人提交的关于运输高致性病原微生物菌（毒）种或者样本的申请材料进行审查，对符合本条第一款规定条件的，应当即时批准。

第十二条　运输高致病性病原微生物菌（毒）种或者样本，应当由不少于 2 人的专人护送，并采取相应的防护措施。

有关单位或者个人不得通过公共电（汽）车和城市铁路运输病原微生物菌（毒）种或者样本。

第十三条　需要通过铁路、公路、民用航空等公共交通工具运输高致病性病原微生物菌（毒）种或者样本的，承运单位应当凭本条例第十一条规定的批准文件予以运输。

承运单位应当与护送人共同采取措施,确保所运输的高致病性病原微生物菌(毒)种或者样本的安全,严防发生被盗、被抢、丢失、泄漏事件。

第十四条 国务院卫生主管部门或者兽医主管部门指定的菌(毒)种保藏中心或者专业实验室(以下称保藏机构),承担集中储存病原微生物菌(毒)种和样本的任务。

保藏机构应当依照国务院卫生主管部门或者兽医主管部门的规定,储存实验室送交的病原微生物菌(毒)种和样本,并向实验室提供病原微生物菌(毒)种和样本。

保藏机构应当制定严格的安全保管制度,作好病原微生物菌(毒)种和样本进出和储存的记录,建立档案制度,并指定专人负责。对高致病性病原微生物菌(毒)种和样本应当设专库或者专柜单独储存。

保藏机构储存、提供病原微生物菌(毒)种和样本,不得收取任何费用,其经费由同级财政在单位预算中予以保障。

保藏机构的管理办法由国务院卫生主管部门会同国务院兽医主管部门制定。

第十五条 保藏机构应当凭实验室依照本条例的规定取得的从事高致病性病原微生物相关实验活动的批准文件,向实验室提供高致病性病原微生物菌(毒)种和样本,并予以登记。

第十六条 实验室在相关实验活动结束后,应当依照国务院卫生主管部门或者兽医主管部门的规定,及时将病原微生物菌(毒)种和样本就地销毁或者送交保藏机构保管。

保藏机构接受实验室送交的病原微生物菌(毒)种和样本,应当予以登记,并开具接收证明。

第十七条 高致病性病原微生物菌(毒)种或者样本在运输、储存中被盗、被抢、丢失、泄漏的,承运单位、护送人、保藏机构应当采取必要的控制措施,并在2小时内分别向承运单位的主管部门、护送人所在单位和保藏机构的主管部门报告,同时向所在地的县级人民政府卫生主管部门或者兽医主管部门报告,发生被盗、被抢、丢失的,还应当向公安机关报告;接到报告的卫生主管部门或者兽医主管部门应当在2小时内向本级人民政府报告,并同时向上级人民政府卫生主管部门或者兽医主管部门和国务院卫生主管部门或者兽医主管部门报告。

县级人民政府应当在接到报告后2小时内向设区的市级人民政府或者上一级人民政府报告;设区的市级人民政府应当在接到报告后2小时内向省、自治区、直辖市人民政府报告。省、自治区、直辖市人民政府应当在接到报告后1小时内,向国务院卫生主管部门或者兽医主管部门报告。

任何单位和个人发现高致病性病原微生物菌(毒)种或者样本的容器或者包装材料,应当及时向附近的卫生主管部门或者兽医主管部门报告;接到报告的卫生主管部门或者兽医主管部门应当及时组织调查核实,并依法采取必要的控制措施。

第三章 实验室的设立与管理

第十八条 国家根据实验室对病原微生物的生物安全防护水平,并依照实验室生物安全国家标准的规定,将实验室分为一级、二级、三级、四级。

第十九条 新建、改建、扩建三级、四级实验室或者生产、进口移动式三级、四级实验室应当遵守下列规定:

（一）符合国家生物安全实验室体系规划并依法履行有关审批手续；

（二）经国务院科技主管部门审查同意；

（三）符合国家生物安全实验室建筑技术规范；

（四）依照《中华人民共和国环境影响评价法》的规定进行环境影响评价并经环境保护主管部门审查批准；

（五）生物安全防护级别与其拟从事的实验活动相适应。

前款规定所称国家生物安全实验室体系规划，由国务院投资主管部门会同国务院有关部门制定。制定国家生物安全实验室体系规划应当遵循总量控制、合理布局、资源共享的原则，并应当召开听证会或者论证会，听取公共卫生、环境保护、投资管理和实验室管理等方面专家的意见。

第二十条　三级、四级实验室应当通过实验室国家认可。

国务院认证认可监督管理部门确定的认可机构应当依照实验室生物安全国家标准以及本条例的有关规定，对三级、四级实验室进行认可；实验室通过认可的，颁发相应级别的生物安全实验室证书。证书有效期为 5 年。

第二十一条　一级、二级实验室不得从事高致病性病原微生物实验活动。三级、四级实验室从事高致病性病原微生物实验活动，应当具备下列条件：

（一）实验目的和拟从事的实验活动符合国务院卫生主管部门或者兽医主管部门的规定；

（二）通过实验室国家认可；

（三）具有与拟从事的实验活动相适应的工作人员；

（四）工程质量经建筑主管部门依法检测验收合格。

国务院卫生主管部门或者兽医主管部门依照各自职责对三级、四级实验室是否符合上述条件进行审查；对符合条件的，发给从事高致病性病原微生物实验活动的资格证书。

第二十二条　取得从事高致病性病原微生物实验活动资格证书的实验室，需要从事某种高致病性病原微生物或者疑似高致病性病原微生物实验活动的，应当依照国务院卫生主管部门或者兽医主管部门的规定报省级以上人民政府卫生主管部门或者兽医主管部门批准。实验活动结果以及工作情况应当向原批准部门报告。

实验室申报或者接受与高致病性病原微生物有关的科研项目，应当符合科研需要和生物安全要求，具有相应的生物安全防护水平，并经国务院卫生主管部门或者兽医主管部门同意。

第二十三条　出入境检验检疫机构、医疗卫生机构、动物防疫机构在实验室开展检测、诊断工作时，发现高致病性病原微生物或者疑似高致病性病原微生物，需要进一步从事这类高致病性病原微生物相关实验活动的，应当依照本条例的规定经批准同意，并在取得相应资格证书的实验室中进行。

专门从事检测、诊断的实验室应当严格依照国务院卫生主管部门或者兽医主管部门的规定，建立健全规章制度，保证实验室生物安全。

第二十四条　省级以上人民政府卫生主管部门或者兽医主管部门应当自收到需要从事高致病性病原微生物相关实验活动的申请之日起 15 日内作出是否批准的决定。

对出入境检验检疫机构为了检验检疫工作的紧急需要，申请在实验室对高致病性病原微生物或者疑似高致病性病原微生物开展进一步实验活动的，省级以上人民政府卫生主管部门或者兽医主管部门应当自收到申请之时起2小时内作出是否批准的决定；2小时内未作出决定的，实验室可以从事相应的实验活动。

省级以上人民政府卫生主管部门或者兽医主管部门应当为申请人通过电报、电传、传真、电子数据交换和电子邮件等方式提出申请提供方便。

第二十五条 新建、改建或者扩建一级、二级实验室，应当向设区的市级人民政府卫生主管部门或者兽医主管部门备案。设区的市级人民政府卫生主管部门或者兽医主管部门应当每年将备案情况汇总后报省、自治区、直辖市人民政府卫生主管部门或者兽医主管部门。

第二十六条 国务院卫生主管部门和兽医主管部门应当定期汇总并互相通报实验室数量和实验室设立、分布情况，以及取得从事高致病性病原微生物实验活动资格证书的三级、四级实验室及其从事相关实验活动的情况。

第二十七条 已经建成并通过实验室国家认可的三级、四级实验室应当向所在地的县级人民政府环境保护主管部门备案。环境保护主管部门依照法律、行政法规的规定对实验室排放的废水、废气和其他废物处置情况进行监督检查。

第二十八条 对我国尚未发现或者已经宣布消灭的病原微生物，任何单位和个人未经批准不得从事相关实验活动。

为了预防、控制传染病，需要从事前款所指病原微生物相关实验活动的，应当经国务院卫生主管部门或者兽医主管部门批准，并在批准部门指定的专业实验室中进行。

第二十九条 实验室使用新技术、新方法从事高致病性病原微生物相关实验活动的，应当符合防止高致病性病原微生物扩散、保证生物安全和操作者人身安全的要求，并经国家病原微生物实验室生物安全专家委员会论证；经论证可行的，方可使用。

第三十条 需要在动物体上从事高致病性病原微生物相关实验活动的，应当在符合动物实验室生物安全国家标准的三级以上实验室进行。

第三十一条 实验室的设立单位负责实验室的生物安全管理。

实验室的设立单位应当依照本条例的规定制定科学、严格的管理制度，并定期对有关生物安全规定的落实情况进行检查，定期对实验室设施、设备、材料等进行检查、维护和更新，以确保其符合国家标准。

实验室的设立单位及其主管部门应当加强对实验室日常活动的管理。

第三十二条 实验室负责人为实验室生物安全的第一责任人。

实验室从事实验活动应当严格遵守有关国家标准和实验室技术规范、操作规程。实验室负责人应当指定专人监督检查实验室技术规范和操作规程的落实情况。

第三十三条 从事高致病性病原微生物相关实验活动的实验室的设立单位，应当建立健全安全保卫制度，采取安全保卫措施，严防高致病性病原微生物被盗、被抢、丢失、泄漏，保障实验室及其病原微生物的安全。实验室发生高致病性病原微生物被盗、被抢、丢失、泄漏的，实验室的设立单位应当依照本条例第十七条的规定进行报告。

从事高致病性病原微生物相关实验活动的实验室应当向当地公安机关备案，并接受公安机关有关实验室安全保卫工作的监督指导。

第三十四条 实验室或者实验室的设立单位应当每年定期对工作人员进行培训，保证其掌握实验室技术规范、操作规程、生物安全防护知识和实际操作技能，并进行考核。工作人员经考核合格的，方可上岗。

从事高致病性病原微生物相关实验活动的实验室，应当每半年将培训、考核其工作人员的情况和实验室运行情况向省、自治区、直辖市人民政府卫生主管部门或者兽医主管部门报告。

第三十五条 从事高致病性病原微生物相关实验活动应当有 2 名以上的工作人员共同进行。

进入从事高致病性病原微生物相关实验活动的实验室的工作人员或者其他有关人员，应当经实验室负责人批准。实验室应当为其提供符合防护要求的防护用品并采取其他职业防护措施。从事高致病性病原微生物相关实验活动的实验室，还应当对实验室工作人员进行健康监测，每年组织对其进行体检，并建立健康档案；必要时，应当对实验室工作人员进行预防接种。

第三十六条 在同一个实验室的同一个独立安全区域内，只能同时从事一种高致病性病原微生物的相关实验活动。

第三十七条 实验室应当建立实验档案，记录实验室使用情况和安全监督情况。实验室从事高致病性病原微生物相关实验活动的实验档案保存期，不得少于 20 年。

第三十八条 实验室应当依照环境保护的有关法律、行政法规和国务院有关部门的规定，对废水、废气以及其他废物进行处置，并制定相应的环境保护措施，防止环境污染。

第三十九条 三级、四级实验室应当在明显位置标示国务院卫生主管部门和兽医主管部门规定的生物危险标识和生物安全实验室级别标志。

第四十条 从事高致病性病原微生物相关实验活动的实验室应当制定实验室感染应急处置预案，并向该实验室所在地的省、自治区、直辖市人民政府卫生主管部门或者兽医主管部门备案。

第四十一条 国务院卫生主管部门和兽医主管部门会同国务院有关部门组织病原学、免疫学、检验医学、流行病学、预防兽医学、环境保护和实验室管理等方面的专家，组成国家病原微生物实验室生物安全专家委员会。该委员会承担从事高致病性病原微生物相关实验活动的实验室的设立与运行的生物安全评估和技术咨询、论证工作。

省、自治区、直辖市人民政府卫生主管部门和兽医主管部门会同同级人民政府有关部门组织病原学、免疫学、检验医学、流行病学、预防兽医学、环境保护和实验室管理等方面的专家，组成本地区病原微生物实验室生物安全专家委员会。该委员会承担本地区实验室设立和运行的技术咨询工作。

第四章　实验室感染控制

第四十二条 实验室的设立单位应当指定专门的机构或者人员承担实验室感染控制工作，定期检查实验室的生物安全防护、病原微生物菌（毒）种和样本保存与使用、安全操作、实验室排放的废水和废气以及其他废物处置等规章制度的实施情况。

负责实验室感染控制工作的机构或者人员应当具有与该实验室中的病原微生物有关的传染病防治知识，并定期调查、了解实验室工作人员的健康状况。

第四十三条 实验室工作人员出现与本实验室从事的高致病性病原微生物相关实验活动有关的感染临床症状或者体征时，实验室负责人应当向负责实验室感染控制工作的机构或者人员报告，同时派专人陪同及时就诊；实验室工作人员应当将近期所接触的病原微生物的种类和危险程度如实告知诊治医疗机构。接诊的医疗机构应当及时救治；不具备相应救治条件的，应当依照规定将感染的实验室工作人员转诊至具备相应传染病救治条件的医疗机构；具备相应传染病救治条件的医疗机构应当接诊治疗，不得拒绝救治。

第四十四条 实验室发生高致病性病原微生物泄漏时，实验室工作人员应当立即采取控制措施，防止高致病性病原微生物扩散，并同时向负责实验室感染控制工作的机构或者人员报告。

第四十五条 负责实验室感染控制工作的机构或者人员接到本条例第四十三条、第四十四条规定的报告后，应当立即启动实验室感染应急处置预案，并组织人员对该实验室生物安全状况等情况进行调查；确认发生实验室感染或者高致病性病原微生物泄漏的，应当依照本条例第十七条的规定进行报告，并同时采取控制措施，对有关人员进行医学观察或者隔离治疗，封闭实验室，防止扩散。

第四十六条 卫生主管部门或者兽医主管部门接到关于实验室发生工作人员感染事故或者病原微生物泄漏事件的报告，或者发现实验室从事病原微生物相关实验活动造成实验室感染事故的，应当立即组织疾病预防控制机构、动物防疫监督机构和医疗机构以及其他有关机构依法采取下列预防、控制措施：

（一）封闭被病原微生物污染的实验室或者可能造成病原微生物扩散的场所；

（二）开展流行病学调查；

（三）对病人进行隔离治疗，对相关人员进行医学检查；

（四）对密切接触者进行医学观察；

（五）进行现场消毒；

（六）对染疫或者疑似染疫的动物采取隔离、扑杀等措施；

（七）其他需要采取的预防、控制措施。

第四十七条 医疗机构或者兽医医疗机构及其执行职务的医务人员发现由于实验室感染而引起的与高致病性病原微生物相关的传染病病人、疑似传染病病人或者患有疫病、疑似患有疫病的动物，诊治的医疗机构或者兽医医疗机构应当在2小时内报告所在地的县级人民政府卫生主管部门或者兽医主管部门；接到报告的卫生主管部门或者兽医主管部门应当在2小时内通报实验室所在地的县级人民政府卫生主管部门或者兽医主管部门。接到通报的卫生主管部门或者兽医主管部门应当依照本条例第四十六条的规定采取预防、控制措施。

第四十八条 发生病原微生物扩散，有可能造成传染病暴发、流行时，县级以上人民政府卫生主管部门或者兽医主管部门应当依照有关法律、行政法规的规定以及实验室感染应急处置预案进行处理。

第五章　监督管理

第四十九条 县级以上地方人民政府卫生主管部门、兽医主管部门依照各自分工，履行下列职责：

（一）对病原微生物菌（毒）种、样本的采集、运输、储存进行监督检查；

（二）对从事高致病性病原微生物相关实验活动的实验室是否符合本条例规定的条件进行监督检查；

（三）对实验室或者实验室的设立单位培训、考核其工作人员以及上岗人员的情况进行监督检查；

（四）对实验室是否按照有关国家标准、技术规范和操作规程从事病原微生物相关实验活动进行监督检查。

县级以上地方人民政府卫生主管部门、兽医主管部门，应当主要通过检查反映实验室执行国家有关法律、行政法规以及国家标准和要求的记录、档案、报告，切实履行监督管理职责。

第五十条 县级以上人民政府卫生主管部门、兽医主管部门、环境保护主管部门在履行监督检查职责时，有权进入被检查单位和病原微生物泄漏或者扩散现场调查取证、采集样品，查阅复制有关资料。需要进入从事高致病性病原微生物相关实验活动的实验室调查取证、采集样品的，应当指定或者委托专业机构实施。被检查单位应当予以配合，不得拒绝、阻挠。

第五十一条 国务院认证认可监督管理部门依照《中华人民共和国认证认可条例》的规定对实验室认可活动进行监督检查。

第五十二条 卫生主管部门、兽医主管部门、环境保护主管部门应当依据法定的职权和程序履行职责，做到公正、公平、公开、文明、高效。

第五十三条 卫生主管部门、兽医主管部门、环境保护主管部门的执法人员执行职务时，应当有2名以上执法人员参加，出示执法证件，并依照规定填写执法文书。

现场检查笔录、采样记录等文书经核对无误后，应当由执法人员和被检查人、被采样人签名。被检查人、被采样人拒绝签名的，执法人员应当在自己签名后注明情况。

第五十四条 卫生主管部门、兽医主管部门、环境保护主管部门及其执法人员执行职务，应当自觉接受社会和公民的监督。公民、法人和其他组织有权向上级人民政府及其卫生主管部门、兽医主管部门、环境保护主管部门举报地方人民政府及其有关主管部门不依照规定履行职责的情况。接到举报的有关人民政府或者其卫生主管部门、兽医主管部门、环境保护主管部门，应当及时调查处理。

第五十五条 上级人民政府卫生主管部门、兽医主管部门、环境保护主管部门发现属于下级人民政府卫生主管部门、兽医主管部门、环境保护主管部门职责范围内需要处理的事项的，应当及时告知该部门处理；下级人民政府卫生主管部门、兽医主管部门、环境保护主管部门不及时处理或者不积极履行本部门职责的，上级人民政府卫生主管部门、兽医主管部门、环境保护主管部门应当责令其限期改正；逾期不改正的，上级人民政府卫生主管部门、兽医主管部门、环境保护主管部门有权直接予以处理。

第六章 法律责任

第五十六条 三级、四级实验室未依照本条例的规定取得从事高致病性病原微生物实验活动的资格证书，或者已经取得相关资格证书但是未经批准从事某种高致病性病原微生物或者疑似高致病性病原微生物实验活动的，由县级以上地方人民政府卫生主管部门、兽医主管部门依照各自职责，责令停止有关活动，监督其将用于实验活动的病原微生物销毁或者送交保藏机构，并给予警告；造成传染病传播、流行或者其他严重后果的，由实验室的设立单位对主要负责人、直接负责的主管人员和其他直接责任人员，依法给予撤职、开除的处分；有资格证书的，应当吊销其资格证书；构成犯罪的，依法追究刑事责任。

第五十七条 卫生主管部门或者兽医主管部门违反本条例的规定，准予不符合本条例规定条件的实验室从事高致病性病原微生物相关实验活动的，由作出批准决定的卫生主管部门或者兽医主管部门撤销原批准决定，责令有关实验室立即停止有关活动，并监督其将用于实验活动的病原微生物销毁或者送交保藏机构，对直接负责的主管人员和其他直接责任人员依法给予行政处分；构成犯罪的，依法追究刑事责任。

因违法作出批准决定给当事人的合法权益造成损害的，作出批准决定的卫生主管部门或者兽医主管部门应当依法承担赔偿责任。

第五十八条 卫生主管部门或者兽医主管部门对符合法定条件的实验室不颁发从事高致病性病原微生物实验活动的资格证书，或者对出入境检验检疫机构为了检验检疫工作的紧急需要，申请在实验室对高致病性病原微生物或者疑似高致病性病原微生物开展进一步检测活动，不在法定期限内作出是否批准决定的，由其上级行政机关或者监察机关责令改正，给予警告；造成传染病传播、流行或者其他严重后果的，对直接负责的主管人员和其他直接责任人员依法给予撤职、开除的行政处分；构成犯罪的，依法追究刑事责任。

第五十九条 违反本条例规定，在不符合相应生物安全要求的实验室从事病原微生物相关实验活动的，由县级以上地方人民政府卫生主管部门、兽医主管部门依照各自职责，责令停止有关活动，监督其将用于实验活动的病原微生物销毁或者送交保藏机构，并给予警告；造成传染病传播、流行或者其他严重后果的，由实验室的设立单位对主要负责人、直接负责的主管人员和其他直接责任人员，依法给予撤职、开除的处分；构成犯罪的，依法追究刑事责任。

第六十条 实验室有下列行为之一的，由县级以上地方人民政府卫生主管部门、兽医主管部门依照各自职责，责令限期改正，给予警告；逾期不改正的，由实验室的设立单位对主要负责人、直接负责的主管人员和其他直接责任人员，依法给予撤职、开除的处分；有许可证件的，并由原发证部门吊销有关许可证件：

（一）未依照规定在明显位置标示国务院卫生主管部门和兽医主管部门规定的生物危险标识和生物安全实验室级别标志的；

（二）未向原批准部门报告实验活动结果以及工作情况的；

（三）未依照规定采集病原微生物样本，或者对所采集样本的来源、采集过程和方法等未作详细记录的；

（四）新建、改建或者扩建一级、二级实验室未向设区的市级人民政府卫生主管部门或者兽医主管部门备案的；

（五）未依照规定定期对工作人员进行培训，或者工作人员考核不合格允许其上岗，或者批准未采取防护措施的人员进入实验室的；

（六）实验室工作人员未遵守实验室生物安全技术规范和操作规程的；

（七）未依照规定建立或者保存实验档案的；

（八）未依照规定制定实验室感染应急处置预案并备案的。

第六十一条 经依法批准从事高致病性病原微生物相关实验活动的实验室的设立单位未建立健全安全保卫制度，或者未采取安全保卫措施的，由县级以上地方人民政府卫生主管部门、兽医主管部门依照各自职责，责令限期改正；逾期不改正，导致高致病性病原微生物菌（毒）种、样本被盗、被抢或者造成其他严重后果的，由原发证部门吊销该实验室从事高致病性病原微生物相关实验活动的资格证书；造成传染病传播、流行的，该实验室设立单位的主管部门还应当对该实验室的设立单位的直接负责的主管人员和其他直接责任人员，依法给予降级、撤职、开除的处分；构成犯罪的，依法追究刑事责任。

第六十二条 未经批准运输高致病性病原微生物菌（毒）种或者样本，或者承运单位经批准运输高致病性病原微生物菌（毒）种或者样本未履行保护义务，导致高致病性病原微生物菌（毒）种或者样本被盗、被抢、丢失、泄漏的，由县级以上地方人民政府卫生主管部门、兽医主管部门依照各自职责，责令采取措施，消除隐患，给予警告；造成传染病传播、流行或者其他严重后果的，由托运单位和承运单位的主管部门对主要负责人、直接负责的主管人员和其他直接责任人员，依法给予撤职、开除的处分；构成犯罪的，依法追究刑事责任。

第六十三条 有下列行为之一的，由实验室所在地的设区的市级以上地方人民政府卫生主管部门、兽医主管部门依照各自职责，责令有关单位立即停止违法活动，监督其将病原微生物销毁或者送交保藏机构；造成传染病传播、流行或者其他严重后果的，由其所在单位或者其上级主管部门对主要负责人、直接负责的主管人员和其他直接责任人员，依法给予撤职、开除的处分；有许可证件的，并由原发证部门吊销有关许可证件；构成犯罪的，依法追究刑事责任：

（一）实验室在相关实验活动结束后，未依照规定及时将病原微生物菌（毒）种和样本就地销毁或者送交保藏机构保管的；

（二）实验室使用新技术、新方法从事高致病性病原微生物相关实验活动未经国家病原微生物实验室生物安全专家委员会论证的；

（三）未经批准擅自从事在我国尚未发现或者已经宣布消灭的病原微生物相关实验活动的；

（四）在未经指定的专业实验室从事在我国尚未发现或者已经宣布消灭的病原微生物相关实验活动的；

（五）在同一个实验室的同一个独立安全区域内同时从事两种或者两种以上高致病性病原微生物的相关实验活动的。

第六十四条 认可机构对不符合实验室生物安全国家标准以及本条例规定条件的实验室予以认可，或者对符合实验室生物安全国家标准以及本条例规定条件的实验室不予认可的，由国务院认证认可监督管理部门责令限期改正，给予警告；造成传染病传播、流行或者其他严重后果的，由国务院认证认可监督管理部门撤销其认可资格，有上级主管部门的，由其上级主管部门对主要负责人、直接负责的主管人员和其他直接责任人员依法给予撤职、开除的处分；构成犯罪的，依法追究刑事责任。

第六十五条 实验室工作人员出现该实验室从事的病原微生物相关实验活动有关的感染临床症状或者体征，以及实验室发生高致病性病原微生物泄漏时，实验室负责人、实验室工作人员、负责实验室感染控制的专门机构或者人员未依照规定报告，或者未依照规定采取控制措施的，由县级以上地方人民政府卫生主管部门、兽医主管部门依照各自职责，责令限期改正，给予警告；造成传染病传播、流行或者其他严重后果的，由其设立单位对实验室主要负责人、直接负责的主管人员和其他直接责任人员，依法给予撤职、开除的处分；有许可证件的，并由原发证部门吊销有关许可证件；构成犯罪的，依法追究刑事责任。

第六十六条 拒绝接受卫生主管部门、兽医主管部门依法开展有关高致病性病原微生物扩散的调查取证、采集样品等活动或者依照本条例规定采取有关预防、控制措施的，由县级以上人民政府卫生主管部门、兽医主管部门依照各自职责，责令改正，给予警告；造成传染病传播、流行以及其他严重后果的，由实验室的设立单位对实验室主要负责人、直接负责的主管人员和其他直接责任人员，依法给予降级、撤职、开除的处分；有许可证件的，并由原发证部门吊销有关许可证件；构成犯罪的，依法追究刑事责任。

第六十七条 发生病原微生物被盗、被抢、丢失、泄漏，承运单位、护送人、保藏机构和实验室的设立单位未依照本条例的规定报告的，由所在地的县级人民政府卫生主管部门或者兽医主管部门给予警告；造成传染病传播、流行或者其他严重后果的，由实验室的设立单位或者承运单位、保藏机构的上级主管部门对主要负责人、直接负责的主管人员和其他直接责任人员，依法给予撤职、开除的处分；构成犯罪的，依法追究刑事责任。

第六十八条 保藏机构未依照规定储存实验室送交的菌（毒）种和样本，或者未依照规定提供菌（毒）种和样本的，由其指定部门责令限期改正，收回违法提供的菌（毒）种和样本，并给予警告；造成传染病传播、流行或者其他严重后果的，由其所在单位或者其上级主管部门对主要负责人、直接负责的主管人员和其他直接责任人员，依法给予撤职、开除的处分；构成犯罪的，依法追究刑事责任。

第六十九条 县级以上人民政府有关主管部门，未依照本条例的规定履行实验室及其实验活动监督检查职责的，由有关人民政府在各自职责范围内责令改正，通报批评；造成传染病传播、流行或者其他严重后果的，对直接负责的主管人员，依法给予行政处分；构成犯罪的，依法追究刑事责任。

第七章　附　则

第七十条 军队实验室由中国人民解放军卫生主管部门参照本条例负责监督管理。

第七十一条 本条例施行前设立的实验室，应当自本条例施行之日起 6 个月内，依照本条例的规定，办理有关手续。

第七十二条 本条例自公布之日起施行。

畜禽规模养殖污染防治条例

（经 2013 年 10 月 8 日国务院第 26 次常务会议通过，国务院令第 643 号公布施行）

第一章 总 则

第一条 为了防治畜禽养殖污染，推进畜禽养殖废弃物的综合利用和无害化处理，保护和改善环境，保障公众身体健康，促进畜牧业持续健康发展，制定本条例。

第二条 本条例适用于畜禽养殖场、养殖小区的养殖污染防治。

畜禽养殖场、养殖小区的规模标准根据畜牧业发展状况和畜禽养殖污染防治要求确定。

牧区放牧养殖污染防治，不适用本条例。

第三条 畜禽养殖污染防治，应当统筹考虑保护环境与促进畜牧业发展的需要，坚持预防为主、防治结合的原则，实行统筹规划、合理布局、综合利用、激励引导。

第四条 各级人民政府应当加强对畜禽养殖污染防治工作的组织领导，采取有效措施，加大资金投入，扶持畜禽养殖污染防治以及畜禽养殖废弃物综合利用。

第五条 县级以上人民政府环境保护主管部门负责畜禽养殖污染防治的统一监督管理。

县级以上人民政府农牧主管部门负责畜禽养殖废弃物综合利用的指导和服务。

县级以上人民政府循环经济发展综合管理部门负责畜禽养殖循环经济工作的组织协调。

县级以上人民政府其他有关部门依照本条例规定和各自职责，负责畜禽养殖污染防治相关工作。

乡镇人民政府应当协助有关部门做好本行政区域的畜禽养殖污染防治工作。

第六条 从事畜禽养殖以及畜禽养殖废弃物综合利用和无害化处理活动，应当符合国家有关畜禽养殖污染防治的要求，并依法接受有关主管部门的监督检查。

第七条 国家鼓励和支持畜禽养殖污染防治以及畜禽养殖废弃物综合利用和无害化处理的科学技术研究和装备研发。各级人民政府应当支持先进适用技术的推广，促进畜禽养殖污染防治水平的提高。

第八条 任何单位和个人对违反本条例规定的行为，有权向县级以上人民政府环境保护等有关部门举报。接到举报的部门应当及时调查处理。

对在畜禽养殖污染防治中作出突出贡献的单位和个人，按照国家有关规定给予表彰和奖励。

第二章 预 防

第九条 县级以上人民政府农牧主管部门编制畜牧业发展规划，报本级人民政府或者其授权的部门批准实施。畜牧业发展规划应当统筹考虑环境承载能力以及畜禽养殖污染防治要求，合理布局，科学确定畜禽养殖的品种、规模、总量。

第十条 县级以上人民政府环境保护主管部门会同农牧主管部门编制畜禽养殖污染防治规划，报本级人民政府或者其授权的部门批准实施。畜禽养殖污染防治规划应当与畜牧业发展规划相衔接，统筹考虑畜禽养殖生产布局，明确畜禽养殖污染防治目标、任务、重点区域，明确污染治理重点设施建设，以及废弃物综合利用等污染防治措施。

第十一条 禁止在下列区域内建设畜禽养殖场、养殖小区：

（一）饮用水水源保护区，风景名胜区；

（二）自然保护区的核心区和缓冲区；

（三）城镇居民区、文化教育科学研究区等人口集中区域；

（四）法律、法规规定的其他禁止养殖区域。

第十二条 新建、改建、扩建畜禽养殖场、养殖小区，应当符合畜牧业发展规划、畜禽养殖污染防治规划，满足动物防疫条件，并进行环境影响评价。对环境可能造成重大影响的大型畜禽养殖场、养殖小区，应当编制环境影响报告书；其他畜禽养殖场、养殖小区应当填报环境影响登记表。大型畜禽养殖场、养殖小区的管理目录，由国务院环境保护主管部门商国务院农牧主管部门确定。

环境影响评价的重点应当包括：畜禽养殖产生的废弃物种类和数量，废弃物综合利用和无害化处理方案和措施，废弃物的消纳和处理情况以及向环境直接排放的情况，最终可能对水体、土壤等环境和人体健康产生的影响以及控制和减少影响的方案和措施等。

第十三条 畜禽养殖场、养殖小区应当根据养殖规模和污染防治需要，建设相应的畜禽粪便、污水与雨水分流设施，畜禽粪便、污水的贮存设施，粪污厌氧消化和堆沤、有机肥加工、制取沼气、沼渣沼液分离和输送、污水处理、畜禽尸体处理等综合利用和无害化处理设施。已经委托他人对畜禽养殖废弃物代为综合利用和无害化处理的，可以不自行建设综合利用和无害化处理设施。

未建设污染防治配套设施、自行建设的配套设施不合格，或者未委托他人对畜禽养殖废弃物进行综合利用和无害化处理的，畜禽养殖场、养殖小区不得投入生产或者使用。

畜禽养殖场、养殖小区自行建设污染防治配套设施的，应当确保其正常运行。

第十四条 从事畜禽养殖活动，应当采取科学的饲养方式和废弃物处理工艺等有效措施，减少畜禽养殖废弃物的产生量和向环境的排放量。

第三章 综合利用与治理

第十五条 国家鼓励和支持采取粪肥还田、制取沼气、制造有机肥等方法，对畜禽养殖废弃物进行综合利用。

第十六条 国家鼓励和支持采取种植和养殖相结合的方式消纳利用畜禽养殖废弃物，促进畜禽粪便、污水等废弃物就地就近利用。

第十七条 国家鼓励和支持沼气制取、有机肥生产等废弃物综合利用以及沼渣沼液输送和施用、沼气发电等相关配套设施建设。

第十八条 将畜禽粪便、污水、沼渣、沼液等用作肥料的，应当与土地的消纳能力相适应，并采取有效措施，消除可能引起传染病的微生物，防止污染环境和传播疫病。

第十九条　从事畜禽养殖活动和畜禽养殖废弃物处理活动，应当及时对畜禽粪便、畜禽尸体、污水等进行收集、贮存、清运，防止恶臭和畜禽养殖废弃物渗出、泄漏。

第二十条　向环境排放经过处理的畜禽养殖废弃物，应当符合国家和地方规定的污染物排放标准和总量控制指标。畜禽养殖废弃物未经处理，不得直接向环境排放。

第二十一条　染疫畜禽以及染疫畜禽排泄物、染疫畜禽产品、病死或者死因不明的畜禽尸体等病害畜禽养殖废弃物，应当按照有关法律、法规和国务院农牧主管部门的规定，进行深埋、化制、焚烧等无害化处理，不得随意处置。

第二十二条　畜禽养殖场、养殖小区应当定期将畜禽养殖品种、规模以及畜禽养殖废弃物的产生、排放和综合利用等情况，报县级人民政府环境保护主管部门备案。环境保护主管部门应当定期将备案情况抄送同级农牧主管部门。

第二十三条　县级以上人民政府环境保护主管部门应当依据职责对畜禽养殖污染防治情况进行监督检查，并加强对畜禽养殖环境污染的监测。

乡镇人民政府、基层群众自治组织发现畜禽养殖环境污染行为的，应当及时制止和报告。

第二十四条　对污染严重的畜禽养殖密集区域，市、县人民政府应当制定综合整治方案，采取组织建设畜禽养殖废弃物综合利用和无害化处理设施、有计划搬迁或者关闭畜禽养殖场所等措施，对畜禽养殖污染进行治理。

第二十五条　因畜牧业发展规划、土地利用总体规划、城乡规划调整以及划定禁止养殖区域，或者因对污染严重的畜禽养殖密集区域进行综合整治，确需关闭或者搬迁现有畜禽养殖场所，致使畜禽养殖者遭受经济损失的，由县级以上地方人民政府依法予以补偿。

第四章　激励措施

第二十六条　县级以上人民政府应当采取示范奖励等措施，扶持规模化、标准化畜禽养殖，支持畜禽养殖场、养殖小区进行标准化改造和污染防治设施建设与改造，鼓励分散饲养向集约饲养方式转变。

第二十七条　县级以上地方人民政府在组织编制土地利用总体规划过程中，应当统筹安排，将规模化畜禽养殖用地纳入规划，落实养殖用地。

国家鼓励利用废弃地和荒山、荒沟、荒丘、荒滩等未利用地开展规模化、标准化畜禽养殖。

畜禽养殖用地按农用地管理，并按照国家有关规定确定生产设施用地和必要的污染防治等附属设施用地。

第二十八条　建设和改造畜禽养殖污染防治设施，可以按照国家规定申请包括污染治理贷款贴息补助在内的环境保护等相关资金支持。

第二十九条　进行畜禽养殖污染防治，从事利用畜禽养殖废弃物进行有机肥产品生产经营等畜禽养殖废弃物综合利用活动的，享受国家规定的相关税收优惠政策。

第三十条　利用畜禽养殖废弃物生产有机肥产品的，享受国家关于化肥运力安排等支持政策；购买使用有机肥产品的，享受不低于国家关于化肥的使用补贴等优惠政策。

畜禽养殖场、养殖小区的畜禽养殖污染防治设施运行用电执行农业用电价格。

第三十一条 国家鼓励和支持利用畜禽养殖废弃物进行沼气发电，自发自用、多余电量接入电网。电网企业应当依照法律和国家有关规定为沼气发电提供无歧视的电网接入服务，并全额收购其电网覆盖范围内符合并网技术标准的多余电量。

利用畜禽养殖废弃物进行沼气发电的，依法享受国家规定的上网电价优惠政策。利用畜禽养殖废弃物制取沼气或进而制取天然气的，依法享受新能源优惠政策。

第三十二条 地方各级人民政府可以根据本地区实际，对畜禽养殖场、养殖小区支出的建设项目环境影响咨询费用给予补助。

第三十三条 国家鼓励和支持对染疫畜禽、病死或者死因不明畜禽尸体进行集中无害化处理，并按照国家有关规定对处理费用、养殖损失给予适当补助。

第三十四条 畜禽养殖场、养殖小区排放污染物符合国家和地方规定的污染物排放标准和总量控制指标，自愿与环境保护主管部门签订进一步削减污染物排放量协议的，由县级人民政府按照国家有关规定给予奖励，并优先列入县级以上人民政府安排的环境保护和畜禽养殖发展相关财政资金扶持范围。

第三十五条 畜禽养殖户自愿建设综合利用和无害化处理设施、采取措施减少污染物排放的，可以依照本条例规定享受相关激励和扶持政策。

第五章　法律责任

第三十六条 各级人民政府环境保护主管部门、农牧主管部门以及其他有关部门未依照本条例规定履行职责的，对直接负责的主管人员和其他直接责任人员依法给予处分；直接负责的主管人员和其他直接责任人员构成犯罪的，依法追究刑事责任。

第三十七条 违反本条例规定，在禁止养殖区域内建设畜禽养殖场、养殖小区的，由县级以上地方人民政府环境保护主管部门责令停止违法行为；拒不停止违法行为的，处 3 万元以上 10 万元以下的罚款，并报县级以上人民政府责令拆除或者关闭。在饮用水水源保护区建设畜禽养殖场、养殖小区的，由县级以上地方人民政府环境保护主管部门责令停止违法行为，处 10 万元以上 50 万元以下的罚款，并报经有批准权的人民政府批准，责令拆除或者关闭。

第三十八条 违反本条例规定，畜禽养殖场、养殖小区依法应当进行环境影响评价而未进行的，由有权审批该项目环境影响评价文件的环境保护主管部门责令停止建设，限期补办手续；逾期不补办手续的，处 5 万元以上 20 万元以下的罚款。

第三十九条 违反本条例规定，未建设污染防治配套设施或者自行建设的配套设施不合格，也未委托他人对畜禽养殖废弃物进行综合利用和无害化处理，畜禽养殖场、养殖小区即投入生产、使用，或者建设的污染防治配套设施未正常运行的，由县级以上人民政府环境保护主管部门责令停止生产或者使用，可以处 10 万元以下的罚款。

第四十条 违反本条例规定，有下列行为之一的，由县级以上地方人民政府环境保护主管部门责令停止违法行为，限期采取治理措施消除污染，依照《中华人民共和国水污染防治法》、《中华人民共和国固体废物污染环境防治法》的有关规定予以处罚：

（一）将畜禽养殖废弃物用作肥料，超出土地消纳能力，造成环境污染的；

（二）从事畜禽养殖活动或者畜禽养殖废弃物处理活动，未采取有效措施，导致畜禽养殖废弃物渗出、泄漏的。

第四十一条 排放畜禽养殖废弃物不符合国家或者地方规定的污染物排放标准或者总量控制指标，或者未经无害化处理直接向环境排放畜禽养殖废弃物的，由县级以上地方人民政府环境保护主管部门责令限期治理，可以处 5 万元以下的罚款。县级以上地方人民政府环境保护主管部门作出限期治理决定后，应当会同同级人民政府农牧等有关部门对整改措施的落实情况及时进行核查，并向社会公布核查结果。

第四十二条 未按照规定对染疫畜禽和病害畜禽养殖废弃物进行无害化处理的，由动物卫生监督机构责令无害化处理，所需处理费用由违法行为人承担，可以处 3000 元以下的罚款。

第六章 附 则

第四十三条 畜禽养殖场、养殖小区的具体规模标准由省级人民政府确定，并报国务院环境保护主管部门和国务院农牧主管部门备案。

第四十四条 本条例自 2014 年 1 月 1 日起施行。

行政执法机关移送涉嫌犯罪案件的规定

（经 2001 年 7 月 4 日国务院第 42 次常务会议通过，国务院令第 310 号公布，自公布之日起施行）

第一条 为了保证行政执法机关向公安机关及时移送涉嫌犯罪案件，依法惩罚破坏社会主义市场经济秩序罪、妨害社会管理秩序罪以及其他罪，保障社会主义建设事业顺利进行，制定本规定。

第二条 本规定所称行政执法机关，是指依照法律、法规或者规章的规定，对破坏社会主义市场经济秩序、妨害社会管理秩序以及其他违法行为具有行政处罚权的行政机关，以及法律、法规授权的具有管理公共事务职能、在法定授权范围内实施行政处罚的组织。

第三条 行政执法机关在依法查处违法行为过程中，发现违法事实涉及的金额、违法事实的情节、违法事实造成的后果等，根据刑法关于破坏社会主义市场经济秩序罪、妨害社会管理秩序罪等罪的规定和最高人民法院、最高人民检察院关于破坏社会主义市场经济秩序罪、妨害社会管理秩序罪等罪的司法解释以及最高人民检察院、公安部关于经济犯罪案件的追诉标准等规定，涉嫌构成犯罪，依法需要追究刑事责任的，必须依照本规定向公安机关移送。

第四条 行政执法机关在查处违法行为过程中，必须妥善保存所收集的与违法行为有关的证据。

行政执法机关对查获的涉案物品，应当如实填写涉案物品清单，并按照国家有关规定予以处理。对易腐烂、变质等不宜或者不易保管的涉案物品，应当采取必要措施，留取证据；对需要进行检验、鉴定的涉案物品，应当由法定检验、鉴定机构进行检验、鉴定，并出具检验报告或者鉴定结论。

第五条 行政执法机关对应当向公安机关移送的涉嫌犯罪案件，应当立即指定 2 名或者 2 名以上行政执法人员组成专案组专门负责，核实情况后提出移送涉嫌犯罪案件的书面报告，报经本机关正职负责人或者主持工作的负责人审批。

行政执法机关正职负责人或者主持工作的负责人应当自接到报告之日起 3 日内作出批准移送或者不批准移送的决定。决定批准的，应当在 24 小时内向同级公安机关移送；决定不批准的，应当将不予批准的理由记录在案。

第六条 行政执法机关向公安机关移送涉嫌犯罪案件，应当附有下列材料：

（一）涉嫌犯罪案件移送书；

（二）涉嫌犯罪案件情况的调查报告；

（三）涉案物品清单；

（四）有关检验报告或者鉴定结论；

（五）其他有关涉嫌犯罪的材料。

第七条 公安机关对行政执法机关移送的涉嫌犯罪案件，应当在涉嫌犯罪案件移送书的回执上签字；其中，不属于本机关管辖的，应当在 24 小时内转送有管辖权的机关，并书面告知移送案件的行政执法机关。

第八条 公安机关应当自接受行政执法机关移送的涉嫌犯罪案件之日起 3 日内，依照刑法、刑事诉讼法以及最高人民法院、最高人民检察院关于立案标准和公安部关于公安机关办理刑事案件程序的规定，对所移送的案件进行审查。认为有犯罪事实，需要追究刑事责任，依法决定立案的，应当书面通知移送案件的行政执法机关；认为没有犯罪事实，或者犯罪事实显著轻微，不需要追究刑事责任，依法不予立案的，应当说明理由，并书面通知移送案件的行政执法机关，相应退回案卷材料。

第九条　行政执法机关接到公安机关不予立案的通知书后，认为依法应当由公安机关决定立案的，可以自接到不予立案通知书之日起 3 日内，提请作出不予立案决定的公安机关复议，也可以建议人民检察院依法进行立案监督。

作出不予立案决定的公安机关应当自收到行政执法机关提请复议的文件之日起 3 日内作出立案或者不予立案的决定，并书面通知移送案件的行政执法机关。移送案件的行政执法机关对公安机关不予立案的复议决定仍有异议的，应当自收到复议决定通知书之日起 3 日内建议人民检察院依法进行立案监督。

公安机关应当接受人民检察院依法进行的立案监督。

第十条　行政执法机关对公安机关决定不予立案的案件，应当依法作出处理；其中，依照有关法律、法规或者规章的规定应当给予行政处罚的，应当依法实施行政处罚。

第十一条　行政执法机关对应当向公安机关移送的涉嫌犯罪案件，不得以行政处罚代替移送。

行政执法机关向公安机关移送涉嫌犯罪案件前已经作出的警告，责令停产停业，暂扣或者吊销许可证、暂扣或者吊销执照的行政处罚决定，不停止执行。

依照行政处罚法的规定，行政执法机关向公安机关移送涉嫌犯罪案件前，已经依法给予当事人罚款的，人民法院判处罚金时，依法折抵相应罚金。

第十二条　行政执法机关对公安机关决定立案的案件，应当自接到立案通知书之日起 3 日内将涉案物品以及与案件有关的其他材料移交公安机关，并办结交接手续；法律、行政法规另有规定的，依照其规定。

第十三条　公安机关对发现的违法行为，经审查，没有犯罪事实，或者立案侦查后认为犯罪事实显著轻微，不需要追究刑事责任，但依法应当追究行政责任的，应当及时将案件移送同级行政执法机关，有关行政执法机关应当依法作出处理。

第十四条　行政执法机关移送涉嫌犯罪案件，应当接受人民检察院和监察机关依法实施的监督。

任何单位和个人对行政执法机关违反本规定，应当向公安机关移送涉嫌犯罪案件而不移送的，有权向人民检察院、监察机关或者上级行政执法机关举报。

第十五条　行政执法机关违反本规定，隐匿、私分、销毁涉案物品的，由本级或者上级人民政府，或者实行垂直管理的上级行政执法机关，对其正职负责人根据情节轻重，给予降级以上的行政处分；构成犯罪的，依法追究刑事责任。

对前款所列行为直接负责的主管人员和其他直接责任人员，比照前款的规定给予行政处分；构成犯罪的，依法追究刑事责任。

第十六条　行政执法机关违反本规定，逾期不将案件移送公安机关的，由本级或者上级人民政府，或者实行垂直管理的上级行政执法机关，责令限期移送，并对其正职负责人或者主持工作的负责人根据情节轻重，给予记过以上的行政处分；构成犯罪的，依法追究刑事责任。

行政执法机关违反本规定，对应当向公安机关移送的案件不移送，或者以行政处罚代替移送的，由本级或者上级人民政府，或者实行垂直管理的上级行政执法机关，责令改正，给予通报；拒不改正的，对其正职负责人或者主持工作的负责人给予记过以上的行政处分；构成犯罪的，依法追究刑事责任。

对本条第一款、第二款所列行为直接负责的主管人员和其他直接责任人员，分别比照前两款的规定给予行政处分；构成犯罪的，依法追究刑事责任。

第十七条 公安机关违反本规定，不接受行政执法机关移送的涉嫌犯罪案件，或者逾期不作出立案或者不予立案的决定的，除由人民检察院依法实施立案监督外，由本级或者上级人民政府责令改正，对其正职负责人根据情节轻重，给予记过以上的行政处分；构成犯罪的，依法追究刑事责任。

对前款所列行为直接负责的主管人员和其他直接责任人员，比照前款的规定给予行政处分；构成犯罪的，依法追究刑事责任。

第十八条 行政执法机关在依法查处违法行为过程中，发现贪污贿赂、国家工作人员渎职或者国家机关工作人员利用职权侵犯公民人身权利和民主权利等违法行为，涉嫌构成犯罪的，应当比照本规定及时将案件移送人民检察院。

第十九条 本规定自公布之日起施行。

国务院关于加强食品等产品安全监督管理的特别规定

（国务院令第 503 号，经 2007 年 7 月 25 日国务院第 186 次常务会议通过）

第一条 为了加强食品等产品安全监督管理，进一步明确生产经营者、监督管理部门和地方人民政府的责任，加强各监督管理部门的协调、配合，保障人体健康和生命安全，制定本规定。

第二条 本规定所称产品除食品外，还包括食用农产品、药品等与人体健康和生命安全有关的产品。对产品安全监督管理，法律有规定的，适用法律规定；法律没有规定或者规定不明确的，适用本规定。

第三条 生产经营者应当对其生产、销售的产品安全负责，不得生产、销售不符合法定要求的产品。

依照法律、行政法规规定生产、销售产品需要取得许可证照或者需要经过认证的，应当按照法定条件、要求从事生产经营活动。不按照法定条件、要求从事生产经营活动或者生产、销售不符合法定要求产品的，由农业、卫生、质检、商务、工商、药品等监督管理部门依据各自职责，没收违法所得、产品和用于违法生产的工具、设备、原材料等物品，货值金额不足 5000 元的，并处 5 万元罚款；货值金额 5000 元以上不足 1 万元的，并处 10 万元罚款；货值金额 1 万元以上的，并处货值金额 10 倍以上 20 倍以下的罚款；造成严重后果的，由原发证部门吊销许可证照；构成非法经营罪或者生产、销售伪劣商品罪等犯罪的，依法追究刑事责任。

生产经营者不再符合法定条件、要求，继续从事生产经营活动的，由原发证部门吊销许可证照，并在当地主要媒体上公告被吊销许可证的生产经营者名单；构成非法经营罪或者生产、销售伪劣商品罪等犯罪的，依法追究刑事责任。

依法应当取得许可证照而未取得许可证照从事生产经营活动的，由农业、卫生、质检、商务、工商、药品等监督管理部门依据各自职责，没收违法所得、产品和用于违法生产的工具、设备、原材料等物品，货值金额不足 1 万元的，并处 10 万元罚款；货值金额 1 万元以上的，并处货值金额 10 倍以上 20 倍以下的罚款；构成非法经营罪的，依法追究刑事责任。

有关行业协会应当加强行业自律，监督生产经营者的生产经营活动；加强公众健康知识的普及、宣传，引导消费者选择合法生产经营者生产、销售的产品以及有合法标识的产品。

第四条 生产者生产产品所使用的原料、辅料、添加剂、农业投入品，应当符合法律、行政法规的规定和国家强制性标准。

违反前款规定，违法使用原料、辅料、添加剂、农业投入品的，由农业、卫生、质检、商务、药品等监督管理部门依据各自职责没收违法所得，货值金额不足 5000 元的，并处 2 万元罚款；货值金额 5000 元以上不足 1 万元的，并处 5 万元罚款；货值金额 1 万元以上的，并处货值金额 5 倍以上 10 倍以下的罚款；造成严重后果的，由原发证部门吊销许可证照；构成生产、销售伪劣商品罪的，依法追究刑事责任。

第五条 销售者必须建立并执行进货检查验收制度，审验供货商的经营资格，验明产品合格证明和产品标识，并建立产品进货台账，如实记录产品名称、规格、数量、供货商及其联系方式、进货时间等内容。从事产品批发业务的销售企业应当建立产品销售台账，如实记录批发的产品品种、规格、数量、流向等内容。在产品集中交易场所销售自制产品的生产企业应当比照从事产品批发业务的销售企业的规定，履行建立产品销售台账的义务。进货台账和销售台账保存期限不得少于2年。销售者应当向供货商按照产品生产批次索要符合法定条件的检验机构出具的检验报告或者由供货商签字或者盖章的检验报告复印件；不能提供检验报告或者检验报告复印件的产品，不得销售。

违反前款规定的，由工商、药品监督管理部门依据各自职责责令停止销售；不能提供检验报告或者检验报告复印件销售产品的，没收违法所得和违法销售的产品，并处货值金额3倍的罚款；造成严重后果的，由原发证部门吊销许可证照。

第六条 产品集中交易市场的开办企业、产品经营柜台出租企业、产品展销会的举办企业，应当审查入场销售者的经营资格，明确入场销售者的产品安全管理责任，定期对入场销售者的经营环境、条件、内部安全管理制度和经营产品是否符合法定要求进行检查，发现销售不符合法定要求产品或者其他违法行为的，应当及时制止并立即报告所在地工商行政管理部门。

违反前款规定的，由工商行政管理部门处以1000元以上5万元以下的罚款；情节严重的，责令停业整顿；造成严重后果的，吊销营业执照。

第七条 出口产品的生产经营者应当保证其出口产品符合进口国（地区）的标准或者合同要求。法律规定产品必须经过检验方可出口的，应当经符合法律规定的机构检验合格。

出口产品检验人员应当依照法律、行政法规规定和有关标准、程序、方法进行检验，对其出具的检验证单等负责。

出入境检验检疫机构和商务、药品等监督管理部门应当建立出口产品的生产经营者良好记录和不良记录，并予以公布。对有良好记录的出口产品的生产经营者，简化检验检疫手续。

出口产品的生产经营者逃避产品检验或者弄虚作假的，由出入境检验检疫机构和药品监督管理部门依据各自职责，没收违法所得和产品，并处货值金额3倍的罚款；构成犯罪的，依法追究刑事责任。

第八条 进口产品应当符合我国国家技术规范的强制性要求以及我国与出口国（地区）签订的协议规定的检验要求。

质检、药品监督管理部门依据生产经营者的诚信度和质量管理水平以及进口产品风险评估的结果，对进口产品实施分类管理，并对进口产品的收货人实施备案管理。进口产品的收货人应当如实记录进口产品流向。记录保存期限不得少于2年。

质检、药品监督管理部门发现不符合法定要求产品时，可以将不符合法定要求产品的进货人、报检人、代理人列入不良记录名单。进口产品的进货人、销售者弄虚作假的，由质检、药品监督管理部门依据各自职责，没收违法所得和产品，并处货值金额3倍的罚款；构成犯罪的，依法追究刑事责任。进口产品的报检人、代理人弄虚作假的，取消报检资格，并处货值金额等值的罚款。

第九条 生产企业发现其生产的产品存在安全隐患，可能对人体健康和生命安全造成损害的，应当向社会公布有关信息，通知销售者停止销售，告知消费者停止使用，主动召回产品，并向有关监督管理部门报告；销售者应当立即停止销售该产品。销售者发现其销售的产品存在安全隐患，可能对人体健康和生命安全造成损害的，应当立即停止销售该产品，通知生产企业或者供货商，并向有关监督管理部门报告。

生产企业和销售者不履行前款规定义务的，由农业、卫生、质检、商务、工商、药品等监督管理部门依据各自职责，责令生产企业召回产品、销售者停止销售，对生产企业并处货值金额 3 倍的罚款，对销售者并处 1000 元以上 5 万元以下的罚款；造成严重后果的，由原发证部门吊销许可证照。

第十条 县级以上地方人民政府应当将产品安全监督管理纳入政府工作考核目标，对本行政区域内的产品安全监督管理负总责，统一领导、协调本行政区域内的监督管理工作，建立健全监督管理协调机制，加强对行政执法的协调、监督；统一领导、指挥产品安全突发事件应对工作，依法组织查处产品安全事故；建立监督管理责任制，对各监督管理部门进行评议、考核。质检、工商和药品等监督管理部门应当在所在地同级人民政府的统一协调下，依法做好产品安全监督管理工作。

县级以上地方人民政府不履行产品安全监督管理的领导、协调职责，本行政区域内一年多次出现产品安全事故、造成严重社会影响的，由监察机关或者任免机关对政府的主要负责人和直接负责的主管人员给予记大过、降级或者撤职的处分。

第十一条 国务院质检、卫生、农业等主管部门在各自职责范围内尽快制定、修改或者起草相关国家标准，加快建立统一管理、协调配套、符合实际、科学合理的产品标准体系。

第十二条 县级以上人民政府及其部门对产品安全实施监督管理，应当按照法定权限和程序履行职责，做到公开、公平、公正。对生产经营者同一违法行为，不得给予 2 次以上罚款的行政处罚；对涉嫌构成犯罪、依法需要追究刑事责任的，应当依照《行政执法机关移送涉嫌犯罪案件的规定》，向公安机关移送。

农业、卫生、质检、商务、工商、药品等监督管理部门应当依据各自职责对生产经营者进行监督检查，并对其遵守强制性标准、法定要求的情况予以记录，由监督检查人员签字后归档。监督检查记录应当作为其直接负责主管人员定期考核的内容。公众有权查阅监督检查记录。

第十三条 生产经营者有下列情形之一的，农业、卫生、质检、商务、工商、药品等监督管理部门应当依据各自职责采取措施，纠正违法行为，防止或者减少危害发生，并依照本规定予以处罚：

（一）依法应当取得许可证照而未取得许可证照从事生产经营活动的；

（二）取得许可证照或者经过认证后，不按照法定条件、要求从事生产经营活动或者生产、销售不符合法定要求产品的；

（三）生产经营者不再符合法定条件、要求继续从事生产经营活动的；

（四）生产者生产产品不按照法律、行政法规的规定和国家强制性标准使用原料、辅料、添加剂、农业投入品的；

（五）销售者没有建立并执行进货检查验收制度，并建立产品进货台账的；

（六）生产企业和销售者发现其生产、销售的产品存在安全隐患，可能对人体健康和生命安全造成损害，不履行本规定的义务的；

（七）生产经营者违反法律、行政法规和本规定的其他有关规定的。

农业、卫生、质检、商务、工商、药品等监督管理部门不履行前款规定职责、造成后果的，由监察机关或者任免机关对其主要负责人、直接负责的主管人员和其他直接责任人员给予记大过或者降级的处分；造成严重后果的，给予其主要负责人、直接负责的主管人员和其他直接责任人员撤职或者开除的处分；其主要负责人、直接负责的主管人员和其他直接责任人员构成渎职罪的，依法追究刑事责任。

违反本规定，滥用职权或者有其他渎职行为的，由监察机关或者任免机关对其主要负责人、直接负责的主管人员和其他直接责任人员给予记过或者记大过的处分；造成严重后果的，给予其主要负责人、直接负责的主管人员和其他直接责任人员降级或者撤职的处分；其主要负责人、直接负责的主管人员和其他直接责任人员构成渎职罪的，依法追究刑事责任。

第十四条 农业、卫生、质检、商务、工商、药品等监督管理部门发现违反本规定的行为，属于其他监督管理部门职责的，应当立即书面通知并移交有权处理的监督管理部门处理。有权处理的部门应当立即处理，不得推诿；因不立即处理或者推诿造成后果的，由监察机关或者任免机关对其主要负责人、直接负责的主管人员和其他直接责任人员给予记大过或者降级的处分。

第十五条 农业、卫生、质检、商务、工商、药品等监督管理部门履行各自产品安全监督管理职责，有下列职权：

（一）进入生产经营场所实施现场检查；

（二）查阅、复制、查封、扣押有关合同、票据、账簿以及其他有关资料；

（三）查封、扣押不符合法定要求的产品，违法使用的原料、辅料、添加剂、农业投入品以及用于违法生产的工具、设备；

（四）查封存在危害人体健康和生命安全重大隐患的生产经营场所。

第十六条 农业、卫生、质检、商务、工商、药品等监督管理部门应当建立生产经营者违法行为记录制度，对违法行为的情况予以记录并公布；对有多次违法行为记录的生产经营者，吊销许可证照。

第十七条 检验检测机构出具虚假检验报告，造成严重后果的，由授予其资质的部门吊销其检验检测资质；构成犯罪的，对直接负责的主管人员和其他直接责任人员依法追究刑事责任。

第十八条 发生产品安全事故或者其他对社会造成严重影响的产品安全事件时，农业、卫生、质检、商务、工商、药品等监督管理部门必须在各自职责范围内及时作出反应，采取措施，控制事态发展，减少损失，依照国务院规定发布信息，做好有关善后工作。

第十九条 任何组织或者个人对违反本规定的行为有权举报。接到举报的部门应当为举报人保密。举报经调查属实的，受理举报的部门应当给予举报人奖励。

农业、卫生、质检、商务、工商、药品等监督管理部门应当公布本单位的电子邮件地址或者举报电话；对接到的举报，应当及时、完整地进行记录并妥善保存。举报的事项属于本部门职责的，应当受理，并依法进行核实、处理、答复；不属于本部门职责的，应当转交有权处理的部门，并告知举报人。

第二十条 本规定自公布之日起施行。

第三节 规章

畜禽标识和养殖档案管理办法

（经 2006 年 6 月 16 日农业部第 14 次常务会议审议通过，农业部令第 67 号公布，2006 年 7 月 1 日起施行）

第一章 总 则

第一条 为了规范畜牧业生产经营行为，加强畜禽标识和养殖档案管理，建立畜禽及畜禽产品可追溯制度，有效防控重大动物疫病，保障畜禽产品质量安全，依据《中华人民共和国畜牧法》、《中华人民共和国动物防疫法》和《中华人民共和国农产品质量安全法》，制定本办法。

第二条 本办法所称畜禽标识是指经农业部批准使用的耳标、电子标签、脚环以及其他承载畜禽信息的标识物。

第三条 在中华人民共和国境内从事畜禽及畜禽产品生产、经营、运输等活动，应当遵守本办法。

第四条 农业部负责全国畜禽标识和养殖档案的监督管理工作。

县级以上地方人民政府畜牧兽医行政主管部门负责本行政区域内畜禽标识和养殖档案的监督管理工作。

第五条 畜禽标识制度应当坚持统一规划、分类指导、分步实施、稳步推进的原则。

第六条 畜禽标识所需费用列入省级人民政府财政预算。

第二章 畜禽标识管理

第七条 畜禽标识实行一畜一标，编码应当具有唯一性。

第八条 畜禽标识编码由畜禽种类代码、县级行政区域代码、标识顺序号共 15 位数字及专用条码组成。

猪、牛、羊的畜禽种类代码分别为 1、2、3。

编码形式为：×（种类代码）—××××××（县级行政区域代码）—××××××××（标识顺序号）。

第九条 农业部制定并公布畜禽标识技术规范，生产企业生产的畜禽标识应当符合该规范规定。

省级动物疫病预防控制机构统一采购畜禽标识，逐级供应。

第十条 畜禽标识生产企业不得向省级动物疫病预防控制机构以外的单位和个人提供畜禽标识。

第十一条 畜禽养殖者应当向当地县级动物疫病预防控制机构申领畜禽标识，并按照下列规定对畜禽加施畜禽标识：

（一）新出生畜禽，在出生后 30 天内加施畜禽标识；30 天内离开饲养地的，在离开饲养地前加施畜禽标识；从国外引进畜禽，在畜禽到达目的地 10 日内加施畜禽标识。

（二）猪、牛、羊在左耳中部加施畜禽标识，需要再次加施畜禽标识的，在右耳中部加施。

第十二条 畜禽标识严重磨损、破损、脱落后，应当及时加施新的标识，并在养殖档案中记录新标识编码。

第十三条 动物卫生监督机构实施产地检疫时，应当查验畜禽标识。没有加施畜禽标识的，不得出具检疫合格证明。

第十四条 动物卫生监督机构应当在畜禽屠宰前，查验、登记畜禽标识。

畜禽屠宰经营者应当在畜禽屠宰时回收畜禽标识，由动物卫生监督机构保存、销毁。

第十五条 畜禽经屠宰检疫合格后，动物卫生监督机构应当在畜禽产品检疫标志中注明畜禽标识编码。

第十六条 省级人民政府畜牧兽医行政主管部门应当建立畜禽标识及所需配套设备的采购、保管、发放、使用、登记、回收、销毁等制度。

第十七条 畜禽标识不得重复使用。

第三章 养殖档案管理

第十八条 畜禽养殖场应当建立养殖档案，载明以下内容：

（一）畜禽的品种、数量、繁殖记录、标识情况、来源和进出场日期；

（二）饲料、饲料添加剂等投入品和兽药的来源、名称、使用对象、时间和用量等有关情况；

（三）检疫、免疫、监测、消毒情况；

（四）畜禽发病、诊疗、死亡和无害化处理情况；

（五）畜禽养殖代码；

（六）农业部规定的其他内容。

第十九条 县级动物疫病预防控制机构应当建立畜禽防疫档案，载明以下内容：

（一）畜禽养殖场：名称、地址、畜禽种类、数量、免疫日期、疫苗名称、畜禽养殖代码、畜禽标识顺序号、免疫人员以及用药记录等。

（二）畜禽散养户：户主姓名、地址、畜禽种类、数量、免疫日期、疫苗名称、畜禽标识顺序号、免疫人员以及用药记录等。

第二十条 畜禽养殖场、养殖小区应当依法向所在地县级人民政府畜牧兽医行政主管部门备案，取得畜禽养殖代码。

畜禽养殖代码由县级人民政府畜牧兽医行政主管部门按照备案顺序统一编号，每个畜禽养殖场、养殖小区只有一个畜禽养殖代码。

畜禽养殖代码由 6 位县级行政区域代码和 4 位顺序号组成，作为养殖档案编号。

第二十一条 饲养种畜应当建立个体养殖档案，注明标识编码、性别、出生日期、父系和母系品种类型、母本的标识编码等信息。

种畜调运时应当在个体养殖档案上注明调出和调入地，个体养殖档案应当随同调运。

第二十二条 养殖档案和防疫档案保存时间：商品猪、禽为 2 年，牛为 20 年，羊为 10 年，种畜禽长期保存。

第二十三条 从事畜禽经营的销售者和购买者应当向所在地县级动物疫病预防控制机构报告更新防疫档案相关内容。

销售者或购买者属于养殖场的，应及时在畜禽养殖档案中登记畜禽标识编码及相关信息变化情况。

第二十四条 畜禽养殖场养殖档案及种畜个体养殖档案格式由农业部统一制定。

第四章 信息管理

第二十五条 国家实施畜禽标识及养殖档案信息化管理，实现畜禽及畜禽产品可追溯。

第二十六条 农业部建立包括国家畜禽标识信息中央数据库在内的国家畜禽标识信息管理系统。

省级人民政府畜牧兽医行政主管部门建立本行政区域畜禽标识信息数据库，并成为国家畜禽标识信息中央数据库的子数据库。

第二十七条 县级以上人民政府畜牧兽医行政主管部门根据数据采集要求，组织畜禽养殖相关信息的录入、上传和更新工作。

第五章 监督管理

第二十八条 县级以上地方人民政府畜牧兽医行政主管部门所属动物卫生监督机构具体承担本行政区域内畜禽标识的监督管理工作。

第二十九条 畜禽标识和养殖档案记载的信息应当连续、完整、真实。

第三十条 有下列情形之一的，应当对畜禽、畜禽产品实施追溯：

（一）标识与畜禽、畜禽产品不符；

（二）畜禽、畜禽产品染疫；

（三）畜禽、畜禽产品没有检疫证明；

（四）违规使用兽药及其他有毒、有害物质；

（五）发生重大动物卫生安全事件；

（六）其他应当实施追溯的情形。

第三十一条 县级以上人民政府畜牧兽医行政主管部门应当根据畜禽标识、养殖档案等信息对畜禽及畜禽产品实施追溯和处理。

第三十二条 国外引进的畜禽在国内发生重大动物疫情，由农业部会同有关部门进行追溯。

第三十三条 任何单位和个人不得销售、收购、运输、屠宰应当加施标识而没有标识的畜禽。

第六章 附 则

第三十四条 违反本办法规定的，按照《中华人民共和国畜牧法》、《中华人民共和国动物防疫法》和《中华人民共和国农产品质量安全法》的有关规定处罚。

第三十五条 本办法自 2006 年 7 月 1 日起施行，2002 年 5 月 24 日农业部发布的《动物免疫标识管理办法》（农业部令第 13 号）同时废止。

猪、牛、羊以外其他畜禽标识实施时间和具体措施由农业部另行规定。

动物检疫管理办法

（经 2010 年 1 月 4 日农业部第一次常务会议审议通过，农业部令 2010 年第 6 号发布，2010 年 3 月 1 日起施行）

第一章　总　　则

第一条　为加强动物检疫活动管理，预防、控制和扑灭动物疫病，保障动物及动物产品安全，保护人体健康，维护公共卫生安全，根据《中华人民共和国动物防疫法》（以下简称《动物防疫法》），制定本办法。

第二条　本办法适用于中华人民共和国领域内的动物检疫活动。

第三条　农业部主管全国动物检疫工作。

县级以上地方人民政府兽医主管部门主管本行政区域内的动物检疫工作。

县级以上地方人民政府设立的动物卫生监督机构负责本行政区域内动物、动物产品的检疫及其监督管理工作。

第四条　动物检疫的范围、对象和规程由农业部制定、调整并公布。

第五条　动物卫生监督机构指派官方兽医按照《动物防疫法》和本办法的规定对动物、动物产品实施检疫，出具检疫证明，加施检疫标志。

动物卫生监督机构可以根据检疫工作需要，指定兽医专业人员协助官方兽医实施动物检疫。

第六条　动物检疫遵循过程监管、风险控制、区域化和可追溯管理相结合的原则。

第二章　检疫申报

第七条　国家实行动物检疫申报制度。

动物卫生监督机构应当根据检疫工作需要，合理设置动物检疫申报点，并向社会公布动物检疫申报点、检疫范围和检疫对象。

县级以上人民政府兽医主管部门应当加强动物检疫申报点的建设和管理。

第八条　下列动物、动物产品在离开产地前，货主应当按规定时限向所在地动物卫生监督机构申报检疫：

（一）出售、运输动物产品和供屠宰、继续饲养的动物，应当提前 3 天申报检疫。

（二）出售、运输乳用动物、种用动物及其精液、卵、胚胎、种蛋，以及参加展览、演出和比赛的动物，应当提前 15 天申报检疫。

（三）向无规定动物疫病区输入相关易感动物、易感动物产品的，货主除按规定向输出地动物卫生监督机构申报检疫外，还应当在起运 3 天前向输入地省级动物卫生监督机构申报检疫。

第九条 合法捕获野生动物的，应当在捕获后 3 天内向捕获地县级动物卫生监督机构申报检疫。

第十条 屠宰动物的，应当提前 6 小时向所在地动物卫生监督机构申报检疫；急宰动物的，可以随时申报。

第十一条 申报检疫的，应当提交检疫申报单；跨省、自治区、直辖市调运乳用动物、种用动物及其精液、胚胎、种蛋的，还应当同时提交输入地省、自治区、直辖市动物卫生监督机构批准的《跨省引进乳用种用动物检疫审批表》。

申报检疫采取申报点填报、传真、电话等方式申报。采用电话申报的，需在现场补填检疫申报单。

第十二条 动物卫生监督机构受理检疫申报后，应当派出官方兽医到现场或指定地点实施检疫；不予受理的，应当说明理由。

第三章　产地检疫

第十三条 出售或者运输的动物、动物产品经所在地县级动物卫生监督机构的官方兽医检疫合格，并取得《动物检疫合格证明》后，方可离开产地。

第十四条 出售或者运输的动物，经检疫符合下列条件，由官方兽医出具《动物检疫合格证明》：

（一）来自非封锁区或者未发生相关动物疫情的饲养场（户）；

（二）按照国家规定进行了强制免疫，并在有效保护期内；

（三）临床检查健康；

（四）农业部规定需要进行实验室疫病检测的，检测结果符合要求；

（五）养殖档案相关记录和畜禽标识符合农业部规定。

乳用、种用动物和宠物，还应当符合农业部规定的健康标准。

第十五条 合法捕获的野生动物，经检疫符合下列条件，由官方兽医出具《动物检疫合格证明》后，方可饲养、经营和运输：

（一）来自非封锁区；

（二）临床检查健康；

（三）农业部规定需要进行实验室疫病检测的，检测结果符合要求。

第十六条 出售、运输的种用动物精液、卵、胚胎、种蛋，经检疫符合下列条件，由官方兽医出具《动物检疫合格证明》：

（一）来自非封锁区，或者未发生相关动物疫情的种用动物饲养场；

（二）供体动物按照国家规定进行了强制免疫，并在有效保护期内；

（三）供体动物符合动物健康标准；

（四）农业部规定需要进行实验室疫病检测的，检测结果符合要求；

（五）供体动物的养殖档案相关记录和畜禽标识符合农业部规定。

第十七条 出售、运输的骨、角、生皮、原毛、绒等产品，经检疫符合下列条件，由官方兽医出具《动物检疫合格证明》：

（一）来自非封锁区，或者未发生相关动物疫情的饲养场（户）；

（二）按有关规定消毒合格；

（三）农业部规定需要进行实验室疫病检测的，检测结果符合要求。

第十八条 经检疫不合格的动物、动物产品，由官方兽医出具检疫处理通知单，并监督货主按照农业部规定的技术规范处理。

第十九条 跨省、自治区、直辖市引进用于饲养的非乳用、非种用动物到达目的地后，货主或者承运人应当在 24 小时内向所在地县级动物卫生监督机构报告，并接受监督检查。

第二十条 跨省、自治区、直辖市引进的乳用、种用动物到达输入地后，在所在地动物卫生监督机构的监督下，应当在隔离场或饲养场（养殖小区）内的隔离舍进行隔离观察，大中型动物隔离期为 45 天，小型动物隔离期为 30 天。经隔离观察合格的方可混群饲养；不合格的，按照有关规定进行处理。隔离观察合格后需继续在省内运输的，货主应当申请更换《动物检疫合格证明》。动物卫生监督机构更换《动物检疫合格证明》不得收费。

第四章　屠宰检疫

第二十一条 县级动物卫生监督机构依法向屠宰厂（厂、点）派驻（出）官方兽医实施检疫。屠宰厂（厂、点）应当提供与屠宰规模相适应的官方兽医驻场检疫室和检疫操作台等设施。出场（厂、点）的动物产品应当经官方兽医检疫合格，加施检疫标志，并附有《动物检疫合格证明》。

第二十二条 进入屠宰厂（厂、点）的动物应当附有《动物检疫合格证明》，并佩戴有农业部规定的畜禽标识。

官方兽医应当查验进场动物附具的《动物检疫合格证明》和佩戴的畜禽标识，检查待宰动物健康状况，对疑似染疫的动物进行隔离观察。

官方兽医应当按照农业部规定，在动物屠宰过程中实施全流程同步检疫和必要的实验室疫病检测。

第二十三条 经检疫符合下列条件的，由官方兽医出具《动物检疫合格证明》，对胴体及分割、包装的动物产品加盖检疫验讫印章或者加施其他检疫标志：

（一）无规定的传染病和寄生虫病；

（二）符合农业部规定的相关屠宰检疫规程要求；

（三）需要进行实验室疫病检测的，检测结果符合要求。

骨、角、生皮、原毛、绒的检疫还应当符合本办法第十七条有关规定。

第二十四条 经检疫不合格的动物、动物产品，由官方兽医出具检疫处理通知单，并监督屠宰厂（厂、点）或者货主按照农业部规定的技术规范处理。

第二十五条 官方兽医应当回收进入屠宰厂（厂、点）动物附具的《动物检疫合格证明》，填写屠宰检疫记录。回收的《动物检疫合格证明》应当保存十二个月以上。

第二十六条 经检疫合格的动物产品到达目的地后，需要直接在当地分销的，货主可以向输入地动物卫生监督机构申请换证，换证不得收费。换证应当符合下列条件：

（一）提供原始有效《动物检疫合格证明》，检疫标志完整，且证物相符；

（二）在有关国家标准规定的保质期内，且无腐败变质。

第二十七条 经检疫合格的动物产品到达目的地，贮藏后需继续调运或者分销的，货主可以向输入地动物卫生监督机构重新申报检疫。输入地县级以上动物卫生监督机构对符合下列条件的动物产品，出具《动物检疫合格证明》。

（一）提供原始有效《动物检疫合格证明》，检疫标志完整，且证物相符；

（二）在有关国家标准规定的保质期内，无腐败变质；

（三）有健全的出入库登记记录；

（四）农业部规定进行必要的实验室疫病检测的，检测结果符合要求。

第五章　水产苗种产地检疫

第二十八条 出售或者运输水生动物的亲本、稚体、幼体、受精卵、发眼卵及其他遗传育种材料等水产苗种的，货主应当提前20天向所在地县级动物卫生监督机构申报检疫；经检疫合格，并取得《动物检疫合格证明》后，方可离开产地。

第二十九条 养殖、出售或者运输合法捕获的野生水产苗种的，货主应当在捕获野生水产苗种后2天内向所在地县级动物卫生监督机构申报检疫；经检疫合格，并取得《动物检疫合格证明》后，方可投放养殖场所、出售或者运输。

合法捕获的野生水产苗种实施检疫前，货主应当将其隔离在符合下列条件的临时检疫场地：

（一）与其他养殖场所有物理隔离设施；

（二）具有独立的进排水和废水无害化处理设施以及专用渔具；

（三）农业部规定的其他防疫条件。

第三十条 水产苗种经检疫符合下列条件的，由官方兽医出具《动物检疫合格证明》：

（一）该苗种生产场近期未发生相关水生动物疫情；

（二）临床健康检查合格；

（三）农业部规定需要经水生动物疫病诊断实验室检验的，检验结果符合要求。

检疫不合格的，动物卫生监督机构应当监督货主按照农业部规定的技术规范处理。

第三十一条 跨省、自治区、直辖市引进水产苗种到达目的地后，货主或承运人应当在24小时内按照有关规定报告，并接受当地动物卫生监督机构的监督检查。

第六章　无规定动物疫病区动物检疫

第三十二条 向无规定动物疫病区运输相关易感动物、动物产品的，除附有输出地动物卫生监督机构出具的《动物检疫合格证明》外，还应当向输入地省、自治区、直辖市动物卫生监督机构申报检疫，并按照本办法第三十三条、第三十四条规定取得输入地《动物检疫合格证明》。

第三十三条 输入到无规定动物疫病区的相关易感动物，应当在输入地省、自治区、直辖市动物卫生监督机构指定的隔离场所，按照农业部规定的无规定动物疫病区有关检疫要求隔离检疫。大中型动物隔离检疫期为 45 天，小型动物隔离检疫期为 30 天。隔离检疫合格的，由输入地省、自治区、直辖市动物卫生监督机构的官方兽医出具《动物检疫合格证明》；不合格的，不准进入，并依法处理。

第三十四条 输入到无规定动物疫病区的相关易感动物产品，应当在输入地省、自治区、直辖市动物卫生监督机构指定的地点，按照农业部规定的无规定动物疫病区有关检疫要求进行检疫。检疫合格的，由输入地省、自治区、直辖市动物卫生监督机构的官方兽医出具《动物检疫合格证明》；不合格的，不准进入，并依法处理。

第七章 乳用种用动物检疫审批

第三十五条 跨省、自治区、直辖市引进乳用动物、种用动物及其精液、胚胎、种蛋的，货主应当填写《跨省引进乳用种用动物检疫审批表》，向输入地省、自治区、直辖市动物卫生监督机构申请办理审批手续。

第三十六条 输入地省、自治区、直辖市动物卫生监督机构应当自受理申请之日起 10 个工作日内，做出是否同意引进的决定。符合下列条件的，签发《跨省引进乳用种用动物检疫审批表》；不符合下列条件的，书面告知申请人，并说明理由。

（一）输出和输入饲养场、养殖小区取得《动物防疫条件合格证》；

（二）输入饲养场、养殖小区存栏的动物符合动物健康标准；

（三）输出的乳用、种用动物养殖档案相关记录符合农业部规定；

（四）输出的精液、胚胎、种蛋的供体符合动物健康标准。

第三十七条 货主凭输入地省、自治区、直辖市动物卫生监督机构签发的《跨省引进乳用种用动物检疫审批表》，按照本办法规定向输出地县级动物卫生监督机构申报检疫。输出地县级动物卫生监督机构应当按照本办法的规定实施检疫。

第三十八条 跨省引进乳用种用动物应当在《跨省引进乳用种用动物检疫审批表》有效期内运输。逾期引进的，货主应当重新办理审批手续。

第八章 检疫监督

第三十九条 屠宰、经营、运输以及参加展览、演出和比赛的动物，应当附有《动物检疫合格证明》；经营、运输的动物产品应当附有《动物检疫合格证明》和检疫标志。

对符合前款规定的动物、动物产品，动物卫生监督机构可以查验检疫证明、检疫标志，对动物、动物产品进行采样、留验、抽检，但不得重复检疫收费。

第四十条 依法应当检疫而未经检疫的动物，由动物卫生监督机构依照本条第二款规定补检，并依照《动物防疫法》处理处罚。

符合下列条件的，由动物卫生监督机构出具《动物检疫合格证明》；不符合的，按照农业部有关规定进行处理。

（一）畜禽标识符合农业部规定；

（二）临床检查健康；

（三）农业部规定需要进行实验室疫病检测的，检测结果符合要求。

第四十一条 依法应当检疫而未经检疫的骨、角、生皮、原毛、绒等产品，符合下列条件的，由动物卫生监督机构出具《动物检疫合格证明》；不符合的，予以没收销毁。同时，依照《动物防疫法》处理处罚。

（一）货主在5天内提供输出地动物卫生监督机构出具的来自非封锁区的证明；

（二）经外观检查无腐烂变质；

（三）按有关规定重新消毒；

（四）农业部规定需要进行实验室疫病检测的，检测结果符合要求。

第四十二条 依法应当检疫而未经检疫的精液、胚胎、种蛋等，符合下列条件的，由动物卫生监督机构出具《动物检疫合格证明》；不符合的，予以没收销毁。同时，依照《动物防疫法》处理处罚。

（一）货主在5天内提供输出地动物卫生监督机构出具的来自非封锁区的证明和供体动物符合健康标准的证明；

（二）在规定的保质期内，并经外观检查无腐败变质；

（三）农业部规定需要进行实验室疫病检测的，检测结果符合要求。

第四十三条 依法应当检疫而未经检疫的肉、脏器、脂、头、蹄、血液、筋等，符合下列条件的，由动物卫生监督机构出具《动物检疫合格证明》，并依照《动物防疫法》第七十八条的规定进行处罚；不符合下列条件的，予以没收销毁，并依照《动物防疫法》第七十六条的规定进行处罚：

（一）货主在5天内提供输出地动物卫生监督机构出具的来自非封锁区的证明；

（二）经外观检查无病变、无腐败变质；

（三）农业部规定需要进行实验室疫病检测的，检测结果符合要求。

第四十四条 经铁路、公路、水路、航空运输依法应当检疫的动物、动物产品的，托运人托运时应当提供《动物检疫合格证明》。没有《动物检疫合格证明》的，承运人不得承运。

第四十五条 货主或者承运人应当在装载前和卸载后，对动物、动物产品的运载工具以及饲养用具、装载用具等，按照农业部规定的技术规范进行消毒，并对清除的垫料、粪便、污物等进行无害化处理。

第四十六条 封锁区内的商品蛋、生鲜奶的运输监管按照《重大动物疫情应急条例》实施。

第四十七条 经检疫合格的动物、动物产品应当在规定时间内到达目的地。经检疫合格的动物在运输途中发生疫情，应按有关规定报告并处置。

第九章 罚 则

第四十八条 违反本办法第十九条、第三十一条规定，跨省、自治区、直辖市引进用于饲养的非乳用、非种用动物和水产苗种到达目的地后，未向所在地动物卫生监督机构报告的，由动物卫生监督机构处五百元以上二千元以下罚款。

第四十九条 违反本办法第二十条规定,跨省、自治区、直辖市引进的乳用、种用动物到达输入地后,未按规定进行隔离观察的,由动物卫生监督机构责令改正,处二千元以上一万元以下罚款。

第五十条 其他违反本办法规定的行为,依照《动物防疫法》有关规定予以处罚。

第十章 附 则

第五十一条 动物卫生监督证章标志格式或样式由农业部统一制定。

第五十二条 水产苗种产地检疫,由地方动物卫生监督机构委托同级渔业主管部门实施。水产苗种以外的其他水生动物及其产品不实施检疫。

第五十三条 本办法自 2010 年 3 月 1 日起施行。农业部 2002 年 5 月 24 日发布的《动物检疫管理办法》(农业部令第 14 号)自本办法施行之日起废止。

动物防疫条件审查办法

（经2010年1月4日农业部第一次常务会议审议通过，农业部令2010年第7号发布，自2010年5月1日起施行）

第一章 总 则

第一条 为了规范动物防疫条件审查，有效预防控制动物疫病，维护公共卫生安全，根据《中华人民共和国动物防疫法》，制定本办法。

第二条 动物饲养场、养殖小区、动物隔离场所、动物屠宰加工场所以及动物和动物产品无害化处理场所，应当符合本办法规定的动物防疫条件，并取得《动物防疫条件合格证》。

经营动物和动物产品的集贸市场应当符合本办法规定的动物防疫条件。

第三条 农业部主管全国动物防疫条件审查和监督管理工作。

县级以上地方人民政府兽医主管部门主管本行政区域内的动物防疫条件审查和监督管理工作。

县级以上地方人民政府设立的动物卫生监督机构负责本行政区域内的动物防疫条件监督执法工作。

第四条 动物防疫条件审查应当遵循公开、公正、公平、便民的原则。

第二章 饲养场、养殖小区动物防疫条件

第五条 动物饲养场、养殖小区选址应当符合下列条件：

（一）距离生活饮用水源地、动物屠宰加工场所、动物和动物产品集贸市场500米以上；距离种畜禽场1000米以上；距离动物诊疗场所200米以上；动物饲养场（养殖小区）之间距离不少于500米；

（二）距离动物隔离场所、无害化处理场所3000米以上；

（三）距离城镇居民区、文化教育科研等人口集中区域及公路、铁路等主要交通干线500米以上。

第六条 动物饲养场、养殖小区布局应当符合下列条件：

（一）场区周围建有围墙；

（二）场区出入口处设置与门同宽，长4米、深0.3米以上的消毒池；

（三）生产区与生活办公区分开，并有隔离设施；

（四）生产区入口处设置更衣消毒室，各养殖栋舍出入口设置消毒池或者消毒垫；

（五）生产区内清洁道、污染道分设；

（六）生产区内各养殖栋舍之间距离在5米以上或者有隔离设施。

禽类饲养场、养殖小区内的孵化间与养殖区之间应当设置隔离设施，并配备种蛋熏蒸消毒设施，孵化间的流程应当单向，不得交叉或者回流。

第七条 动物饲养场、养殖小区应当具有下列设施设备：

（一）场区入口处配置消毒设备；

（二）生产区有良好的采光、通风设施设备；

（三）圈舍地面和墙壁选用适宜材料，以便清洗消毒；

（四）配备疫苗冷冻（冷藏）设备、消毒和诊疗等防疫设备的兽医室，或者有兽医机构为其提供相应服务；

（五）有与生产规模相适应的无害化处理、污水污物处理设施设备；

（六）有相对独立的引入动物隔离舍和患病动物隔离舍。

第八条 动物饲养场、养殖小区应当有与其养殖规模相适应的执业兽医或者乡村兽医。

患有相关人畜共患传染病的人员不得从事动物饲养工作。

第九条 动物饲养场、养殖小区应当按规定建立免疫、用药、检疫申报、疫情报告、消毒、无害化处理、畜禽标识等制度及养殖档案。

第十条 种畜禽场除符合本办法第六条、第七条、第八条、第九条规定外，还应当符合下列条件：

（一）距离生活饮用水源地、动物饲养场、养殖小区和城镇居民区、文化教育科研等人口集中区域及公路、铁路等主要交通干线1000米以上；

（二）距离动物隔离场所、无害化处理场所、动物屠宰加工场所、动物和动物产品集贸市场、动物诊疗场所3000米以上；

（三）有必要的防鼠、防鸟、防虫设施或者措施；

（四）有国家规定的动物疫病的净化制度；

（五）根据需要，种畜场还应当设置单独的动物精液、卵、胚胎采集等区域。

第三章 屠宰加工场所动物防疫条件

第十一条 动物屠宰加工场所选址应当符合下列条件：

（一）距离生活饮用水源地、动物饲养场、养殖小区、动物集贸市场500米以上；距离种畜禽场3000米以上；距离动物诊疗场所200米以上；

（二）距离动物隔离场所、无害化处理场所3000米以上。

第十二条 动物屠宰加工场所布局应当符合下列条件：

（一）场区周围建有围墙；

（二）运输动物车辆出入口设置与门同宽，长4米、深0.3米以上的消毒池；

（三）生产区与生活办公区分开，并有隔离设施；

（四）入场动物卸载区域有固定的车辆消毒场地，并配有车辆清洗、消毒设备。

（五）动物入场口和动物产品出场口应当分别设置；

（六）屠宰加工间入口设置人员更衣消毒室；

（七）有与屠宰规模相适应的独立检疫室、办公室和休息室；

（八）有待宰圈、患病动物隔离观察圈、急宰间；加工原毛、生皮、绒、骨、角的，还应当设置封闭式熏蒸消毒间。

第十三条 动物屠宰加工场所应当具有下列设施设备：

（一）动物装卸台配备照度不小于 300Lx 的照明设备；

（二）生产区有良好的采光设备，地面、操作台、墙壁、天棚应当耐腐蚀、不吸潮、易清洗；

（三）屠宰间配备检疫操作台和照度不小于 500Lx 的照明设备；

（四）有与生产规模相适应的无害化处理、污水污物处理设施设备。

第十四条 动物屠宰加工场所应当建立动物入场和动物产品出场登记、检疫申报、疫情报告、消毒、无害化处理等制度。

第四章　隔离场所动物防疫条件

第十五条 动物隔离场所选址应当符合下列条件：

（一）距离动物饲养场、养殖小区、种畜禽场、动物屠宰加工场所、无害化处理场所、动物诊疗场所、动物和动物产品集贸市场以及其他动物隔离场 3000 米以上；

（二）距离城镇居民区、文化教育科研等人口集中区域及公路、铁路等主要交通干线、生活饮用水源地 500 米以上。

第十六条 动物隔离场所布局应当符合下列条件：

（一）场区周围有围墙；

（二）场区出入口处设置与门同宽，长 4 米、深 0.3 米以上的消毒池；

（三）饲养区与生活办公区分开，并有隔离设施；

（四）有配备消毒、诊疗和检测等防疫设备的兽医室；

（五）饲养区内清洁道、污染道分设；

（六）饲养区入口设置人员更衣消毒室。

第十七条 动物隔离场所应当具有下列设施设备：

（一）场区出入口处配置消毒设备；

（二）有无害化处理、污水污物处理设施设备。

第十八条 动物隔离场所应当配备与其规模相适应的执业兽医。

患有相关人畜共患传染病的人员不得从事动物饲养工作。

第十九条 动物隔离场所应当建立动物和动物产品进出登记、免疫、用药、消毒、疫情报告、无害化处理等制度。

第五章　无害化处理场所动物防疫条件

第二十条 动物和动物产品无害化处理场所选址应当符合下列条件：

（一）距离动物养殖场、养殖小区、种畜禽场、动物屠宰加工场所、动物隔离场所、动物诊疗场所、动物和动物产品集贸市场、生活饮用水源地 3000 米以上；

（二）距离城镇居民区、文化教育科研等人口集中区域及公路、铁路等主要交通干线 500 米以上。

第二十一条 动物和动物产品无害化处理场所布局应当符合下列条件：

（一）场区周围建有围墙；

（二）场区出入口处设置与门同宽，长 4 米、深 0.3 米以上的消毒池，并设有单独的人员消毒通道；

（三）无害化处理区与生活办公区分开，并有隔离设施；

（四）无害化处理区内设置染疫动物扑杀间、无害化处理间、冷库等；

（五）动物扑杀间、无害化处理间入口处设置人员更衣室，出口处设置消毒室。

第二十二条 动物和动物产品无害化处理场所应当具有下列设施设备：

（一）配置机动消毒设备；

（二）动物扑杀间、无害化处理间等配备相应规模的无害化处理、污水污物处理设施设备；

（三）有运输动物和动物产品的专用密闭车辆。

第二十三条 动物和动物产品无害化处理场所应当建立病害动物和动物产品入场登记、消毒、无害化处理后的物品流向登记、人员防护等制度。

第六章 集贸市场动物防疫条件

第二十四条 专门经营动物的集贸市场应当符合下列条件：

（一）距离文化教育科研等人口集中区域、生活饮用水源地、动物饲养场和养殖小区、动物屠宰加工场所 500 米以上，距离种畜禽场、动物隔离场所、无害化处理场所 3000 米以上，距离动物诊疗场所 200 米以上；

（二）市场周围有围墙，场区出入口处设置与门同宽，长 4 米、深 0.3 米以上的消毒池；

（三）场内设管理区、交易区、废弃物处理区，各区相对独立；

（四）交易区内不同种类动物交易场所相对独立；

（五）有清洗、消毒和污水污物处理设施设备；

（六）有定期休市和消毒制度；

（七）有专门的兽医工作室。

第二十五条 兼营动物和动物产品的集贸市场应当符合下列动物防疫条件：

（一）距离动物饲养场和养殖小区 500 米以上，距离种畜禽场、动物隔离场所、无害化处理场所 3000 米以上，距离动物诊疗场所 200 米以上；

（二）动物和动物产品交易区与市场其他区域相对隔离；

（三）动物交易区与动物产品交易区相对隔离；

（四）不同种类动物交易区相对隔离；

（五）交易区地面、墙面（裙）和台面防水、易清洗；

（六）有消毒制度。

活禽交易市场除符合前款规定条件外，市场内的水禽与其他家禽还应当分开，宰杀间与活禽存放间应当隔离，宰杀间与出售场地应当分开，并有定期休市制度。

第七章　审查发证

第二十六条　兴办动物饲养场、养殖小区、动物屠宰加工场所、动物隔离场所、动物和动物产品无害化处理场所，应当按照本办法规定进行选址、工程设计和施工。

第二十七条　本办法第二条第一款规定场所建设竣工后，应当向所在地县级地方人民政府兽医主管部门提出申请，并提交以下材料：

（一）《动物防疫条件审查申请表》；

（二）场所地理位置图、各功能区布局平面图；

（三）设施设备清单；

（四）管理制度文本；

（五）人员情况。

申请材料不齐全或者不符合规定条件的，县级地方人民政府兽医主管部门应当自收到申请材料之日起5个工作日内，一次告知申请人需补正的内容。

第二十八条　兴办动物饲养场、养殖小区和动物屠宰加工场所的，县级地方人民政府兽医主管部门应当自收到申请之日起20个工作日内完成材料和现场审查，审查合格的，颁发《动物防疫条件合格证》；审查不合格的，应当书面通知申请人，并说明理由。

第二十九条　兴办动物隔离场所、动物和动物产品无害化处理场所的，县级地方人民政府兽医主管部门应当自收到申请之日起5个工作日内完成材料初审，并将初审意见和有关材料报省、自治区、直辖市人民政府兽医主管部门。省、自治区、直辖市人民政府兽医主管部门自收到初审意见和有关材料之日起15个工作日内完成材料和现场审查，审查合格的，颁发《动物防疫条件合格证》；审查不合格的，应当书面通知申请人，并说明理由。

第八章　监督管理

第三十条　动物卫生监督机构依照《中华人民共和国动物防疫法》和有关法律、法规的规定，对动物饲养场、养殖小区、动物隔离场所、动物屠宰加工场所、动物和动物产品无害化处理场所、动物和动物产品集贸市场的动物防疫条件实施监督检查，有关单位和个人应当予以配合，不得拒绝和阻碍。

第三十一条　本办法第二条第一款所列场所在取得《动物防疫条件合格证》后，变更场址或者经营范围的，应当重新申请办理《动物防疫条件合格证》，同时交回原《动物防疫条件合格证》，由原发证机关予以注销。

变更布局、设施设备和制度，可能引起动物防疫条件发生变化的，应当提前30日向原发证机关报告。发证机关应当在20日内完成审查，并将审查结果通知申请人。

变更单位名称或者其负责人的，应当在变更后 15 日内持有效证明申请变更《动物防疫条件合格证》。

第三十二条 本办法第二条第一款所列场所停业的，应当于停业后 30 日内将《动物防疫条件合格证》交回原发证机关注销。

第三十三条 本办法第二条所列场所，应当在每年 1 月底前将上一年的动物防疫条件情况和防疫制度执行情况向发证机关报告。

第三十四条 禁止转让、伪造或者变造《动物防疫条件合格证》。

第三十五条 《动物防疫条件合格证》丢失或者损毁的，应当在 15 日内向发证机关申请补发。

第九章 罚 则

第三十六条 违反本办法第三十一条第一款规定，变更场所地址或者经营范围，未按规定重新申请《动物防疫条件合格证》的，按照《中华人民共和国动物防疫法》第七十七条规定予以处罚。

违反本办法第三十一条第二款规定，未经审查擅自变更布局、设施设备和制度的，由动物卫生监督机构给予警告。对不符合动物防疫条件的，由动物卫生监督机构责令改正；拒不改正或者整改后仍不合格的，由发证机关收回并注销《动物防疫条件合格证》。

第三十七条 违反本办法第二十四条和第二十五条规定，经营动物和动物产品的集贸市场不符合动物防疫条件的，由动物卫生监督机构责令改正；拒不改正的，由动物卫生监督机构处五千元以上两万元以下的罚款，并通报同级工商行政管理部门依法处理。

第三十八条 违反本办法第三十四条规定，转让、伪造或者变造《动物防疫条件合格证》的，由动物卫生监督机构收缴《动物防疫条件合格证》，处两千元以上一万元以下的罚款。

使用转让、伪造或者变造《动物防疫条件合格证》的，由动物卫生监督机构按照《中华人民共和国动物防疫法》第七十七条规定予以处罚。

第三十九条 违反本办法规定，构成犯罪或者违反治安管理规定的，依法移送公安机关处理。

第十章 附 则

第四十条 本办法所称动物饲养场、养殖小区是指《中华人民共和国畜牧法》第三十九条规定的畜禽养殖场、养殖小区。

饲养场、养殖小区内自用的隔离舍和屠宰加工场所内自用的患病动物隔离观察圈，饲养场、养殖小区、屠宰加工场所和动物隔离场内设置的自用无害化处理场所，不再另行办理《动物防疫条件合格证》。

第四十一条 本办法自 2010 年 5 月 1 日起施行。农业部 2002 年 5 月 24 日发布的《动物防疫条件审核管理办法》（农业部令第 15 号）同时废止。

本办法施行前已发放的《动物防疫合格证》在有效期内继续有效，有效期不满 1 年的，可沿用到 2011 年 5 月 1 日止。本办法施行前未取得《动物防疫合格证》的各类场所，应当在 2011 年 5 月 1 日前达到本办法规定的条件，取得《动物防疫条件合格证》。

执业兽医管理办法

（2008 年 11 月 26 日农业部令第 18 号公布，2013 年 9 月 28 日农业部令 2013 年第 3 号、2013 年 12 月 31 日农业部令 2013 年第 5 号修订）

第一章 总 则

第一条 为了规范执业兽医执业行为，提高执业兽医业务素质和职业道德水平，保障执业兽医合法权益，保护动物健康和公共卫生安全，根据《中华人民共和国动物防疫法》，制定本办法。

第二条 在中华人民共和国境内从事动物诊疗和动物保健活动的兽医人员适用本办法。

第三条 本办法所称执业兽医，包括执业兽医师和执业助理兽医师。

第四条 农业部主管全国执业兽医管理工作。

县级以上地方人民政府兽医主管部门主管本行政区域内的执业兽医管理工作。

县级以上地方人民政府设立的动物卫生监督机构负责执业兽医的监督执法工作。

第五条 县级以上人民政府兽医主管部门应当对在预防、控制和扑灭动物疫病工作中做出突出贡献的执业兽医，按照国家有关规定给予表彰和奖励。

第六条 执业兽医应当具备良好的职业道德，按照有关动物防疫、动物诊疗和兽药管理等法律、行政法规和技术规范的要求，依法执业。

执业兽医应当定期参加兽医专业知识和相关政策法规教育培训，不断提高业务素质。

第七条 执业兽医依法履行职责，其权益受法律保护。

鼓励成立兽医行业协会，实行行业自律，规范从业行为，提高服务水平。

第二章 资格考试

第八条 国家实行执业兽医资格考试制度。执业兽医资格考试由农业部组织，全国统一大纲、统一命题、统一考试。

第九条 具有兽医、畜牧兽医、中兽医（民族兽医）或者水产养殖专业大学专科以上学历的人员，可以参加执业兽医资格考试。

第十条 执业兽医资格考试内容包括兽医综合知识和临床技能两部分。

第十一条 农业部组织成立全国执业兽医资格考试委员会。考试委员会负责审定考试科目、考试大纲、考试试题，对考试工作进行监督、指导和确定合格标准。

第十二条 农业部执业兽医管理办公室承担考试委员会的日常工作，负责拟订考试科目、编写考试大纲、建立考试题库、组织考试命题，并提出考试合格标准建议等。

第十三条 执业兽医资格考试成绩符合执业兽医师标准的，取得执业兽医师资格证书；符合执业助理兽医师资格标准的，取得执业助理兽医师资格证书。

执业兽医师资格证书和执业助理兽医师资格证书由省、自治区、直辖市人民政府兽医主管部门颁发。

第三章 执业注册和备案

第十四条 取得执业兽医师资格证书，从事动物诊疗活动的，应当向注册机关申请兽医执业注册；取得执业助理兽医师资格证书，从事动物诊疗辅助活动的，应当向注册机关备案。

第十五条 申请兽医执业注册或者备案的，应当向注册机关提交下列材料：

（一）注册申请表或者备案表；

（二）执业兽医资格证书及其复印件；

（三）医疗机构出具的6个月内的健康体检证明；

（四）身份证明原件及其复印件；

（五）动物诊疗机构聘用证明及其复印件；申请人是动物诊疗机构法定代表人（负责人）的，提供动物诊疗许可证复印件。

第十六条 注册机关收到执业兽医师注册申请后，应当在20个工作日内完成对申请材料的审核。经审核合格的，发给兽医师执业证书；不合格的，书面通知申请人，并说明理由。

注册机关收到执业助理兽医师备案材料后，应当及时对备案材料进行审查，材料齐全、真实的，应当发给助理兽医师执业证书。

第十七条 兽医师执业证书和助理兽医师执业证书应当载明姓名、执业范围、受聘动物诊疗机构名称等事项。

兽医师执业证书和助理兽医师执业证书的格式由农业部规定，由省、自治区、直辖市人民政府兽医主管部门统一印制。

第十八条 有下列情形之一的，不予发放兽医师执业证书或者助理兽医师执业证书：

（一）不具有完全民事行为能力的；

（二）被吊销兽医师执业证书或者助理兽医师执业证书不满2年的；

（三）患有国家规定不得从事动物诊疗活动的人畜共患传染病的。

第十九条 执业兽医变更受聘的动物诊疗机构的，应当按照本办法的规定重新办理注册或者备案手续。

第二十条 县级以上地方人民政府兽医主管部门应当将注册和备案的执业兽医名单逐级汇总报农业部。

第四章 执业活动管理

第二十一条 执业兽医不得同时在两个或者两个以上动物诊疗机构执业，但动物诊疗机构间的会诊、支援、应邀出诊、急救除外。

第二十二条 执业兽医师可以从事动物疾病的预防、诊断、治疗和开具处方、填写诊断书、出具有关证明文件等活动。

第二十三条 执业助理兽医师在执业兽医师指导下协助开展兽医执业活动，但不得开具处方、填写诊断书、出具有关证明文件。

第二十四条 兽医、畜牧兽医、中兽医（民族兽医）、水产养殖专业的学生可以在执业兽医师指导下进行专业实习。

第二十五条 经注册和备案专门从事水生动物疫病诊疗的执业兽医师和执业助理兽医师，不得从事其他动物疫病诊疗。

第二十六条 执业兽医在执业活动中应当履行下列义务：

（一）遵守法律、法规、规章和有关管理规定；

（二）按照技术操作规范从事动物诊疗和动物诊疗辅助活动；

（三）遵守职业道德，履行兽医职责；

（四）爱护动物，宣传动物保健知识和动物福利。

第二十七条 执业兽医师应当使用规范的处方笺、病历册，并在处方笺、病历册上签名。未经亲自诊断、治疗，不得开具处方药、填写诊断书、出具有关证明文件。

执业兽医师不得伪造诊断结果，出具虚假证明文件。

第二十八条 执业兽医在动物诊疗活动中发现动物染疫或者疑似染疫的，应当按照国家规定立即向当地兽医主管部门、动物卫生监督机构或者动物疫病预防控制机构报告，并采取隔离等控制措施，防止动物疫情扩散。

执业兽医在动物诊疗活动中发现动物患有或者疑似患有国家规定应当扑杀的疫病时，不得擅自进行治疗。

第二十九条 执业兽医应当按照国家有关规定合理用药，不得使用假劣兽药和农业部规定禁止使用的药品及其他化合物。

执业兽医师发现可能与兽药使用有关的严重不良反应的，应当立即向所在地人民政府兽医主管部门报告。

第三十条 执业兽医应当按照当地人民政府或者兽医主管部门的要求，参加预防、控制和扑灭动物疫病活动，其所在单位不得阻碍、拒绝。

第三十一条 执业兽医应当于每年3月底前将上年度兽医执业活动情况向注册机关报告。

第五章 罚 则

第三十二条 违反本办法规定，执业兽医有下列情形之一的，由动物卫生监督机构按照《中华人民共和国动物防疫法》第八十二条第一款的规定予以处罚；情节严重的，并报原注册机关收回、注销兽医师执业证书或者助理兽医师执业证书：

（一）超出注册机关核定的执业范围从事动物诊疗活动的；

（二）变更受聘的动物诊疗机构未重新办理注册或者备案的。

第三十三条 使用伪造、变造、受让、租用、借用的兽医师执业证书或者助理兽医师执业证书的，动物卫生监督机构应当依法收缴，并按照《中华人民共和国动物防疫法》第八十二条第一款的规定予以处罚。

第三十四条 执业兽医有下列情形之一的，原注册机关应当收回、注销兽医师执业证书或者助理兽医师执业证书：

（一）死亡或者被宣告失踪的；

（二）中止兽医执业活动满 2 年的；

（三）被吊销兽医师执业证书或者助理兽医师执业证书的；

（四）连续 2 年没有将兽医执业活动情况向注册机关报告，且拒不改正的；

（五）出让、出租、出借兽医师执业证书或者助理兽医师执业证书的。

第三十五条 执业兽医师在动物诊疗活动中有下列情形之一的，由动物卫生监督机构给予警告，责令限期改正；拒不改正或者再次出现同类违法行为的，处 1000 元以下罚款：

（一）不使用病历，或者应当开具处方未开具处方的；

（二）使用不规范的处方笺、病历册，或者未在处方笺、病历册上签名的；

（三）未经亲自诊断、治疗，开具处方药、填写诊断书、出具有关证明文件的；

（四）伪造诊断结果，出具虚假证明文件的。

第三十六条 执业兽医在动物诊疗活动中，违法使用兽药的，依照有关法律、行政法规的规定予以处罚。

第三十七条 注册机关及动物卫生监督机构不依法履行审查和监督管理职责，玩忽职守、滥用职权或者徇私舞弊的，对直接负责的主管人员和其他直接责任人员，依照有关规定给予处分；构成犯罪的，依法追究刑事责任。

第六章 附 则

第三十八条 本办法施行前，不具有大学专科以上学历，但已取得兽医师以上专业技术职称，经县级以上地方人民政府兽医主管部门考核合格的，可以参加执业兽医资格考试。

第三十九条 本办法施行前，具有兽医、水产养殖本科以上学历，从事兽医临床教学或者动物诊疗活动，并取得高级兽医师、水产养殖高级工程师以上专业技术职称或者具有同等专业技术职称，经省、自治区、直辖市人民政府兽医主管部门考核合格，报农业部审核批准后颁发执业兽医师资格证书。

第四十条 动物饲养场（养殖小区）、实验动物饲育单位、兽药生产企业、动物园等单位聘用的取得执业兽医师资格证书和执业助理兽医师资格证书的兽医人员，可以凭聘用合同申请兽医执业注册或者备案，但不得对外开展兽医执业活动。

第四十一条 省级人民政府兽医主管部门根据本地区实际，可以决定取得执业助理兽医师资格证书的兽医人员，依照本办法第三章规定的程序注册后，在一定期限内可以开具兽医处方笺。

前款期限由省级人民政府兽医主管部门确定，但不得超过 2017 年 12 月 31 日。

经注册的执业助理兽医师，注册机关应当在其执业证书上载明"依法注册"字样和期限，并按执业兽医师进行执业活动管理。

第四十二条 乡村兽医的具体管理办法由农业部另行规定。

第四十三条 外国人和香港、澳门、台湾居民申请执业兽医资格考试、注册和备案的具体办法另行制定。

第四十四条 本办法所称注册机关，是指县（市辖区）级人民政府兽医主管部门；市辖区未设立兽医主管部门的，注册机关为上一级兽医主管部门。

第四十五条 本办法自 2009 年 1 月 1 日起施行。

乡村兽医管理办法

（经 2008 年 11 月 4 日农业部第 8 次常务会议审议通过，农业部令第 17 号发布，自 2009 年 1 月 1 日起施行）

　　第一条　为了加强乡村兽医从业管理，提高乡村兽医业务素质和职业道德水平，保障乡村兽医合法权益，保护动物健康和公共卫生安全，根据《中华人民共和国动物防疫法》，制定本办法。

　　第二条　乡村兽医在乡村从事动物诊疗服务活动的，应当遵守本办法。

　　第三条　本办法所称乡村兽医，是指尚未取得执业兽医资格，经登记在乡村从事动物诊疗服务活动的人员。

　　第四条　农业部主管全国乡村兽医管理工作。

　　县级以上地方人民政府兽医主管部门主管本行政区域内乡村兽医管理工作。

　　县级以上地方人民政府设立的动物卫生监督机构负责本行政区域内乡村兽医监督执法工作。

　　第五条　国家鼓励符合条件的乡村兽医参加执业兽医资格考试，鼓励取得执业兽医资格的人员到乡村从事动物诊疗服务活动。

　　第六条　国家实行乡村兽医登记制度。符合下列条件之一的，可以向县级人民政府兽医主管部门申请乡村兽医登记：

　　（一）取得中等以上兽医、畜牧（畜牧兽医）、中兽医（民族兽医）或水产养殖专业学历的；

　　（二）取得中级以上动物疫病防治员、水生动物病害防治员职业技能鉴定证书的；

　　（三）在乡村从事动物诊疗服务连续 5 年以上的；

　　（四）经县级人民政府兽医主管部门培训合格的。

　　第七条　申请乡村兽医登记的，应当提交下列材料：

　　（一）乡村兽医登记申请表；

　　（二）学历证明、职业技能鉴定证书、培训合格证书或者乡镇畜牧兽医站出具的从业年限证明；

　　（三）申请人身份证明和复印件。

　　第八条　县级人民政府兽医主管部门应当在收到申请材料之日起 20 个工作日内完成审核。审核合格的，予以登记，并颁发乡村兽医登记证；不合格的，书面通知申请人，并说明理由。

　　乡村兽医登记证应当载明乡村兽医姓名、从业区域、有效期等事项。

　　乡村兽医登记证有效期五年，有效期届满需要继续从事动物诊疗服务活动的，应当在有效期届满三个月前申请续展。

　　第九条　乡村兽医登记证格式由农业部规定，各省、自治区、直辖市人民政府兽医主管部门统一印制。

　　县级人民政府兽医主管部门办理乡村兽医登记，不得收取任何费用。

　　第十条　县级人民政府兽医主管部门应当将登记的乡村兽医名单逐级汇总报省、自治区、直辖市人民政府兽医主管部门备案。

第十一条　乡村兽医只能在本乡镇从事动物诊疗服务活动，不得在城区从业。

第十二条　乡村兽医在乡村从事动物诊疗服务活动的，应当有固定的从业场所和必要的兽医器械。

第十三条　乡村兽医应当按照《兽药管理条例》和农业部的规定使用兽药，并如实记录用药情况。

第十四条　乡村兽医在动物诊疗服务活动中，应当按照规定处理使用过的兽医器械和医疗废弃物。

第十五条　乡村兽医在动物诊疗服务活动中发现动物染疫或者疑似染疫的，应当按照国家规定立即报告，并采取隔离等控制措施，防止动物疫情扩散。

乡村兽医在动物诊疗服务活动中发现动物患有或者疑似患有国家规定应当扑杀的疫病时，不得擅自进行治疗。

第十六条　发生突发动物疫情时，乡村兽医应当参加当地人民政府或者有关部门组织的预防、控制和扑灭工作，不得拒绝和阻碍。

第十七条　省、自治区、直辖市人民政府兽医主管部门应当制定乡村兽医培训规划，保证乡村兽医至少每两年接受一次培训。县级人民政府兽医主管部门应当根据培训规划制定本地区乡村兽医培训计划。

第十八条　县级人民政府兽医主管部门和乡（镇）人民政府应当按照《中华人民共和国动物防疫法》的规定，优先确定乡村兽医作为村级动物防疫员。

第十九条　乡村兽医有下列行为之一的，由动物卫生监督机构给予警告，责令暂停六个月以上一年以下动物诊疗服务活动；情节严重的，由原登记机关收回、注销乡村兽医登记证：

（一）不按照规定区域从业的；

（二）不按照当地人民政府或者有关部门的要求参加动物疫病预防、控制和扑灭活动的。

第二十条　乡村兽医有下列情形之一的，原登记机关应当收回、注销乡村兽医登记证：

（一）死亡或者被宣告失踪的；

（二）中止兽医服务活动满二年的。

第二十一条　乡村兽医在动物诊疗服务活动中，违法使用兽药的，依照有关法律、行政法规的规定予以处罚。

第二十二条　从事水生动物疫病防治的乡村兽医由县级人民政府渔业行政主管部门依照本办法的规定进行登记和监管。

县级人民政府渔业行政主管部门应当将登记的从事水生动物疫病防治的乡村兽医信息汇总通报同级兽医主管部门。

第二十三条　本办法自 2009 年 1 月 1 日起施行。

动物诊疗机构管理办法

（经 2008 年 11 月 4 日农业部第 8 次常务会议审议通过，农业部令第 19 号发布，自 2009 年 1 月 1 日起施行）

第一章 总 则

第一条 为了加强动物诊疗机构管理，规范动物诊疗行为，保障公共卫生安全，根据《中华人民共和国动物防疫法》，制定本办法。

第二条 在中华人民共和国境内从事动物诊疗活动的机构，应当遵守本办法。

本办法所称动物诊疗，是指动物疾病的预防、诊断、治疗和动物绝育手术等经营性活动。

第三条 农业部负责全国动物诊疗机构的监督管理。

县级以上地方人民政府兽医主管部门负责本行政区域内动物诊疗机构的管理。

县级以上地方人民政府设立的动物卫生监督机构负责本行政区域内动物诊疗机构的监督执法工作。

第二章 诊疗许可

第四条 国家实行动物诊疗许可制度。从事动物诊疗活动的机构，应当取得动物诊疗许可证，并在规定的诊疗活动范围内开展动物诊疗活动。

第五条 申请设立动物诊疗机构的，应当具备下列条件：

（一）有固定的动物诊疗场所，且动物诊疗场所使用面积符合省、自治区、直辖市人民政府兽医主管部门的规定；

（二）动物诊疗场所选址距离畜禽养殖场、屠宰加工场、动物交易场所不少于 200 米；

（三）动物诊疗场所设有独立的出入口，出入口不得设在居民住宅楼内或者院内，不得与同一建筑物的其他用户共用通道；

（四）具有布局合理的诊疗室、手术室、药房等设施；

（五）具有诊断、手术、消毒、冷藏、常规化验、污水处理等器械设备；

（六）具有 1 名以上取得执业兽医师资格证书的人员；

（七）具有完善的诊疗服务、疫情报告、卫生消毒、兽药处方、药物和无害化处理等管理制度。

第六条 动物诊疗机构从事动物颅腔、胸腔和腹腔手术的，除具备本办法第五条规定的条件外，还应当具备以下条件：

（一）具有手术台、X 光机或者 B 超等器械设备；

（二）具有 3 名以上取得执业兽医师资格证书的人员。

第七条 设立动物诊疗机构，应当向动物诊疗场所所在地的发证机关提出申请，并提交下列材料：

（一）动物诊疗许可证申请表；

（二）动物诊疗场所地理方位图、室内平面图和各功能区布局图；

（三）动物诊疗场所使用权证明；

（四）法定代表人（负责人）身份证明；

（五）执业兽医师资格证书原件及复印件；

（六）设施设备清单；

（七）管理制度文本；

（八）执业兽医和服务人员的健康证明材料。

申请材料不齐全或者不符合规定条件的，发证机关应当自收到申请材料之日起5个工作日内一次告知申请人需补正的内容。

第八条　动物诊疗机构应当使用规范的名称。不具备从事动物颅腔、胸腔和腹腔手术能力的，不得使用"动物医院"的名称。

动物诊疗机构名称应当经工商行政管理机关预先核准。

第九条　发证机关受理申请后，应当在20个工作日内完成对申请材料的审核和对动物诊疗场所的实地考查。符合规定条件的，发证机关应当向申请人颁发动物诊疗许可证；不符合条件的，书面通知申请人，并说明理由。

专门从事水生动物疫病诊疗的，发证机关在核发动物诊疗许可证时，应当征求同级渔业行政主管部门的意见。

第十条　动物诊疗许可证应当载明诊疗机构名称、诊疗活动范围、从业地点和法定代表人（负责人）等事项。

动物诊疗许可证格式由农业部统一规定。

第十一条　申请人凭动物诊疗许可证到动物诊疗场所所在地工商行政管理部门办理登记注册手续。

第十二条　动物诊疗机构设立分支机构的，应当按照本办法的规定另行办理动物诊疗许可证。

第十三条　动物诊疗机构变更名称或者法定代表人（负责人）的，应当在办理工商变更登记手续后15个工作日内，向原发证机关申请办理变更手续。

动物诊疗机构变更从业地点、诊疗活动范围的，应当按照本办法规定重新办理动物诊疗许可手续，申请换发动物诊疗许可证，并依法办理工商变更登记手续。

第十四条　动物诊疗许可证不得伪造、变造、转让、出租、出借。

动物诊疗许可证遗失的，应当及时向原发证机关申请补发。

第十五条　发证机关办理动物诊疗许可证，不得向申请人收取费用。

第三章　诊疗活动管理

第十六条　动物诊疗机构应当依法从事动物诊疗活动，建立健全内部管理制度，在诊疗场所的显著位置悬挂动物诊疗许可证和公示从业人员基本情况。

第十七条 动物诊疗机构应当按照国家兽药管理的规定使用兽药，不得使用假劣兽药和农业部规定禁止使用的药品及其他化合物。

第十八条 动物诊疗机构兼营宠物用品、宠物食品、宠物美容等项目的，兼营区域与动物诊疗区域应当分别独立设置。

第十九条 动物诊疗机构应当使用规范的病历、处方笺，病历、处方笺应当印有动物诊疗机构名称。病历档案应当保存3年以上。

第二十条 动物诊疗机构安装、使用具有放射性的诊疗设备的，应当依法经环境保护部门批准。

第二十一条 动物诊疗机构发现动物染疫或者疑似染疫的，应当按照国家规定立即向当地兽医主管部门、动物卫生监督机构或者动物疫病预防控制机构报告，并采取隔离等控制措施，防止动物疫情扩散。

动物诊疗机构发现动物患有或者疑似患有国家规定应当扑杀的疫病时，不得擅自进行治疗。

第二十二条 动物诊疗机构应当按照农业部规定处理病死动物和动物病理组织。

动物诊疗机构应当参照《医疗废弃物管理条例》的有关规定处理医疗废弃物。

第二十三条 动物诊疗机构的执业兽医应当按照当地人民政府或者兽医主管部门的要求，参加预防、控制和扑灭动物疫病活动。

第二十四条 动物诊疗机构应当配合兽医主管部门、动物卫生监督机构、动物疫病预防控制机构进行有关法律法规宣传、流行病学调查和监测工作。

第二十五条 动物诊疗机构不得随意抛弃病死动物、动物病理组织和医疗废弃物，不得排放未经无害化处理或者处理不达标的诊疗废水。

第二十六条 动物诊疗机构应当定期对本单位工作人员进行专业知识和相关政策、法规培训。

第二十七条 动物诊疗机构应当于每年3月底前将上年度动物诊疗活动情况向发证机关报告。

第二十八条 动物卫生监督机构应当建立健全日常监管制度，对辖区内动物诊疗机构和人员执行法律、法规、规章的情况进行监督检查。

兽医主管部门应当设立动物诊疗违法行为举报电话，并向社会公示。

第四章 罚 则

第二十九条 违反本办法规定，动物诊疗机构有下列情形之一的，由动物卫生监督机构按照《中华人民共和国动物防疫法》第八十一条第一款的规定予以处罚；情节严重的，并报原发证机关收回、注销其动物诊疗许可证：（一）超出动物诊疗许可证核定的诊疗活动范围从事动物诊疗活动的；（二）变更从业地点、诊疗活动范围未重新办理动物诊疗许可证的。

第三十条 使用伪造、变造、受让、租用、借用的动物诊疗许可证的，动物卫生监督机构应当依法收缴，并按照《中华人民共和国动物防疫法》第八十一条第一款的规定予以处罚。

出让、出租、出借动物诊疗许可证的，原发证机关应当收回、注销其动物诊疗许可证。

第三十一条 动物诊疗场所不再具备本办法第五条、第六条规定条件的，由动物卫生监督机构给予警告，责令限期改正；逾期仍达不到规定条件的，由原发证机关收回、注销其动物诊疗许可证。

第三十二条　动物诊疗机构连续停业两年以上的，或者连续两年未向发证机关报告动物诊疗活动情况，拒不改正的，由原发证机关收回、注销其动物诊疗许可证。

第三十三条　违反本办法规定，动物诊疗机构有下列情形之一的，由动物卫生监督机构给予警告，责令限期改正；拒不改正或者再次出现同类违法行为的，处以一千元以下罚款。

（一）变更机构名称或者法定代表人未办理变更手续的；

（二）未在诊疗场所悬挂动物诊疗许可证或者公示从业人员基本情况的；

（三）不使用病历，或者应当开具处方未开具处方的；

（四）使用不规范的病历、处方笺的。

第三十四条　动物诊疗机构在动物诊疗活动中，违法使用兽药的，或者违法处理医疗废弃物的，依照有关法律、行政法规的规定予以处罚。

第三十五条　动物诊疗机构违反本办法第二十五条规定的，由动物卫生监督机构按照《中华人民共和国动物防疫法》第七十五条的规定予以处罚。

第三十六条　兽医主管部门依法吊销、注销动物诊疗许可证的，应当及时通报工商行政管理部门。

第三十七条　发证机关及其动物卫生监督机构不依法履行审查和监督管理职责，玩忽职守、滥用职权或者徇私舞弊的，依照有关规定给予处分；构成犯罪的，依法追究刑事责任。

第五章　附　　则

第三十八条　乡村兽医在乡村从事动物诊疗活动的具体管理办法由农业部另行规定。

第三十九条　本办法所称发证机关，是指县（市辖区）级人民政府兽医主管部门；市辖区未设立兽医主管部门的，发证机关为上一级兽医主管部门。

第四十条　本办法自 2009 年 1 月 1 日起施行。

本办法施行前已开办的动物诊疗机构，应当自本办法施行之日起 12 个月内，依照本办法的规定，办理动物诊疗许可证。

农业行政处罚程序规定

（2006 年 4 月 25 日农业部令第 63 号公布，根据 2011 年 12 月 31 日中华人民共和国农业部令 2011 年第 4 号公布的《农业部关于修订部分规章和规范性文件的决定》修订）

第一章 总 则

第一条 为规范农业行政处罚，保障和监督农业行政主管部门有效实施行政管理，保护公民、法人和其他组织的合法权益，根据《中华人民共和国行政处罚法》（以下简称行政处罚法）和有关法律、法规的规定，结合农业系统实际，制定本规定。

第二条 农业行政处罚应当遵守行政处罚法和有关法律、法规、规章及本规定。

第三条 本规定所称农业行政主管部门，是指种植业、畜牧（草原）、兽医、渔业、农垦、乡镇企业、饲料工业和农业机械化等行政主管机关。

本规定所称农业行政处罚机关，是指依法行使行政处罚权的县级以上人民政府的农业行政主管部门和法律、法规授权的农业管理机构。

第四条 法律、法规授权的农业管理机构在法定授权范围内实施行政处罚，并对该行为的后果承担法律责任。

农业行政主管部门依法设立的农业行政综合执法机构具体承担农业行政处罚工作。

未设立农业行政综合执法机构的，农业行政主管部门根据法律、法规或规章的规定，可以委托符合行政处罚法第十九条规定的农业管理机构实施行政处罚。

第五条 农业行政综合执法机构和受委托的农业管理机构应当以农业行政主管部门的名义实施农业行政处罚。农业行政主管部门对受委托的农业管理机构实施行政处罚行为应当进行监督，并对该行为的后果承担法律责任。

第六条 上级农业行政处罚机关应当加强对下级农业行政处罚机关实施行政处罚的监督检查。

第二章 农业行政处罚的管辖

第七条 农业行政处罚由违法行为发生地的农业行政处罚机关管辖。

第八条 县级农业行政处罚机关管辖本行政区域内的行政违法案件。

设区的市、自治州的农业行政处罚机关和省级农业行政处罚机关管辖本行政区域内重大、复杂的行政违法案件。

农业部及其所属的经法律、法规授权的农业管理机构管辖全国或所辖区域内重大、复杂的行政违法案件。

第九条 渔业行政处罚机关管辖本辖区范围内发生的和上级部门指定管辖的渔业违法案件。

渔业行政处罚有下列情况之一的，适用"谁查获谁处理"的原则：

（一）违法行为发生在共管区、叠区的；

（二）违法行为发生在管辖权不明确或者有争议的区域的；

（三）违法行为发生地与查获地不一致的。

第十条 对当事人的同一违法行为，两个以上农业行政处罚机关都有管辖权的，应当由先立案的农业行政处罚机关管辖。

第十一条 上级农业行政处罚机关在必要时可以管辖下级农业行政处罚机关管辖的行政处罚案件。

下级农业行政处罚机关认为行政处罚案件重大复杂或者本地不宜管辖，可以报请上一级农业行政处罚机关管辖。

第十二条 农业行政处罚机关对管辖发生争议的，应当协商解决。协商不成的，报请共同上一级农业行政处罚机关指定管辖。

第十三条 农业行政处罚机关发现受理的行政处罚案件不属于自己管辖的，应当移送有管辖权的行政处罚机关处理。

受移送的农业行政处罚机关如果认为移送不当，应当报请共同上一级农业行政处罚机关指定管辖，不得再自行移送。

第十四条 上级农业行政处罚机关在收到报请管辖或指定管辖的请示后，应当在十日内作出书面决定。

第十五条 县级以上地方农业行政处罚机关在办理跨行政区域案件时，需要其他农业行政处罚机关协查的，可以发送协查函。有关农业行政处罚机关应当予以协助并及时书面告知协查结果。

第十六条 农业行政处罚机关在办理案件时，对需要其他部门作出吊销有关许可证、批准文号、营业执照等行政处罚决定的，应当将查处结果告知作出许可决定的部门并提出处理建议。

第十七条 违法行为涉嫌构成犯罪的，农业行政处罚机关应当将案件移送司法机关，依法追究刑事责任，不得以行政处罚代替刑罚。

第三章　农业行政处罚的决定

第十八条 公民、法人或者其他组织违反农业行政管理秩序的行为，依法应当给予行政处罚的，农业行政处罚机关必须查明事实；违法事实不清的，不得给予行政处罚。

第十九条 执法人员调查处理农业行政处罚案件时，应当向当事人或者有关人员出示执法证件。有统一执法服装或执法标志的应当着装或佩戴执法标志。

农业行政执法证件由农业部统一制定，省级以上农业行政主管部门法制工作机构负责执法证件的发放和管理工作。

第二十条 农业行政处罚机关在作出农业行政处罚决定前，应当告知当事人作出行政处罚的事实、理由及依据，并告知当事人依法享有的权利。

农业行政处罚机关必须充分听取当事人的意见，对当事人提出的事实、理由及证据，应当进行复核；

当事人提出的事实、理由或者证据成立的，农业行政处罚机关应当采纳。

农业行政处罚机关不得因当事人申辩而加重处罚。

第二十一条 农业行政处罚程序分为简易程序和一般程序。

第一节 简易程序

第二十二条 违法事实确凿并有法定依据，对公民处以五十元以下、对法人或者其他组织处以一千元以下罚款或者警告的行政处罚的，可以当场作出农业行政处罚决定。

第二十三条 当场作出行政处罚决定时应当遵守下列程序：

（一）向当事人表明身份，出示执法证件；

（二）当场查清违法事实，收集和保存必要的证据；

（三）告知当事人违法事实、处罚理由和依据，并听取当事人陈述和申辩；

（四）填写《当场处罚决定书》，当场交付当事人，并应当告知当事人，如不服行政处罚决定，可以依法申请行政复议或者提起行政诉讼。

第二十四条 执法人员应当在作出当场处罚决定之日起、渔业执法人员应当自抵岸之日起二日内将《当场处罚决定书》报所属农业行政处罚机关备案。

第二节 一般程序

第二十五条 实施农业行政处罚，除适用简易程序的外，应当适用一般程序。

第二十六条 除依法可以当场决定行政处罚的外，执法人员经初步调查，发现公民、法人或者其他组织涉嫌有违法行为依法应当给予行政处罚的，应当填写《行政处罚立案审批表》，报本行政处罚机关负责人批准立案。

第二十七条 农业行政处罚机关应当对案件情况进行全面、客观、公正地调查，收集证据；必要时，依照法律、法规的规定，可以进行检查。

执法人员调查收集证据时不得少于二人。

证据包括书证、物证、视听资料、证人证言、当事人陈述、鉴定结论、勘验笔录和现场笔录。

第二十八条 执法人员询问证人或当事人（以下简称被询问人），应当制作《询问笔录》。笔录经被询问人阅核后，由询问人和被询问人签名或者盖章。被询问人拒绝签名或盖章的，由询问人在笔录上注明情况。

第二十九条 农业行政处罚机关为调查案件需要，有权要求当事人或者有关人员协助调查；有权依法进行现场检查或者勘验；有权要求当事人提供相应的证据资料；对重要的书证，有权进行复制。

执法人员对与案件有关的物品或者场所进行现场检查或者勘验检查时，应当通知当事人到场，制作《现场检查（勘验）笔录》，当事人拒不到场或拒绝签名盖章的，应当在笔录中注明，并可以请在场的其他人员见证。

第三十条 农业行政处罚机关在调查案件时，对需要鉴定的专门性问题，交由法定鉴定部门进行鉴定；没有法定鉴定部门的，可以提交有资质的专业机构进行鉴定。

第三十一条 农业行政处罚机关收集证据时，可以采取抽样取证的方法。

在证据可能灭失或者以后难以取得的情况下，经农业行政处罚机关负责人批准，可以先行登记保存。

农业行政处罚机关可以依据有关法律、法规的规定，对涉案场所、设施或者财物采取查封、扣押等强制措施。

第三十二条 农业行政处罚机关对证据进行抽样取证、登记保存或者采取查封、扣押等强制措施，应当通知当事人到场；当事人不到场的，应当邀请其他人员到场见证并签名或盖章；当事人拒绝签名或盖章的，应当予以注明。农业行政处罚机关实施查封、扣押等强制措施的，还应当遵守《中华人民共和国行政强制法》的有关规定。

对抽样取证、登记保存、查封扣押的物品，农业行政处罚机关应当制作《抽样取证凭证》、《证据登记保存清单》、《查封（扣押）决定书》和《查封（扣押）清单》。

第三十三条 农业行政处罚机关抽样送检的，应当将检测结果及时告知当事人。

非从生产单位直接抽样的，农业行政处罚机关可以向产品标注生产单位发送《产品确认通知书》。

第三十四条 先行登记保存物品时，就地由当事人保存的，当事人或者有关人员不得使用、销售、转移、损毁或者隐匿。

就地保存可能妨害公共秩序、公共安全，或者存在其他不适宜就地保存情况的，可以异地保存。对异地保存的物品，农业行政处罚机关应当妥善保管。

第三十五条 农业行政处罚机关对先行登记保存的证据，应当在七日内作出下列处理决定并告知当事人：

（一）需要进行技术检验或者鉴定的，送交有关部门检验或者鉴定；

（二）对依法应予没收的物品，依照法定程序处理；

（三）对依法应当由有关部门处理的，移交有关部门；

（四）为防止损害公共利益，需要销毁或者无害化处理的，依法进行处理；

（五）不需要继续登记保存的，解除登记保存。

第三十六条 案件调查人员与本案有利害关系或者其他关系可能影响公正处理的，应当申请回避，当事人也有权向农业行政处罚机关申请要求回避。

案件调查人员的回避，由农业行政处罚机关负责人决定；农业行政处罚机关负责人的回避由集体讨论决定。

回避未被决定前，不得停止对案件的调查处理。

第三十七条 执法人员在调查结束后，认为案件事实清楚，证据充分，应当制作《案件处理意见书》，报农业行政处罚机关负责人审批。

案情复杂或者有重大违法行为需要给予较重行政处罚的，应当由农业行政处罚机关负责人集体讨论决定。

第三十八条 在作出行政处罚决定之前，农业行政处罚机关应当制作《行政处罚事先告知书》，送达当事人，告知拟给予的行政处罚内容及其事实、理由和依据，并告知当事人可以在收到告知书之日起三日内，进行陈述、申辩。符合听证条件的，告知当事人可以要求听证。

当事人无正当理由逾期未提出陈述、申辩或者要求听证的，视为放弃上述权利。

第三十九条 农业行政处罚机关应当及时对当事人的陈述、申辩或者听证情况进行审查，认为违法事实清楚，证据确凿，决定给予行政处罚的，应当制作《行政处罚决定书》。

第四十条 在边远、水上和交通不便的地区按一般程序实施处罚时，执法人员可以采用通讯方式报请处罚机关负责人批准立案和对调查结果及处理意见进行审查。报批记录必须存档备案。

当事人可当场向执法人员进行陈述和申辩。不提出陈述和申辩的，视为放弃此权利。

本条不适用于应当由农业行政处罚机关负责人集体讨论决定的案件。

第四十一条 农业行政处罚案件自立案之日起，应当在三个月内作出处理决定；特殊情况下三个月内不能作出处理的，报经上一级农业行政处罚机关批准可以延长至一年。

对专门性问题需要鉴定的，所需时间不计算在办案期限内。

第三节 听证程序

第四十二条 农业行政处罚机关作出责令停产停业、吊销许可证或者执照、较大数额罚款的行政处罚决定前，应当告知当事人有要求举行听证的权利。当事人要求听证的，农业行政处罚机关应当组织听证。

前款所指的较大数额罚款，地方农业行政处罚机关按省级人大常委会或者人民政府规定的标准执行；农业部及其所属的经法律、法规授权的农业管理机构对公民罚款超过三千元、对法人或其他组织罚款超过三万元属较大数额罚款。

第四十三条 听证由拟作出行政处罚的农业行政处罚机关组织。具体实施工作由其法制工作机构或者相应机构负责。

第四十四条 当事人要求听证的，应当在收到《行政处罚事先告知书》之日起三日内向听证机关提出。

第四十五条 听证机关应当在举行听证会的七日前送达《行政处罚听证会通知书》，告知当事人举行听证的时间、地点、听证主持人名单及可以申请回避和可以委托代理人等事项。

当事人应当按期参加听证。当事人有正当理由要求延期的，经听证机关批准可以延期一次；当事人未按期参加听证并且未事先说明理由的，视为放弃听证权利。

第四十六条 听证参加人由听证主持人、听证员、书记员、案件调查人员、当事人及其委托代理人组成。

听证主持人、听证员、书记员应当由听证机关负责人指定的法制工作机构工作人员或其他相应工作人员等非本案调查人员担任。

当事人委托代理人参加听证的，应当提交授权委托书。

第四十七条 除涉及国家秘密、商业秘密或个人隐私外，听证应当公开举行。

第四十八条 当事人在听证中的权利和义务：

（一）有权对案件涉及的事实、适用法律及有关情况进行陈述和申辩；

（二）有权对案件调查人员提出的证据质证并提出新的证据；

（三）如实回答主持人的提问；

（四）遵守听证会场纪律，服从听证主持人指挥。

第四十九条 听证按下列程序进行：

（一）听证书记员宣布听证会场纪律、当事人的权利和义务。听证主持人宣布案由，核实听证参加人名单，宣布听证开始；

（二）案件调查人员提出当事人的违法事实、出示证据，说明拟作出的农业行政处罚的内容及法律依据；

（三）当事人或其委托代理人对案件的事实、证据、适用的法律等进行陈述、申辩和质证，可以向听证会提交新的证据；

（四）听证主持人就案件的有关问题向当事人、案件调查人员、证人询问；

（五）案件调查人员、当事人或其委托代理人相互辩论；

（六）当事人或其委托代理人作最后陈述；

（七）听证主持人宣布听证结束。听证笔录交当事人和案件调查人员审核无误后签字或者盖章。

第五十条 听证结束后，听证主持人应当依据听证情况，制作《行政处罚听证会报告书》，连同听证笔录，报农业行政处罚机关负责人审查。

第五十一条 听证机关组织听证，不得向当事人收取费用。

第四章 农业行政处罚决定的送达和执行

第五十二条 《行政处罚决定书》应当在宣告后当场交付当事人；当事人不在场的，应当在七日内送达当事人，并由当事人在《送达回证》上签名或者盖章；当事人不在的，可以交给其成年家属或者所在单位代收，并在送达回证上签名或者盖章。

当事人或者代收人拒绝接收、签名、盖章的，送达人可以邀请有关基层组织或者其所在单位的有关人员到场，说明情况，把《行政处罚决定书》留在其住处或者单位，并在送达回证上记明拒绝的事由、送达的日期，由送达人、见证人签名或者盖章，即视为送达。

直接送达农业行政处罚文书有困难的，可委托其他农业行政处罚机关代为送达，也可以邮寄、公告送达。

邮寄送达的，挂号回执上注明的收件日期为送达日期；公告送达的，自发出公告之日起经过六十天，即视为送达。

第五十三条 除本规定第五十四、第五十五条规定外，农业行政处罚机关不得自行收缴罚款。决定罚款的农业行政处罚机关或执法人员应当书面告知当事人向指定的银行缴纳罚款。

第五十四条 依照本规定第二十二条的规定当场作出农业行政处罚决定，有下列情形之一的，执法人员可以当场收缴罚款：

（一）依法给予二十元以下罚款的；

（二）不当场收缴事后难以执行的。

第五十五条 在边远、水上、交通不便地区，农业行政处罚机关及其执法人员依照本规定第二十二条、

第三十九条的规定作出罚款决定后，当事人向指定的银行缴纳罚款确有困难，经当事人提出，农业行政处罚机关及其执法人员可以当场收缴罚款。

第五十六条 农业行政处罚机关及其执法人员当场收缴罚款的，应当向当事人出具省级财政部门统一制发的罚款收据，不出具财政部门统一制发的罚款收据的，当事人有权拒绝缴纳罚款。

第五十七条 执法人员当场收缴的罚款，应当自返回行政处罚机关所在地之日起二日内，交至农业行政处罚机关；在水上当场收缴的罚款，应当自抵岸之日起二日内交至农业行政处罚机关；农业行政处罚机关应当在二日内将罚款交至指定的银行。

第五十八条 农业行政处罚决定依法作出后，当事人对行政处罚决定不服申请行政复议或者提起行政诉讼的，除法律另有规定外，行政处罚决定不停止执行。

第五十九条 对需要继续行驶的农业机械、渔业船舶实施暂扣或者吊销证照的行政处罚，农业行政处罚机关在实施行政处罚的同时，应当发给当事人相应的证明，允许农业机械、渔业船舶驶往预定或指定的地点。

第六十条 对生效的农业行政处罚决定，当事人拒不履行的，作出农业行政处罚决定的农业行政处罚机关依法可以采取下列措施：

（一）到期不缴纳罚款的，每日按罚款数额的百分之三加处罚款；

（二）根据法律规定，将查封、扣押的财物拍卖抵缴罚款；

（三）申请人民法院强制执行。

第六十一条 当事人确有经济困难，需要延期或者分期缴纳罚款的，当事人应当书面申请，经作出行政处罚决定的机关批准，可以暂缓或者分期缴纳。

第六十二条 除依法应当予以销毁的物品外，依法没收的非法财物必须按照国家有关规定处理。

罚款、没收的违法所得或者拍卖非法财物的款项，必须全部上缴国库，农业行政处罚机关或者个人不得以任何形式截留、私分或者变相私分。

第六十三条 农业行政处罚案件终结后，案件调查人员应填写《行政处罚结案报告》，经农业行政处罚机关负责人批准后结案。

第五章 立卷归档

第六十四条 农业行政处罚机关应当按照下列要求及时将案件材料立卷归档：

（一）一案一卷；

（二）文书齐全，手续完备；

（三）案卷应当按顺序装订。

第六十五条 案件立卷归档后，任何单位和个人不得私自增加或者抽取案卷材料，不得修改案卷内容。

第六章　附　　则

第六十六条　农业行政处罚机关及其执法人员违反本规定的，按照行政处罚法和有关规定追究法律责任。

第六十七条　农业行政处罚基本文书格式由农业部统一制定。省级农业行政主管部门可以根据地方性法规、规章和工作需要，调整有关内容或补充相应文书，报农业部备案。

第六十八条　本规定自 2006 年 7 月 1 日起实施。1997 年 10 月 25 日农业部发布的《农业行政处罚程序规定》同时废止。